赵福全论汽车产业系列丛书

赵福全论汽车产业
（第二卷）

刘宗巍　编

机械工业出版社
CHINA MACHINE PRESS

当前，全球汽车产业格局进入全面重构期，智能网联与能源革命正加快袭来，汽车企业、产品与技术面临重大变局，更兼能源消耗、环境污染、交通拥堵和行车安全的外部挑战越演越烈，原本就高度复杂的汽车产业，正因跨界交融和"降维打击"而变得更加混沌和多变。诸多因素相互交织，国家究竟如何庖丁解牛，做好顶层设计；各方力量纵横捭阖，行业需要如何穿针引线，强化优势互补；多条路径晦暗不明，企业到底怎样曲径通幽，实现后发赶超。凡此种种难题，在本书中都有相应的解答或阐释，或简明扼要直指要害，或旁征博引开具良方。本书以战略篇为总领，从产业、企业、技术、人才四个维度构建了赵福全教授关于汽车产业发展的理论框架和精辟观点，体现了赵福全教授高瞻远瞩的战略眼光、精益求精的认真态度、触类旁通的渊博知识和纵横捭阖的语言能力。

本书可视作汽车产业的解惑之作，无论主管部门、行业组织，还是各类企业、研究机构；无论高层还是基层，甚至学生，都能从中觅得"养分"。

图书在版编目（CIP）数据

赵福全论汽车产业. 第二卷 / 刘宗巍编. —北京：机械工业出版社，2020.10
ISBN 978-7-111-66473-4

Ⅰ.①赵… Ⅱ.①刘… Ⅲ.①汽车工业-工业发展-研究-中国 Ⅳ.①F426.471

中国版本图书馆 CIP 数据核字（2020）第 168468 号

机械工业出版社（北京市百万庄大街22号　邮政编码100037）
策划编辑：赵海青　　　　　　责任编辑：赵海青
责任校对：梁　倩　　　　　　责任印制：李　昂
北京铭成印刷有限公司印刷
2021年1月第1版·第1次印刷
169mm×239mm·25印张·1插页·429千字
0 001—3 000册
标准书号：ISBN 978-7-111-66473-4
定价：99.00元

电话服务　　　　　　　　　　　网络服务
客服电话：010—88361066　　　　机　工　官　网：www.cmpbook.com
　　　　　010—88379833　　　　机　工　官　博：weibo.com/cmp1952
　　　　　010—68326294　　　　金　书　网：www.golden-book.com
封底无防伪标均为盗版　　　　　　机工教育服务网：www.cmpedu.com

丛书序一 PREFACE

得知赵福全论汽车产业系列丛书出版面世，我非常高兴，这是中国乃至世界汽车工业的一件幸事。欣喜之余，特提笔简记感想，是以为序。

我与福全是老相识了，他在美国的时候我们就曾多次见面和深谈，他回国之后我们的交流和讨论就更多了。我们年龄虽有差距，但价值观近乎一致，于人于事判断颇多相似，而且都对做强中国汽车工业抱有执念，自然而然成了"忘年"挚友。相处之中，我越发感觉福全这位小老弟确实很不一般，如果要我总结，可以列出以下三组关键词。

一是走南闯北，勇于转型。福全在海外纵横近二十年，足迹遍及日本、欧洲、美国，回国至今也已经十年有余。期间，他参与过集团化大公司核心层的决策，负责过独立子公司的运营管理，主抓过技术体系的全面建设，担当过技术高参，主持过产品研发，承担过国家及省部级重要科研项目，并在跨国合作及海外并购活动中发挥过关键性作用，同时还在实业办学及培训领域开展了很多开拓性的工作。如今身为清华教授的福全，一方面教书育人、培养栋梁，一方面构建智库、服务行业。他以自己对汽车及相关产业的深厚理解和战略认识，向国家部委、地方政府及中外企业提供广泛的咨询和指导。在二十多年的职业生涯里，他不断寻求挑战，也不断自我转型：从发动机专家，到整车专家，再到产业专家；从技术专家，到管理专家，再到战略专家；从高校学术界，到企业产业界，再到重归顶级学术平台；从建功立业，到传道解惑，再到著书立说。这一路走来，他总是在给自己"出难题"，然后再逐一破解，攀上新的高峰，似在不经意之间，经历了人生的种种不同境界。

二是才华横溢，思想深远。正因为福全既有具体运营管理的成功经验，又有宏观战略决策的多番历练；既有极深的学术造诣，又有丰富的产业实践；加之对美、日、欧、中的汽车产业都有亲身经历和深刻了解，所以，他的思考往往与众不同——思路开阔、大气，却又不脱实际；视野广博、高远，却又紧接地气。实际上，福全在企业时我就深知其过人才华，海外见识与技术功底自不必多言，妙语连珠、挥洒自如且能自由切换中英日文的演讲能力也罕有与其匹敌者，而更让我惊喜的则是他立论之高瞻远瞩与说理之精到透彻。记得那年他在中国承办的世界汽车工程师学会联合会（FISITA）年会上做主旨演讲，题目是"自主品牌的安全技术"。我原想中国企业毕竟还有一定差距，而且各家安全技术都在不断提升，福全到底能讲些什么？结果又一次出乎我的意料，他并未限于所在企业的那点工作，而是站在全球汽车产业的高度，以安全技术作为支撑案例，把中国自主品牌这些年来的努力、进步及原因系统地梳理了一遍，并为未来发展指明了方向、提供了方法。整个演讲有高度，也有深度；有宏论，也有实例；而他本人一如往昔地幽默诙谐、气场十足。后来福全选择离开企业，专注战略研究，短短几年雄论迭出、影响日盛，仿佛转型成功轻而易举、自然而然。其实在我看来，他本就是做战略的材料，从此产业智库可谓得人才矣！

三是精益求精，倾情投入。能力与成就固然耀眼夺目，而最难得的是福全一直对自己近乎苛刻的高标准要求，仿佛精益求精地做事、倾情投入地拼搏，都已是融入他骨子里的固有DNA。由于职务关系，我应该是听福全发言最多的人之一，而每一次都会感到耳目一新。即使同样的题目，过了不到几天，听他再次演讲，也必然加上了不少"新料"。看来他还真是不怕"难为"自己，已经讲得广受欢迎了，还非要"百尺竿头，更进一步"。或许深思熟虑和精心梳理早就是他的习惯和乐趣所在了吧。而且他所研究和思考的领域极广，诸如强国之路、产业政策、企业运营、品牌建设、海外并购、体系建设、技术战略、汽车人才等，几乎总能高屋建瓴，几乎总有真知灼见，这不能不令人赞赏和佩服！我想，这份阅历，这份才情，加上这份努力，就是福全的不一般了。

正因如此，这套汇总福全教授研究和思考成果的赵福全论汽车产业系列丛书，也就非常值得期待了。实际上，收到书稿后，我自己也是先睹为快，果然不出所料，书中论断包罗万象，精辟观点层出不穷。不仅对一些此前发表过的文章进行了精心修订和重新编排，使之更成体系而脉络清晰；还有不少文章是来自过往的演讲或交流分享，此前并无文字稿，如今专门整理精炼而成；另外还将许多经典的图表穿插于文字之中，方便读者把握核心观点。

总体来说，这套丛书可谓福全思想的集大成之作，囊括了福全多年来各类观点的精华，特别是一些首次公开发表的文章，尤其难能可贵。书中所述，涵盖了社会、产业、企业、产品、技术和人才等各个层面，涉及现状分析、症结识别、方向判断、未来目标、发展路径和具体措施等诸多要素。很多一针见血的识见，恐怕非福全这样经历丰富、视角独到、战略思维、立场超然的专家所不能言。

当前，全球汽车产业格局正在发生全面重构，能源、网联与智能革命加快袭来，汽车企业、产品与技术面临重大变局，更兼能源消耗、环境污染、交通拥堵和行车安全的外部挑战愈演愈烈，使原本就很复杂的汽车产业，由于跨界交融和"降维打击"而变得更加混沌和多变。诸多因素相互交织，国家究竟如何庖丁解牛，做好顶层设计；各方力量纵横捭阖，行业需要怎么穿针引线，强化优势互补；多条路径晦暗不明，企业到底怎样才能曲径通幽，实现后发赶超。凡此种种难题，在丛书中都有相应的解答或阐释，或简明扼要直指要害，或旁征博引开具良方。因此，这套丛书也可视作汽车产业的解惑之作，无论主管部门、行业组织，还是各类企业、研究机构，都能从中觅得"养分"。我认为，行业内外、各个层面的诸位同仁们都应当阅读此书，相信必将开卷有益。

说到编辑整理这套丛书，刘宗巍博士无疑是最为合适的人选。他长期追随福全左右，是秘书、是助理，也是副手，若以保存的材料而论，恐怕他比福全本人更为齐全。而且他一直深受福全信任、欣赏和栽培，对福全的思想了解最多、体会最深，可谓尽得福全真传，假以时日，当可为福全的衣钵传人。此外，他对整理福全的思想最具使命感，也因此十分投入，这一点我在翻阅书稿时已经深有体会。更难能可贵的是，身为工科博士的他，文字功底颇佳。宗巍的这些优点对于确保此书的观点准确、行文流畅，是非常重要的保障。

我在汽车产业工作几十年了，现在越发感觉产业发展最重要的就是人才，而人才最重要的就是思想。作为业界难得的多元化标志性人物，福全及其思想本身就是行业的巨大财富。如今他带领团队、服务各方，深研战略、输出思想，传经送道、指点迷津，应该说这是一项伟大的事业，也是汽车产业的急切需要。而赵福全论汽车产业系列丛书正是在为这项事业添砖加瓦，以书面的形式传播智者的心声。从这个意义上讲，这套丛书可谓功在千秋、泽被后世。

如今，福全参与的事情越来越多，身上的担子也越来越重。我相信他必能为提升中国汽车产业的综合实力和国际影响力，持续做出自己独特的重要贡献。同时，我也希望宗巍要为福全做更多的分担，让他集中精力多谋大计、多出思想。并且宗巍一定要把赵福全论汽车产业系列丛书一直编下去，不断收录福全最新、最好的观点，形成汽车界思想盛宴上的一道"经典名菜"！

付于武
中国汽车工程学会名誉理事长
2017 年 6 月 5 日

丛书序二 PREFACE

痛并快乐的生活

第一次见到赵总是在 2005 年吉林大学汽车工程学院（原吉林工业大学汽车工程系）五十周年院庆的典礼上，彼时我有幸作为在校学生代表登台发言，而在我前面代表所有校友致辞的就是时任华晨金杯副总裁的赵总。犹记得赵总现场无稿、即兴发挥，毫无官样套话、句句命中痛点，特别是谈到对母校汽车工程学院的深情，令人感怀，而话锋一转，直言学校对汽车学科的关注和投入太少，以至于后来校长致辞时特意脱稿，专门做了一番回应，表态一定要全力做好富有历史传承和重要地位的汽车学科。现场的校友们，心中直呼痛快！

这是赵总的演讲魅力给我的第一次震撼，"超级牛人"的标签深深地铭刻在我的心里。而比同台"亮相"更可谓巧合的是，母亲听了典礼录音后一个劲地说："那你毕业了不如就去追随这位赵总吧。"我只付之一笑，因为自己已很有把握——赵总当时肯定没有记住我。不曾想到母亲竟然一语中的，后来真的在赵总身边长期工作。如此看来，人生果真因缘际会！

如今追随赵总已经是第十个年头了：从 2007 年博士毕业后受恩师王登峰教授推荐来到吉利汽车投奔赵总，到 2013 年随他转战清华大学；从赵总的贴身大秘，到吉利汽车研究院的部长、院长助理，再到今天清华汽车产业与技术战略研究院的副教授。这一路走来，赵总于我既是领导，更是师傅。在朝夕相处中，赵总的以身示范兼细微指点，让我受益良多、无法尽言，也使我在不经意间，完成了自己人生的重要转型。

虽然最初那点震撼，现在早觉稀松平常。但赵总高瞻远瞩的战略眼光、精益求精的认真态度、触类旁通的渊博知识和纵横捭阖的语言能力，至今仍然时不时地"冲撞"我的心灵，每每让我激动不已。看战略，他自己的职业生涯就如一本教科书，每次旁人以为攀上巅峰之时，他早已谋划开启下一个征程；说认真，他成名虽早，却无半分懈怠，做每件事都一丝不苟，全力以赴，力求精品；论渊博，上至国家战略、产业政策，下至企业管理、技术细节，几乎方方面面他都有系统思考和精辟观点；谈语言，他能够流利运用英语、日语，几乎如同汉语，甚至可以直接对着中文稿做外文演讲。而这一切的根源，在于其自我激励、不断求索的勤勉精神。可以说，相处越久，我的"粉丝情结"就越重，也让我不断感受到得遇名师、自我提升的窃喜。

当然，跟着赵总做事也不容易，个中滋味，如人饮水。毫不夸张地讲，这十年也是一种痛并快乐的生活。因为他想做的事情总是太多，而且一旦开始做起来就忘我般地"较真"。这也让作为"陪练"的我，感到"苦不堪言"。就说演讲吧，外人看到的是，几乎各个方面的不同话题他都能讲，而且场场出彩，似乎真知灼见用之不尽，妙语连珠取之无穷；即使同一个主题，他每次也总能讲出诸多"新意"。而唯有我最知道，在精彩演讲的背后，是赵总对自己远超常人的高标准要求，以及为此付出的艰辛努力——几乎每一次演讲，他都绞尽脑汁地苦思冥想，要求自己一定要讲出高度、讲出深度，并在细节上不厌其烦地反复推敲、不断完善。有多少次，已是深夜，他还打来电话要我增加几页新内容；又有多少次，临到登台之前，还叫我赶紧修改一处图表或者更新一组数据。他之所以在"台上"能对演讲内容熟稔于心、信手拈来，能在演讲表达上挥洒自如、淋漓尽致，原因无非"台下"认真、执着而已。

独乐乐不如众乐乐

正因为这种近乎"洁癖"的自我要求和倾情投入，使赵总的每一次演讲几乎都被奉为经典，备受追捧。经常是赵总这边刚刚讲完，那边一大堆人就围将上来，边换名片边交流，争相索要讲稿。甚至于"爱屋及乌"，连我身边也往往会聚拢不少人，想让我"通融"一下分享讲稿。另有很多大领导和专家，不止一次地向我叮咛：赵总这些思想太有价值了，你在赵总身边"近水楼台先得月"，自己固然受益匪浅，更应该将这些宝贵的材料整理出来，结集成册，广为传播，从而让行业内更多的同仁都能受益！一些较为熟悉的前辈，更直言这是我的责任，嘱我务必早日完成这项工作！谆谆教诲，殷切希望，如何敢不从命?！

其实，作为最能体会赵总思想精华和价值者之一，我自己也早就想整理赵总的各种言论和观点，形成文集，流传于世了。只是一方面彼时身在企业，总有一些不便；另一方面，由于这件事情做起来也必然要花费很大的功夫，所以迟迟难下决心。而如今身处高等学府的中立学术平台，且以研究汽车产业、企业和技术战略为主业，顿感条件成熟、时不我待。纵然工作再忙，也一定要抽出时间，把这件"功业"完成。毕竟"独乐乐不如众乐乐"——我本无意独自欣赏，更从未想过"独吞"，而是愿意奉上赵总的思想盛宴，让更多的渴望者与我一起分享品读智者心声的快乐，相信必能使广大读者同仁，对汽车工业有更加深入、全面和准确的认识！

如今，赵福全论汽车产业系列丛书终于如愿呈现在广大读者面前。该系列丛书是我将赵总在各种场合，以演讲、专访、专论、论文、交流发言和主持点评等不同形式发表的各种观点，进行梳理分类、核对完善和精修提炼，再编排汇总而成的。为了准确传递赵总的思想，我自问尽了最大努力：一些材料由于间隔时间较久，记忆已趋模糊，便重新去听当时的现场录音，以求准确；更有不少材料是之前不曾分享的"不传之秘"，是对照着昔日演讲的PPT，听着录音一点一点整理出来的，并第一次以文字的形式公之于世。于我自己而言，这无异于一次系统的重新梳理，让我对赵总思想的认识有了全新的感悟与升华，也让我越发感到这件工作的沉重分量和深远意义。

既然深感所做之事对于中国汽车产业至关重要，甚至功在千秋，我自当坚持不懈、全力以赴一直做下去。今后我会不断整理下去，每完成一定的篇幅，就形成系列丛书新的一卷进行出版。实际上，身为行业意见领袖的赵总一直在不断输出新的思想,只希望我的编录速度不要太慢。也希望这套丛书能够引发广大读者、特别是行业同仁们的共鸣,你们的积极反馈与充分认可,将是我加快进行后续工作的最好激励。

关于丛书体例的说明

下面简单介绍一下赵福全论汽车产业系列丛书的体例。如前所述,赵总的言论涉及汽车产业的方方面面,且时间跨度较大。为此,我将这些文章分别编入战略篇、产业篇、企业篇、技术篇、人才篇等不同部分,每个部分之内以文章内容相近、逻辑相关排序,并未完全参照时间先后编排。而在每篇文章的最后,附上了最初观点发表的时间、出处或者场合,以便于大家了解文章的背景。我想,这样的编排方式应该更易于阅读。

同时,我对文字进行了精心校正:一方面努力保留赵总语言的原汁原味,另一方面也进行了必要的删减、增补或重新编排。如将几篇不同场合发表的主题类似的演讲,合并而成一篇更为系统全面的文章;又如将一篇长文按照不同内容打散,分别编入其他文章之中;并且还在很多文章中添加了重要的图或表;至于一些文字上的精炼就不必赘述。此外,每篇文章前面,我还遴选并编辑了赵总的"精彩语句"和"编者按"两部分内容:前者是体现"赵氏"语言原貌的经典"名句",也往往是一篇文章中最亮点的思想所在;后者则是我根据自己的理解,撰写的文章简介及要点提示,以进一步方便各领域的读者快速把握文章的主旨。

凡此种种,不一而足。相信大家在阅读时,应该能够体会到我在艰辛编录过程中的至诚用心。

值此赵福全论汽车产业系列丛书正式问世之际,首先必须感谢赵总(虽然来到清华,但我还是更习惯称赵福全教授为赵总),有他的真知灼见才有这套丛书的产生。而他对我长期以来的教导、指引、激励和提携,更是大恩无以言谢,只好将原本源自于他的丛书,拿来"借花献佛",聊表感激之情。

同时感谢我的妻子陈佳丽女士以及我们双方的父母,他们不辞辛劳地照料着我的一双儿女,并承担了一应的家务,使我能够抽出宝贵时间,夜以继日地敲击键盘。

最后必须说明的是,书中如有不足甚或错误,均属我个人理解不到位,还请广大读者不吝宝贵意见。

刘宗巍

2017 年 6 月 2 日

前言 PREFACE

历时近三年，赵福全论汽车产业系列丛书的第二卷现在和大家见面了。在此，首先要为自己的"拖沓"向诸位同仁致歉。不过，三年多的积累与沉淀，也让这部新书汇聚了更多更新的精彩篇章。

因为过去这三年，恰是汽车产业风云激荡、波澜壮阔的三年。在新一轮科技革命的驱动下，汽车产业加快发生全面重构，诸多变化接踵而至：中国汽车市场结束了快速增长阶段，出现了28年来首次负增长，竞争日益加剧、格局优化重组；汽车产业边界不断扩展，合纵连横精彩纷呈，传统整零车企加大创新力度，造车新势力正式登上舞台，信息通信企业与科技公司更加深度介入；汽车能源革命持续深化，特别是中国强力驱动新能源汽车发展，促使包括诸多国际巨头在内的各路汽车厂商重新布局汽车动力技术路线，进而影响世界进程，也催生了动力电池等核心技术领域的骨干企业；汽车互联革命和智能革命方兴未艾，车路协同、并行发展理念与汽车、信息通信、政府三方合力的模式逐渐成为行业共识，基于智能汽车、面向出行服务的创新尝试，带来了技术、产品、企业、应用场景及商业模式的全方位改变；而突如其来、目前影响已波及全球的新冠疫情，又给汽车产业未来的发展增添了新的压力和变数，也形成了新的挑战和机遇。当此之际，无论政府、行业，还是企业、个人，无不迫切需要以系统前瞻的创新思维，重新审视自身的转型战略、发展路径与实践举措，以有效应对挑战、把握机遇。

面对全新变局和诸多难题，兼具学术与产业、海外与国内、技术与管理背景的战略专家赵福全教授一直在进行深度观察和思考，这本新书恰是其最新判断和观点的凝结之作。从这个意义上讲，本书的问世可谓正当其时，将为新形势下共同摸索前行中的各界同仁提供重要的方向指示、决策依据与行动参考。而这也正是我花费心力编撰赵福全论汽车产业系列丛书的初衷所在——我希望这份沉甸甸的智者心声能够传播给更多的同仁，发挥出更大的作用。事实上，我坚信这是一项贡献行业、功在千秋的工作，并视之为自己责无旁贷的历史使命。我想展卷细细品读本书的读者，一定能与编者心生共鸣。

本书的体例与此前的《赵福全论汽车产业（第一卷）》一脉相承，是将赵福全教授以各种不同形式分享的诸多观点，进行精心梳理、核对、提炼、修订，最终汇编而成。而在本书中，与产业重构不断深入细化相呼应，我在继续编入很多重量级的战略宏论之外，特别增加了赵教授对很多具体关键问题的深入研究与系统分析，包括一些在学术论文中发表的重要结论，从而进一步形成了战略与战术的相互统一，这也可以说是本书有别于第一卷的特色之处。

本书共编录文章46篇，分为战略、产业、企业、技术和人才五个部分，全面论及了汽车产业的方方面面。按照本系列丛书的编录模式，每个部分之下的文章排序以内容相近为原则，文章前面附有提示要点的"精彩语句"和"编者按"，文章最后则有记录出处和时间的简介，以方便读者了解每篇文章发表的背景。

为确保本丛书的独特价值，我在精准传递"赵氏"思想精华和语言风格方面下了很大功夫，这不仅体现在对文字、图表等的高标准校正，更体现在对内容本身的精心打磨和深度"加工"上，以求获得观点最准确、逻辑最清晰、内容最精到、表达最"原味"的呈现，真正把这套丛书打造成读者珍爱的精品。当然，编录工作总还有继续提升的空间，但我自问这份用心，无论对自己还是对读者，均可谓无愧。或许，这也可作为本书历经三年才姗姗来迟的一个合理"借口"吧。

值此《赵福全论汽车产业（第二卷）》问世之际，首先致谢赵总（对我来说，这始终是比赵教授更习惯的称呼），感谢他对我的指导、激励、栽培与支持，更感谢他为本书奉献的思想、远见与智慧。

同时，感谢我的妻子陈佳丽女士和我们双方的父母，家人始终是我最坚强的后盾，让我可以毫无后顾之忧地专注于工作。

在本书的文字编辑过程中，课题组的刘秀虹女士和林富鹏先生协助我完成了一些细节工作，在此向他们一并致谢。

最后向大家做个预告，疫情之下的闭关给了我相对更多的时间，由此赵福全论汽车产业系列丛书的第三卷有望缩短间隔，在明年出版。我会继续加紧编录工作，也希望各位读者继续不吝支持与关注。

刘宗巍
2020 年 5 月 22 日

丛书序一

丛书序二

前言

第一部分　战略篇

疫情对中国汽车产业未来发展影响的预判 / 002

关于中国汽车产业未来发展的战略思考 / 014

汽车产业综合评价指标体系 / 025

《中国制造 2025》促进汽车产业转型与升级 / 036

发展汽车产业支撑地方经济转型 / 042

中国汽车产业科技协同创新平台建设思考 / 050

交通的本质与未来交通的可持续发展 / 063

站在未来社会、城市和出行需求角度反观未来汽车 / 073

跨越洲界和行业的紧密合作比以往任何时候都更加重要 / 077

跨界融合、协同创新，构建智能汽车产业生态体系 / 079

第二部分　产业篇

汽车产业变革的特征、趋势与机遇 / 084

应对产业重构需要大智慧、大平台、多能力、长时间 / 109

回应董明珠"粗制滥造"论：中国汽车行业之真现状 / 127

产业边界不断扩展，"狼"和"坚守者"是一家 / 148

中国汽车产业两极分化将急剧加速 / 150

汽车产业业态重塑的特征与转型策略 / 154

你可以任性 / 161

高端智库大有作为，汽车共享是产业未来 / 166

论新能源汽车、限行限购及整零协同发展 / 173

碳配额、"双积分"法规迷雾待清 / 179

新能源汽车产业地方保护问题及解决对策 / 184

中国汽车产业税收分配机制剖析及改革建议 / 191

第三部分　企业篇

颠覆性的改变取决于颠覆性的认识和持续的产业实践 / 202

中国汽车为什么没有世界品牌？ / 214

自主品牌车企迎来历史机遇 / 220

本土企业要在合资股比放开前尽快做强 / 223

汽车企业与信息技术企业产品创造模式对比分析 / 226

中国汽车 2.0 时代，零部件企业如何"居危思危"？ / 237

关于中小企业如何应对智能制造升级的思考 / 244

中国车企需谨慎赴美 / 248

他山之石可以攻玉 / 253

绩效考核的价值与方法 / 255

第四部分　技术篇

节能与新能源汽车技术策略选择关键问题辨析 / 260

应理性评估内燃机汽车的挑战、潜力与机遇 / 270

汽车产业核心技术掌控力评价体系 / 283

未来汽车技术"五化"发展趋势 / 293

中国乘用车自动变速器产业发展战略 / 296

中国燃料电池汽车发展问题思考 / 304

中国车联网产业发展现状、主要瓶颈及应对策略 / 316
城市智能停车模式探索 / 328
实施平台战略的价值与路径 / 334

第五部分　**人才篇**

集大成的汽车产业为人才提供无限发展机遇 / 338
未来汽车人才的需求变化与发展建议 / 352
新形势下的汽车人才战略思考 / 369
以敬畏心和责任心践行新使命 / 372
海外汽车华人的使命与作用 / 376

关于赵福全
关于编者

第一部分 战略篇

疫情对中国汽车产业未来发展影响的预判

【精彩语句】

"这次疫情对人类社会的冲击是史无前例的。某些影响可能会随时间的推移而逐渐淡化,但是也有很多影响并不会淡去,将会永远改变人们的意识和习惯。正因如此,世界将会发生深度重构,全新的竞争格局和国际秩序将会逐渐形成。"

"疫情对汽车市场的影响是全方位的,既会影响销量,又会影响品类,还会影响消费趋势。长期来看,中国汽车市场向好的趋势不会改变;但是近期来看,受全球宏观经济、政治等因素的影响,汽车企业将面临一个艰难的时期,必须平衡好短期措施和长期规划。"

"未来供应链布局的关键取决于各国市场规模、产业政策以及各企业的竞争策略,最终还是要由市场规律来决定。在此前景下,中国必须加快完善自己的供应链,努力填平补齐并夯实基础。同时更重要的是,必须确保市场的长期稳定,并进一步加大开放力度,努力为供应链企业在华长远发展创造更好的政策、舆论及投资环境,这是确保供应链长期健康发展的根本所在。"

"面向未来,新四化的发展趋势并不会因为疫情而改变。企业必须清醒地认识到,即便发生了疫情,代表汽车产业重构方向的新四化仍会到来。因此企业切不可由于外界影响而减少对新四化的投入,而是要制订长期的发展计划,坚持进行持续的战略投入。"

【编者按】

突如其来的新冠疫情给中国乃至全球经济带来了空前的冲击和压力,也给中国汽车产业带来了全新的挑战和变数。对此,国家、行业、企业都有诸多担忧,也引发了一些争论,业界迫切需要清晰把脉产业未来发展的智者声音。正因如此,赵福全教授在车辆与运载学院成立一周年暨清华大学109周年校庆云论坛上的演讲,一经发表就广受关注。在这次分享中,赵教授将自己关于疫情影响下汽车产业发展前景的预判和盘托出:他指出此次疫情影响巨大而深远，或将成为人类文明的重要拐点；并提出了面对、反思、变革三部曲，作为应对危机的普适方法论。他判断中国车市短期内将受疫情严重影响，疫情后迅速"报复性"反弹的可能性不大，但是中国汽车市场的长期增长趋势不会改变。针对疫情影响下后续供应链可能外移的忧虑，赵教授认为企业布局供应链必须在竞争力和安全度之间取得平衡，只要中国大市场仍在，汽车供应链就不可能全面迁出；同时，中国也要审视自身供应链的短板，尽快填平补齐。最后，他强调代表产业重构方向的汽车新四化并不会由于疫情而改变或中断，对此企业切勿误判进而放慢创新步伐，而是要在确保眼前生存的同时，坚持长期持续的投入，加大创新实践的力度，这将成为企业抢占未来战略制高点的关键。

当前，突如其来的新冠疫情正对全球经济产生多方面的深刻影响。作为制造业中的集大成者，产业链长、涉及面广的汽车产业也不可避免地受到剧烈冲击。为此，我们急须系统分析和思考疫情对中国汽车产业未来发展造成的影响，做出相应的预判和积极有效的应对。总体上，我认为新冠疫情给中国汽车产业带来了新的巨大挑战和困难，但反过来更会倒逼我们坚定转型的决心、加大转型的力度。

一 本次疫情或将成为人类文明的重要拐点

本次疫情是突发事件，而且波及广泛，纵观全球没有哪个国家能够独善其身。疫情的影响巨大而深远，很可能将会成为人类文明发展进程中的一个重要的拐点性事件。由于疫情的持续性和复杂性，人类社会必须面对优先保障生计（经济）还是优先保护生命的两难选择，这种情况是前所未有的。

这次疫情的影响既有短期的、显性的，又有长期的、隐性的，多种因素相互交织，最终将由量变积累导致质变发生。特别是疫情造成的不分国界、不分层次的全方位影响，将会深刻改变人类社会的方方面面。

尽管目前没有人能够完全准确地预测疫情未来的变化和走向，但毫无疑问，人类应对此次危机必须遵循面对、反思、变革的三部曲。即首先要科学、冷静地面对疫情、抗击疫情并尽最大努力将其影响最小化，然后要深刻地反思这次疫情发生的原因以及由此带来的深刻变化，最后要坚定地实施变革去规避疫情的长期不利影响，甚至变"危"为"机"。

在此过程中，我觉得有三点值得注意。一是切忌把疫情的短期和长期影响混为一谈，过分关注短期影响就会偏向治标措施，而忽略应对长期影响的治本方案。实际上，看问题的角度不同，结论就不同，相应的应对预案也就会不同。二是要充分考虑短期措施可能带来的长期副作用，在此前提下慎重决策，以免饮鸩止渴、得不偿失。三是要高度重视、持续跟进，虽然疫情未来的具体变化很难精准预测，但是必须不断研究、思考和预判，既要亡羊补牢，更要未雨绸缪。

二 疫情将会带来全方位的深远影响

本次疫情已经由点到面，从一个黑天鹅因素演变成多个黑天鹅因素，从一次区域性事件演变成一场全球性危机。其影响远超公共卫生的范畴，而是全方位地波及产业、经济、政治和社会。有专家认为，此次疫情对中国的影响远大于2003年非典和2008年金融危机的叠加效应。

在产业上，很多企业的经营面临巨大挑战，甚至陷入倒闭危机。与此同时，围绕着科技创新、产业变革的整体步伐短期内将明显放缓。为了降低经营压力，部分企业甚至有调整创新航向的潜在可能。

在经济上，短期内各国股市下跌、工业停摆、消费冻结，导致全球范围的贸易受阻和经济衰退，这需要很长时间才能恢复。为了解决眼前的经济困难，各国政府纷纷出台大量政策来加强经济干预，"计划经济"手段被更多地采用。

在政治上，为了减少疫情对本国经济运行及社会生活的影响，国家之间的"砌墙"现象明显增加，导致逆全球化倾向加重，世界秩序正在加速重组，这将会推动新的全球化模式的形成。

在社会上，区域性特征将会显著加强，这对已有的社会秩序、文明体系形成了挑战，人们的工作、生活、消费、社交习惯等都会受到深远的影响。

需要强调的是，从全球范围看，目前疫情远未达到尽头，其带来的短期震荡仍将持续，且时间长短尚无法预测；而短期影响的延续必然造成疫情的长期影响更加深远；由此导致未来的不确定性将进一步加大。

在上述影响中，有些变化是短期的，但也有很大一部分变化将是长期的，会逐渐转变为未来人类社会的"新常态"。

具体来说，我梳理出了以下三个方面的主要变化，供大家思考。

1. 生活方式的改变

在居住方式上，由于疫情对群体活动的影响，使大都市集聚化的群居模式受到冲击；在出行方式上，能够避免相互接触的私人出行方式变得更为重要，我们需要进一步评估疫情对公共交通系统的深远影响；在交流方式上，由于人与人之间需要保持物理社交距离，线上交流增多，面对面的交流受到影响；在工作方式上，越来越多的工作场景将"上云"，包括云办公、云展览等，居家上班、远程会议、线上教学等将得到迅速普及；在服务方式上，服务内容也将更多地"上线"，企业将进一步加大对云产品的投入，并努力实现物流的按需配送。受此影响，现代工作与生活场景将被"重新定义"，人们的意识和思维方式将由此逐渐改变，进而导致生活和工作中的行为方式也随之改变。

2. 经济模式的改变

为减少疫情对经济的短期影响，各国政府不得不推出货币放水、物资管控、产业召回等一系列措施，并对经济持续进行强干预。这些措施在一定程度上解决了短期的困难，但将对全球经济造成长期的深远影响。要想完全恢复到疫情前的状态，预计需要十年的调整周期。同时，本次危机将深刻改变原有的公共生活习惯，不仅影响原有的相关经济模式，也对共享经济提出了巨大挑战，社会需要更具健康保障的新型共享经济模式。此外，数字经济转型将加速到来，数字化技术全面渗透，催生基于新经济的新文化，并由此逐步形成新的社会文明。此类改变一经发生，将不可逆转。

3. 产业和企业的改变

为适应疫情变化、应对疫情影响而进行的相关创新将会加速；一些以前曾经想要进行却难以推动的变革，现在有了推进的理由和动力；另有一些正在进行的相关变革将会因疫情而加快进程。相比之下，与疫情不直接相关的其他创新将会放慢步伐，特别是需要大量投入的尝试，企业很可能会"踩刹车"。在这里，我想强调的是，对于企业来说，必须清晰判断各项应对措施带来的影响是短期的还是长期的，对于后患无穷的市场激励措施，建议企业一定要谨慎采取，而有利于未来发展的举措或创新则要加大力度推进。可以说，现在正是考验企业实力、智慧和格局的关键时期。

这次疫情对人类社会的冲击是史无前例的。某些影响可能会随时间的推移而逐渐淡化，但是也有很多影响并不会淡去，将会永远改变人们的意识和习惯。正因如此，世界将会发生深度重构，全新的竞争格局和国际秩序将会逐渐形成。

三 汽车产业将加快优胜劣汰和资源重组

疫情对汽车产业的影响同样有近期和长期之分，两者相互交织，最终对产业的不同层面产生全方位的影响。在疫情影响下，汽车产业将加快优胜劣汰，企业之间的兼并重组、合作联盟将成为未来一段时间的主旋律。为有效应对短期的疫情影响及长期的产业重构，与传统的兼并重组模式相比，资源组合的"抱团取暖"模式将成为本轮优化重组的合理选择。关于疫情对汽车产业的影响，我将从以下四个方面来分享一下自己的预判。

1. 对汽车市场的影响

在供给端，主要受制于供应链，可能出现整车产能恢复无法跟上市场需求复苏的情况；同时新产品的投资力度将受到影响，原计划在 2020 年上市的重磅车型也可能会推迟上市。在需求端，短期的市场购买力下降将会影响整体销量，相对而言，油价下跌将使传统燃油汽车的性价比优势凸显，这将给售价较高的电动汽车带来更大的市场压力。在政策端，政府正在出台一系列政策促进汽车市场恢复，不过国家可用于汽车产业的政策资源毕竟是有限的，其效果有待进一步观察。

2. 对出行模式的影响

其一，私人出行场景将会增加，而公共交通和共享出行场景将受到影响，这将推动行业探索共享出行模式的变革。其二，城市限购规定既影响市场销量又影响个人安全出行，将进一步遭受质疑。其三，企业向出行服务转型的步伐将会放慢，在汽车共享商业模式上的资产投入将会缩减。

3. 对制造体系的影响

疫情影响涉及研产供销整个体系，考验企业设计开发、生产制造、供应链管理、销售服务以及运营管理等的全面应对能力。一方面，车企必须加快从"以产定销"向"以销定产"转变，这将对供应体系提出更高的要求；另一方面，企业希望能够提升供应链的受控度，但这绝不是简单地由某地转入或转出的问题，如何有效减少对外依赖并兼顾经济效益才是布局的关键，因此提升产业布局的灵活性将成为企业未来关注的重点。

4. 对产业变革的影响

汽车与智慧城市的新关系（即智能汽车、智能交通、智慧能源与智慧城市）相互交织，无接触式的移动出行（Mobility）、数字化以及远程服务、控制等，将成为产业的关注热点。面向汽车新四化（电动化、网联化、智能化、共享化）的变革进程将出现分化，产业热度暂时会下降，投资力度也会在一段时间内减弱。在可预期的未来，法规升级将会减速，这可能会误导部分企业减缓在技术创新方面的投入，而这样的企业面对中长期的市场竞争将会更加困难。

四 汽车市场：短期报复性增长概率小，长期稳定增长值得期待

当前，全球汽车市场进入了冰冻期。而中国汽车市场在熬过了一季度的重创之后，随着疫情逐步受控、刚性需求及政策效应逐步释放，正逐渐回归正轨。中国汽车销量第一季度下滑了42%，后续月份销量正在恢复，我预计全年汽车销量将同比下滑10%~15%。目前来看，疫情后出现报复性快速增

长的可能性较小，不过待疫情调整结束后，中国汽车市场长期稳定增长的趋势不会改变。

在疫情影响下，中国汽车消费特征将在以下三个方面发生变化。

1. 产品需求改变

消费者对汽车健康功能方面的需求将会激增，相应地，企业需对此加大研发力度。之前谈到健康功能，大家首先想到的是车内空气净化，而未来车内杀菌消毒等技术将成为新的关注重点。与此同时，专业、安全的无接触式物流汽车产品，将会迎来巨大的发展空间。

2. 消费意愿降低

由于经济下行压力增大，而且疫情持续时间长短未知，以工薪阶层为主的私人购车意愿会出现明显下滑。不过，这方面的因素对中高收入阶层的影响相对较小，尤其是豪华车市场的"抗疫"能力较强。

3. 消费心理转变

个人安全出行的需求或许会刺激首购用户提前实施购车计划。但是对于换购用户来说，他们可能会推迟换购计划或者改为增购入门级车型，以便让家里的更多人都能实现个人安全出行，因此入门级车型的需求有望增长。

我认为，疫情对汽车市场的影响是全方位的，既会影响销量，又会影响品类，还会影响消费趋势。长期来看，中国汽车市场向好的趋势不会改变；但是近期来看，受全球宏观经济、政治等因素的影响，汽车企业将面临一个艰难的时期，必须平衡好短期措施和长期规划。

五 汽车供应链：整体外迁不具可行性，多点布局将成大趋势

目前，供应链迁移是企业和媒体讨论最多、争议也最大的问题之一。我认为，企业对此有所思考是非常正常的，毕竟疫情突然爆发导致了部分供应链的中断，零部件无法及时供给直接影响整车生产，这导致即使消费者的购买需求开始恢复，企业也不能及时满足。对供应链问题的争议，很大程度上

源于把多层次的各种复杂要素混为一谈了。或者说，是因为没有充分理清供应链本身的作用、竞争力、建设难度、企业经营风险与地区产业安全之间的复杂关系而造成的。

有人担心，由于疫情暴露了供应链集中布局的风险，后续一部分汽车供应链可能会从中国"搬走"。在我看来，供应链作为汽车产业中最重要的环节之一，想搬走是一回事，能搬走则是另外一回事，后者才是真正的核心问题。由于汽车供应链具有专业性强、层级多等特点，只要庞大的中国市场还在，想要把整个供应体系搬走既不现实也不可能，而如果只是移出了单个部件或模块的产能，其意义和影响会非常有限。

说到底，供应链布局要遵循经济规律。对整零车企来说，为了尽可能优化供货成本和时间，采取"现地生产、现地供货"的方式是最经济也是最高效的。正因如此，中国所拥有的全球最大规模的市场和最完整的产业链条，决定了汽车供应链是无法全面迁出的。布局在中国，企业既可以享受到直接面对市场的优势，供应成本（物流、仓储）更低，供应及时性更高；又可以享受到中国研发、制造体系以及人才水平等都较成熟的产业链优势。如果出于对某种特殊因素的考量而将供应链搬走，企业将无法通过上述优势来抢占市场，最终就会在中国这个规模巨大且仍有增长潜力的市场中失去其应有的竞争力。

因此，无论是国家还是企业，在产业布局上过度强调安全或效益中的任何一方面，都不是正确的战略决策。供应链究竟自己控制到什么程度，这其实是对安全与效益的平衡点进行战略判断和选择的问题。而本次疫情的发生，使每个企业都不得不重新反思和评估应当把这个平衡点放在哪里的"老问题"。

在疫情影响下，部分企业会考虑把这个平衡点从"重效益"向"重安全"的方向偏移一些，这就使得原来大家习惯的追求效益最大化的"集中采购、全球供应"模式受到了挑战。一些企业可能会放弃以前那种供应链集中布局在经济上最优地区的战略，进而采取适当分散布局（尤其是一些核心零部件）的策略，以增强抗风险能力。我认为，对于供应链布局的再思考及再调整只要是基于企业的正常经营和可持续发展需求，就无须过度解读。但必须清楚，过度放大产业安全或企业经营风险的供应链布局方案，是一种因噎废食的做法，最终会导致相关地区及企业丧失其市场竞争力。

在后疫情时代，有效平衡安全与效益的平台化、模块化生产模式以及更加柔性的供应链建设，将成为新全球化前景下供应链布局的发展重点。未来贴近大市场建立全链条的本土化供应体系，与有计划性和针对性的多区域布局战略有效组合，将是供应链布局的大势所趋。简言之，重点区域本土化与多区域联动布点相结合，是今后供应链布局的优化方向。

与此同时，产业布局战略的调整是双向的，中国也要重新审视自己的供应链短板，尤其是一些尚未实现国产化的核心零部件。在国内疫情受控、国外疫情加重之后，这些在外的供应链明显影响了中国汽车产能的恢复。也就是说，这次疫情也让我们深刻认识到了供应链完整度不足带来的风险，为此我们必须加快核心零部件的国产化进程，弥补汽车供应链的不足，以进一步确保中国汽车产业的可持续发展。

完善本土供应链建设不仅对本土整车企业至关重要，也是外资整车企业在中国确保供应安全和经营竞争力的基本保障之一。在这里，我想强调的是，供应链布局及调整绝不是简单的技术问题，而是需要形成包括研发、工艺、材料、装备及生产等在内的全方位系统能力，这是一个庞大复杂的系统工程，不只需要时间，更需要巨大的投入。

未来，汽车供应链体系的灵活性将极大地挑战企业的经营与管理能力。而供应链布局的关键取决于各国市场规模、产业政策以及各企业的竞争策略，最终还是要由市场规律来决定。在此前景下，中国必须加快完善自己的供应链，努力填平补齐并夯实基础。同时更重要的是，必须确保市场的长期稳定，并进一步加大开放力度，努力为供应链企业在华长远发展创造更好的政策、舆论及投资环境，这是确保供应链长期健康发展的根本所在。

（六）数字化转型：数字化运营成为未来方向，国家新基建提供有力支撑

数字化转型的需求一直非常强烈，但是此前企业对此的认识不够深刻，加之技术也不够完备，导致产业一直处于概念多于成果的状态。而这次疫情加剧了企

业对远程化、非接触式运营的迫切需求，有力地推动了企业数字化转型实践。

受此影响，车企数字化转型的临界点正在提前到来，其核心是基于数字化打通产品研发、生产制造、供应链管理、市场营销、售后服务等各个环节，形成首尾相连的完整闭环体系。这将是一个远程、无线、非接触式的数字化企业运营体系，能够显著提升运营效率、降低运营成本。在该体系的支撑下，企业可以实现数字化的产品、数字化的经营、数字化的管理、数字化的营销，最终以数据驱动高效服务，从而极大地提高用户的满意度。正因如此，全方位的数字化运营能力将成为未来企业竞争的护城河和助推器。

以 O2O（线上到线下）商业模式为例，在疫情影响下，网上看车、选车，上门试驾、交车的全流程 O2O 模式尝试出现了爆发式增长，并向线上线下充分融合的立体化营销场景快速演化。产品竞争力通过数字化得以更高水平地展现出来，有效提升了企业的展示能力。而 O2O 模式的巨大需求，又会倒逼 5G 等技术加快导入和应用，进而使 5G – AR（增强现实）直播、云车展看车，VR（虚拟现实）全场景选车等经营模式取得越来越好的客户体验效果。

需要特别指出的是，当前国家提出了应对疫情的新基建战略，这将为车企的数字化转型提供有力的支撑。新基建将推动 5G、大数据、人工智能、工业物联网等技术加速发展，从而促进产业数字化转型，并给相关企业带来巨大的商机。而汽车这种复杂的产业将是新基建应用的最佳载体。

七 汽车新四化：智能化和网联化加速发展，电动化和共享化未来可期

面向未来，新四化的发展趋势并不会因为疫情而改变。企业必须清醒地认识到，即便发生了疫情，代表汽车产业重构方向的新四化仍会到来。因此企业切不可由于外界影响而减少对新四化的投入，而是要制订长期的发展计划，坚持进行持续的战略投入。

这次疫情使智能网联汽车在未来城市生活中的重要地位得到彰显，其在智慧城市建设中的地位无可争议。当国家出现重大公共安全事件，公共交通系统瘫痪、资源移动停滞之时，作为城市中的移动节点，无人驾驶的智能汽

车将发挥不可替代的作用：它能够有效打通整个城市的运营体系，连接千家万户，实现非接触式的人类出行和物资运输。我判断，汽车智能化和网联化将因疫情而加速发展，而不会减速，更不会停步。未来的城市一定是智能互联的，而智能网联汽车将在未来智慧城市建设中发挥不可替代的作用，并反推智慧城市加快建成，这也和国家推进5G等新基建的大战略相辅相成。

电动化短期内会受到一定影响，但其长期发展前景依旧。当前在疫情影响下，各国节能环保法规推行节奏放缓，加之油价下跌，这对新能源汽车的性价比构成了挑战；大众购买力下降以及汽车共享降温，也不利于新能源汽车的市场推广。但从另一个角度来看，国家和地方出台的刺激消费政策更多指向于新能源汽车，同时充电基础设施建设是新基建的重要内容之一，这些因素都有利于疫情过后电动汽车的健康发展。当然，新能源汽车要想真正形成竞争力，提高产品性价比是最关键的。长期来看，NEV（新能源汽车）积分的强制要求和油耗、排放法规的不断升级，决定了中国汽车电动化的进程只能加快，不会停步。

共享化在疫情中受到了巨大挑战，未来探索新型共享模式至为关键。短期来看，疫情会让消费者觉得汽车共享出行从健康角度讲不够安全，不过长期来看，这将倒逼产业实践者探索成本更低、安全性更高、便捷度更优的共享出行服务模式。我认为，未来充分融入智能化的新模式或将成为汽车共享化落地的破局关键。因此，基于无人驾驶车辆或在社群内部联网授权的汽车共享模式，有望迎来快速商业化落地的重大发展机遇。

近年来在汽车新四化的进程中，中国诞生了一批拥有核心技术或新型商业模式的高科技创新创业企业。尽管其中不少企业规模不大，但其技术含量很高，所处领域也很关键。在当前疫情的影响下，这些中小企业的经营状况非常困难，建议国家应加大对这些企业的扶持力度，同时产业基金也应该向这些企业重点倾斜，切实保护好这些优秀的创新创业企业，以保存后续发展的种子，抢占未来的战略制高点。

八 疫情洗礼后的中国汽车产业将进一步走向成熟

两年前，中国汽车市场出现负增长，产业开始进入转型调整期。而这次疫情明显增加了产业转型的难度,但我认为,突如其来的疫情也将倒逼产业加大转型的力度、加快转型的速度。总体而言,中国汽车产业转型是一个由量变到质变的漫长的自我调整过程。我们必须认识到:转型是艰难的,而疫情的影响是深远的,为此,国家、产业及企业都要做好打持久战的准备。

毋庸置疑,疫情对中国乃至世界的影响是巨大的。但我们应坚信,中国经济受疫情影响在经历短期的下滑后,仍将继续引领全球经济的增长。从过去这几个月的情况来看,中国汽车市场的恢复速度高于预期,在全球范围内率先探底后加速回暖。更重要的是,中国车市长期向好的大趋势不会因疫情而改变,因此我们对未来中国汽车市场理应充满信心。

在供应链方面,只要中国庞大的汽车市场规模依旧,汽车供应链就不会从中国移走,中国在全球供应链中的地位也不会动摇。另一方面,在关注供应链外迁风险的同时,中国更应当抓住机遇,加快补齐和强化自身在供应链上的短板,实现核心技术领域的全链条本土化。这是需要大量的时间和资金投入的,在此时尤其需要产业和企业决策者的判断、勇气与坚持。

关于产业变革,汽车新四化仍在培育进程中,发展重点或有缓急,但未来的目标不会改变,企业对此要有清醒的认识,切不可停步不前,也不可顾此失彼。而国家更需要大力扶持产业变革方向上的创新创业企业,以培育和确保未来发展的核心力量。

在应对疫情冲击的过程中,我们要以生存为前提来储备未来的发展,而确保市场销量是目前最为核心的任务。企业不同,应对疫情危机的举措也应有所不同。但是所有企业都需要认真研究和预判疫情带来的短期和长期影响,努力转"危"为"机",共同推动产业转型升级。我相信,经过疫情的洗礼之后,中国汽车产业将进一步走向成熟。

(本文根据赵福全教授 2020 年 4 月 26 日在清华大学车辆与运载学院成立一周年暨清华大学 109 周年校庆云论坛上的主题演讲整理)

关于中国汽车产业未来发展的战略思考

【精彩语句】

"汽车是最具有跨学科特点的'老'的交叉学科，也是技术的载体、应用的载体、创新的载体、价值的载体、集成的载体、成果的载体。高校设置汽车学科是非常必要的，汽车学科应该生生不息、持续发展。"

"汽车的高度复杂性和关联性，要求诸多核心要素集体发力才有可能把汽车产业做强。对于短板效应明显的汽车产业，任何环节不强，总体上都很难做强。"

"做强汽车产业，本土汽车企业是内在的主体因素，国家是外在的必要条件。只有双方相互配合、积极互动、共同努力、改进短板、弥补差距，才能向着做强汽车产业的目标不断迈进！"

【编者按】

在中国制造业转型升级的浪潮中，汽车产业能否以及如何从"大而不强"变成"既大又强"？本文系赵福全教授加盟清华后对汽车产业发展战略的首次系统阐述。

一 汽车产业在国民经济中的地位

中国现在已经是世界上当之无愧的汽车大国。国家发展研究中心在2009年就给出预测：在未来十到十五年中，全国GDP（国内生产总值）新增量中将有16%～17%由汽车产业贡献，可见汽车已成为国民经济中拉动力最强的产业之一。

同时中国汽车产业的发展还远没有达到顶峰，中国广袤的领土和日益富足的人民还有很大的承载空间。现在仍有一些观点认为，由于中国人均资源不足，能源环保压力越来越大，所以中国人是不能都开车的。果真如此吗？让我们来看看邻国日本，简单做个对比：众所周知，日本人口密度大、资源极度匮乏，但日本的千人汽车保有量却达到了589辆，远远超过中国；与此同时，日本国土狭小、地形复杂，到处都是山地、海湾，仅有的一些平地几乎都住满了人，就是这样，日本还是成功实现了全民进入汽车社会。这也反证了只要科学规划、有效实施，中国发展汽车产业还是有空间的。另外，提高生活品质是公民最基本的权益之一，没有理由先富的可以开车，后富的就不能开车。限制个人购置汽车将在很大程度上影响国民对幸福生活的追求。

当然，汽车社会确实伴随着诸如能源、环保、交通拥堵和行车安全等社会问题，而且由于中国是在没有做好充分准备的情况下就以超乎常规的高速迈进汽车社会的，致使这些问题显得突如其来而格外引人关注。但是汽车作为便利的交通工具尚无可替代，全世界发达国家莫不身处汽车社会，汽车社会带来的各种问题也早被实践证明不是不可克服的。因此我们应该坚信，只要大家共同努力，便可以化解汽车社会的各种问题，从而让汽车把我们的生活变得更加美好。因噎废食的态度对于发展汽车产业而言，是绝对不可取的。

基于以下理由，我认为中国汽车产业还有很大的发展潜力：第一，中国经济在可预期的未来仍将持续增长，同时汽车特别是高档车还有很大的降价空间。居民收入提高的同时车价下降，这对汽车销量的刺激作用将非常明显。第二，中国汽车市场远未饱和，刚性需求巨大，有很多有能力买车的人还没有买车。第三，中国地域差异大，具有多元化的刚性需求，新的增长点将不断出现。随着生活水平的提高，汽车需求将向前滚动发展。第四，中国将逐渐进入汽车更新换代的高峰期。开上车的人是很难放弃汽车生活的，车旧了一定会换新的，因此目前的2000万辆在十年后就是最基本的刚性需求。第五，中国人特有的生活状态及消费观念。"衣食住行"被视为人类生存的四大基本需求，而我认为"行"放在最后，才是最高境界；汽车在中国不单单是交通工具，更是财富、地位、个性的象征之一，中国人的这种"面子"消费心理在很长时间内不会彻底改变，这也会促进消费者买车换车。因此，我认为中国汽车市场还有很大的潜力。

鉴于汽车产业极度追求规模效应的特殊性，中国将成为全球范围内造车成本极具竞争力的国家，届时世界汽车制造业向中国转移将成为大势所趋。不仅本土品牌，而且外资品牌也将越来越多地采用"中国制造、世界销售"的模式。如果排除国际政治等影响因素，预期未来中国汽车出口将会有很大的增长空间。

同时，汽车产业具有巨大的产业关联性和带动性。汽车产业是以整车产品的研发、制造、销售为主线，贯穿原材料、机械、电子、能源、金融、服务以及基建等各个领域，涉及人才、管理、技术、品牌等诸多要素，几乎与现代民用工业的方方面面都有关联的立体式产业网络。因此，汽车决不仅是制造业，而是涉及众多产业、领域的综合性龙头大产业，它的发展具有无可比拟的巨大拉动效应。一方面，产值拉动力巨大，整车企业对上下游企业产值的拉动作用在 1:5 左右。另一方面，就业拉动力巨大，汽车产业对相关行业城镇就业人数的拉动力可达 1:7 左右。正因如此，汽车是各个国家和地区发展工业时的首选项之一。

汽车产业涉及面如此之广、关联性如此之强，非常需要对其进行系统研究。有一种观点认为，汽车和手机一样，无非就是一种大众产品，没有必要设立专门的学科，我认为这是对汽车产业特点理解不到位而产生的错误认识。汽车绝不仅是一种产品，还是一门涉及广泛的复杂学科，而且是能够将众多学科整合在一起的载体性学科，这是手机根本无法比拟的。现在我们都在讲新兴的交叉学科，实际上汽车是最具有跨学科特点的"老"的交叉学科，也是技术的载体、应用的载体、创新的载体、价值的载体、集成的载体、成果的载体。因此，在我看来，高校设置汽车学科是非常必要的，汽车学科应该生生不息、持续发展。通过对汽车学科的系统研究与不断发展，将把众多相关学科有效地联系在汽车这个主载体上，从而让这些学科从量变到质变、发挥集成的合力作用。而通过诸多学科的共同进步，也将促使汽车学科的进步，使汽车产业的技术创新、管理创新上升到一个新的高度，从而确保汽车产业的可持续发展。

综上，我们可以看到汽车产业的支柱性地位。支柱性产业是指在国民经济发展中起着骨干性、支撑性作用的产业，通常有四个标志：一是在国民经济发展中拥有举足轻重的地位；二是对国民经济增长的贡献度大，能为国家提供大量积累；三是符合产业结构演进方向，有利于产业结构优化；四是产业的关联度强，能够带动众多的相关产业发展。从上述定义来看，汽车产业是中国国民经济中当之无愧的支柱产业。

二 汽车产业的高度复杂性

汽车是高度复杂的产业,其基本特点包括:①产业链条长,投资回报慢;②资本、人力高度密集,特别强调规模效应;③汽车产业链条上下纵横、相互关联,相互制约,涉及方方面面,高度复杂。

整车企业必须拥有品牌、技术、人才、资金、管理等要素,抓好设计开发、零部件采购、生产制造、销售流通、售后服务等一系列环节,此外还涉及各级供应商(一级、二级、三级……)、装备公司、经销商和服务商等。即使是三级供应商的一个零部件质量失控,也可能会对整车造成严重影响。开发一款整车通常需要二年半至四年的时间,开发周期上的差异主要是由于计算起点的不同,有些宣称不到两年就能开发出整车的企业,实际上是把前期的很多工作刨除在外了。在整车开发的同时,还要花费几乎同样长的时间同步开发发动机、变速器等核心零部件,完成整车、动力总成等的建厂准备,还要完成供应商选定和质量体系的建设,同时经销商包括售后服务也要做好准备。即便这些环节都完全按照同步工程的理念,按时同步完成,企业也至少要在三四年后才有可能收到回报。

因此,汽车产品的好坏并不是单纯的设计问题,汽车产品开发流程也不单纯是研发流程,而是涉及财务、采购、生产、质量、销售、售后等各个环节,要真正做到"兵马未动,粮草先行"。比如,在造型设计阶段就有一些供应商需要确定了。又如,汽车不仅要造好,售后维修培训及备件准备也要做好,否则也会影响销售。整车企业如此,供应商企业也是如此,后者同样需要做好研发、采购、制造、质量、销售和售后服务等各个环节。由此,整个汽车产业的高度复杂性可见一斑。

三 汽车产业的现状及成因

首先,应该肯定中国汽车业在过去的二十年中取得了长足的进步。目前,本土企业的市场份额已从几近为零增长到现在的30%以上。产品品质有了明显改观,表现在产品性能显著提升,技术含量日益增高,造型、内外饰等不断进步,质量控制能力也有明显提高。本土企业的研发能力逐步形成,技术进步趋势明显,目前已经掌握了车身技术,发动机基本实现了自给,变速器开始尝试自主研发,底盘技术从原来简单"拷贝"到现在能够自行设计开发,电子电器及控制技术也在涉足并取得进展。同时,本土企业的品牌形象也在大幅提升。

但是汽车产业的最终较量,比拼的是实力而不是进步,是总量而不是增量,是结果而不是过程。我们实现了从"不会造车"到"会造车"固然可喜可贺,但要从"会造车"迈向"造好车、造精品车"则更加艰难,更需要持之以恒的努力和精益求精的进步。这就像是"临门一脚",需要多年的刻苦训练和扎实积累。

因此在看到进步的同时,我们也应该正视自己的差距。目前,中国汽车产业总体规模巨大,但企业众多、诸侯林立,国外知名品牌纷纷涌入,本土品牌艰难发展,竞争空前激烈。合资品牌仍居优势,约占市场份额的70%,且占据中高端市场的绝大部分份额;自主品牌有所发展,但仍处于劣势,且集中在中低端市场。总体而言,中国汽车产业还较为分散,这与汽车产业对规模效应的追求不符,整合在所难免。

随着合资品牌的产品下探和本土品牌的产品上行,双方的较量呈现短兵相接之势,但我们必须清醒地看到,这种主要在A级车市场的交集对双方的意义完全不同。

对于合资品牌而言,从一贯占据的B-级以上市场进入A级甚至更小级别市场,这是轻松下探:只需要简化技术和配置就可以利用已有的投入增加更多的销量,考虑到成本分摊及扩大市场份额的影响,不赚钱甚至稍微亏些钱都可以销售;而且越往下市场空间越大,可以增加的销量越多;唯一担心的是对自身品牌价值的伤害。

而本土品牌从传统优势的A0级以下市场向A级以上市场进军,则是艰难上行:一方面品牌不支撑、技术无储备,必须增大投入,增加成本;另一方面,往上走能够增加的销量极其有限。然而为了逐步提升品牌,增加市场份额,又不得不如此。在这种态势下,本土品牌不仅发展壮大之路漫长,甚至生存空间都会受到挤压。

那么，汽车产业强大的内涵究竟是什么呢？我认为，没有强大的本土汽车企业，强大的汽车产业就无从谈起。汽车强国可以定义为"本土企业，掌控关键核心技术，具备完整的供应链，产品有竞争力，拥有优秀的本土品牌，在世界范围内占据一定的市场份额和影响力"，缺一条都不足以支撑汽车强国。一句话，汽车强国应该是本土企业而不是合资、外资企业，拥有强大的实力。用两个指标直观评价就是，在本土市场拥有约50%以上的份额，在世界市场的份额不能低于10%。

按此衡量，中国确实还不是汽车强国——本土车企在国内市场的销量份额约占31%，但从销售额来说只占约16%，若计算利润份额，还不足5%；而海外市场特别是发达国家或地区的市场，几乎还没有涉足。与此相较，国外知名汽车厂商大多在其海外市场获利颇丰，以大众在中国市场为例，德方在合资公司分得的利润极其丰厚，而考虑到合资公司支付给德方母公司的开发费、采用欧洲供应商的支出等，外方的实际收益还远不止利润分成，仅仅一个奥迪品牌的在华利润就堪比很多本土车企的年产值。因此，中国汽车业远没有大家想得那么乐观。

为什么中国汽车产业大而不强呢？这是多方面原因交织在一起的复杂问题。从历史原因看，在自主造车初期起步后即面临长时间的停步，错失良机，而本土品牌的成长恰恰需要一个宝贵的培育期。从发展模式看，合资品牌与本土品牌直接交锋，"市场换技术"并未达到预期目的，反倒是合资品牌对本土品牌造成了很大的压力。从资源角度看，人才缺口巨大，产业大军规模本身不小，但其中高层次的管理人才、技术人才比重很小，同时有限的资源特别是人才资源，又被合资品牌不公平地占有。从人文条件看，中国市场复杂、差异巨大、众口难调，必须不断推出多样化的优秀产品才有可能持续发展进步；同时消费群体总体上成熟度不足，"面子"文化对本土品牌的影响又很大，并不是有了好产品就一定会获得认可。从政策原因看，国家的汽车产业政策导向不够清晰、举措未能持续，特别是对于如何发展本土品牌没有明确的方向，更欠缺对本土品牌的扶植和激励。当然，汽车大国毕竟已经在中国诞生，这是宝贵的历史机遇，有了这个基础，我们才有资格思考，中国何时能够成为汽车强国。

那么，造成中国汽车产业大而不强的根本原因究竟是什么呢？我认为不能简单地归结为本土企业不争气或者国家汽车产业政策不到位，更不能归咎于中国汽车人不努力。这其实是一个复杂的、相互制约的系统性问题。例如，我们对汽车市场预测的不准确、政策导向的不明确，也制约了汽车产业的进步——如果十年前就按照2000万辆来规划发展汽车产业，今天的结果一定大不一样。又如与其他交通机械相比，汽车更强调大批量生产，动辄数十万辆，产品一致性至关重要，造出一台或者几台好的样车根本没有意义；同时汽车对品牌的依存度又很高，虽然本土品牌进步很大，一些产品的性能也能与合资品牌一较高下，但是由于品牌的原因，还是有很多消费者不愿买单，因此造车可谓难上加难。

如果用一句话来概括根本原因，那就是"硬性短板，相互制约"：汽车的高度复杂性和关联性，要求诸多核心要素集体发力才有可能把汽车产业做强。对于短板效应明显的汽车产业，任何环节不强，总体上都很难做强。根据木桶原理，水平最差的环节决定了总体水平，而本土企业恰恰存在品牌、技术、人才、管理、资金等诸多难以回避的硬性短板，陷于恶性循环的被动局面。而这些硬性短板不从国家层面进行整体治理是难以取得长期根本的成效的。

四 汽车产业各影响要素的复杂关系

汽车产业各关键影响要素以及这些要素之间的关系如图1.1所示。这里仅选取几条主线来分析：对于本土汽车企业而言，需要加大研发投入，以提升研发能力及核心技术掌控度，这样才能提升产品的竞争力，但没有品牌的支撑仍难以获得足够的利润，没有利润就无法保证持续的研发投入，这样研发能力上不去、产品又会持续落后，品牌也无法提升，从而造成恶性循环。另外，本土企业的研发、采购、生产及销售能力提升，与基础工业水平、供应商完整度、创新环境、人才及产业政策等国家层面的要素息息相关，这是企业自身无法解决又无法回避的。正是这些因素交织在一起，才造成了今天本土企业虽然非常努力但仍然压力巨大的现状。

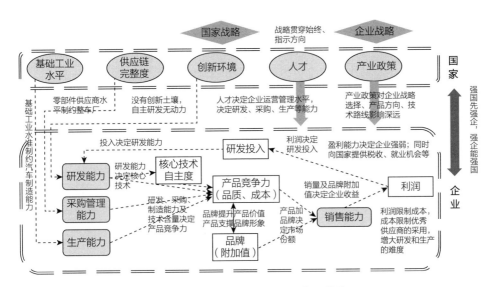

图1.1　汽车产业各关键影响要素及其关系

五 中国迈向汽车强国的建议

总结来看，汽车产业具有以下鲜明的特点及相应的核心诉求：第一，产业链条长，资本密集，人才密集，技术涉及面广泛、集成程度高。因此，不仅需要企业扎实而持续的努力，也需要系统、长期、稳定的产业政策。第二，产品对品牌的依存度高，并不是简单的性价比高就能取胜。特别是中国人的"面子"文化是短期内难以改变的消费心理，本土企业即使拿出了性价比很高的产品，仍有不少消费者不屑一顾。本土企业不得不参与这种并不公平的竞争，其所谓的成本优势更多的是无奈之策。第三，产品开发周期长、投入大，产品生命周期短。所谓"3年一改款、5年一换代、年年都有年度车型"。汽车消费是百姓生活支出的大项，同时又是需要持续投入的项目。虽然购房支出一般比购车支出高，但购房基本是一次性消费，而汽车用户5~10年后就会换车。对于汽车企业而言，必须不断推出新品才能吸引和保留客户，这就需要企业持续不断地加大投入，持续不断地升级产品。

那么本土企业到底最需要什么呢？我认为，第一是市场份额。市场份额是企业的命脉，无论整车还是零部件企业。政府应该不遗余力地为本土企业保持和增加市场份额寻求解决方案，并为其提供各种有力的支持。第二是产业联盟。汽车产业追求规模效应，而本土企业的规模都较小，通过产业联盟可以快速扩大规模、节省投入。产业联盟不仅在国内，同样也需要"走出去"，大家完全可以共享物流、售后等，而不是中国企业自相残杀。中国目前这方面做得还很不够，造成低层次的重复分散投入，导致有限资源的巨大浪费。而纵观世界，各汽车强国及大牌企业无不高度关注产业联合，特别是在核心技术及关键零部件共享方面，合作共赢屡见不鲜，这是很值得我们借鉴和学习的。第三是统一管理。现在有诸多相关部委多头参与汽车产业管理，而没有一个明确的主导部门总体负责，系统思考产业问题，牵头制定近中远期产业发展战略，切实拿出有利于本土企业发展的政策并推动实施，像政府采购、法规标准、召回政策等，目前都并不贴近本土汽车企业的需求。

强国必先强企，没有世界级的汽车企业就不可能实现汽车强国；同时，强大的汽车企业需要国家的研究、策划、激励、扶植与培育。因此做强汽车产业，本土汽车企业是内在的主体因素，国家是外在的必要条件。只有双方相互配合、积极互动、共同努力、改进短板、弥补差距，才能向着做强汽车产业的目标不断迈进！

下面就从国家与企业两个层面谈谈做强汽车产业的具体建议，见表1.1。

表1.1　国家与企业做强汽车产业的努力方向

企业	国家
坚持创新、切勿投机。在经营企业、打造品牌过程中要有恒心，要脚踏实地、孜孜不倦	构建创新环境、确保企业创新动力
确立适合中国国情、符合企业厂情、国际化的发展战略，明确近期、中期和远期的发展目标	国家更应确立因地制宜、因时制宜的可持续发展战略，并细化为对本土企业持续而有力度的产业政策
不断加大研发投入，有选择性地对重点关键技术实施攻关，实现核心技术的掌控和局部技术优势	倡导建立产业联盟，让有限资源发挥最大合力；鼓励自主研发，保护知识产权；加强基础研究支持
有长远眼光，与核心供应商建立战略伙伴关系，共同进步发展	梳理汽车产业供应链，选择关键领域的潜力企业给予重点扶植，确保本土零部件供应商同步发展

（续）

企业	国家
不断提升制造工艺水平和自动化程度	加大对基础工业建设和提升的投入
打造有竞争力、有特色的高品质产品，同时不断提升销售及服务水平，以稳固及扩大市场份额	对本土企业的成长予以指引和保护。对适合中国国情的产品，特别是本土企业有优势的产品，给予有力度的支持和宣传导向
以各个环节的持续提升，特别是产品核心竞争力的持续提升，实现品牌的跃升	带头使用本土企业产品，提升其品牌形象
应有选择地布局国际市场，最终在世界范围内占据相当的市场份额，充分发挥汽车产业的规模效应，形成有竞争力的盈利能力	在本土市场强化培育本土品牌；同时鼓励和帮助本土企业走出国门，为其参与国际化竞争提供外交、结汇以及争取海外市场份额等方面的切实支持和保护

针对支持本土企业的发展，我对政府还有几条具体建议：

第一，法规标准的推进切勿急功近利，重在执行落实，同时应着重建立推动技术有序发展进步的法规标准，这样有利于本土企业的技术储备，也有利于国家的标准落地。因为对于单纯的高标准，国外企业早有技术储备，而本土企业往往没有充分准备，暂时也承担不了相应成本，最终对国家也没有好处。例如，真正落地的国四标准要比早日进入不能落地的国五更有意义。

第二，在汽车全产业链条上选择重点领域及企业（如供应商、原材料、制造装备等）予以培育及扶植，以提升产业整体实力，彻底解决产业链条短板问题。

第三，积极推行利国利民利企的战略性产业政策，帮助本土企业增加市场份额。例如应大力鼓励发展小型车，因为小型车能耗低、污染少、所需停车空间小，在同样资源条件下可以让更多国人实现汽车梦；同时小型车品牌依存度低、技术门槛也较低，本土企业有基础，也有相对优势（成本）；而合资企业进入这个领域容易损伤自身品牌。建议对小型车（如1.3L以下）减税、免税，同时进一步对大排量车型课以重税，这样既能确保国家财税平衡，又能实现节能环保。

政府不应该只做汽车产业发展的旁观者,那种认为只有完全放手让企业参加自由市场竞争才能培育出强企的观点,我不敢苟同。汽车作为支柱性产业,任何国家都不可能将其放任自流,都会明确发展战略,给予切实帮助。以市场经济最发达的美国为例,2008年金融危机时,三大车企陷入困境,美国政府迅速进行了认真分析和快速应对,最终让规模最小的克莱斯勒找个好婆家"嫁"出去,为福特预留资金并鼓励其自己渡过难关,而对最大的通用则以破产重组的方式帮助其涅槃重生,这套组合拳无疑是经过精心策划的。正是由于美国政府的有效主导和积极参与,才确保了美国三大汽车公司在向着百年老店迈进的道路上,能够一次次渡过难关、屡获新生,从而得以持续为美国经济的繁荣做出贡献。

最后,我认为中国本土汽车企业是大有希望的。中国已经拥有2000万辆的汽车市场,未来可以预期本土市场将随着国民经济的持续发展而不断增长,同时汽车出口规模也将不断扩大,在这样的基础上,中国没有理由不成为汽车强国,否则汽车产业未来很难继续保持其支柱性地位,而且将成为中国建设制造强国以及实现可持续发展的主要障碍。做强汽车产业是全体国人尤其是中国汽车人的梦想,也是中国梦的内涵之一。迈向汽车强国的道路是艰难的,但是"无限风光在险峰"!

为了早日真正做强汽车产业,国家需要清晰的产业战略和方向指引,企业需要明确的发展战略和技术路线,全体国民都要为进入汽车社会做好准备。我相信,通过所有汽车人的共同努力,汽车将作为中国梦的重要内容之一,更好地服务于中国人,造福于中国人。

(本文根据赵福全教授2013年5月30日在清华大学汽车系第101期学术沙龙上的讲座整理;原载于《中国汽车报》2013年6月10日A3版、6月17日A4版专论)

汽车产业综合评价指标体系

【精彩语句】

"基于汽车强国的主要特征,从国家层面、产业层面、企业层面三个维度,确定了十个一级指标,分别为核心技术掌控力、产品竞争力、生产制造能力、市场份额、品牌实力、营销及服务能力、人才水平、供应链能力、基础工业水平和产业政策及管理体制,建立了一套较为科学合理的汽车产业综合评价指标体系。"

"总体来看,面向做强汽车产业的国家战略目标,本土汽车企业最缺的是市场份额,最需要的是充分合作,最期待的是国家完善产业政策及管理体制,并系统解决供应链、基础工业水平和人才等问题。"

"未来三十年,中国汽车产业在核心技术掌控力、产品竞争力、供应链能力以及人才水平等方面都将逐步增强。最终,中国汽车产业未来完全可能逐步缩小与汽车强国之间的差距,逐步走出'硬性短板,相互制约'的困境,进入良性循环,实现全球市场份额的实质性增长。"

【编者按】

早在2014年,为满足中国工程院"制造强国战略研究"项目中汽车产业子课题的研究需要,赵福全教授结合自己对汽车产业的深刻理解,采用严谨科学的理论方法,领导构建了一套系统全面的汽车产业综合评价指标体系,涵盖了影响汽车产业强弱的十大关键要素。应用这套体系,对八个主要汽车国家汽车产业的综合实力进行了评价与对比,并就中国做强汽车产业的未来时序进行了预测。在本文中,赵福全教授基于评价结果的理论支撑,深刻剖析了中国汽车产业当前存在多项关键短板、彼此相互制约的症结所在,特别强调国家和产业层面的差距绝非车企自身努力就能解决的,唯有政府、行业和企业各司其职、凝聚合力,才能最终实现做强中国汽车产业的战略目标。

汽车产业在国民经济中占有支柱地位。同时,汽车产业的关联性、带动性极强,是制造业转型升级的载体和抓手。因此,做强汽车产业是中国制造强国战略的核心目标之一,也是别无他途的战略选择。要做强汽车产业,首先应充分了解中国与汽车强国的差距所在。为此，有必要针对汽车产业的综合实力建立系统的评价体系，通过与汽车强国进行横向量化比较，分析识别中国汽车产业的主要短板和问题，并借鉴其他国家的有益经验，为中国加快做强汽车产业提供理论依据和决策参考。

一 汽车产业综合评价指标体系的构建

1. 评价指标的选取原则

汽车产业是高度复杂的系统工程，不仅产业链条长、涉及领域广、相关要素多，而且这些因素彼此之间又相互关联、相互影响、相互制约。这其中既有国家因素，也有行业因素，更有企业因素；既需要资金，也需要管理，更需要技术支撑。因此，要建立可以量化评估一国汽车产业实力强弱的综合评价指标体系并不容易，必须在深刻理解汽车产业的基础上，将影响汽车产业的诸多纷繁因素进行全面梳理和有效提炼。也就是说，科学选择合适的评价指标至关重要。为此，依照以下原则完成了指标遴选。

代表性：每个评价指标都充分代表汽车产业竞争力的关键构成要素，其标准是，评价体系中的任何一个指标不强，汽车产业都无法做强。

独立性：每个评价指标都内涵清晰且相互独立，即指标间应具有明显的差异性，同一层级的各个指标间不重叠，也不存在直接的因果关系。

指导性：每个评价指标都有明确的含义，且数据规范、来源一致。对于难以量化的指标，则通过指标替代、指标转化或者指标剔除的方法进行适当的修正或舍弃。

2. 汽车产业综合评价指标的确定

汽车强国必须拥有具备国际竞争力的世界知名企业和品牌，拥有支撑汽车产业可持续发展的工业体系和研发体系。其典型特征是，拥有优秀品牌和产品竞争力强的本土车企，掌控关键的核心技术并具备完整的供应链，同时在世界范围内占据一定的市场份额。基于汽车强国的主要特征，笔者对影响汽车产业的各个要素进行了系统分析，依据前述代表性、独立性和指导性原则，同时兼顾数据的可获得性，最终从国家层面、产业层面、企业层面三个维度，确定了十个一级指标，分别为核心技术掌控力、产品竞争力、生产制造能力、市场份额、品牌实力、营销及服务能力、人才水平、供应链能力、基础工业水平和产业政策及管理体制。由此，建立了一套较为科学合理的汽车产业综合评价指标体系，见表1.2。

表1.2 汽车产业综合评价指标体系

指标名称	指标内涵	评价因素
核心技术掌控力	从国家角度讲，掌控核心技术是确保产业安全的重要前提；从企业角度讲，掌控核心技术是拥有可持续竞争力的根本保障	根据企业在产品平台、动力总成、汽车电子、新能源等核心技术领域的情况，以及研发能力等维度进行评价
产品竞争力	企业全面满足消费者需求、把握细分市场的能力	从产品品种和产品性能两个维度进行评价
生产制造能力	在计划期内，企业参与生产的全部固定资产，以及在既定的组织技术条件下，所能生产的产品数量和质量	从产能总量、生产效率以及全球范围内的质量保障能力等维度对企业生产制造能力进行量化比较
市场份额	企业对市场的控制能力，是一国汽车产业强弱的首要表征因素	各国汽车企业在全球市场中占有的份额
品牌实力	企业长期努力形成的软实力以及企业形象和品质的象征	比较各国汽车企业的品牌价值和企业价值
营销及服务能力	汽车产业最终实现价值的环节	通过比较各国汽车企业在全球范围的销售渠道能力和售后服务保障能力来进行评价
人才水平	汽车产业人才的竞争力	选择汽车产业人才结构、投入及产出等维度进行评价
供应链能力	全产业链条上本土供应商进行零部件产品、总成技术开发及供应保障的能力	从供应链完整度和供应商水平两个维度进行评价
基础工业水平	汽车产业与众多基础工业领域密切相关，其他产业的发展在很大程度上影响着汽车产业的水平	选取与汽车相关的若干主要基础产业为评价参照

(续)

指标名称	指标内涵	评价因素
产业政策及管理体制	一国汽车工业的产业政策和管理体制是该国汽车工业发展的大环境，直接作用于汽车产业和企业的发展战略选择	各国对汽车工业进行管理的有效性评价，包括管理体制系统性、法规健全程度，以及执法实效性等维度

需要指出的是，这十个一级指标间相互关联、相互影响、相互制约，存在彼此交织的复杂逻辑关系。其中既有短期因素，也有长期因素；既有需要国家担纲解决的问题，又有需要企业努力克服的困难，更有需要双方共同面对的挑战。例如，市场份额要靠品牌实力和产品竞争力来支撑；品牌需要长期积累并由产品来具体体现和有效支撑，强大的品牌又会提升产品的溢价能力，从而以更多的利润来反哺产品，并最终提升市场份额；核心技术掌控力、生产制造能力、供应链能力又是确保产品竞争力的前提；而这些要素不仅与企业自身投入和经营管理有关，更与包括基础工业水平、供应链完整度、人才水平等在内的国家层面的产业发展环境息息相关，并直接受到国家产业政策和管理体制的影响。

在一级指标中，任何一个要素对于做强汽车产业都至关重要，缺一不可。任何指标的差距都会成为"木桶效应"的短板，使汽车产业的整体水平受到影响。这正是中国本土车企当前面临"硬性短板，相互制约"的困境所在。要走出这个困境、真正做强汽车产业，唯有从国家战略高度上予以系统解决。

十大指标涉及范围广、覆盖因素多，同时几乎每个指标又都需要多个维度的复合评价，这恰恰深刻说明，作为高度复杂的系统工程，汽车产业非常需要全局的认识和综合的评价，片面强调某一个或几个方面的要素，不利于为汽车产业准确把脉。

3. 评价指标权重的确定

在建立了评价指标体系框架的基础上，进一步确定各个指标的权重。在此使用了专家调研的方法，选择汽车企业专家、汽车行业负责人和学术领域专家共计27人，针对指标权重进行了问卷调查。采用层次分析法处理调研结果，通过比较矩阵、一致性检验等步骤，提取出主观权重；再对所得到的主观权重进行修正与完善，最终得出十个一级指标在总值 100 分中的权重值。

二 汽车产业综合实力评价及结果分析

选择具有一定汽车产业基础的 8 个国家作为研究对象，基于汽车产业综合评价指标体系，广泛采集相关数据，再将数据引入指标体系进行测算，最终完成了各国汽车产业综合实力的量化评价。这里需要特别说明的是，对一国汽车产业某项指标的评分是基于该国该项指标在各国之中的相对水平，即对于任何一项子指标，在该指标上具有最强实力的国家以满分（100 分）计算，其余国家的分数取决于该国实力与最强国家的对比。

1. 总体评分

为了明确对比各国汽车产业综合实力，将总体评价分数分为三个阵营，即 90 分以上为第一阵营；60~90 分为第二阵营；60 分以下为第三阵营。各国的综合排名及所属阵营如图 1.2 所示。

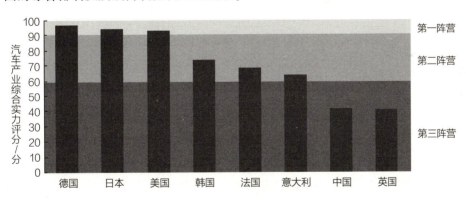

图 1.2　各国汽车产业综合实力评价结果（2014 年）

评价结果显示，德国、日本、美国得分都在 90 分以上，处于汽车产业综合实力最强的第一阵营；韩国、法国和意大利得分在 60~75 分之间，处于第二阵营；而中国和英国得分相近，都在 40 分左右，位于第三阵营。

2. 中国与汽车强国的差距分析

各国汽车产业综合实力评价结果的详细解析如图1.3所示。中国汽车产业的综合实力与德、日、美一流汽车强国相比存在较大差距，尤其是品牌实力、核心技术掌控力、供应链能力、基础工业水平和人才水平方面，差距十分明显。

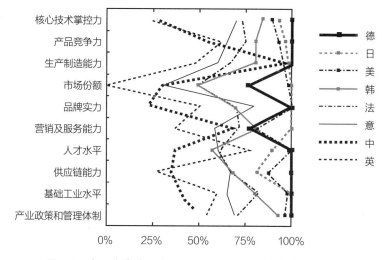

图1.3 各国汽车产业在不同指标下的评价结果（2014年）

1）从核心技术掌控力来看，德国、日本、美国位于第一阵营，韩国、法国、意大利位于第二阵营，英国、中国位于第三阵营。德国与日本同处于全球领先地位，美国略逊一筹。韩国作为后起之秀，已经攀升到第二阵营，并且超越了欧洲传统汽车强国法国和意大利。而中国则处于全面劣势地位。实际上，笔者还对汽车核心技术掌控力进行了专门评估，结果表明中国在产品平台、动力总成、汽车电子和研发能力等各个方面都有明显差距，唯有新能源技术，相对而言差距最小。

2）从产品竞争力来看，德国、日本、美国位于第一阵营，韩国、法国、意大利位于第二阵营，英国、中国位于第三阵营。中国与其他七国间存在明显的差距，处于落后地位。汽车强国都具备提供不同级别、不同档次优质整车产品的能力，在产品多品种、快速开发的能力上稳居前列。同时就产品性能而言，中国与汽车强国相比，整体上的差距也很明显。

3）从生产制造能力来看，德国、日本、美国、中国位于第一阵营，韩国、法国位于第二阵营，意大利、英国位于第三阵营。生产制造是汽车产业投入资金最大、占用资产最多、涉及资源最广的环节。在这方面，由于庞大的产业规模以及通过合资快速引进的大量先进生产设备，中国的得分已经位居前列，与德国、日本、美国不相上下。相对而言，老牌强国如法国、意大利和英国则处于弱势地位。

4）从市场份额来看，美国、日本、德国位于第一阵营，韩国、法国位于第二阵营，中国、意大利和英国位于第三阵营。中国虽然产销总量位于全球第一，但本土企业在全球市场所占份额较低，而且主要依赖本国市场，海外市场份额微乎其微。

5）从品牌实力来看，德国、日本、美国位于第一阵营，韩国、法国、意大利位于第二阵营，英国、中国位于第三阵营。中国汽车产业的品牌实力远远落后于其他七国，得分不及该项排序倒数第二的英国的一半。未来，着力培育和提升品牌价值将是中国汽车产业发展的重点之一。

6）从营销及服务能力来看，日本、德国、美国、韩国位于第一阵营，法国、意大利、中国位于第二阵营，英国位于第三阵营。中国车企在全球范围内的销售渠道、网络以及售后服务等环节，较国际强企还有较大差距，处于中下游的位置，勉强进入第二阵营序列。

7）从人才水平来看，德国、美国、日本位于第一阵营，英国、韩国、法国、意大利位于第二阵营，中国位于第三阵营。人才水平的制约，也成为中国汽车产业发展的软肋之一。突出体现在两方面：一是汽车人才总体数量不足，高水平的技术及管理人才更加欠缺；二是专业化的设计公司、工程公司的数量和水平与汽车强国相比差距明显。

8）从供应链能力来看，德国、美国、日本位于第一阵营，韩国、法国、意大利位于第二阵营，英国、中国位于第三阵营。目前，国际主要汽车零部件强企大部分来自德、美、日等汽车强国，其涵盖的汽车零部件领域非常广泛，产业链条完备，且与本国的汽车整车企业都有较强的关联。而中国本土零部件企业大多规模不足、技术能力有限，且在若干关键领域存在明显缺失，汽车产业供应链完整度较差，无力为本土整车企业的发展提供持续稳定的优质零部件支持。目前，中国本土整车企业所选择的供应商中大部分有外资背景。

9）从基础工业水平来看，德国、日本、美国位于第一阵营，韩国、法国、意大利位于第二阵营，英国、中国位于第三阵营。强大的汽车产业只能建立在强大的基础工业之上，反之，汽车产业的发展也将拉动基础工业的全面发展。相较而言，中国在基础材料、基础工艺、基础元器件、技术基础和装备制造等诸多方面的基础工业都处于较低水平，对做强汽车产业构成了严重制约；而国外基础工业水平较高，对汽车产业起到了良好的支撑作用。

10）从产业政策和管理体制来看，德国、日本、美国、韩国位于第一阵营，法国、意大利位于第二阵营，英国、中国位于第三阵营。目前，中国汽车产业多头管理、政出多门的问题非常严重，政策法规的系统性、科学性、连贯性以及执法的严肃性等，都有诸多不尽如人意之处，特别是缺乏基于做强汽车产业战略目标的汽车产业政策综合体系及相应举措。相比之下，汽车强国则普遍具备较为成熟的产业政策和管理体制，目标明确指向确保本国汽车产业的强大地位，对汽车产业的方向引导、适度管控及适时支持都较为到位。

三 中国汽车产业的症结识别与发展建议

从上述各项指标的评价结果中可以看出，当前，中国面临"硬性短板，相互制约"的困境。要做强汽车产业，需要诸多核心要素集体发力。而本土企业不仅自身市场份额有限、品牌力不足、产品竞争力较弱、核心技术缺失，而且也受限于供应链完整度、基础工业水平和人才水平等。市场份额少，品牌附加值低，使得本土企业很难获得足够的利润，也就无法确保持续充足的研发投入，造成技术难以突破、产品竞争力难以提高，这样又无法支撑品牌的持续提升和市场份额的不断增大，便陷于恶性循环的被动局面。同时，供应链能力、基础工业水平和人才水平等方面的差距，企业既无法回避，又难以靠自身解决，唯有从国家层面进行系统的战略部署，才有可能对这些短板实现根本性的改善。

针对最为突出的几个短板，笔者建议：市场份额方面，一方面企业自身要积极争取，另一方面，国家应为本土企业保持和增加市场份额提供各种有力的支持，如通过对小型车减税或免税的政策，进一步拓展本土企业在这方面的市场优势。核心技术掌控力方面，在本土企业相对弱小、技术投入不可能面面俱到的情况下，技术共享无疑可以达到事半功倍的效果。国家可以通过牵头组建产业联盟，引导和帮助本土企业凝聚合力，对重点技术领域联合攻关，以期加快实现突破。供应链能力方面，这不仅与做强汽车产业紧密相关，更涉及国家产业安全。国家应在关键环节选择重点的本土供应商进行培育，逐步建立完备的产业供应链。本土整车企业也应着眼长远发展，与适合的本土零部件企业结成战略协同伙伴关系，共同发展进步。

总体来看，面向做强汽车产业的国家战略目标，本土汽车企业最缺的是市场份额，最需要的是充分合作，最期待的是国家完善产业政策及管理体制，并系统解决供应链、基础工业水平和人才等问题。

四 中国做强汽车产业的未来时序预测

通过与几大汽车强国的对比可知，中国目前与世界汽车强国的差距是客观存在的。不过与此同时，中国在产业规模、生产能力等方面已经进入世界前列。当前，以互联网等技术为代表的新一轮科技革命方兴未艾，正在引发全球制造业的转型升级和格局重塑。

在此背景下，一方面，国家为了建设制造强国，必将全力推进"四基"工程、人才工程等各项基础要素的不断提升，从而将为做强汽车产业提供历史机遇和全面支撑；另一方面，经济"新常态"下增长方式的全面转变和机制体制改革的深化，也将释放汽车产业的潜在能量。而庞大且仍具增长潜力的中国汽车市场，则为本土车企提供了施展空间。同时，新能源汽车与智能网联汽车等领域的全新发展契机，也为中国后来居上提供了更大可能。

有鉴于此，笔者认为未来三十年，中国汽车产业在核心技术掌控力、产品竞争力、供应链能力以及人才水平等方面都将逐步增强。最终，中国汽车产业未来完全可能逐步缩小与汽车强国之间的差距，逐步走出"硬性短板，相互制约"的困境,进入良性循环,实现全球市场份额的实质性增长。在此,基于所建立的汽车产业综合评价指标体系,对中国做强汽车产业的时序做出预测,具体如图1.4所示。

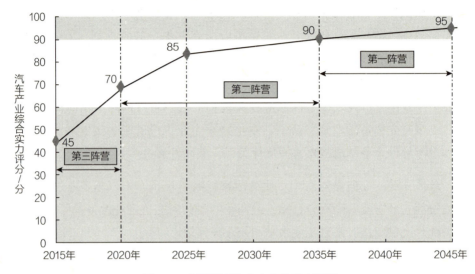

图1.4 中国做强汽车产业的时序预测

1. 2015—2025年,逐步从第三阵营向第二阵营过渡

未来十年,有望成为中国汽车产业的高速成长期。如果各方面措施得力到位,借助产业规模继续增长的红利,中国汽车产业将延续过去十年快速进步的势头,逐步从全球汽车产业综合实力的第三阵营向第二阵营过渡。具体来说,在2015年综合实力约45分的基础上,到2020年有望达到70分,初步进入第二阵营。到2025年,中国汽车产业综合实力将达到约85分,在第二阵营中的位置得到巩固和提升。

2. 2025—2035年,逐渐从第二阵营向第一阵营过渡

预计在2025—2035年,中国汽车产业规模的增长速度将放缓,进入平稳增长期。这一时期内,中国汽车产业将有望逐渐从第二阵营向第一阵营过渡。到2035年,中国汽车产业综合实力很可能突破90分,从而跨入全球汽车产业实力第一阵营的门槛。

3. 2035—2045 年，逐渐接近一流汽车强国水平

中国汽车产业进一步发展，到 2045 年汽车产业综合实力评价达到 95 分，在核心技术掌控力、产品竞争力、生产制造能力、市场份额、品牌实力、营销及服务能力、人才水平、供应链能力、基础工业水平和产业政策及管理体制等方面全面达到高水准，成为与全球顶级汽车强国比肩的汽车产业领军者。

未来，中国汽车产业综合评价得分的增长会逐步趋于平缓，这是因为越向上发展，进步幅度就会越小。但是所谓"行百里者半九十"，后续继续进步的重要意义和价值并没有丝毫缩小。最终期望通过 20～30 年的努力，使中国汽车产业真正达到世界顶级水平。

（本文根据学术论文《汽车强国综合评价指标体系研究》精编整理；原论文发表于《汽车工程学报》2016 年第 2 期；署名作者：赵福全、刘宗巍、郝瀚、王悦、赵世佳）

《中国制造 2025》促进汽车产业转型与升级

【精彩语句】

"汽车产业如能实现智能制造，必将带动中国制造业整体实现智能制造，引领中国制造业成功转型。因此，中国应该选择汽车产业作为实现《中国制造 2025》的载体和突破口，这对中国建设制造业强国具有深远的战略意义。"

"在万物互联的时代，开拓进取的创新精神与踏踏实实的工匠精神依然缺一不可，唯有两者兼备，中国才能真正迈向制造强国。"

【编者按】

本文是《金属加工》杂志特邀赵福全教授撰稿的一篇专论文章。赵教授在本文中提纲挈领地阐述了全球制造业向智能制造转型升级的背景，汽车产业在《中国制造 2025》中的重要载体作用，以及在此前景下中国汽车产业未来的发展方向。

一 德国"工业 4.0"与《中国制造 2025》

近年来，以互联网为代表的新一轮科技革命方兴未艾，基于充分网联的大数据共享与分析、云端的存储与计算以及全面的智能化升级是大势所趋，给传统制造业带来了强烈的冲击。全球制造业竞争日益激烈，变化日新月异，这更加快了制造业的创新与变革，制造业转型升级迫在眉睫。

为了让制造业在信息革命的冲击下得到更有效的可持续发展，全球制造业大国纷纷展开应对策略：德国开启"工业 4.0"战略，中国发布《中国制造 2025》，美国倡导"工业互联网"，日本提出"机器人进化与产业价值链"……这些都是各制造业大国为实现制造业向网联化、智能化转型升级而提出的战略规划。其中，尤以德国"工业 4.0"最具代表性，业已成为全球制造业转型浪潮的旗帜。

"工业 1.0"到"工业 4.0"是德国划分的标准，分别对应的是机械化、电气化、自动化和智能化。德国"工业4.0"的内涵即是以数据驱动的互联、互动的智能制造体系。其中,"智能制造"又包含了"智"和"能"两个层面的内容。只有机器的"智"与"能"有效结合,才能实现智能制造。同时,数据将在"工业4.0"中起到至关重要的作用。海量、有效的数据将成为互联、互动的"血液",使智能制造成为动力强劲的机体,不断创造出消费者高度认可的个性化产品。

为了赢得制造业新一轮的激烈竞争,国务院于2015年5月正式印发了《中国制造2025》,全面部署推进实施制造强国战略,力争以十年时间迈入世界制造强国行列。其本质与德国"工业4.0"异曲同工,终极目标都是智能制造。但目前中国制造业的水平参差不齐,按照德国的标准,总体介于"工业2.0"与"工业3.0"之间,少量接近3.0,但也有一部分尚未达到2.0,这是未来推进《中国制造2025》最困难的地方之一。因此,我们需要踏踏实实补齐基础课,这些基础课包括自主研发的能力、质量保障的能力、技术诀窍的掌握及经验数据库的积累等。正因如此,《中国制造2025》强调创新驱动、质量为先,同时,国家还提出要强化"四基工程",即基础零部件/元器件、基础材料、基础工艺和技术基础。

"工业4.0"和《中国制造2025》是整个工业理念、模式和技术的全面变革,目标是以智慧的机器取代人来完成判断和重复劳动,不过人的作用并不会减弱,而是会更聚焦于综合性的管理决策,从而既把人为因素对制造的不利影响最大化消除,又使人的智慧能够在制造中发挥到极致,由此有望真正实现大规模制造与个性化定制生产的有效统一。

二 汽车产业是实现《中国制造2025》的重要载体

1. 汽车产业在实现《中国制造2025》中的重要作用

在《中国制造2025》中,汽车产业被列入十大"重点发展领域"之一。如前所述,《中国制造2025》的核心是实现智能制造,智能制造越是在产业链复杂、消费者个性化需求高的产业实现,其价值和效果也就越大。而汽车产业具有产业规模大、带动效应强、涉及产业多、影响范围广、产品数量众、质量要求高、需求多元化以及资源、技术、资金、人才密集等特点,无疑正是这样的产业。

实际上，汽车的关联性和带动性极强，例如装备制造业、材料、工艺以及电子信息技术等方面的发展和进步，都可以在汽车上找到"用武之地"。汽车产业如能实现智能制造，必将带动中国制造业整体实现智能制造，引领中国制造业成功转型。因此，中国应该选择汽车产业作为实现《中国制造2025》的载体和突破口，这对中国建设制造业强国具有深远的战略意义。

2.《中国制造2025》背景下汽车产业的"变"与"不变"

在新一轮科技革命的冲击下，汽车及其相关产业必将发生全方位的改变，主要体现在以下几个方面。

第一，汽车产品形态和能力的改变。未来汽车在技术、材料、造型及布置等诸多方面都将发生巨大变化。届时，汽车将不仅仅是移动工具，更将成为人类的亲密伙伴，在帮助人、解放人和理解人三个方面最大化地延伸和扩展人的能力。

第二，使用模式的改变。未来"轻拥有、重使用"的汽车共享使用模式将大行其道，使同时兼顾百姓用车需求和节约型汽车社会的建设成为可能。特别是自动驾驶技术将推动全天候的汽车共享，使"无须拥有、按需使用、随用随叫、随用随还"的用车"理想主义"变成现实。

第三，产业链条的改变。智能制造将使汽车这种大宗、复杂商品的真正个性化定制生产成为可能，使"需求端"与"生产端"直接连通。消费者与工厂直接对话的c2B（消费者对制造商）模式将取代B2C（制造商对经销商）和C2c（经销商对消费者）模式，逐渐成为主流，使消费者的个性化需求能够以最低成本和最快速度得到准确的满足。同时，B2B（制造商与供应商）的协作互动将空前紧密。在此背景下，中小企业如何有效融入智能制造体系，将成为实现大规模个性化生产的关键要素。

第四，产业格局的改变。汽车产品需求与互联网时代的技术进步相结合，一定会催生全新的商业模式和产业生态，车联网、智能汽车等完全可能以意想不到的模式得到产业化普及，以实现人类更安全、更快速、更便捷、更舒适的自由移动。

汽车产业不会改变的是汽车的本质属性。如果用公式表示汽车的功能，可以写为：汽车功能 = 自由移动的工具 + α。自由移动的工具就是汽车的本质属性，α则代表可以锦上添花的其他功能。从这个角度来说，汽车产品永远必须首先解决"点对点"的移动问题。与此相比，互联网只是汽车企业推进紧密合作、有效分工及深度融合的手段和辅助工具。

综上，对于汽车产业来说，"变"的是做事的方法，"不变"的是要做的事情。为了加快实现汽车产业的升级转型，我们应该充分发挥网联技术的优势，将其用到极致，从而更快、更好、更便宜、更灵活地向客户提供优质的汽车产品。同时把α做好、做到极致也非常重要，这将使汽车的本质属性得到更好的实现，并且在α中还孕育着无限的商机和潜力。

3. 互联时代汽车产业应注重创新精神与工匠精神共存

面向智能制造的汽车产业转型升级指向两个互联：一个是汽车本身使用的互联、交互，即产品的互联；另一个是汽车制造过程中各环节、各要素之间的高效互联、协作，即工厂的互联。就后者而言，因为造车十分复杂，所有零部件以及全部工序不可能都在一个工厂内完成，所以不仅需要在工厂内、更需要在工厂之间乃至全产业链条的各个环节之间实现充分的互联和协作。

目前，中国对于进入"工业4.0"时代的理解和关注存在偏颇，即严重偏向销售和服务端，对销售、服务及合作等商业模式创新的尝试较多，对制造高质量产品的探索不足。对此，我们应该清醒地认识到，仅仅建立电商网络绝不是"工业4.0"，更无法解决制造业如何提供优质产品的根本问题。缺少质量、技术及创新的支撑，"工业4.0"将成为无本之木。

《中国制造2025》对于中国汽车业的挑战，一是目前本土企业水平参差不齐，普遍尚未达到"工业3.0"的境界。二是即使本土企业都达到了"工业3.0"的水平，如果中国无法跨越质量这一关，还是会造成一系列问题。互联的目的是要实现1＋1＞2，每个互联的零部件及总成系统都必须品质优良，互联之后才会有增益效果，否则互联在一起只会导致更多更大的质量或品质问题，因此智能制造对生产一致性有更高的要求。三是生产服务问题，这一类服务的前提是对制造技术的透彻理解和对生产经验的充分积累，需要大量数据的有效支撑，这样在出现问题时，电脑才能及时判明原因并做出正确处理。换句话说，"工业4.0"之前人解决不了的问题，"工业4.0"之后机器也很难解决。

针对这些问题，《中国制造2025》提出了"创新驱动"和"质量为先"的方针，强调在质量和基础研发两方面重点补课。对于汽车这样的实体产业而言，就是先要有能力造出好车来，这是基本的前提，有赖于我们的持续创新和自主研发能力。因此，在万物互联的时代，开拓进取的创新精神与踏踏实实的工匠精神依然缺一不可，唯有两者兼备，中国才能真正迈向制造强国。

三 《中国制造2025》中汽车产业的发展方向

目前在《中国制造2025》的战略规划中，汽车行业以"节能与新能源汽车"为总方向，明确了四个具体方向的发展战略目标："纯电动汽车和插电式混合动力汽车""燃料电池汽车""节能汽车"和"智能网联汽车"。

与早已确定为国家战略的新能源汽车相比，汽车的网联化和智能化也有深远的意义，不仅有利于解决交通拥堵及安全问题，也有利于节能减排。而且，未来的智能网联汽车绝不是简单的"车联网＋自动驾驶"，而是一种全面变革的新物种，可以通过网联化、云计算和大数据，最大化地承载各种智能功能。也就是说，未来汽车将充满"智慧"，会更安全、更节能、更环保，会带给我们很多意想不到的新体验。而所有这些都需要以智能制造为基础，同时也需要与各种智能服务的互联与协作，因此这将是涉及众多产业、企业及部门之间的智能化大合作。

展望未来，汽车的设计、制造、销售、使用，以及相关的交通、管理、维护、服务、备件、回收与再利用、金融、信用等，或许都将与现在完全不同。新的模式孕育着无数种可能和无限的商机，需要每一位从业者以更开放的心态去拥抱新思维、新模式和新技术。

实际上，基于庞大的市场规模、复杂的使用环境、不断提升的法规标准和消费者对汽车技术升级的追求,未来十年,中国市场极有可能引领世界汽车产业潮流。为此,不仅自主品牌车企正在努力开发更适合本土需要的汽车产品,国外品牌车企也将加大在中国进行本土开发的力度,并以此为基础来反哺全球其他市场,从而将"中国特色"推向世界。新一轮科技革命带来的全新格局和中国大市场的引领作用,将为中国建设汽车强国、实现《中国制造2025》的战略目标创造前所未有的历史性机遇。

(本文原载于《金属加工》杂志2015年12月第23期"专家视点"赵福全教授专论)

发展汽车产业支撑地方经济转型

【精彩语句】

"地方必须在未来的发展中打造和形成自己的特色,特别要努力在某方面形成享誉全国的特色。任何地方都不可能把所有事情都做到全国第一,但是选准某个领域全力发展,是可以形成自己的特色优势和地方品牌的。这也是地方进行产业发展规划的指导原则。"

"事实上,汽车产业从诞生那天开始,就从来不是'传统'产业,历次重大科技进步都与汽车的进步紧密相连,从而为人类提供了越来越好的出行服务。因此,汽车不是简单的一种产品,而是一种文明,特别是在新一轮科技革命引发产业重构的前景下,汽车将会被彻底改变,并将通过汽车改变人类的生活。"

"'新常态'下,转型升级已经时不我待,不转型没有出路,转型慢了也将面临淘汰,企业如此,地方也是如此。成功转型需要对未来方向有准确的判断,一定要选准一个有发展空间的新兴载体型战略产业,以此来带动一方经济的转型升级。而汽车正是这样既与百姓生活息息相关,又能带动地方经济转型的重要载体型产业。"

【编者按】

赵福全教授经常受邀为不同地方的领导班子宣讲汽车产业的发展之道,本文即整理自其中较有代表性的一次讲座。编者删节了针对地方特点所做的个性化建议,而保留了具有普遍指导价值的共性内容。在本文中,赵教授强调地方政府必须加快实施转型升级,转型升级必须选对载体性、拉动性产业,而汽车由于其固有特点和全新发展,无疑是可供选择的最佳产业之一。同时,汽车又是体量庞大、高度复杂、牵涉广泛的集大成产业,有志于发展汽车产业的地方必须准确识别适合自己的具体机遇点,并集全地方之力来持续投入,否则是不可能带动地方转型升级以及实现新旧动能转换的。

当前,中国进入了经济转型升级的关键时期。地方要发展,也必须抓转型、抓载体,而汽车产业是当仁不让的最佳载体之一。尤其对于有一定的汽车产业基础、但还没有完全形成强大实力的地区而言，本轮汽车产业的发展机遇可谓千载难逢，现在正需要静心思考，然后发力行动。

一 宏观经济形势分析

准确把握宏观经济走向，对地方经济转型升级至关重要。不了解大形势，就可能会迷失方向。

第一，中国经济当前进入了"新常态"，我们面临全新的挑战。"新常态"是全球大背景下的一个长期过程，这不只是中国自己的问题，而是全球经济增长乏力的问题，并且恐怕这个问题在短时间内是无解的。对于中国而言，原本享有的改革开放红利逐渐消耗殆尽，人口趋于老龄化、成本优势萎缩，同时面临越来越大的能耗和环保压力，"新常态"将是未来相当一段时间内的经济状态。无论是地方转型，还是企业转型，都应该清楚地认识到我们当前面临的总体经济形势，这将是一次艰难的长征。因此，更需要我们下定决心，寻找转型载体，实施创新发展。

第二，在"新常态"下，大力振兴实体经济将是中国当前和今后一段时间内不变的主题，这也是国家持续提升发展动力的重中之重。振兴实体经济，重点要抓住有技术含量、有基础能力、有发展空间的产业，以增强国家安全、国计民生和国际竞争力。在这样的背景下，做强装备制造业无疑将会迎来重大利好。

实际上，发展实体经济正是为了应对经济"新常态"，应对人口结构变化，应对国际复杂局势，这是新旧动能转换的过程，也是解决中国人口老龄化问题的途径。当前中国经济面临增长压力，更需要强化实体经济的发展，而关键就在于"自主发展""创新驱动"和"超越引领"。地方也必须在未来的发展中打造和形成自己的特色，特别要努力在某方面形成享誉全国的特色。任何地方都不可能把所有事情都做到全国第一，但是选准某个领域全力发展，是可以形成自己的特色优势和地方品牌的。这也是地方进行产业发展规划的指导原则。例如，一提到小商品，大家首先想到的就是义乌，这就说明义乌在这方面形成了自己的地方品牌和区域优势。选择优先发展汽车产业的地方，也要思考如何在汽车领域形成自己的特色优势，并切实狠抓落地。

第三,"新常态"到底意味着什么?毫无疑问,"新常态"下增长放缓了,但是"缓增长"并不是"不增长",而是要通过结构调整和驱动力转变来确保持续增长。也就是说,"新常态"的核心在于原有的发展模式发生了根本改变:从数量到质量,从抓机会到重实力,从低成本到高品质,从产品到品牌。这意味着新的增长方式、新的竞争方式、新的资源组合方式以及新的商业模式。正因如此,"新常态"其实是机遇与挑战并存,关键就看谁能更好更快地实现改变,即转型升级。我们必须清楚地认识到,面对未来,转型是手段,升级才是目的。在转型升级的主旋律下,中央要变,地方也要变,产业要变,企业也要变。为了真正把转型落到实处,就必须认真评估曾经的发展道路,审视未来的发展方向,进行系统谋划、科学决策,然后坚毅前行、坚持不懈,最后一定可以发生质的变化。因此,转型绝对不是一句空话,而是需要思考,更需要行动。

二 汽车产业经济的基本特征

汽车产业是技术、资本、人才高度密集型的民用工业,也是产值巨大、拉动性强的产业,并且汽车是高频更换的大宗民用产品,法规也要求汽车产品到达一定年限就要淘汰。我们业内之前的说法是"三年一小改,五年一大改,十年一换代",现在汽车产品的更新换代周期更短了,所以说汽车是可以重复产生大量社会需求和经济价值的重要产业。有基础的地方一定要努力发展汽车产业;如果没有基础,也应该考虑是否应该创造基础条件;而基础好的地方更要抓住机会,全力发展。

汽车产业的体量究竟有多大呢?我们可以看一个例子,丰田汽车公司2016财年总产值接近28万亿日元(约合2550亿美元),相当于1.7万亿人民币,甚至超过了很多国家的工业总产值,是真正的"富可敌国"。像大众、通用等也和丰田一样都是千万辆级的企业,几百万辆级的汽车企业就更多了。一般来说,整车的产值带动比至少是1:5,零部件总成的产值带动比则是1:3。这意味着,一个地方如果有一百亿元产值的整车企业,就可以带动周边五百亿元的产业,加在一起就有六百亿元;如果有一百亿元产值的关键零部件总成企业,也会带来合计四百亿元的产值。而一百亿元在汽车行业只是一个工厂的产值而已，汽车产业的产值规模和拉动效应之大可想而知。并且这是一种立体式的拉动，上游包括原材料、能源、机械、电子、装备制造、化工、冶金和节能环保，下游涉及基础设施、销售、电子商务、售后服务、汽车金融、物流、交通运输和城镇化升级等，都与汽车产业的发展息息相关。

此外，汽车产业的就业吸纳力极强，通常直接与间接就业之比可达1:7。更重要的是，中国汽车产业的发展还没有达到顶峰，未来仍有巨大增长空间，又值转型升级的关键期，这就给产业和地方带来了更大的机遇。

实际上，汽车产业是非常强调集群化发展的产业。世界著名的汽车城像美国的底特律、德国的斯图加特和沃尔夫斯堡、日本的名古屋，大型汽车公司集聚于此，众多零部件企业也在那里生根，从而形成了完整而庞大的产业集群。中国经过三十余年改革开放的发展，现在已经初步形成了六大汽车产业集群，即东北、环渤海、中部、西南、长三角和珠三角汽车产业集群，这六大集群的汽车产量占全国总产量的88%以上（2016年数据）。这些地区也都因自身的汽车产业而颇为受益。

如果从整个国民经济的大视角看，汽车产业是制造业的龙头，也是先进技术应用的载体，为了满足不断升级的消费者需求和法规要求，汽车总是不断集成应用最先进的各种技术。事实上，汽车产业从诞生那天开始，就从来不是"传统"产业，历次重大科技进步都与汽车的进步紧密相连，从而为人类提供了越来越好的出行服务。因此，汽车不是简单的一种产品，而是一种文明，特别是在新一轮科技革命引发产业重构的前景下，汽车将会被彻底改变，并将通过汽车改变人类的生活。可以说，汽车是波澜壮阔的"高大上"产业，具有无可比拟的独特魅力。

三 中国汽车产业发展的机遇与挑战

目前，中国汽车市场规模仍有很大的增长空间，原因在于我们有需求，有基础，也有环境。需求是老百姓的汽车梦，这是中国汽车产业发展的根本动力；基础是增量和存量并存的市场，不仅销量还在递增，而且已有的销量规模在未来8~10年就将成为汽车更新换代的刚需；环境则是指对新事物如智能网联等的接受度，中国消费者是最高的。因此，我判断未来15~20年中国汽车产业总体上仍将处于增长阶段。根据我们的研究估计，未来中国汽车年销量的峰值约为3800万辆，这意味着还将有上千万辆的增长空间。同时，汽车总保有量可能会达到5亿辆，这又意味着空前巨大的后市场。

当然，汽车产业的发展也伴随着能源消耗、环境污染、交通拥堵和行车安全即所谓的四大公害问题。其中，对中国而言最紧迫的就是能耗问题。中国石油的对外依存度已经高达65%（2016年数据），而石油消耗中汽车占了1/3。未来随着汽车保有量的增加，这个比例预计还会更高。此外，环保、拥堵和安全等问题也很严峻，对汽车产业的可持续发展构成了挑战。不过挑战也是机遇，制约因素将反推技术进步与产业创新，从而使汽车产业得到更好的发展。未来汽车技术将会呈现低碳化、信息化、智能化三大发展趋势，并与商业模式创新相结合，为解决汽车社会公害问题提供全新的可能。具体体现在节能汽车、新能源汽车以及智能化汽车上，这也是《中国制造2025》提出的发展方向。

四 汽车产业变革与未来发展机遇

那么未来汽车产业究竟有哪些发展机会呢？我们应该从本轮汽车产业变革的原因和特征入手来进行分析。一方面，如前面提到的，汽车产业面临制约因素的压力空前严峻，直接挑战产业的核心竞争力，构成了产业变革的内在力量；另一方面，新一轮科技革命，包括物联网、大数据、云计算、人工智能、增材制造等新技术，都在进入汽车产业，成为推动汽车产业发生变革的外在力量。内因和外因同时作用，使汽车产业正在经历一场深刻的全新革命。在这场革命中，一是汽车产品形态重新定义，新能源与智能网联将成为未来汽车产品的特征；二是汽车制造体系重大升级，基于互联和智能的大规模定制化生产将成为可能，而汽车智能制造是《中国制造2025》的最难也是最强应用；三是汽车产业发展全面创新，原来创新主要是技术和产品的创新，以后则将是技术、产品、用户体验、商业模式和应用场景的全方位立体创新；

四是汽车产业生态深度重塑，未来的汽车已经不是简单的产品了，整个价值链都将发生转移。

也就是说，汽车从来也没有像今天这样与未来的科技、未来的产业、未来的产品、未来的社会、未来的能源、未来的环境、未来的交通和未来的生活紧密地联系在一起，并不断扩展自身的空间。也正因如此，汽车产业的空间将不断扩展，跨界融合将成为常态。现在，大量互联网以及其他产业的公司正在涌入汽车制造和服务行列。据不完全统计，有明确意向投入到新能源汽车和智能网联汽车领域的外部企业已经有 200 多家，这也从一个侧面显示出本轮汽车产业变革的机会之大。

本轮汽车产业重构将引发全方位的深刻变革，并且诸多改变既影响深远又彼此交叉。比如，汽车动力源实现由石化能源向电力的转变，意味着汽车将由单纯的耗能装置，变成可以移动的储能和供能装置。未来大量电动汽车可以在晚上利用波谷电充电，等到白天时一部分电能汽车自用，另一部分则出售返回给电网。这样汽车就相当于小型的发电站和储电站，成为能源互联网不可或缺的组成部分，从而对国家能源体系起到智能调控和平衡使用的重要作用。又如自动驾驶汽车将助力汽车共享的普及，同样一辆汽车，在共享模式下的使用效率大大提高，从而可以用最少的资源消耗满足最大的出行需求，这也是共享经济的价值所在。汽车共享还将给设计、制造、销售、服务以及品牌等方面带来深刻影响。再如汽车保险，未来将通过智能穿戴设备实时监测驾驶行为，经过大数据分析，开车习惯危险的人就要多付保险费，开车行为良好的人则可少付保险费。

实际上，在这一系列变化的背后，最本质的乃是未来汽车产品核心竞争力的改变。此前，汽车一直是以硬件为主的机械产品，软件在成本中所占比重不高。而未来软件所占的分量会越来越大，甚至可能会反超硬件，这就会使汽车的属性发生根本改变。可以预计，作为新能源与智能网联的共性支撑，汽车电子兼有硬件和软件属性，将变得越来越重要。有研究预测，未来汽车领域 70% 的创新都将源自于汽车电子。目前，汽车电子在整车中所占的成本比重已经达到了 40%，预计 2020 年会达到 50%，届时汽车电子业的产值将增长至 6000 亿元以上。无论地方政府，还是相关企业，都应该高度关注这一领域的未来潜力。

五 转型期地方发展汽车产业的思考

"新常态"下,转型升级已经时不我待,不转型没有出路,转型慢了也将面临淘汰,企业如此,地方也是如此。成功转型需要对未来方向有准确的判断,一定要选准一个有发展空间的新兴载体型战略产业,以此来带动一方经济的转型升级。而汽车正是这样既与百姓生活息息相关,又能带动地方经济转型的重要载体型产业。它不是简单的产品,而是制造业的载体、龙头和抓手。同时,它也不是传统的"夕阳"产业,而是未来能源革命、网联革命和智能革命的集大成者。实际上,汽车早已不是普通的代步工具,而是工业文明的象征,是社会资源顺畅移动和经济良性发展的基础,是社会进步和生活水平提升的表现。

地方转型升级需要抓住真正的"牛鼻子",而汽车作为实体经济中产业链条最长、带动作用最大的产业,正是最佳的"牛鼻子"之一。汽车产业是新一轮科技创新应用的最佳载体,拥有强大的产业平台效应,可以为各类大项目的落地提供战略机遇。汽车既可以整合已有的制造业,也有利于打造新的经济增长点,是新老产业承上启下、新旧动能有效转化的最佳桥梁。更重要的是,汽车产业正在发生深刻变革和全面重构,这就为后发的地区及企业带来了新的发展机遇。对于地方而言,汽车产业远远没有饱和,培育优秀的汽车企业可为经济"稳增长"提供支撑;同时"汽车+互联网"又可以有效地连接起实体经济(制造业)与虚拟经济(互联网),从而使汽车业和城市、能源、交通、物流、生活等都有机地连接起来。总之,未来全新的汽车社会,将是智慧城市、智能交通、智慧能源、智能汽车的有效组合,这也意味着新技术、新业态、新模式以及新的增长点。抓住了汽车就等于抓住了"四新"(新技术、新产业、新业态、新模式),促进汽车发展就等于促进了"四化"(产业智慧化、智慧产业化、跨界融合化、品牌高端化)。

对于希望通过发展汽车产业实现经济转型升级的地方,要重新认识汽车产业的战略地位,抓住汽车产业重构及经济"新常态"下地方转型的战略机遇,明确以汽车为主的龙头产业,制定以汽车为引领的产业升级规划。要集地方之合力有效整合资源,布局汽车产业长远发展。在具体方向上,既要思考"节能汽车+新能源汽车+智能汽车"等整车机遇，也要分析"发动机+变速器+电机"等整机空间，还要研究"电池+储能+汽车电子+人工智能"等关键零部件产业。同时有针对性地对一部分产业进行汰换，通过"腾笼换鸟"为建立全新产业集群、实现新旧动能转换提供空间。要结合新能源汽车推广和智能网联汽车发展，以汽车为主线和载体，重新梳理整合本地制造业和信息产业，系统谋划智能交通、智慧能源与智慧城市的建设方案，最终实现地方的转型升级。

（本文根据赵福全教授2017年5月24日在山东省潍坊市"市委理论学习中心组暨全市领导干部理论学习大会"上的专题讲座整理）

中国汽车产业科技协同创新平台建设思考

【精彩语句】

"从实际运行情况来看，中国原有科技创新体系存在的主要问题包括：政策体系不够完善，创新管理机制相对僵化；不同主体的定位不明，存在短板甚至缺环；缺少数据、工具、手段、方法等多方面的成果共享；没有贯穿基础研究、工程开发与产业化应用，成果输出零散化。"

"分析美国、德国、日本的汽车产业科技创新体系可以发现：政府的主要职能是制定战略和监督，一般不直接参与项目管理。整车企业占据主导地位，确保技术攻关能够最终得到有效应用。同时，国家层面的科技创新平台主要聚焦于对竞争前技术提供支持，而应用性技术则由企业各自完成。另外，多采用重大项目的方式牵头推进关键领域的科技创新。"

"探索构建汽车产业科技协同创新平台的最终目的，不仅在于革除原有弊端，为汽车产业的科技创新营造良好环境；更在于通过汽车产业的有益实践，为国家整体科技创新体系的优化升级提供重要试点和方向参考。在此过程中，必须以坚定的信心、科学的执行和严格的监督，确保改革方案的有序推进。"

【编者按】

这是一篇剖析中国科技创新体系症结并建言汽车产业科技协同创新平台建设的宏论，基于对汽车产业及技术特点的深刻理解，结合对主要汽车强国科技创新机制的准确认知，赵福全教授提出应以汽车产业为突破口，打造一个贯穿全创新链条、覆盖全项目周期的新型科技协同创新平台，以支撑汽车产业高质量发展的战略需求，并为国家科技创新体系改革进行重要的路径探索。针对原有科技创新体系的主要弊端，赵教授特别强调，汽车产业科技创新平台应以企业牵头主导、以产业化应用为导向、以专业化的第三方机构负责项目运作，而政府则应扮演好协调和支持者的角色，不宜直接参与平台及项目的具体管理。

科学技术是第一生产力，是经济社会发展的动力源泉，而高效的科技创新体系是科学技术持续取得快速发展的根本保障。当前，随着改革开放进程的深入和社会主义市场经济的发展，中国原有科技创新体系的不足日益凸显，相关问题亟待解决。正因如此，国家不断深化科技创新机制改革，致力于更有效地配置科技资源，最大限度地激发科研人员的创新热情。

对于产业链条长、关键技术多、突破难度大的汽车产业而言，尤其需要在科技创新方面进行积极探索。特别是在新一轮科技革命驱动全球产业格局发生全面重构之际，汽车科技的涉及面变得更广、局面也更加复杂，唯有建立行之有效的科技协同创新平台，才能保障各项关键技术逐一突破并集成应用。为此，笔者从当前中国科技创新体系的现状出发，结合全球代表性汽车强国的科技创新体系情况，对中国汽车产业科技协同创新平台的发展策略提出建议。

一 中国科技创新体系问题剖析

目前，中国科技创新体系主要由企业、高校、科研机构、政府等组成，各创新参与方之间有机联系、相互作用，共同推动国家科学技术与社会经济的有效融合与协调发展，如图 1.5 所示。

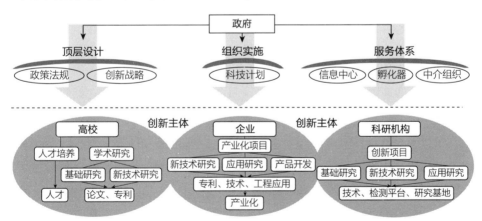

图 1.5　中国科技创新体系的组织架构

但是随着市场经济的不断深化，中国原有科技创新体系已经逐渐不能充分满足技术变革与生产力发展的需求。笔者将从组织架构、科技计划、项目管理三个方面，剖析中国科技创新体系目前的运行状况以及存在的主要问题。

1. 组织架构

作为国家科技创新的引导者，政府在科技创新体系中具有重要作用，其职能包括顶层设计、服务体系建设等，尤其是直接参与科技计划的组织实施。政府通过制定政策法规、确定技术战略、设立科技项目、建设基础设施等手段，在总体上对技术创新活动进行宏观引导与管控，对科学技术的产生、发展及应用进行规划及指导。可以说，政府直接参与了科技创新的全过程。

在实施层面，以企业为主体、产学研相互结合是目前中国科技创新的主要模式，因此企业、高校、科研机构等共同组成的产学研体系是科技创新的核心。其中，企业既是技术创新投入和创新活动的主体，也是技术创新成果转化、应用及收益的主体，主导地位不言而喻。在日趋开放和激烈的市场竞争环境下，中国本土企业能否坚持自主创新，掌控核心技术，不仅攸关企业本身的生存与发展，而且是国家相关产业能否做强的关键。高校也是科技创新的主体之一，通过人才培养、学术研究等多种途径发现新知识、发明新技术。而科研机构则主要通过承接各类创新项目，开展基础及应用研究。三者之间的联系在于：企业可以和相关高校及科研机构合作，通过委托开发、联合开发，共同实现技术突破。

从实际运行情况来看，中国原有科技创新体系在组织架构上存在的主要问题包括：①政府直接参与科研管理，但专业化程度不足，很大程度上影响了科技创新的进程；②各类科技创新项目源自多个政府部门，各部门之间的统筹和协调不足；③政策体系不够完善，创新管理机制相对僵化，无法灵活地把控和优化创新实践过程；④"产学研"协同创新过程中不同主体的定位不明，存在短板甚至缺环，且创新资源分散重复，尚未形成稳定完备的创新价值链。

2. 科技计划

改革开放以来，国家陆续出台了各类科技计划，经过科技部的不断调整和完善，形成了多方面、多层次的国家科技计划体系。目前主要由基本计划和国家科技重大专项组成，包括973计划、863计划、国家科技支撑计划、科技基础平台建设计划和政策引导类科技计划等。

这些科技计划覆盖了基础研究、工程研究和应用研究，确保了科技创新的每个环节都有独立的科技计划提供支撑，并且在各项科技计划的组织实施过程中有相关管理文件指导项目的组织、实施、监督、评估及验收。在经费方面，则得到了国家优惠政策、国家财政和银行资金等的支持。

国家科技计划推动了中国科技事业的进步，取得了一系列成果，不过仍然存在以下关键问题亟待解决：①各项科技计划较为独立，缺乏有效融合和贯通，导致基础前沿研究、关键技术开发、应用示范推广之间存在彼此脱节的情况；②各项科技计划之间缺少数据、工具、手段、方法等多方面的成果共享，尚未形成协同创新的氛围和机制；③对于重大战略项目，没有贯穿基础研究、工程开发与产业化应用，不能对科技创新计划提供有效的支持和引导，导致成果输出零散化，难以形成合力。

3. 项目管理

科技部针对每项科技计划都制定了相应的管理办法，通过建立专家顾问组、领域专家咨询组、项目专家组等对科技创新项目实施全过程管理。在科技计划项目管理过程中，科研个体和科研单位是科研主体，科技部及其下设的各级管理机构、审计监管人员是管理主体。整个项目管理过程涉及规划申报、评审立项、项目实施、结题验收、成果管理等环节，在项目的各个阶段都有监督、评审等管理活动，并执行保密、公示、信用、回避等机制。

在具体实施过程中，各类科技计划及其管理各有侧重。例如，以973项目为代表的基础理论研究项目，其管理形式主要是阶段性总结（如中期评估、年度评估等）以及会议汇报；以863项目为代表的应用性研究项目，其管理则更多采用现场检查考核的方式进行。总体看来，中国科技项目管理的共性问题在于，各类项目普遍更为注重项目前期的组织论证与后期的验收交付，而项目实施过程中的管控则有待进一步加强。同时在管理过程中，根据实际情况对项目目标、实施计划和资金配置进行优化调整的灵活性不足。

以上讨论针对的是中国科技创新体系的总体情况，这基本上也是中国汽车产业科技创新的现状与问题。

发达国家汽车产业科技创新体系经验借鉴

下面对汽车产业强大、科技发达的美国、德国、日本的科技创新体系进行分析比较,旨在为中国科技创新体系的优化改革寻求启示和借鉴。

1. 美国汽车产业科技创新体系

从20世纪80年代开始,美国本土汽车企业的竞争力开始衰退,在与外国公司的竞争中逐渐处于下风。为改变这种局面,政府开始推动三大汽车公司和相应零部件企业之间紧密合作。美国在1984年就提出了国家合作研发行动计划,随后于1988年成立了汽车复合材料联盟(ACC)。1991年又成立了美国先进电池联盟(USABC)。1992年,美国政府推动、协调整合了这些组织,成立了美国汽车研究会(USCAR),并将ACC和USABC纳入旗下。

USCAR由美国三大汽车公司共同成立,目标是通过合作研发巩固汽车工业的技术基础,特别是聚焦于竞争前技术的共同开发,达到规避风险、合作协同的效果。例如,对一项新技术而言,USCAR定位在技术成熟应用前十几年的研究阶段,待技术开发成功后再由各家公司主导进行相应的产品开发。

USCAR成立至今,已经开展了锂离子电池、燃料电池、镍氢电池、轻量化镁结构件、先进柴油直喷发动机、汽油直喷发动机、混合动力及插电式混合动力等多项研发项目。其中,后五个项目已从基础技术研发成功迈向了应用示范和市场化推广,完成了科技创新成果的产业化转化。像1993年启动的新一代汽车合作计划(PNGV)和2002年启动的自由汽车计划(Freedom CAR),都是USCAR主导的核心项目,代表着美国在节能与新能源汽车技术领域的前沿探索。前者的成果以混合动力为主,后者则更聚焦于氢燃料电池汽车。

USCAR的组织架构如图1.6所示,其管理以行业平台为基础,上接公共平台,下接企业平台,连接了美国政府部门、整车企业和零部件供应商、国家实验室、大学等教育机构,并受媒体和社会公众监督。最高领导机构是USCAR委员会,由来自福特、通用、克莱斯勒的研发副总裁组成;执行领导小组是执行机构,对USCAR委员会负责;另有9个技术领导小组下辖超过30

个联盟和团队,负责具体的技术开发任务。整体上其组织结构扁平化、清晰化、简明化,全面涵盖了产学研等各类创新主体,且所有创新主体都有明确的使命、任务及参与动力,详见表1.3。

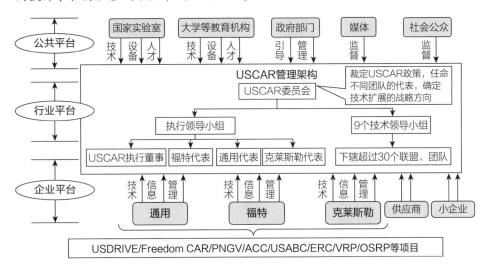

图1.6 USCAR的组织架构

表1.3 USCAR合作主体分析

合作主体	使命及任务	参与动力	成员构成
联邦政府	宏观战略制定 科技创新经费投入 考核、评估	保持美国汽车产业竞争力 让消费者使用先进技术产品 实现节能减排、降低能源依赖、提升交通安全等社会效益	能源部、环保署、交通部等
汽车公司	研发经费投入 新技术的产品化推广	提升企业技术竞争力 分担部分研发经费	通用、福特、克莱斯勒
零部件企业	技术应用研究 零部件开发	提升技术能力 获得研发经费的支持	
国家实验室	基础科学 工程应用研发	获得运作经费支持 能源部每年组织的专家组评审	Sandia国家实验室、Argonne国家实验室等
大学	基础科学 工程应用研发	获得课题经费支持	

USCAR 面向八大技术领域——先进动力、电动化、能量存储、氢燃料电池、生产制造、材料、安全、汽车电子,下辖 ACC、USABC 等项目组织。下面以 Freedom CAR 项目为例,对美国汽车科研创新体系的运行进行具体说明。该项目的运作架构如图 1.7 所示,美国能源部是项目的主导力量,每年邀请来自工业界和大学的专家对所有国家实验室的研究活动进行独立的评估。此外,操作组还将组织诸如国家科学院和国家工程院等不属于该项目参与机构的专家,每两年一次,对项目的方向和技术的进展进行审核。

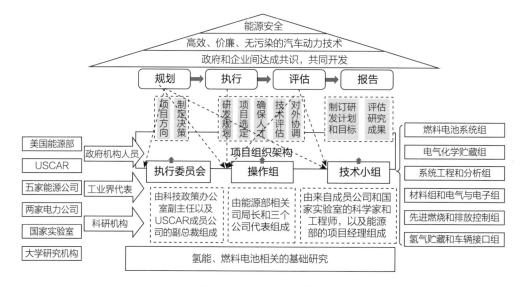

图 1.7　美国 Freedom CAR 项目的运作架构

在研发资金投入上,项目经费由国家和企业联合提供,实施团队可享受直接的经费支持或人员、设备等间接的资源支持。像 Freedom CAR 这类重大项目,其资金流向具有支持力度大、目标集中(围绕氢能燃料电池汽车)的特点,且全面覆盖各类产学研机构。总体而言,整个 Freedom CAR 项目管理流程规范、过程评估严格,同时由三大汽车公司负主要领导职责,确保了科技创新过程的产业化导向。

2. 德国汽车产业科技创新体系

德国的科技创新体系独具特色,由马普学会、海姆霍茨协会、弗劳恩霍夫协会等牵头的科研系统与企业、高校无缝对接,形成了涵盖基础研究到应用研究的完备创新链。其中尤其值得关注的是弗劳恩霍夫协会，该组织以企业形式运作，通过官产学研结合的方式，进行公益性质的技术应用研究。此外，德国的各级科技中介机构遍布全国，在企业与科研系统和高校之间发挥了桥梁纽带作用。德国科技创新体系架构如图1.8所示。作为德国传统的龙头产业，汽车产业的科技创新也得益于该体系的有效支持。

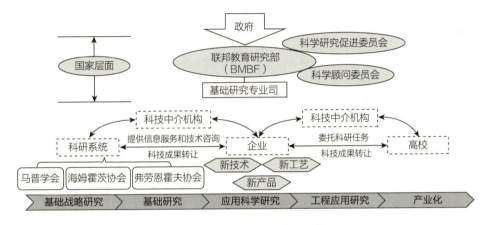

图1.8 德国科技创新体系架构

德国在国家层面由政府联邦教育研究部下设的基础研究专业司负责制定基础研究的宏观发展政策、大政方针以及大型科研项目规划，同时确定资助计划和课题重点，并负责研究经费的管理。在具体管理过程中，由德国科学顾问委员会负责宏观管理和战略性综合资助。该部门成立于1957年，是欧洲成立最早的科技政策咨询机构，其主要职能是为德国的科技研究工作提供整体评估，向联邦和各州政府提出关于研究资助和高等学校发展等建议。同时，由德国科学研究促进委员会负责协调联邦和各州的科研政策规划和决策，制定科研中期规划，以及向联邦总理和各州州长就年度资助需求的批准提出建议。

德国基本法规定教育和研究首先是州政府的任务，因此，德国的基础研究主要是由州政府来资助和实施的，但对于那些具有跨地区意义、涉及重大设备和研究计划的基础研究，则由联邦和州政府共同资助。其中，联邦教研部对基础研究的资助主要有项目资助和机构资助两种方式。例如，联邦层面的科学顾问委员会就是由联邦和各州各提供一半经费。

近年来，面对新能源汽车产业的迅猛发展，德国政府也推出了专门的发展平台——电动汽车国家平台（NPE）。虽然是联邦政府推出的平台，但该平台的运作仍是以企业为主。政府出资多集中在基础材料、基础工艺、基础零部件和共性基础技术等方面，此外主要发挥横向整合资源的协调作用，帮助产学研各界在基础技术的开发领域进行合作。

3. 日本汽车产业科技创新体系

近期日本成立的内燃机技术研究协会（AICE），是日本汽车产业科技创新体系实现产学官有效协同合作的典范。该组织的运行机制如图1.9所示，日本政府（主要是产业经济省）起到项目推动和资金支持的作用；企业作为技术应用的主体，也要提供相应的资金支持；同时，该协会还集结了各个研究所与大学的科研力量。协会理事长为企业界代表，目前由本田技术研究所常务执行董事担任。AICE有清晰的研究目标和技术发展路线，通过明确的产业化目标，调动几乎所有的日本整车企业充分参与，以确保高效产出。

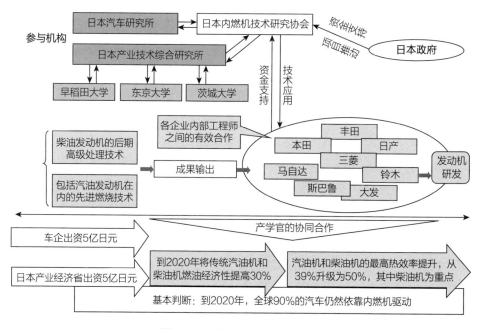

图1.9 日本AICE的运行机制

4. 经验总结与借鉴

通过分析美国、德国、日本的汽车产业科技创新体系可以发现：在组织架构上，发达国家普遍有更加科学的设置，一般包含了决策机构、执行机构、技术实施小组等，且不同主体有明确的职责分工。政府的主要职能是制定战略和监督，一般不直接参与项目管理。而整车企业占据主导地位，确保技术攻关能够最终得到有效应用。同时，创新主体多样化，产业联盟和非营利科研机构等也都发挥着重要作用。科技项目的管理流程整体上较为规范，保证了项目的有效实施。

在创新链管理上，国家层面的科技创新平台主要聚焦于对竞争前技术提供支持，而应用性技术则由企业各自完成，不在国家平台的支持范围之内。另外，发达国家还多采用重大项目的方式牵头推进关键领域的科技创新，如美国 USCAR 的 PNGV、Freedom CAR 项目，日本 AICE 的先进内燃机研究等。创新链的各个环节联系紧密，实现了需求及时互通、资源充分共享、成果有效集成的良好效果。

三 中国汽车产业科技协同创新平台建设思考

在剖析中国科技创新体系存在的主要问题，并借鉴美国、德国、日本等发达国家汽车产业科技创新经验的基础上，笔者对如何建设中国汽车产业科技协同创新平台进行了思考，提出如下具体实施方案建议。

1. 构建科学合理的组织架构

要解决中国科技创新政策体系不完善、管理机制僵化、创新主体定位不明、创新资源分散重复等关键问题，必须从国家战略高度重新思考科技创新体系的顶层设计。

首先应由政府牵头组织建立统一的国家汽车产业科技协同创新平台，全面整合全国科技资源，统筹实施重点领域的科技创新计划。在此过程中，政府要积极转变职能角色，构建科学合理的组织架构。可由科技部牵头，国家发改委、财政部等相关部门共同参与，建立科技计划管理的理事会制度，由理事会对科技协同创新平台进行规划和监督，而政府不直接参与平台及项目的管理。科技计划管理理事会的职责应包括制定议事规则、审议科技发展战略规划、讨论及确定科技计划、设立各专业委员会、择优遴选专业机构等。

由理事会择优遴选出的专业机构作为第三方项目管理机构，负责从项目申请受理、评审立项、实施过程管理到组织验收的科技计划全周期运作，该专业化管理机构只对理事会负责，不受政府、企业或其他部门的影响。在监督确保项目顺利实施的同时，理事会还应成立战略咨询与综合评审委员会、技术专家咨询委员会、评估与监督委员会，这三个委员会要求人员构成相对固定，既有分工、又有合作，以保证科技计划的长期连贯性和一致性。国家汽车产业科技协同创新平台的组织架构及职能设计如图1.10所示。

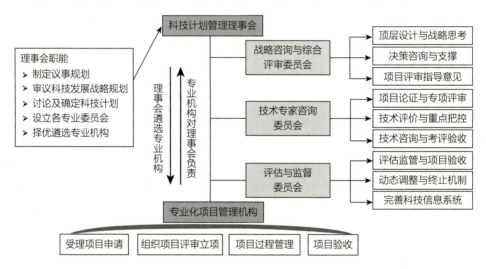

图1.10　国家汽车产业科技协同创新平台的组织架构及职能设计

2. 实现全过程全链条的创新管理

对比中国与发达国家的汽车产业科技创新体系可以看出，虽然我国同样也有很多科技计划，但缺乏能够将核心技术的关键参数、共性工具、经验模型等有效共享的机制，导致基础研究滞后化、工程研究零散化、应用示范脱节化，未能打通整个科技创新链条。有鉴于此，笔者认为应从全创新链条和全项目周期两个维度出发，建立全方位的科技协同创新管理机制，如图1.11所示。

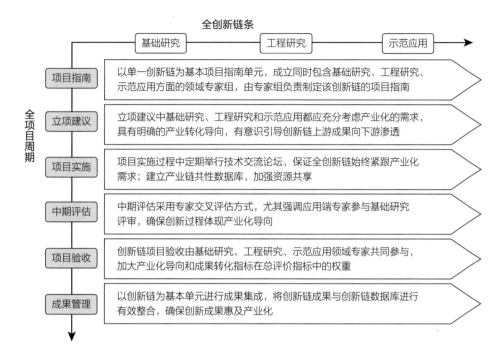

图 1.11　国家汽车产业科技协同创新的全方位管理机制

以新能源汽车技术为例，应着力打造新能源汽车基础研究、工程研究和应用示范"一条龙"的创新价值链，加大基础端、应用端的整合力度，使基础研究充分面向应用研究需求，应用研究充分吸纳基础研究成果，最后共同服务于产业化目的。与此同时，还应加大整车研发与基础零部件研发的整合力度，加强资源共享和成果集成。

在实现全创新链条管理的基础上，还应从全项目周期的视角出发，对项目指南、立项建议、项目实施、中期评估、项目验收、成果管理等各环节进行全局管控和协调，把创新链条每个环节中的具体任务落实到科技项目的各个阶段中，从而在强化资源共享的同时，将创新成果与创新链全程数据库进行有效整合，确保创新成果真正惠及产业化。

3．建立高效协同的运作机制

产学研有效协同是美国、德国、日本等发达国家科技创新成功的关键因素之一。目前，中国企业和高校、科研机构之间虽有不少联合项目，但往往形式大于效果。从根本上讲，这是因为不同创新主体各自的定位、职责不清晰，彼此割裂离散,没有有效融合,导致前沿技术、工程技术和应用技术之间严重脱节。

为此,笔者建议国家汽车产业科技协同创新平台的运作机制一定要以企业为主体。针对汽车产业的特点,应以整车企业为项目牵头单位,以产业化需求驱动前端创新,以完整的创新链将基础研究、工程研究以及应用示范有效串联起来。同时,通过责任纽带、信用纽带和利益纽带,确保整车企业、零部件公司以及高等院校、科研院所之间的充分互动、合作共赢,最终在国家的引导和支持下,源源不断地产出高水平的科技创新成果,并最大限度地实现产业化应用。具体如图1.12所示。

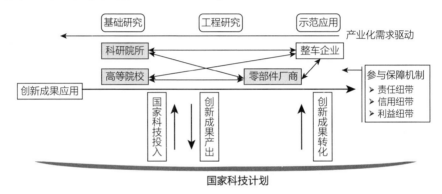

图1.12 国家汽车产业科技协同创新平台的运作机制设计

需要特别指出,汽车产业是典型的复杂大工业,要在这样的产业建立行之有效的科技协同创新平台绝非易事,但是反过来,汽车科技进步对跨学科、跨领域协同创新平台的需求也更为迫切和突出。从这个意义上讲,探索构建汽车产业科技协同创新平台的最终目的,不仅在于革除原有弊端,为汽车产业的科技创新营造良好环境;更在于通过汽车产业的有益实践,为国家整体科技创新体系的优化升级提供重要试点和方向参考。在此过程中,必须以坚定的信心、科学的执行和严格的监督,确保改革方案的有序推进。同时必须杜绝一切形式化、口号化的措施,而是要以科技成果产出作为检验改革效果的唯一标准,确保全新平台和机制能够真正有效落地。

[本文根据学术论文《中国汽车产业科技协同创新平台改革建议研究》精编整理;原论文发表于《科技管理研究》2016年第12期;署名作者:郝瀚、刘宗巍、陈铁嵩、赵福全(通信作者)]

交通的本质与未来交通的可持续发展

【精彩语句】

"交通从本质上讲，就是要满足人类社会 Mobility 的需求：即用什么移动工具和出行方式，打造怎样的移动出行环境，以及其中涉及何种运作模式。"

"Mobility 引发的实际上是一个系统问题，涉及交通与能源、环境以及城市规划之间的复杂关系，需要各个领域的共同关注和努力，仅凭借某一种技术或单一交通工具的进步是无法简单解决这类复杂的供需问题的。一方面，我们必须积极推动技术进步，完善多种交通工具及其有效组合；另一方面，我们必须下决心改变城市规划及发展模式，进而改变、降低或转移需求，才有可能真正实现 Mobility 的供需平衡。"

"未来的移动出行模式一定是多种交通工具并存、多元出行方式组合的形态。总体上，需要从通用化交通工具的普及和个性化交通工具的探索两大维度出发，逐步达成以'公共交通为主＋私人交通为辅＋智能交通为核心＋多种交通工具有效组合＋智慧城市建设'的综合发展目标。"

【编者按】

本文是赵福全教授关于未来交通问题深入前瞻思考的一次全面总结。在文中，他明确提出必须回到交通的本质即满足人类的移动出行需求，才能真正解决未来交通的可持续发展问题，进而支撑人类社会的不断进步。为此，我们应当系统梳理交通与能源、环境、城市之间的复杂关系，通过思考人类未来的生活方式，确定未来城市必须具备的功能，以此反推我们需要的未来交通方案并为之努力。他还给出了以全新思维不断加强顶层设计、从生态层面构建未来城市框架以及多维交错并行实现按需出行三条具体建议。这些思想不仅对于纷纷宣称要向出行服务商转型的众多车企，而且对于站在全新历史节点上急需重新定义未来城市和交通的各级政府，都有很大的参考价值和指导意义。

当前，随着拥堵、能耗、污染以及安全等问题不断凸显，全球城市交通面临着日益严峻的挑战，也越来越受到全社会的广泛关注。然而，多数有关城市交通的讨论，出发点还是针对某一方面的具体问题应该如何解决，这种"治理"思维往往缺乏系统性和综合性，甚至容易忽视交通本身的目的和使命，混淆了真正需要解决的根本问题。例如，以限行限购治理拥堵问题，这等于以减少交通的方式来解决交通问题，完全是本末倒置。因此笔者认为，要真正实现未来交通的可持续发展，唯有勿忘初心，回归到交通的本质以及人类的诉求上来进行全面的思考。

一 交通的本质是满足人类社会 Mobility 的需求

近期有一个颇具概括性的英文热词 Mobility，这个词的本意是移动性或流动性，目前在汽车产业里多被翻译为出行。但它实际上不仅包括人类各种目的的出行，也包括各类物资的移动以及能源的传输等。因此，Mobility 是各种各样的移动和出行的总和。

Mobility 的重要性不言而喻。人们在工作、学习、生活、服务、社交和娱乐时都需要移动出行，它是人类社会生活的关键纽带，也是社会发展、经济繁荣和城市建设的助推器。正因如此，Mobility 是支撑社会经济发展的最根本元素，只要有人存在，就必然有 Mobility，而没有 Mobility，社会将停滞，经济也难以发展。从这个角度来说，Mobility 也是人类区别于其他物种的重要因素之一。从依靠双腿行走，到能够借助各类不断升级的交通工具，人类文明的历次进步都同时是 Mobility 不断进化的过程和结果。

而交通从本质上讲，其实就是要满足人类社会 Mobility 的需求：即用什么移动工具和出行方式，打造怎样的移动出行环境，以及其中涉及何种运作模式。人类的移动出行需求与交通的本质如图 1.13 所示，人类的群居和社交属性带来了社会的发展，在生产和生活方面都产生了巨大进步，其空间表现形式就是随着人口不断聚集而形成的城市。城市具有居住、工作、生活、休闲等各种核心功能与基本活动，而这些活动都需要移动出行来连接，这种人类城市活动产生的移动出行需求催生了交通。

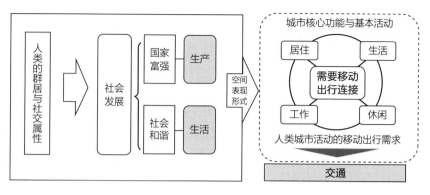

图 1.13　人类的移动出行需求与交通的本质

二 Mobility 与人类社会的可持续发展密切相关

一直以来，人类都是通过发明新的交通工具、增加交通供给量来满足 Mobility 不断提升的需求。从依靠双腿步行，到驯服和驾乘牲畜，再到发明轮船和汽车，直到如今的飞机和高铁，人类走得越来越远，也越来越快，移动出行效率的大幅提高集中体现在人类社会活动空间和城市半径的不断扩张。可以说，Mobility 的升级是社会繁荣、经济发展、人类进步的象征，Mobility 的发展史就是人类文明的发展史。

然而，在 Mobility 的发展过程中也产生了诸多问题，制约了人类社会的可持续发展。首先是安全问题，随着交通模式的多元化，人与交通的关系日益复杂，交通安全事故与死亡率居高不下，安全形势严峻。其次是拥堵问题，人类社会不断向城市发展和集中，特别是在大中城市，路况差、车辆多、停车难、物流成本高导致出行效率低下，已经成为非常普遍和严重的问题。最后是能源和环境问题，一方面，交通能耗日益增大，成本不断攀升，尤其是大量的石化能源消耗给中国能源安全带来严峻挑战；另一方面，碳排放和雾霾等问题也给交通运输减排带来巨大压力。所有这些问题不断加重、相互交织、彼此影响、共同作用，严重降低了移动出行效率，进而制约了城市发展，从而使人类的生活质量及幸福指数不升反降，违背了交通改善人类生活的初衷。因此，如能解决 Mobility 的可持续发展问题，就等于解决了人类社会可持续发展的核心问题之一。

三 Mobility 涉及的核心问题是有效平衡供需

要想解决 Mobility 的发展问题，就需要回归到前面谈到的交通的本质，思考如何改善 Mobility 的供需平衡。一方面，移动出行需求必然随着经济发展和人口增加而持续增长；另一方面，交通供给受到土地和能源等制约不可能无限扩大，由此导致了日益严重的供需失衡，如图 1.14 所示。照此趋势发展，未来即使发明新的交通工具、持续增加交通供给量，也无法解决人们面临的越来越错综复杂的移动出行问题。以北京中心商务区（CBD）的出行情况为例，每天有近 40 万人集中到国贸 CBD 不到 10 平方千米的区域内进行办公等商贸活动，密度高达 4 万人/平方千米（2016 年数据）；预计到 2025 年将有超过 70 万人每天在国贸 CBD 区域活动。在这种情况下，就算拥有再先进的交通工具，也很难满足该区域巨大的交通需求。因此，Mobility 引发的实际上是一个系统问题，涉及交通与能源、环境以及城市规划之间的复杂关系，需要各个领域的共同关注和努力，仅凭借某一种技术或单一交通工具的进步是无法简单解决这类复杂的供需问题的。一方面，我们必须积极推动技术进步，完善多种交通工具及其有效组合；另一方面，我们必须下决心改变城市规划及发展模式，进而改变、降低或转移需求（如城市副中心的规划与建设），才有可能真正实现 Mobility 的供需平衡。

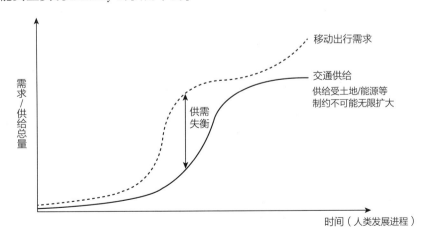

图 1.14　现有交通发展模式下的 Mobility 供需失衡问题

四 未来 Mobility 的可持续发展策略

未来 Mobility 的理想状态，是在各种场景中将不同的交通工具进行有效组合，从而有效提高移动出行效率，同时又能有效减少能源消耗，甚至可以完全消除环境污染问题。这就需要我们重新思考和定位国家、城市、产业、产品、技术在未来移动出行大交通体系中的作用。为此，针对未来 Mobility 的可持续发展，笔者有如下建议。

1. 系统思维和综合规划，不断加强顶层设计

那种单一就事论事、"头痛医头，脚痛医脚"的方法，只能治一时之标，不能治长久之本，而且往往会因为解决旧问题而带来新问题，使情况更趋复杂难解。为此，一方面，我们更需要资源的有效组合，尤其是要充分借助新一轮科技革命的动力，真正运用好信息化的手段。在未来万物互联的高度信息化社会，移动出行应努力实现在多种交通工具之间的无缝衔接及高效顺畅的切换。在这种发展趋势下，Mobility 的需求本身也将发生巨大变化。为此，我们要重新思考各种技术及交通工具的使命和作用：我们要回答是否我们真的需要速度高达 1000 千米/时的高铁？我们每个人是否都需要拥有一辆汽车？每一辆汽车是否都需要具备无人驾驶的功能？既然 Mobility 的本质是实现高效便捷的移动出行，而并非是去体验这些出行工具的技术先进性，这些问题可能就会有完全不同的答案。

另一方面，我们也需要搭建适于未来移动出行技术应用的外部环境，包括基础设施、交互平台等的建设，既要努力实现飞机场、高铁站、地铁站、公交站、停车场和住宅小区等"硬"设施的有效组合和无缝衔接，也要积极促进各种交通工具相关"软"信息的高度流通和充分共享。在这方面，单靠企业努力和技术进步是无法解决问题的，必须借助国家的力量进行系统思考和综合规划。

当移动出行作为一种服务时（Mobility as a Service，MaaS），国家的力量将变得更为重要。未来智慧城市、智能交通、智慧能源、智能服务等是由城市商业布局、产业布局、交通布局以及人口布局的系统规划来支撑的，而这一系列规划和布局的基础是网络架构、数据平台和基础设施建设。所有这些都离不开国家及地方政府的大力推动，需要国家及地方政府做好顶层设计，制定兼备战略高度、宏观思维和清晰脉络的长远规划。

2. 从生态层面自上而下地构建未来城市框架

未来城市建设的主体框架需要从整个生态层面考虑，并在此基础上进行自上而下的城市与交通规划。过去往往是城市发展遭遇拥堵、环境等挑战后，被迫对城市规划进行有限的改良，这种"亡羊补牢"式的修补，常常跟不上城市负荷增加的速度，并会带来各种更难解决的新问题，使有限的改良也越来越举步维艰，陷入恶性循环。长此以往，城市运转终将不堪重负，城市的可持续发展就会进入无解的局面。

随着中国国民经济的持续发展和城镇化进程的不断深入，中国城市交通规划已经到了重要的十字路口，急需全新思路来有效破局。而根本的出发点应该是从未来的城市生态出发，立足于当前中国不同往昔的体量和能力，思考人类未来30年、50年后的生活方式，由此确定城市必须具备的功能，以及对应这些功能需要在城市不同空间尺度下提供怎样的移动出行解决方案。也就是说，应彻底摒弃那种自下而上，只针对现有问题做被动回应的"短视"的城市及交通规划方式，而是按照"生态定义—城市结构—交通手段—技术需求"这种自上而下的思路，根据未来人类的生活方式，来确定未来的城市结构与交通体系，以及相应的产品及技术需求。

这种规划方式更倾向于根据社会需求有选择地拉动技术进步，而不是盲目地追求技术发展或凭借某项技术来"简单"地推动社会进步，即技术决策应该遵从于未来真正可能的实际需求。正像前文提到的，如果未来的社会生态中并不需要1000千米/时的高铁，那我们就完全没有必要去追求这种技术的突破。

以汽车自动驾驶技术为例，应从未来城市出行对自动驾驶车辆的强烈需求出发，从城市基建、交通设施以及车辆本身多管齐下，来予以推进。目前主要还只有汽车及相关企业在进行单纯的技术开发，而且都是从驾驶员角度出发，本质上是以机器作为人的辅助或者让机器像人一样驾驶。但这种开发思路实际上是狭隘的，甚至造成机器原本能够发挥的巨大作用无从释放。因为机器在感知等某些方面的能力远在人类之上,即便经验再丰富的驾驶员,也不可能看到视野之外的交通状况,然而机器依靠感知设备和数据传输手段,可以轻而易举地感知周边很远距离的交通信息。如此一来,还需要让机器像人一样去识别红绿灯吗?

因此,要想实现城市全域自动驾驶,一定要从机器的角度出发,努力达成技术与环境的有效融合:在技术端,重点攻关环境感知、智能决策以及车辆控制技术;在环境端,努力实现智能交通设施与数字化城市、包含通信与协同控制的 V2X 以及适应自动驾驶的法规标准;而在两方面的共同支撑下,传感器与地图信息融合、智能云平台与多目标决策机制以及网联多车的协同控制等,才能得以实现,并支撑完全的自动驾驶成为现实,如图 1.15 所示。也就是说,要想真正实现城市全域自动驾驶,不仅需要车辆本身的智能化技术,更需要实现车辆与道路环境、交通信号和数据平台的交互,还需要智能交通基础设施、数字化城市、车联网及相应法规标准的建设与支撑。这种组合与格局可能才是未来人类生活的真正方式。显然,这部分需求的实现更有赖于政府的积极投入,而支撑这种超前投入的基础是对未来人类生活的清晰认识以及与之相关的前瞻性城市发展战略规划。

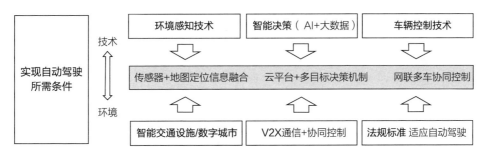

图 1.15 实现城市自动驾驶所需要的条件

3. 多维度交错并行,最终实现按需出行一体化

未来的移动出行模式一定是多种交通工具并存、多元出行方式组合的形态。总体上,需要从通用化交通工具的普及和个性化交通工具的探索两大维度出发,逐步达成以 "公共交通为主 + 私人交通为辅 + 智能交通为核心 + 多种交通工具有效组合 + 智慧城市建设" 的综合发展目标。首先,公共交通为主,这是由大城市人口密度高带来的高运量等基本特点决定的,

同时配套应以更加完善的"最后一公里"出行手段来确保移动出行便捷的无缝衔接。例如,微型电动车作为"最后一公里"出行、完成公交接驳的重要手段之一,具有巨大的市场需求和重要的战略价值,城市管理者对此不能视而不见,而应有效引导,尽快予以立法及优化产业布局。其次,私人交通为辅,在这方面应引导私家车在节约型社会中的合理使用,并根据不同人群理念的差异性,重点满足不同场景的特定需求。而无论公共交通还是私人交通,一个共同的发展方向就是共享交通,这既包括出租车、分时租赁、网约车等,也包括共享巴士等商业模式的创新尝试,尤其应重点研究和发展轿车的共享化技术及相关的商业模式,并加大商业化推进力度,从而建立起"轻拥有重使用"的新出行文化,提升交通工具的利用率。最后,智能交通为核心,必须确保交通大系统中各个子元素(人、交通工具和基础设施等)之间的智能互动,基于畅通的信息交互,实现出行效率及便捷性的有效提升。显然,智能交通系统的构建,不仅关系到个人出行的便利性,更影响着整个城市的运转效率。

展望未来 Mobility 的发展,一定是多个维度交错并行,最终实现按需出行一体化,如图 1.16 所示。从城市生活维度看,交通服务的内容不断丰富、体验不断提升,移动出行逐渐生活化和服务化;同时交通的共享程度逐步提高、新型出行工具创新爆发,使交通工具成为移动的生活空间。从移动出行工具维度看,从局部低速示范,到高速封闭路段运行,再到城市全域实现,自动驾驶普及度将不断提高,并在各种出行情景下得到广泛应用;共享出行等商业模式创新层出不穷;个人出行向模块化、集约化转变,并与公共交通实现有效组合。从城市道路交通维度看,在一体化智能交通平台的统筹管理和按需分配之下,多元化的交通工具将实现出行无缝连接的一体化交通。

受此影响,未来 Mobility 的服务化和智能化,将催生新的城市经济增长活力,给城市带来翻天覆地的变化。围绕着汽车移动出行的核心价值圈,不论是与智能出行直接相关的服务,如出租车、汽车租赁、地铁、火车、民航、船运等,还是由其衍生的服务,如车险、移动地图等,抑或是由出行大数据支撑的服务,如精准广告等,以及更多与汽车相关的金融、后市场等领域,都将孕育出无限商机。

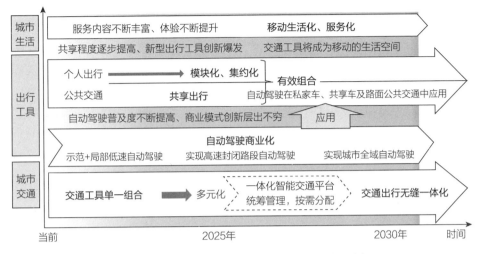

图 1.16 交通出行无缝一体化的多维并行发展路径

五 Mobility 未来发展展望

展望 Mobility 的未来发展，笔者有如下总结：一是交通可持续发展需要科学、清晰、长远的战略规划，应将智慧城市、智能交通、智能运载工具、智慧能源供给有效结合起来，站在人类、社会、城市的高度和系统的维度倒推对未来交通体系及相关技术的需求。二是落地的关键在于优化 Mobility 的供需关系，从出行需求出发优化城市结构及资源布局，充分利用信息化和共享化手段，实现各种交通工具的有效组合、无缝连接，从而建立起新的平衡。三是交通作为服务的重要性不容忽视，这既是未来人类社会生活所需，更是巨大的经济增长点。必须充分利用物联网给交通体系带来变革的重大历史机遇。四是产业将全面趋向生态化，单项技术或单个企业的能力非常有限，产业平台将至关重要，而作为产业平台最有力的推动者及潜在的提供者，政府的统筹协同作用比以往任何时候都更加重要，这一点恰是中国的优势。五是未来移动出行追求的目标是多元的，其优先级排序应为安全、高效、便捷和舒适，任何损害安全和高效的便捷和舒适都是伪命题。

当前，中国未来交通的可持续发展问题，正处在前所未有的紧要关头，尤其是中国特大城市面临挑战之艰巨，前所未有，超乎想象。对于汽车产业而言，必须充分认识到，作为交通系统的重要组成部分，汽车与移动出行具有唇齿相依的紧密关系。在更加智能的交通系统中，汽车将带给人类更安全、更高效也更便捷舒适的出行服务；反之，更加智能的汽车也将促进交通系统更好地发挥作用。为此，国家及地方政府应站在人类可持续发展的战略高度进行城市规划及产业布局。而包括汽车行业在内的社会各界，应借助政府的引导和支持，加强联合，凝聚合力，为新 Mobility 时代的新社会、新城市、新交通、新生活，做好充分准备，迎接人类社会可持续发展的美好明天。

（本文原载于《汽车商业评论》2017 年 9 月第 9 期专论；署名作者：赵福全、刘宗巍、陈铭）

站在未来社会、城市和出行需求角度反观未来汽车

【精彩语句】

"我们应该按照智慧城市、智能交通和智能汽车三个逻辑层次逐步推演，到最后自然就可以知道未来汽车产业、产品和技术到底会是什么景象。"

"城市是一个大的系统，汽车只是其中一个重要的组成部分而已，汽车究竟会发生什么变化需要由城市的变化来定义。"

【编者按】

在本文中，赵福全教授给出了一个预测未来汽车产业、产品、技术变化的全新思维方法，即由未来社会、城市以及交通的可能图景出发，"自上而下"地反推汽车必须在其中承担的角色，以及如何发展才能承担好这个角色。这在产业发生全面重构、局面空前纷繁复杂的今天，无疑是破解固有局限、直指问题要害、颇具创造性的大思路。

一 汽车：过去百年是渐变，未来百年是质变

央视《汽车百年》第一部是记述汽车过去百年的历史，要在陈年往事中追寻痕迹很不容易，但节目的主线容易把握；今天发布的第二部，描绘汽车未来的一百年，拍摄的自由度大得多，似乎想怎么拍都可以，但要拍出高度和内涵，反而更加困难。在此对摄制组表示祝贺！

如果说，过去的一百年，汽车改变了人类，那么未来的一百年，人类将改变汽车进而改变自己的生活。未来的汽车，绝不仅是一种移动工具，而将作为人类的伙伴，更好地服务于人类。因此，我们思考汽车未来的一百年，不能只是在过去一百年的基础上画出延长线，更不能简单地就汽车而论汽车。实际上，尽管在过去的一百年里，汽车取得了巨大的进步，但这更多是渐变性的，是人类在不断地优化汽车，通过持续解决汽车上的一系列小问题，最终打造出今天这样优秀的汽车产品。

但是，未来的一百年就完全不同了，这场汽车革命将是质变性的。汽车将由移动工具变为交通服务、由信息孤岛变为智能终端、由耗能机械变为移动能源、由汽车制造变为汽车"智造"、由人驾驶汽车变为汽车自动驾驶、由拥有使用变为共享使用。汽车能够为人类提供的服务可能远超我们今天的想象，基于现有产品和技术的发展趋势进行尽情畅想，并不能保证准确掌握其未来图景。最终，汽车应该为人类提供安全、高效、便捷、自由、舒适、快乐、温馨的出行体验，或许最高境界可能不是出行而是无须出行。例如通过虚拟现实 VR 技术，实时感受到如同身临其境一般的登山体验，那还有什么必要冒着生命危险去攀登珠穆朗玛峰呢？因此，讨论未来汽车的发展不能就汽车论汽车，也不能只从技术维度展开，否则很难跨出我们固有的局限性。我认为，应该更多地去思考未来社会到底怎样变化？未来人类到底怎样生活？在新的生活方式下，汽车应该承担的使命是什么？汽车将发生什么改变来完成这样的使命？在了解了这些需求后，我们才能更有效地开发及储备相关技术以支撑未来汽车的发展。

实际上，我们看问题时的结论，往往取决于我们思考的是哪个时间段。比如全球变暖问题，如果只考虑未来五年、十年，地球当然不会有明显的变暖，纽约和上海肯定不会被海水淹没；但是如果五十年、甚至一百年之后呢？从这个角度来看，只因为近期不会有明显的问题，就完全放松汽车产业节能减排的要求，这对于引领全球发展、负责任的大国来说是不合适的。毕竟，汽车产业可持续发展的基本出发点是帮助人类社会实现可持续发展，前者只是后者宏伟蓝图中的一部分。

二 站在未来社会、城市和出行需求角度反观未来汽车

我认为必须从这个角度出发，确定未来汽车产业发展的原点。即未来的城市还是由人来居住的，城市之所以存在，就是因为有一群人愿意在其中生活并繁衍生息，所以简单由产业来定义或规划城市的未来是错误的。城市的源起可能是因为某个产业的兴旺，但城市的可持续发展要靠为居民持续提供良好的生活，因为产业可能落后、也可以转移，但城市本身不能因此而消失。

改革开放三十多年，中国很多城市都是由产业出发做起来的。相较之下，欧洲很多城市是几百年来缓步发展而成的，从以前的马车到现在的汽车，不断改善居民的出行条件，保持了城市本身的竞争力和吸引力。

为此，我认为一定要先把未来的城市图景想透，然后模拟出人们在城市中的生活状态，而汽车要在这种生活状态中扮演什么角色、满足哪些需求，在提供自由移动出行便利的同时，还需要承担哪些使命？最终，这些诉求要靠汽车产品形态、核心技术与使用模式的革命性变化来解决。也就是说，我们应该按照智慧城市、智能交通和智能汽车三个逻辑层次逐步推演，到最后自然就可以知道未来汽车产业、产品和技术到底会是什么景象。

城市要实现可持续发展，必须具备两个条件。必要条件是生存，而充分条件则是让很多人愿意在这座城市里安居乐业、繁衍生息。相应地，汽车产业要实现可持续发展，必要条件有四个，第一是节能，第二是环保，第三是安全，第四是高效，即解决拥堵问题。在满足了这四个必要条件之后，充分条件则是更便捷、更快乐、更丰富的出行体验，也就是要提升人类的生活质量。汽车技术本身的发展必须以满足上述必要条件和充分条件为前提，如果未来城市和居民不需要某种技术所带来的好处，那么这个技术就是没有价值的。

举例来说，有人设计出了可以飞的汽车，试图以此解决城市拥堵问题。但事实上，像北京中央商务区地段这么大的人流量，地面和空中都满负载运转恐怕也不见得就能解决拥堵问题。这时候，更应该从城市规划以及城市出行结构等更高的层次来系统性地解决问题，比如是否可以通过鼓励在家办公来降低出行的频率？或者加快副都市中心的建设，以缓解商业办公区过于集中而带来的交通拥堵问题。

因此，我们首先要思考未来城市是什么样子，而城市是一个大的系统，汽车只是其中一个重要的组成部分而已。汽车究竟应该发生什么样的变化需要由城市的变化来定义，而汽车技术的进步应朝着支持这种变化的方向来努力。比如，以前汽车一定要拥有才能使用，但现在汽车共享让拥有不再成为居民乘车出行的必要条件。又如，传统汽车是一种消耗能源的机械装置，而未来电动汽车既需要使用能源，又可以储存能源。试想到了 2030 年，如果电动汽车的保有量大幅增加，那将产生多么巨大的储能效益，这就像一个可以移动的巨型蓄水池，可以实现人类社会很大一部分能源的优化再配置。当前，汽车产业正在经历能源、互联、智能三大革命。最终，无论是我们社会和城市的变化，还是汽车产品和技术的变化，都将由伟大的科学家和工程师们来实现。

站在当前这个历史发展的新起点上，我们必须从未来社会、城市和出行需求的角度出发，来反观未来汽车的属性、形态与技术，这种"自上而下"的倒推式思考方式，将使我们跳出汽车细节进步的局限，更加深刻地认识和理解未来汽车产业的伟大使命和壮观图景。

（本文根据赵福全教授2017年2月20日在央视《汽车百年》第二部发布研讨会上的发言整理）

跨越洲界和行业的紧密合作比以往任何时候都更加重要

【精彩语句】

"沟通、友谊、合作是人类共同的天性，这无关宗教信仰或民族属性。只要你敞开胸襟用心去理解和接受他人，地球就是平的。而这正是FISITA必须让全世界工程师共同努力、创造美好未来的基本理念。"

"当前，FISITA正处于一个全新的时代，我们将成为推动人类社会出行转型进程的重要组织。因此，高质量发展是我任期内的关键。我们将欢迎各会员国以及成员企业更加积极地开展和参与各种活动。"

【编者按】

2018年10月在印度金奈召开的"2018世界汽车工程年会"上，赵福全教授正式接任FISITA（世界汽车工程师学会联合会）主席一职，本文是其现场发表的就任演说。他以三个关键词来概括自己任职期间的工作重点：质量、参与和认可，并表示将全力以赴，带领FISITA聚焦于技术发展及产业创新，以有力支持人类社会的出行升级。

尊敬的州长，各位嘉宾，女士们、先生们，下午好！

我很自豪能够出任2018—2020世界汽车工程师学会联合会（FISITA）的主席，从而跻身于该组织70年历史上受人尊敬的主席们之列。而有机会领导这样一个代表着全球37个成员国和近21万名汽车工程师的国际组织，尤其是在其聚焦于技术发展及产业创新以有力支持人类社会出行升级的新时期，我倍感荣幸。

众所周知，能源短缺、环境污染、交通拥挤和行车安全等诸多问题对百年汽车产业提出了严峻挑战。与此同时，信息、互联、大数据、人工智能等新技术也给这个产业带来了前所未有的机遇。全球汽车产业正在经历一场重大变革，产业边界将由此渐趋模糊。对我们而言，跨越不同大洲以及不同行业的紧密合作将比以往任何时候都更加重要。

作为一个中国人，我在日本、英国和美国学习工作了近20年。我的国际经验告诉我，沟通、友谊、合作是人类共同的天性，这无关宗教信仰或民族属性。只要你敞开胸襟用心去理解和接受他人，地球就是平的。而这正是FISITA必须让全世界工程师共同努力、创造美好未来的基本理念。作为FISITA的主席，我想再次强调合作、交流与分享的重要性，这将使我们的产业更好，使我们的组织更好，并且最终使我们的生活更好。

我钟爱FISITA的重要原因之一是其连续性和一贯卓越，这是由主席、预备主席和前任主席的组织架构来保障的。在过去的两年里，我和前任主席Dan Nicholson先生步调一致地紧密合作；而在接下来的两年里，我将和预备主席Nadine Leclair女士一起加倍努力地工作，以继续确保FISITA领导层的继承性，这样我们就可以作为一个团队向着长远的愿景而不断前进。

作为新任主席，我将和此前诸位主席一样致力于团队工作，与所有的支持者共同形成团队——与执行委员会合作，与荣誉委员会合作，与能够帮助推动我们组织向前发展的每一个人合作。同时，我想用三个关键词来强调我的工作重点：即质量、参与和认可。当前，FISITA正处于一个全新的时代，我们将成为推动人类社会出行转型进程的重要组织。因此，高质量发展是我任期内的关键。我们将欢迎各会员国以及成员企业更加积极地开展和参与各种活动。我们也将努力找到一种模式，让我们的成员更多地受益，并且让我们有影响力的关键个人和杰出支持者们的重大贡献，在全球范围内得到更大的认可。为此，我恳请大家和我一起努力，让我们的家园FISITA变得更加美好！

最后，借此机会我想对组织本次世界汽车工程年会的印度同仁们表示衷心的感谢——正是你们的盛情款待才使我们能在如此短暂的停留中体验到如此之多，我想大家都会期待有机会再来印度。也感谢所有的参会者，大家千里迢迢来到金奈——是你们使本次年会取得了巨大的成功——愿大家过得开心。让我们两年之后在捷克的布拉格再次相聚！

谢谢大家，并祝大家返程路上平安顺利！

（本文为赵福全教授2018年10月5日在印度金奈"2018世界汽车工程年会"闭幕式上接任FISITA主席职务后发表的就职演讲。原文为英文，中文稿由编者翻译）

跨界融合、协同创新，构建智能汽车产业生态体系

【精彩语句】

"在汽车产业的重构进程中，跨界成为常态、融合成为必然。唯有真正构建起各司其职、有效分工、协同创新、合作共赢的新型产业生态体系，才能抓住本轮产业转型的战略机遇，实现智能汽车的快速发展。"

"未来汽车产业不仅需要单车智能，更需要车路协同智能；不仅需要智能产品，更需要智能服务；不仅需要交通工具，更需要出行服务；不仅需要汽车本身的价值增容，更需要广泛应用汽车及相关大数据带来的全新价值扩展。"

"新时期的汽车产业不仅关系到重大支柱产业安全，而且关系到国防安全、信息安全、交通安全和城市治理体系安全，其影响波及社会生活的方方面面。正因如此，智能汽车的相关核心技术必须牢牢掌握在自己手里。"

【编者按】

2020年2月底国家发改委等11部委联合印发了《智能汽车创新发展战略》。应国家发改委之邀，赵福全教授对这份重要的纲领性政策文件进行了深度解读。在这篇解读文章中，赵教授充分肯定了该文件提出"构建跨界融合的智能汽车产业生态体系"的重点方向，并从产业格局变化的必然要求、实力提升的关键要素、创新发展的实施主体、生态成长的发展形态以及技术突破的协同策略五个方面，系统全面地阐释了该文件对指导智能网联汽车产业发展、推动国民经济高质量发展的战略价值和深远意义。

日前，国家发改委等部委联合印发了《智能汽车创新发展战略》，明确指出智能汽车已成为全球汽车产业发展的战略方向，并从发展态势、总体要求、主要任务和保障措施四个方面，系统描绘了中国智能汽车的发展蓝图。特别值得关注的是，该发展战略没有局限于汽车产业本身，而是结合智能汽车的变革性、交融性和载体性特点，将"构建跨界融合的智能汽车产业生态体系"列为主要任务之一，进行了提纲挈领、切中要害的系统阐述。事实上，智能

汽车的创新发展必须依托于全新的产业生态体系建设，具体可从以下五个方面来理解。

完全契合产业格局变化的必然要求

当前新一轮科技革命正在驱动全球汽车产业发生全面重构，在互联革命和智能革命的影响下，产业格局呈现出"多方参与、竞争合作，你中有我、我中有你"的重大变化。除了传统整车企业、供应商和经销商以外，信息通信技术企业、新的硬软件科技公司、新的运营商、服务商、内容商以及基础设施公司等不断融入汽车产业，使原本垂直线型的产业价值链向交叉网状的出行生态圈逐渐演变。受此影响，汽车产业的范围不断扩展、边界渐趋模糊，诸多不同的参与方都将成为智能汽车产业生态中不可或缺的重要组成部分，同时又没有任何一家或一类企业能够拥有未来所需的全部能力。正因如此，在汽车产业的重构进程中，跨界成为常态、融合成为必然。唯有真正构建起各司其职、有效分工、协同创新、合作共赢的新型产业生态体系，才能抓住本轮产业转型的战略机遇，实现智能汽车的快速发展。从这个意义上讲，《智能汽车创新发展战略》提出"构建跨界融合的智能汽车产业生态体系"，具有前瞻性的战略意义，这既体现了对智能汽车发展规律的精准把握，更契合产业竞争格局演变的必然要求。

二 有效识别了产业实力提升的关键要素

构建智能汽车产业生态体系的根本宗旨在于不断提升产业综合实力。为此，行业急需针对智能汽车的新技术、新产品和新业态，识别需要重点突破的关键要素并理清其内在逻辑。在这方面，《智能汽车创新发展战略》提出了从核心零部件到系统及平台，再到智能汽车品牌的发展主线，指明了全面提升智能汽车产业核心竞争力的重点突破口。即通过车载高精度传感器、车规级芯片、智能操作系统、车载智能终端、智能计算平台等的技术攻关与产品产业化，建设形成支撑智能汽车发展的关键零部件产业集群；同时基于智能化系统的加快推广应用，培育以智能产品、服务及体验为区分度的智能汽车自主品牌。这既强调了智能汽车所涉及的智能化新硬件的重要作用,又体现了未来"软件定义汽车"的发展趋势。

三 清晰界定了产业创新发展的实施主体

构建智能汽车产业生态体系的基本前提在于清晰界定产业创新发展的实施主体及其相互关系。显然,这一主体必须同时符合市场经济的基本规律和智能汽车产业的全新特点。《智能汽车创新发展战略》提出必须培育新型市场主体,以整合优势资源、组建产业联合体和联盟为目标,全面鼓励整车、零部件、人工智能、互联网、信息通信以及交通基础设施等各类不同企业,分别成为智能汽车产品提供商、关键系统集成供应商、自动驾驶方案领军者、汽车数据服务商、通信网络运营商以及智能交通系统方案供应商。这充分强调了企业的创新主体地位,而且指出了智能汽车创新发展的实施主体不是某一家或某一类企业,而是不同类型企业的集群,且不同企业应肩负起各自不同的使命。这就在国家层面上肯定了未来汽车产业范畴不断扩展的演进规律,描绘了跨界融合、协同创新的智能汽车产业生态构成,从而为参与智能汽车创新的各类企业指明了方向。

四 全面梳理了产业生态成长的发展形态

构建智能汽车产业生态体系的发展路径在于突破汽车产业的原有藩篱,向多元智能服务和创新商业模式的方向不断前进。未来汽车产业不仅需要单车智能,更需要车路协同智能;不仅需要智能产品,更需要智能服务;不仅需要交通工具,更需要出行服务;不仅需要汽车本身的价值增容,更需要广泛应用汽车及相关大数据带来的全新价值扩展。正如《智能汽车创新发展战略》所述,必须创新产业发展形态,积极培育道路智能设施、高精度时空基准服务和智能汽车基础地图、车联网、网络安全、智能出行等新业态;加强智能汽车复杂应用场景的大数据应用,重点在数据增值、出行服务、金融保险等领域,培育新商业模式;优先在封闭区域探索开展智能汽车出行服务。从而全面梳理了支撑智能汽车产业生态不断成长的创新发展形态。

五 明确提出了产业技术突破的协同策略

构建智能汽车产业生态体系的技术策略在于有效利用体制优势，强化军民资源融合共用。这一判断的前提源自对智能汽车战略价值的充分认知：新时期的汽车产业不仅关系到重大支柱产业安全，而且关系到国防安全、信息安全、交通安全和城市治理体系安全，其影响波及社会生活的方方面面。正因如此，智能汽车的相关核心技术必须牢牢掌握在自己手里。基于智能汽车的战略性、综合性和先进性，《智能汽车创新发展战略》明确提出了军民融合、协同发展的技术策略，要求在新技术转化应用方面，开展军民联合攻关，促进北斗卫星导航定位系统、高分辨率对地观测系统以及车辆电子控制、高性能芯片、激光/毫米波雷达、微机电系统、惯性导航系统等技术在智能汽车领域的转化应用。

值此汽车产业全面重构的机遇期与中国建设汽车强国的攻关期同步进入关键阶段，国外发展环境与国内产业态势同时发生深刻变化之际，《智能汽车创新发展战略》的发布正当其时，必将有力推动中国智能汽车产业的创新发展，进而为促进智能汽车、智能交通、智慧城市与智慧能源的协同发展，带动整个国民经济进入高质量发展的新阶段发挥积极作用。

（本文原载于国家发展和改革委员会官网 2020 年 2 月 28 日赵福全教授署名文章）

第二部分 产业篇

汽车产业变革的特征、趋势与机遇

【精彩语句】

"产业边界可以模糊,但企业经营边界必须明确。汽车产业边界渐趋模糊与企业经营必须有边界,正在成为新时代汽车产业的主要矛盾。"

"实现智能是最终目的,网联是核心手段,两者密不可分、互为支撑。汽车的智能需要网联才能真正发挥作用,而网联将使汽车智能的水平进一步提升;两者共同作用,才能确保未来汽车能够更加聪明,从而更好地帮助人、解放人、理解人,这也是智能网联汽车的终极诉求所在。"

"汽车产业是中国实现工业化与信息化的深度融合和制造业转型升级的最佳载体和突破口。以充分互联协作为基础、大规模定制化生产为目标的智能制造,越是在复杂的产业上实现,就越为困难,但也越能产生更大的效果和价值。产业链条长、涉及环节多、差异化消费需求强烈的汽车产业,既是智能制造应用最难的产业,又是其应用效果最大的产业。"

"作为最能承载和呈现工业化与信息化深度融合效果的领域,汽车产业跨界融合的内容全面涵盖了汽车与先进制造、信息、能源、环境、交通、服务、城市规划及社会生活等诸多领域的深刻关联与相互影响,代表着以汽车为突破口、建设制造强国以及促进产业生态和生活模式转变的广阔前景。"

"在能源、互联和智能三大革命的驱动下,汽车产业正在经历前所未有的深刻变革,引发竞争格局与产业生态的全面重构,进而带来宝贵的战略机遇,不仅将对未来汽车以及相关众多产业产生全方位的深远影响,而且将会影响整个人类社会的生活形态,并为经济可持续增长创造全新活力。"

【编者按】

应《汽车安全与节能学报》特别约稿,赵福全教授完成了这篇系统描述新时期汽车产业变革全貌的集大成之作。在本文中,赵福全教授以三大革命带来六大革命性变化,高度凝练出本轮汽车产业深刻变革的驱动力;基于产业价值链变化、产业格局变化、产品属性变化以及产业内涵外延不断扩展，全面揭示了汽车产业深刻变革的特征与趋势；面对智能网联汽车发展热潮，精辟解答了车辆智能化与网联化的相互关系、发展智能网联汽车的路径识别、智能网联汽车的商业模式、汽车产业平台公司的演进方向以及车企面向出行服务商的转型策略等关键问题；针对智能制造升级，逐一分析了汽车智能制造的重要意义、基本内涵、战略要点、未来图景与升级路径；最后结合国家"汽车+"跨界融合工程，重点解读了汽车产业跨界融合发展的战略方向与发展机遇。全文内容丰富、立论高远、见解深刻，对业界关注的几乎所有核心议题，都有明确判断和清晰阐释，其中高屋建瓴的洞见与掷地有声的金句可谓比比皆是。

新一轮科技革命正在引发全球制造业的深刻变革。作为传统制造业中的集大成者，汽车产业也正步入前所未有的变革期。互联网公司、大数据公司、科技公司以及新模式运营公司等外部力量纷纷跨界进入汽车领域，与传统整车企业和零部件企业一起推动产业加速转型升级。受此影响，车辆本身、车辆与用户、车辆与车辆以及车辆与外部环境之间的商业模式与生态结构正在发生巨变。在本轮变革过程中，汽车产业将与信息通信等相关产业实现空前紧密的相互融合，不仅会改变汽车产业格局，还会波及能源、环境、交通等领域，并最终改变人类社会生活的方方面面。因此，本轮变革孕育着广度和深度空前的发展机遇。

一 汽车产业全面深刻变革的驱动力

当前汽车产业的深刻变革是科技革命与制约因素内外共同作用的结果，其动力与影响如图 2.1 所示。一方面，新一轮科技革命的主要代表技术都将在汽车领域得到广泛应用，从而为产业升级提供了强有力的科技驱动；另一方面，能源消耗、环境保护、交通拥堵和行车安全即所谓汽车社会的"四大公害"，给产业可持续发展带来的压力与日俱增，这就要求汽车产业必须化压力为动力，应对挑战、把握机遇，提供全新的解决方案。由此导致本轮变革呈现全面转型升级的特征，涵盖了产品形态的重新定义、产业发展的全面创新、制造体系的重大升级和产业生态的深度重塑。

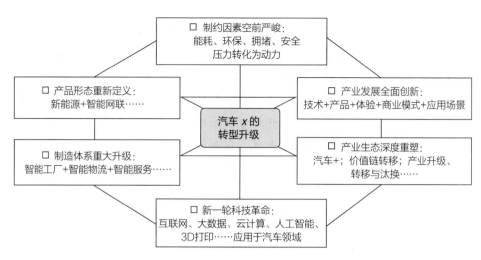

图 2.1 汽车产业深刻变革的动力与影响

本轮全面变革的驱动力，可以归纳为能源、互联和智能三大革命以及由此引发的六大革命性变化。能源革命，即通过汽车电动化及动力总成电气化使能源在车辆上的多样化利用成为可能，这就使电池、电机、电控（即所谓的"三电"）逐渐成为新的汽车核心技术，围绕"三电"技术将出现与传统产业链并行的全新产业链。而互联革命和智能革命，两者相辅相成、互为促进，意味着新的汽车核心技术、新的汽车制造模式、使用模式、维护模式以及新的基础设施，将会催生全新的产业生态。

由此将给汽车带来六大革命性变化：一是由彼此割裂的信息"孤岛"向相互连接的信息"海洋"转变；二是由人驾驶汽车向汽车自动驾驶转变；三是由耗能机械向可移动的储能供能单元转变；四是由拥有使用向共享使用转变；五是由汽车制造向汽车"智能制造"转变；六是由移动工具向出行服务转变，具体如图 2.2 所示。这是本轮汽车产业深刻变革的根本原因，将会带来前所未有的新机遇和新挑战。

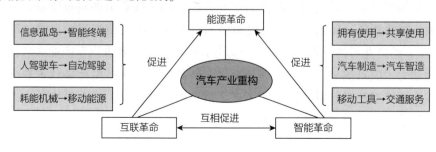

图 2.2 汽车产业的三大革命与六大革命性改变

二 汽车产业深刻变革的特征与趋势

1. 汽车产业价值链变化的特征与趋势

从价值链维度看,汽车产业价值链已不能再以原有规律进行分析和评估。基于汽车产业"连接+数据"趋势对各个环节全面影响的系统研究,笔者对制造业"微笑曲线"理论进行了修订和发展,从理论层面阐释了未来汽车产业的价值链规律,即在新形势下汽车产业价值链将呈现"总量上升、重心后移"的基本特征与发展趋势。总量上升意味着汽车产业价值体量将整体上扬,创造出比以前更大的商机和价值;重心后移则是指汽车产业价值内涵向服务端,尤其是出行领域深度扩展,这一传统汽车企业很少关注的领域,将由于汽车产业价值链外延而产生巨大的商业发展空间,具体如图2.3所示。

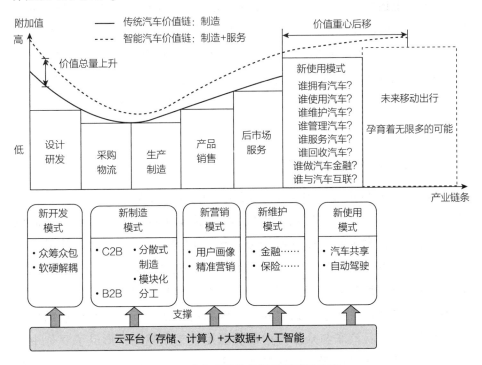

图2.3 汽车产业价值链的颠覆性改变

传统汽车产业价值链聚焦"制造",而未来新的汽车产业价值链则是"制造+服务"的集成。一方面,"服务"的增加并不只是体现在微笑曲线的后端,而是贯穿于汽车设计研发、采购物流、生产制造、销售及售后服务的各个环节,包括设计端的软硬分离、众筹众包,制造端的分散式制造、模块化分工,销售服务端的用户画像、精准营销以及全新的保险、金融等。这是汽车产业价值链"总量上升"的主要原因。

另一方面,汽车服务体系的升级与扩展趋势日益凸显,不仅将对整个汽车后市场,更将对人类出行方式产生深刻影响,从而形成全新的出行生态圈。在自动驾驶技术的支撑下,汽车共享程度将逐步提高,这将使汽车的拥有、使用、维护、管理、服务以及回收等模式都发生根本性改变,出行服务逐渐被越来越多的汽车企业关注并作为核心业务来布局发展。由此,汽车产业的微笑曲线将呈现出"价值重心后移"的全新特征。

为应对上述变化,各类企业都必须努力围绕汽车全产业链实现数据的全面打通和价值的深度挖掘。对于汽车企业来说,要重视自身全产业链的数字化、信息化、数据化、智能化升级,这将带来企业运营效率的全面提升,并产生新的商业机遇与价值;对于信息通信技术企业而言,应重点探索及把握云平台、大数据、软件操作系统、人工智能等在汽车产业系统化应用的战略机遇。

2. 汽车产业格局变化的特征与趋势

从产业格局维度看,汽车领域的竞争格局正在发生重大改变,呈现"多方参与、竞争合作"的复杂态势。除了整车企业、供应商和经销商以外,信息通信技术企业(以互联网公司最具代表性)、全新硬软件科技公司、新的运营商、服务商、内容商以及基础设施公司等不断融入汽车产业,使原本垂直线型的产业价值链逐渐演变成交叉网状的出行生态圈。在汽车发展史上,产业第一次进入到边界渐趋模糊的局面。不只汽车产业的内涵在不断扩展,而且汽车与众多产业的关联度也越来越高,形成了"你中有我,我中有你"的新格局。然而产业边界可以模糊,但企业经营边界必须明确。汽车产业边界渐趋模糊与企业经营必须有边界,正在成为新时代汽车产业的主要矛盾。

汽车产业格局重构带来的最大挑战在于,无论新旧企业都面临着同样一个难题:究竟未来产业的核心在哪里?自己的核心业务应该如何定位?汽车产业从未像今天这样生机勃勃而又倍加复杂,诸多不同参与方都成为未来出行服务生态圈中不可或缺的重要组成部分,而没有任何一类企业能够拥有全部所需的能力。换言之,任何一类参与方都是不可或缺的,每一方都有各自的优势和短板,也都有不同的机遇和挑战。未来汽车产业生态与竞争格局如图 2.4 所示。

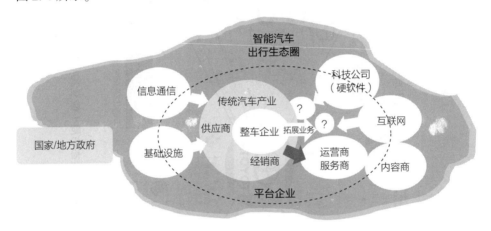

图 2.4 未来汽车产业生态与竞争格局

为应对产业生态发生的巨变,各类企业都必须理清关键问题,找准自身定位,明确产业分工,调配内外资源,构建起自己的产业"朋友圈"并不断扩展,同时不断提升自身在"朋友圈"中不可替代的独特能力和优势,进而抢占未来竞争的战略制高点。实际上,当前全球主流车企几乎都在以收购、合资、战略合作以及孵化等手段,加强在车联网、大数据、自动驾驶和移动出行服务等领域的布局。作为案例之一,图 2.5 所示为丰田汽车构建自身"朋友圈"的情况,这家原本相对保守的传统汽车企业正以前所未有的力度不断加大出行服务领域的投入,以应对日益复杂的产业生态重塑,确保自己的核心战略地位。

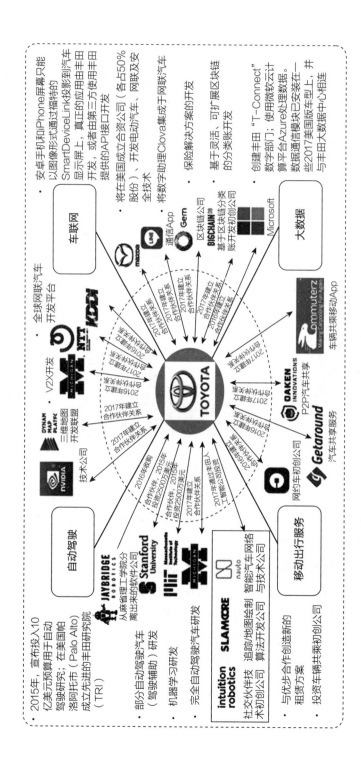

图2.5 丰田汽车的出行生态布局（截至2017年）

总体而言，本轮产业格局重构将会引发汽车产业的本质发生改变，笔者将其总结概括为汽车产业即将进入全新的3.0时代。汽车诞生之初的1.0时代，是一个企业也即一家工厂独自打造汽车；在福特"流水线"出现之后的2.0时代，形成了真正意义上的汽车产业，即出现了产业分工，形成了整车制造商、配套供应商以及汽车销售服务商的完整产业链，最终演变成今天这样一个产业打造汽车的繁荣局面；而即将进入的3.0时代，则是汽车围绕出行功能形成跨界交融的产业生态圈，多个产业一起参与打造基于汽车的未来移动出行（Mobility）新业态。汽车产业的演变如图2.6所示。

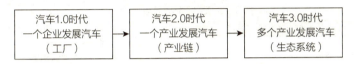

图2.6 汽车产业的演变

正因如此，汽车产业的属性及其重要度也将发生改变。如果说，过去作为制造业的集大成者，汽车主要与制造业的安全息息相关；随着规模跃升至全球翘楚，汽车又成为国家能源安全、环境安全和交通安全的关键所在；那么，未来汽车的智能化、网联化升级则将使其进一步成为信息安全的重要组成部分。全球对于汽车产业的重视程度不断提升，中国汽车产业在国民经济中的地位前所未有，且还在与日俱增。显然对于后发的中国而言，汽车产业正迎来前所未有的历史机遇。

3. 汽车产品属性变化的特征与趋势

从产品属性维度看，汽车将逐步由带有电子功能的机械产品，向带有机械功能的电子产品转变。在此过程中，汽车产品中硬件和软件的构成比例将发生显著变化，如图2.7所示。当前，汽车主要还是硬件主导产品定义，各个不同的汽车品牌也主要基于硬件性能区分各自的产品定位和差异；未来，汽车中软件的比重将越来越大，直至超过硬件。由此，汽车的产品属性和品牌定义都将发生根本性改变，并最终进入软件定义汽车的新时代。同时，硬件和软件的开发基于完全不同的思维逻辑和方法：硬件要通过换代升级才能实现技术进步，而软件则可以通过迭代开发及"空中下载"（Over the Air，OTA）技术进行在线升级，从而实现产品的不断完善和技术的优化升级，以满足日益提升的用户体验需求。相应地，硬件的开发也必须采取全新的理念，即必须为支撑软件的不断迭代升级而做好充分的预留。未来最好的汽车一定是软硬能力充分发挥并且结合得最好的产品，为此，传统制造业思维和互联网思维必须有效组合、相互融合。

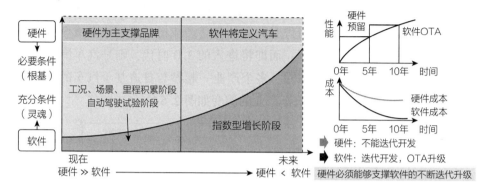

图 2.7　未来汽车产品竞争力的改变

当然，硬件和软件其实是不可分割的，硬件仍然是未来汽车的根基和必要条件，而软件则是未来汽车的灵魂和充分条件。软件的强大必须基于优秀的硬件来保障，如果没有好的硬件，软件将成为无本之木；反过来说，如果没有好的软件，再优秀的硬件也无法发挥出最佳的效能，难以构成最优质的产品。因此，面向全新属性的汽车产品开发，汽车设计师为了给软件迭代打好基础，必须给硬件做好预留，以确保升级后的软件能够很好地发挥作用。这种为软件做硬件能力预留的设计方法是传统汽车设计中不曾采用的，它既挑战企业对未来硬软件发展速度的准确判断，也影响产品初期投入的性价比。为了有效解决这一矛盾，一些企业也开始尝试硬件可拓展模块的设计理念，以实现硬件可以升级迭代的目的。

随着软件在汽车产品中的作用不断增大，未来汽车设计师必须导入全新的产品设计、开发及试验验证理念：为有效实现产品设计功能并拓展产品用户体验，必须从目前的"轻软重硬"向"软硬并重"进而向"重硬更重软"的开发理念转变；为将产品性能发挥到极致，必须"软硬融合"；从产品开发方法及开发周期差异化的角度，必须"软硬分离"；从产品性价比的角度，必须"软硬平衡"，以确保在车辆全生命周期中的产品性价比竞争力。未来，随着产业向软件定义汽车的纵深方向发展，硬件将与软件解耦，硬件的标准化和抽象化以及整车操作系统将变得更加重要，这将使汽车的软件开发可以向更多地参与企业开放，最终通过软件的多样化实现硬件能力的最大化，并进一步实现产品功能和应用服务的最大化和个性化。在此前景下，硬软两方工程师的优势互补、互为支撑成为成功开发未来汽车的基础和前提。

4. 汽车产业的内涵与外延正在不断扩展

与一般制造业不同，关联广泛、高度复杂的汽车产业在本轮深刻变革中呈现出制造体系与产品形态双向并行、互为促进的趋势。一方面，汽车将为整个工业体系的智能化升级提供先导、基础和载体，也唯有汽车智能制造体系方能满足打造未来智能汽车的需求；另一方面，未来智能汽车将为智能制造体系的升级提供最强的拉动，两者互相影响、互为促进，进而形成全新的汽车产业。汽车将与未来科技、未来产业、未来产品、未来社会以及未来能源、未来环境、未来交通、未来生活形成紧密关系，从而使汽车的内涵与外延不断扩展。在此过程中，汽车将以出行、互联、共享、服务等全新特征，在大交通、大能源和大环境中扮演全新角色，并催生出产品、技术、用户体验、商业模式和应用场景等多维度全面立体的创新机遇。

接下来，笔者就从智能汽车和智能制造两个层面进一步展开论述。

三 智能网联汽车发展的关键问题

1. 车辆智能化与网联化的相互关系

智能网联汽车又称智能汽车，是全球业界公认的发展方向和重大机遇，包含了车辆智能化与网联化这两个紧密关联但并不相同的维度。如图2.8所示，传统汽车以及新能源汽车作为产品载体，获得智能化和网联化的技术使能与赋能，并实现与外界环境的充分连接，这样才构成了智能网联汽车的全部内涵。其中，主要使用电能直接驱动的新能源汽车是智能网联技术的最佳载体，而传统燃油汽车通过电子电器架构升级，同样可以而且也必须向智能化、网联化方向进化。车辆本身的智能即智能化，主要体现在自动驾驶和人机交互两方面，前者将由当前的高级驾驶辅助系统（Advanced Driver Assistance System，ADAS）逐步发展而来，后者最终将以智能座舱的形式体现在汽车产品中，同时人工智能是自动驾驶和人机交互获得能力提升的关键；

而车辆与外界的互联即网联化，主要体现在通过端、管、云，打通车内与车外，实现云—端一体化的融合计算、控制及服务。而车辆一旦与外界环境，包括人、其他车辆、基础设施、其他智能硬件以及全方位的各种服务充分联通，就可以为各种商业模式的创新和出行服务的集成创造无限可能的发展空间。

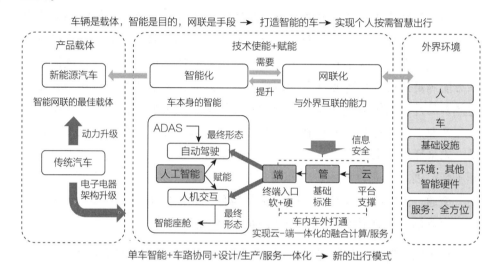

图 2.8　车辆智能化与网联化的关系辨析

对于智能网联汽车而言，智能化和网联化都是不可或缺的重要内容，企业的关注点绝不能仅限于自动驾驶，像产品载体升级、人机交互、端管云乃至外部生态，同样是未来汽车产品竞争力的核心组成部分。总体而言，实现智能是最终目的，网联是核心手段，两者密不可分、互为支撑。汽车的智能需要网联才能真正发挥作用，而网联将使汽车智能的水平进一步提升；两者共同作用，才能确保未来汽车能够更加聪明，从而更好地帮助人、解放人、理解人，这也是智能网联汽车的终极诉求所在。

2. 发展智能网联汽车的路径识别

基于上述分析，提升车辆智能化这一终极目标，可以分解为自动化（以自动驾驶水平为依据）和网联化水平（以车辆网联的广度和深度为依据）两个方面。车企如果只关注自动化或者网联化而忽略另一个方面，最终将难以实现产品的高度智能化。而根据自身的实力和定位，目前车企实际上正在通过 3 条不同的技术路径来提升自身产品的智能化程度，如图 2.9 所示。路线 1，优先打造网联化核心竞争力，以互联服务为特色形成自身产品卖点；路线 2，优先攻关自动驾驶技术，形成部分产品卖点，以取得相对领先位置；路线 3，兼顾和平衡网联化和自动化的产品开发与技术储备，在重视人机交互技术和打造产品亮点的同时，积极发展自动驾驶技术。各家汽车企业为之努力的理想目标，则是实现自动驾驶和全面网联的同步升级，达到车辆充分智能化的最终目的。

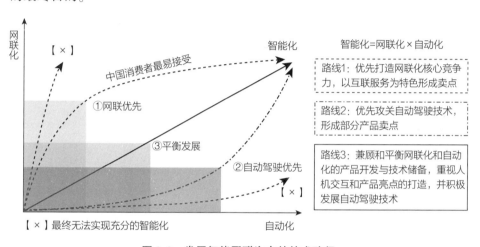

图 2.9　发展智能网联汽车的技术路径

目前，本土汽车企业及科技公司采取路线 1 的偏多。这些企业通过人机交互、网联服务来打造差异化竞争力，即有效利用中国信息通信技术的进步和互联生态的优势，快速形成独特的产品特色。对于习惯于享受互联服务的中国消费者而言，这条路径显著地提升了产品的魅力指数。而自动驾驶技术涉及感知、控制、执行等功能相关的一系列硬软件核心技术和关键零部件，也与传统汽车技术水平息息相关。客观上讲，发展高级别自动驾驶技术挑战汽车企业的技术积累及对全球新技术的整合能力，更与应用市场的基础设施及法规息息相关。因此，路线 2 多为技术积累较为雄厚的欧美日汽车企业及科技公司所采用。展望未来，笔者认为本土汽车企业及科技公司更应采用路线 3 的发展路径，即一方面积极推进网联技术产业化，另一方面加大自动驾驶技术的持续攻关，有效平衡好网联与自动驾驶技术的投入，同时积极游说政府在推动智能技术市场化方面加强立法、在相关基础设施建设上加大投入，力争实现智能技术的全方位引领，最终向智能化的理想目标靠拢。

3. 发展智能网联汽车的商业模式

针对发展智能网联汽车的具体商业模式，作者经过综合研究分析提出了"1+1+1"模式，3个"1"分别代表3个不同的参与方，具体如图2.10所示。首先，传统的整车及零部件企业仍然是发展智能网联汽车的主角和基础，即所谓的第1个参与方；进入智能网联时代，信息通信技术（ICT）及科技企业将成为不可或缺的重要一极，它们所提供的信息、网联、控制软件及平台、人工智能等技术支撑决定了汽车智能化的程度，这是发展智能网联汽车的第2个参与方；而提供公共资源的政府将成为极为重要的第3个参与方，因为在智能网联汽车产业化进程中，基础设施建设、城市及交通平台的搭建以及政策法规标准制定等，无不有赖于政府强有力的推进。

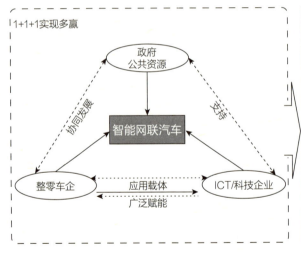

图 2.10 发展智能网联汽车的 1+1+1 商业模式

综上所述，以上三方力量在发展智能网联汽车的征程中缺一不可，唯有有效集成，才能最终实现产品的快速产业化。对于汽车企业和ICT/科技企业来说，前者将为后者提供最有价值的应用载体（汽车产品），后者将为前者实现最广泛的赋能。双方既要对自身优势抱有充分自信，更要积极争取对方的有力支持，而政府往往是容易被忽视的一方。实际上，在产业发生重构的今天,对于智能网联汽车生态的构建而言,政府力量从未像今天这样如此重要且不可或缺。这也正是中国发挥体制优势,实现智能网联汽车赶超的机遇所在。为此,地方政府应积极谋划以智能汽车示范带动智慧城市建设,并加紧实施;而各类不同企业在推进智能网联生态构建的过程中,也要主动积极寻求政府力量的支持。最终,智能汽车(Smart Vehicle,SV)的发展需要智能交通(Smart Transportation,ST)及智慧能源(Smart Energy,SE)的有力支撑,而三者的有效联动是建设智慧城市(Smart City,SC)的关键。

4. 汽车产业平台公司的发展趋势与演进方向

随着物联网技术的进一步普及,笔者认为,产业平台公司将是跨界整合、产业重构的演进方向,并将成为有效解决产业边界渐趋模糊与企业经营必须有明确边界之间矛盾的关键。如前所述,在产业深刻变革的进程中,传统公司与新技术公司各具独特优势,也都有各自欠缺,未来的赢家一定是能将各方资源最有效组合的集大成者,即产业平台公司。汽车产业平台公司是在未来汽车产业生态中为各类不同公司提供共性的业务及管理支持的全新服务公司,并且其服务可以延展覆盖其他相关产品及行业。

显然,产业平台公司不可能一蹴而就,其发展预期会遵循如图2.11所示的进程。首先,出于迎接未来竞争的需要,主流大型企业(包括整零车企,也包括ICT企业)将构建起自身平台,整合内外部的各种资源,并积累平台运营、数据交互和信息安全等方面的经验。但由于仅限于企业自身资源,从长远来看,这类平台的服务能力是非常有限且不可持续的。继而,一些企业之间会进行深度合作与联盟,把彼此的企业平台连接起来形成联合平台,以期拓展服务能力。这类联盟构架下的平台公司将初具规模,成为继续升级的坚实基础。最后,通过竞争与合作,联合平台将进一步整合形成产业大平台,即具有汽车产业特色的智能网联平台公司。该类产业平台公司类似于互联网产业的BATH(百度、阿里、腾讯、华为)等巨头,但在业务功能方面具有较强的产业联网特色,即能有效服务于特定的产业。

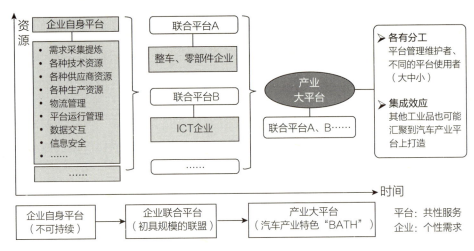

图 2.11 汽车产业平台公司的发展趋势预测

在产业大平台上，一方面，众多参与者各有分工，既有主导平台管理和维护的大企业，也有从不同层面接入和使用平台的各类企业，其中不乏中小企业；另一方面，汽车产业平台公司将具有集成效应，其他工业品也很有可能汇聚到集大成的汽车产业平台上打造。由此可见，具有相当规模和实力的大企业，应系统思考是否以及如何向产业平台公司方向升级发展的策略和路径；而产业平台公司的前景也并不意味着中小企业将毫无机会。实际上，平台公司主要提供共性的基础服务，而客户具体的个性化需求仍需要各类参与企业来满足。因此，具有独特能力、能够提供差异化服务且具有品质保障的中小企业，将是产业平台上不可或缺的重要力量，并有望借助产业平台更大限度地发挥自身作用；反之，没有能力接入产业平台的中小企业则将面临被加速淘汰的命运。

5. 车企面向出行服务商的转型策略

面向产业价值链向后端特别是出行服务领域延展的趋势，当前全球已有很多主流汽车企业宣称，将由汽车产品制造商向出行服务提供商转型，这就引出业界高度关注的另一个关键问题：整车企业向出行服务商转型的目的、定位和策略。必须明确，智能网联汽车的设计制造与使用服务是完全不同的两种核心能力，前者的远景目标是围绕汽车产品实现大规模个性化生产，即智能制造；后者的终极诉求则是提供全天候汽车共享的出行服务。对于主流汽车企业而言，其优势在于更具"造好车"的基础，有能力打造未来个性化的汽车产品；而"用好车"的能力在于使汽车产品的使用更加高效便捷，这与"造好车"虽有交集，但重心不同，所需的核心能力也不同，如图 2.12 所示。

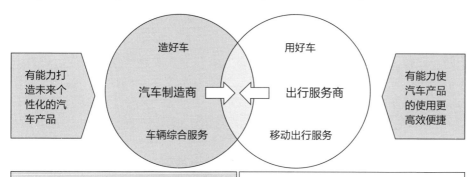

图 2.12　汽车设计制造与使用服务的不同能力需求

在制造服务化的前景下，"造好车"和"用好车"其实都涉及全新的 2C（面向消费者）和 2B（面向企业或商家）模式，但内涵截然不同："造好车"面向车辆综合服务，2C 的重点是提供定制化产品及涵盖车辆全生命周期的车主服务，2B 的目标则是提供全产业链服务，即打造符合用户个性化需求的车辆；"用好车"面向移动出行服务，2C 的诉求是基于智能化、网联化提供定制化的出行方案，2B 的诉求则是与其他行业共同为顺畅出行提供联合服务。这需要完全不同的能力、资源和相应的布局。车企如果追求"造好车"，这实际上是现有业务的延伸，需要打造智能制造的"小"平台，以实现车辆产品本身价值的最大化；而如果追求"用好车"，则是全新业务的拓展，需要打造出行服务的"大"平台，在此过程中要逐渐淡化车辆产品而强化出行服务。

因此，整车企业向出行服务商转型先要想清楚：究竟是为了更好地卖车，还是为了实现业务的转型？前者应以图 2.12 中左侧的"造好车"为基础，适当向右侧扩展；后者则应考虑在右侧"用好车"的范畴内选择核心点切入，并反过来对左侧提出与传统用车不同的需求。显然，不同的企业一定有不同的最佳答案，并非所有的企业都适合向出行服务商转型。笔者认为，中小企业更应把精力放在"造好车"上；而大型车企以出行服务商为转型大方向无疑是正确的，但在具体实践中也不可能一步到位，必须思考资源匹配以及投入产出比等现实问题。如果过多过早地远离原来的优势领域进行尝试，就要有在相当一段时间内得不偿失的充分准备。实际上，智能网联汽车本身的发展也将是一个渐进的过程，企业不同、阶段不同、侧重点不同、所需能力也不同。为此，笔者建议，整车企业应当明确目标，逐步培育新能力，进而有序扩大出行服务业务的新尝试，包括与其他车企建立合作联盟，以有效控制投入、加快扩大新业务规模。

四 汽车智能制造的核心要素与发展前景

1. 汽车智能制造升级具有特殊重要意义

与智能网联汽车产品同步并行的是汽车智能制造体系。实际上，智能制造是一个全球大趋势，新一轮科技革命正引发全球制造业进入空前广度、深度和速度的转型升级期，并将由此改变全球经济与科技竞争的总体格局。为抢占先进制造的战略制高点，各主要工业强国相继提出了指向智能制造的制造业转型升级国家战略，如德国的"工业4.0"、美国的"工业互联网"、日本的"再兴战略"、法国的"新工业法国"等。对于中国而言，一方面，产业基础仍相对落后；另一方面，国民经济已步入增长速度趋缓的"新常态"，增长方式亟待转变。正因如此，中国提出了"中国制造2025"，致力于通过工业化与信息化的深度融合，不断"提质增效"，最终走向"智能制造"，建成制造强国。

而汽车产业正是中国实现工业化与信息化的深度融合和制造业转型升级的最佳载体和突破口。以充分互联协作为基础、大规模定制化生产为目标的智能制造，越是在复杂的产业上实现，就越为困难，但也越能产生更大的效果和价值。产业链条长、涉及环节多、差异化消费需求强烈的汽车产业，既是智能制造应用最难的产业，又是其应用效果最大的产业。作为制造业的集大成者，汽车产业不仅自身是实现智能制造、建成制造强国的最佳载体、龙头和抓手，而且也对装备制造业、工业软件与操作系统等提出了更高需求。因此，在深刻理解智能制造核心要素的基础上，加快汽车领域的布局与推进，具有特殊重要的战略意义。

2. 智能制造体系的内涵和战略要点

智能制造的内涵是大规模定制化的制造体系，显然，这与制造业的本质，即以最低成本、最快速度、最高质量满足消费者的个性化需求，实现更加精益求精的制造，正相符合。具体来说，这将是一个由数据驱动的互联、互动、智能的制造体系，无论"工业4.0"还是"中国制造2025"，指向都在于此。在此，笔者对智能制造体系进行了系统梳理，它不仅包括智能工厂，也包括智能设计、智能生产、智能物流和智能服务等。

未来，智能制造体系下的智能工厂和传统意义上的工厂截然不同，它是未来企业的数据中心、交互中心、判断中心、决策中心和控制中心，是面向整个产业生态的一个总体概念和实施平台。同时，智能工厂还必须与智能生产、智能物流等相互匹配和有效集成，从而把需求、设计、生产、物流和服务等各个环节彻底打通，充分实现互联、互动和智能，由此才能真正实现大规模定制化的生产。这将是未来制造业转型升级的必然方向。

智能制造的战略要点如图2.13所示，笔者将其提炼概括为：由万物互联到大数据，再到标准与端口，最后实现全面大集成。这种大集成既是指纵向的集成，即企业沿着产业链与上下游的其他企业联系在一起；也是指横向的集成，即企业打通自己内部的设计、生产、服务等环节，从而跨越原有产业链，完成端到端的连接，创造全新的价值。也就是说，互联是基础，数据是核心，标准是规则，集成是终极形态，最终实现更加智能的制造业。

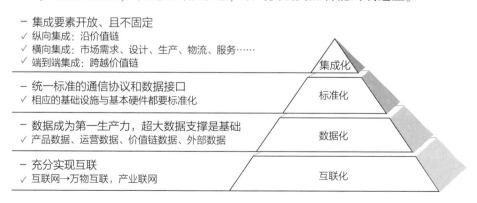

图2.13 智能制造的战略要点

3. 智能制造时代的未来图景与升级路径

展望智能制造时代的未来图景，企业的核心竞争力将大不相同，如图 2.14 所示。从工厂的变化来看，当前工厂是集中式、计划式、强中心化和固定配置资源的，而未来工厂是分散式、需求式、去中心化和动态配置资源的；当前工厂只生产产品，通过价值链来实现价值，而未来工厂不仅生产产品，还会产生大量数据，并且通过数据来产生和驱动价值；当前工厂主要靠品质竞争，通过过硬的产品质量乃至品质来支撑品牌，而未来工厂既要做好质量，更要实现定制化的产品以及个性化的服务，并由此定义品牌内涵。相比之下，制造出高质量的产品只是一个基础条件，而通过定制化产品来满足个性化需求的服务，才是智能制造更核心的竞争力。

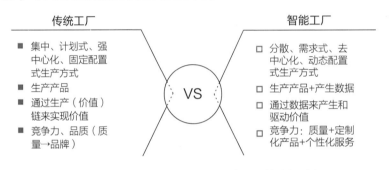

图 2.14 传统制造工厂与智能制造工厂的特征对比

总体来看，智能制造的升级路径可划分为三个阶段，即数字化、数字化＋网联化、数字化＋网联化＋智能化。其中，数字化是基础，将贯穿智能制造的始终，核心是通过将信息转变为数据，为网联化提供支撑；网联化是在数字化之上实现互联，从而实现分散资源的集成利用，同时使人可以更灵活地控制机器；最后智能化则是在数字化、网联化之上增加了人工智能，由此，机器与机器之间可以进行互动，从而使网联的效果更为显著。发达国家在制造体系升级过程中先后经历了数字化、网联化和智能化，既有基础牢固的优势，也有逐次升级的不足。对中国而言，应充分发挥后发优势，并行推进三化，前瞻实施融合发展，即站在智能化需求的视角和高度对数字化和网联化进行系统布局。这其中，如果说人工智能是通向智能制造的桥梁，那么数字化则是重要的桥头堡，因此，数字化是中国企业的当务之急。而在实施智能制造三化升级的进程中，作为制造业的集大成者，汽车产业将是最佳的应用平台。同时，汽车产业的智能制造也是打造智能汽车的重要支撑和先决条件。

五 汽车产业跨界融合发展的方向与机遇

涉及范围广、影响深度大、关联因素多、复杂程度高的汽车产业，原本就是最具综合性的支柱产业之一。而伴随着工业化和信息化的深度融合，汽车产业的跨界融合正成为新形势下的发展方向和重要机遇。2017年工信部发布《汽车产业中长期发展规划》，明确提出了"'汽车+'跨界融合工程"，并将其列入未来汽车产业的重要工程之一。实际上，汽车产业的固有特点、产业变革带来的新需求以及格局重构需要的新能力，三者互为支撑、互相推动，使"汽车+"具有了丰富的内涵和广泛的可能。无论是汽车+产业、汽车+企业，还是汽车+技术、汽车+人才，其承载的内容都远超从前。正因如此，汽车不仅是支撑日常社会生活的重要产品，也是支撑国民经济发展的支柱性产业，更是制造业的龙头、载体和抓手。

随着产业边界的不断扩展，汽车产业的载体作用也在不断放大：从学科的角度看，汽车不仅是有着清晰特性的复杂学科，更是能够有效融合其他多学科特点的学科载体，同时汽车又是创新的载体、技术的载体、应用的载体、集成的载体、成果的载体以及价值的载体。因此，不能简单地从产品或产业发展的角度去理解汽车，更要从汽车在未来科技、产业、经济、社会发展的角度去充分认知和有效挖掘其作为载体的引领性作用。

与此同时，跨界融合既给汽车产业带来了空前机遇，也使产业复杂程度急剧增加、挑战不断加大。为此，笔者对汽车产业跨界融合的战略方向和发展机遇进行了系统梳理和综合分析，以助力业界准确识别科学路径、合理界定各方分工。

1. 跨界融合发展的方向辨识

汽车产业的跨界融合体现了科技革命引发产业革命、进而延展成为生态革命的发展趋势。作为最能承载和呈现工业化与信息化深度融合效果的领域，汽车产业跨界融合的重点方向可以概括为"制造体系升级"和"服务体系升级",其内容全面涵盖了汽车与先进制造、信息、能源、环境、交通、服务、城市规划及社会生活等诸多领域的深刻关联与相互影响,代表着以汽车为突破口、建设制造强国以及促进产业生态和生活模式转变的广阔前景。

制造体系升级的最终目标是以数据驱动、互联协作的智能制造体系。该体系是一个由需求、设计、生产、物流与服务等各个环节融合而成的整体智能系统,在本质上追求的是大规模制造与个性化、定制化生产的统一,最终指向"按需生产"的制造业"理想境界"。当前,IT(信息技术)、互联网、人工智能等信息产业力量已深度融入汽车产业,不仅将为构建全新的汽车信息化、智能化产业链提供支撑,也将为汽车产业链与其他领域、环节的有效连接创造条件。因此,汽车制造体系的跨界融合升级已成大势所趋,更是时不我待。

服务体系升级结合了信息化、智能化技术的进步,为更好地满足交通出行需求以及解决现有交通问题创造了全新的可能。智能化、网联化、共享化已逐渐成为汽车出行服务的重要趋势,将会深刻改变交通系统和汽车生活。汽车作为出行服务的关键节点,在向低碳化、信息化、智能化不断升级的过程中,也与交通出行系统更加紧密地融合起来,进而影响整个交通的大格局。同时,智能交通系统的升级也对未来汽车提出了新的要求。此外,未来汽车还可提供可移动的储能供能服务,从而对整个能源系统产生重大影响,进一步丰富服务体系升级的内涵。因此,实现未来汽车产业服务体系的升级,具有重要的战略必要性和紧迫性。

2. 汽车产业制造体系升级的战略方向与发展机遇

(1) 加强数字化工厂建设

新型数字化工厂可以在计算机虚拟环境中,对整个生产过程进行仿真、评估和优化,并将虚拟运行进一步扩展到整个产品生命周期;同时利用物联网技术和监控技术,可以实现全方位的工厂信息化管理,提高生产过程的可控性,减少生产线人工干预;最终集智能硬软件管理系统于一体,构建形成高效、节能、环保、舒适的高度智能化新型工厂。

汽车产业数字化工厂建设涉及多个领域的交叉融合,其核心是构建汽车制造业的赛博物理系统。为此,既需要数据管理软件、仿真测试系统、虚拟工厂设计、大数据分析、数字化管理及数字化工厂模拟等软件系统，也需要可靠的基础网络、物联网基础设施、柔性的制造系统、工业机器人、传感器、射频识别装置等硬件设备。目的是在汽车生产及服务领域，将大数据资源充分利用起来，帮助汽车企业提升竞争力。

汽车产业数字化工厂建设，对专用装备的制造提出了更高要求。为满足需求，装备制造业必须吸纳融合IT、材料等相关产业的创新成果，加快转型升级。特别是在工业控制软件系统方面，目前中国远远落后于德国、美国等先进国家，因此在该领域加快追赶是非常紧迫的当务之急。

（2）推行设计/制造/服务一体化工程

设计/制造/服务一体化是指基于充分网联，连通产品全生命周期内的设计、制造和服务环节，形成三者的紧密协同、同步联动，以充分传递和应用数据流，有效调配资源，快速响应市场，提升产品竞争力。

与传统封闭串联的系统不同，设计/制造/服务实现一体化可以构成开放并联的系统。在此系统中，设计环节以用户需求为导向，实现开源的信息化；制造环节转变为需求式、去中心化，工厂车间采用动态配置实现柔性化生产和个性化定制，同时实现生产管控的高度智能化；服务环节则表现为全流程打通的新型商业圈，实现用户与企业的零距离互动。总之，未来的设计/制造/服务一体化必须把需求链、工程链、供应链充分互联起来，通过实时交互的信息和顺畅流动的数据实现增值。设计/制造/服务一体化工程最终将使全产业链数据得以有效集成，并在企业内、企业间乃至产业间实现交融互通，从而开启通向智能制造的大门。

3. 汽车产业服务体系升级的战略方向与发展机遇

（1）构建一体化智能出行平台

未来移动出行模式将呈现为多种交通工具并存、多元出行方式组合的形态，而一体化智能出行平台是其载体和中枢，其核心是通过联网通信实现出行工具与交通设施的高效协同运行，具体如图2.15所示。

未来城市智能出行系统将逐步达成"公共交通为主＋私人交通为辅＋智能交通为核心＋多种交通工具有效组合"的综合发展目标。

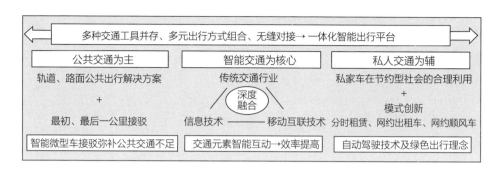

图 2.15　一体化智能出行平台的内涵与逻辑关系

首先，公共交通为主，大力优化大中城市高运量的轨道、路面等多种公共出行解决方案，并配套以更加完善的"最初、最后一公里"出行手段确保便捷接驳。在这方面，可自动驾驶的微型短途电动汽车具有良好应用前景和节能环保优势，国家应予充分重视，尽快完善安全、质量等标准规范并引导产业优化布局。

其次，私人交通为辅，引导私家车在节约型社会中合理使用，同时鼓励分时租赁等共享交通创新模式；基于自动驾驶和车联网技术的普及发展，重点推进乘用车的全天候共享化应用，提高交通工具的利用率，在有限资源的约束下满足更高的出行需求并提升出行效率；推广绿色出行的生活理念，并培育"轻拥有、重使用"的汽车共享文化。

最后，智能交通为核心，推进信息技术、移动互联技术与传统交通行业深度融合；打造融合各种交通工具及基础设施信息于一体的多元出行服务平台，基于实时信息交互，有效提升出行效率。由此，实现交通系统中各子元素（人、交通工具和基础设施等）之间的智能互动和无缝连接，从而显著提升整个社会的运转效率和出行者的极致体验。

本质上讲，一体化出行平台可以视为一种由各类信息平台中心、网络通信、大数据、云平台、智能基础设施支持的，具有实时在线、共享服务、无人驾驶等特点的全新出行生态系统。而智能汽车作为这一生态系统的重要节点，将全面信息化、智能化、服务化，并通过综合出行信息服务平台，有效汇集和使用交通大数据，在城市内和城市间的无缝出行中发挥关键作用。

（2）推动共享交通

共享交通在汽车产业服务体系升级中占有重要地位。特别是汽车共享模式可以有效提高单台车辆的使用效率，能够在多种资源约束下，用相同的汽车保有量满足未来更大的出行需求，因此具有重要的战略价值。中国未来的发展要求有与之相匹配的移动运载能力，而按照现有的用车模式，社会资源和环境都难以承载所需的巨大汽车保有量。为解决这一问题，一方面应大力发展公共交通（本质上其实也是一种共享交通），完善多种交通工具及其有效组合；另一方面，则应充分利用信息化、智能化技术手段，通过商业模式创新，提升车辆的利用率。

共享交通是以智能化、网联化为基础的共享出行模式，其发展将是一个逐步演进、渐趋成熟的进程。互联通信技术和大数据平台将使充分的共享交通真正成为可能。高等级的自动驾驶将使车辆可以在更多场景下实现无人移动和接驳，从而极大地提升用户体验和共享效率，支撑共享出行模式的广泛推广。而移动出行则将逐渐生活化和服务化，使车辆成为可移动的"第三生活空间"。

（3）加深汽车与能源领域的融合

汽车与能源领域的融合主要体现在电动汽车作为可移动的储能供能单元与电网的融合。这项工作具有战略价值：一方面，汽车动力源趋向电动化的持续演进和共性节能技术的不断进步，将使车辆本身更加节能、低碳；另一方面，电动汽车作为国家战略加快发展，也要求我国必须加快以清洁能源替代煤电的能源结构调整。两方面相互结合，将使电动汽车在平衡电网负荷、提高电网效率方面发挥重要作用。

为使电动汽车同时作为能源需求侧和供给侧的相应资源发挥作用，充分体现其分布式移动储能的功能，建议国家应推动建设电动汽车与大电网及可再生能源相互融合的能源系统；开发并推动汽车与电网融合（Vehicle-to-Grid，V2G）技术的产业化；鼓励政府、电网及企业加强互动，共同推动智能充电体系建设，并有效融入能源互联网。

六 汽车产业深刻变革的认识和建议

在能源、互联和智能三大革命的驱动下,汽车产业正在经历前所未有的深刻变革,引发竞争格局与产业生态的全面重构,进而带来宝贵的战略机遇,不仅将对未来汽车以及相关众多产业产生全方位的深远影响,而且将会影响整个人类社会的生活形态,并为经济可持续增长创造全新活力。

展望新时期汽车产业的发展机遇,其广度和深度都是空前的。在新能源方面,包括电池、电机、电控以及新材料、新工艺等;在智能网联方面,涉及大数据、云计算、人工智能、信息安全以及传统技术的电控升级等;在自动驾驶方面,诸如感知(摄像头、雷达等传感器)、控制、执行等核心硬软件亟待攻关;在基础设施方面,充电网络、道路环境数字化建设等方兴未艾;在智能制造方面,物联网、3D打印、机器人以及新装备、新材料、新工艺等如火如荼。可以说在产业深刻变革重构期,机会无处不在。

因此,对于未来的汽车产业、企业、产品、技术与商业模式等,我们必须重新认识、重新出发。如果说过去一百年,汽车改变了人类社会,那么未来一百年,人类将通过改变汽车,享受到更加美好的汽车生活。对于后发的中国来说,本轮汽车产业重构是千载难逢的历史机遇。我们必须把握住这次战略契机,为做强汽车产业以及建设和谐汽车社会,加快推进汽车产业的转型升级。

(本文根据学术论文《汽车产业变革的特征、趋势与机遇》精编整理;原论文发表于《汽车安全与节能学报》2018年第3期;署名作者:赵福全、刘宗巍、郝瀚、史天泽)

应对产业重构需要大智慧、大平台、多能力、长时间

【精彩语句】

"随着制造业向'制造+服务'不断演进发展,产业划分的传统定义将逐渐失去意义。几乎所有产业的结构都将重塑,每个产业都会打通'设计-生产-服务'的全链条。因此,未来'一产、二产、三产'的概念将不再适用,取而代之的可能是A产业、B产业、C产业的区分,每个产业都将实现与第三产业(服务业)的深度融合。"

"我们正在面对的汽车产业,确实复杂得超乎想象,正所谓'听起来很好,看起来很乱,干起来很难'。为此,我们更需要以系统思维来审视未来的发展。"

"打造产品品牌,还是打造出行品牌,这是完全不同的两个目标。前者主要聚焦于产品本身的亮点和竞争力,并依靠产品品牌带来的信赖赢得用户;后者则需要提供安全、便捷、高效、舒适、丰富和高性价比的汽车出行服务,并依靠出行品牌带来的信赖赢得用户。未来出行服务商必须站在大出行的战略高度,真正打造出涵盖多个产品品牌、基于运营大平台并充分连接外部生态资源的出行服务大品牌,才能给用户提供多元化的用车选择以及丰富的出行服务,并通过规模效应更早地达到盈亏平衡点。"

"手机实现了'人在线',下一步车企要努力实现的是'车在线',然后再打通生态,实现'服务在线'。在此基础上,汽车企业将可以为用户提供个性化的定制服务,既包括产品,也包括体验。其中,个性化产品来自于物联网支撑下的智能制造体系;而个性化体验则有赖于超级网联生态下的实时大数据应用。"

"本轮产业重构是前所未有的重大变革,表面改变的是汽车产业,实际牵连的是多个产业,最终影响的是整个社会,带来的变化是广泛、深远和历史性的。这也决定了本轮重构的有效落地将非常艰难。而中国恰恰具备良好的基础条件,有望率先抓住这次变革带来的战略机遇,因为我们有庞大的市场总量、完整的汽车产业链、强大的信息产业以及体制机制优势。"

【编者按】

这又是一篇内容丰富、观点精辟的重量级文章，在文中赵福全教授对当前产业几乎所有的热点问题都进行了全面系统的阐述和清晰明确的判断。尤其难能可贵的是，赵教授在顶级学术平台上就产业未来发展进行了深度思考和提炼升华，提出了很多可以指导实践的创新理论和思想。例如面向未来汽车产业重构的落地，必须基于"1+1+1"的商业模式进行有效分工、协同推进；汽车产业变革的本质是从"制造"进化为"制造+服务"，因此企业应在"新长尾理论"的指引下，高度重视向服务端扩展价值；同时，产业结构的改变还意味着国民经济中关于"三产"的传统定义不再适用，未来各个产业都将与服务业高度融合成为一体。又如赵教授论证了技术、产业、生态与资本四要素在产业变革中的定位与关系，建议企业应以"升维思考"来实现"降维打击"；定义了智能化＝网联化×自动化，指出两者齐头并进更有利于技术的互动积累以及快速实现商业化应用；描绘了汽车产品演进和产业发展的未来图景，并重点分析了产业平台公司的基本条件和演进方向。最后针对如何应对产业重构这一根本问题，赵教授给出了未来的王者必须满足的三大要求，并强调多能力、多产业、大平台的融合发展是唯一的正确路径。

一 汽车产业正在进入新时代

2018年，中国汽车销量28年来首次出现负增长，给正在发生变革的产业增加了压力，但从长远来看，这并不会改变产业变革的本质和进程。之前大家更习惯称这次产业变革为革命，因为大家看到了很多发生翻天覆地变化的可能性。不过随着认识的逐步加深，我认为更应该把这次变革称为重构。这两个词是有区别的，革命代表着一切都要推倒了重来；而重构则要保留原来产业中有价值的部分，是在原来的基础上重新建设新的汽车产业。

本轮汽车产业全面重构，我将其概括为三大革命带来六大革命性变化，引发汽车文明被重新定义。

一是能源革命。这绝不是简单的电池取代内燃机，而是整个人类社会的能源结构和供需模式都将告别传统，拥抱未来。电动化只是能源革命在汽车应用端的体现，而在供给端，电能的来源可以是多种多样的；同时，能源供应设施及其与汽车的协同关系也将变得与现在完全不同。

二是互联革命。万物互联是未来发展的方向，经由物联网，汽车将与整个世界实现连接和互动，进而"拥有外部的一切"。

三是智能革命。以人工智能在汽车产业的全面应用为其代表。实际上，互联革命与智能革命是相互促进、密不可分的，互联是手段，智能是目的，两者有效结合，将使汽车更好地服务人类。

由此，汽车产品将发生六大革命性变化，即信息"孤岛"变成信息"海洋"；人驾驶汽车变成汽车自动驾驶；耗能机械变成可移动的储能供能单元；拥有使用变成共享使用；汽车制造变成汽车"智造"；移动工具变成出行服务。

三大革命将给几乎所有产业都带来变化，而对汽车产业的影响更加明显。其中最重要的影响之一是，三大革命涉及的很多技术将成为汽车产业新的核心技术。例如，能源革命使电池、电机、电控技术变得非常重要，互联、智能革命涉及的新技术更多，且这些核心技术都是传统汽车产业之前不曾拥有的。这是传统车企感到焦虑而对这些新技术有部分涉猎的新造车企业跃跃欲试的根本原因所在。

也就是说，新一轮科技革命正在驱动汽车产业全面重构，汽车将由此进入全新时代。新时代的参与者必须具备新能力，这就给老玩家带来了新挑战，也给新玩家带来了新机遇。当然如前所述，重构不是推倒重来，老玩家的很多"旧"能力依然重要，只是不够了；新玩家也不是一定具有新能力，还是需要去学习一部分"旧"能力。因此，无论新旧玩家都必须要有新打法，以形成新能力，应对新挑战，把握新机遇。

产业重构落地需要新模式

汽车产业重构要想落地是非常困难的，因为本轮变革的力度之大、范围之广都超乎想象。由于产业边界正在不断扩展且渐趋模糊，因此有越来越多不同类型的企业纷纷涌入汽车产业。比如出行服务，之前汽车从业者们可能都不会想得到这个领域，但是现在出行服务无疑是汽车产业最受关注的领域之一。

在产业范畴越来越宽、参与者越来越多的情况下，没有明确的产业分工和清晰的商业模式，我认为这是造成产业重构落地难的根本原因。

展望未来，汽车本身仍然是必需的，但只有汽车硬件是远远不够的，还必须与软件进行深度融合。硬件如同躯体，软件如同灵魂，汽车只有硬件没有软件将是"行尸走肉"，只有软件没有硬件将是"孤魂野鬼"。因此，精于硬件的传统整零车企和擅长软件的信息通信技术（ICT）企业及科技公司必须相互协同、有效合作。不过这依然不够，因为产业重构还涉及基础设施、交通环境、法规标准的变化，在这方面，唯有政府积极参与才能解决问题。为此，我专门提出了未来汽车产业发展的"1+1+1"商业模型，这三个"1"分别代表汽车、ICT和政府三种力量，三者加在一起，产业重构才能有效落地。

这个模型听起来简单，但却是一种理念上的深刻颠覆。很多传统汽车公司已经习惯了整车加上零部件企业就足以造车的模式，并且认为在新时期也不会有太大问题，只要和一些互联网公司合作，或者通过并购、合资，就能形成所需的软件能力。然而实际上，车企永远无法拥有BATH（指百度、阿里、腾讯、华为）的全部能力，如果都拥有了，也就不再是汽车公司了。反过来讲也是一样，就像谷歌也试图造车，但如果真能把车造到丰田的水平，那它就不再是谷歌了。这就是术业有专攻的道理，更何况原本就高度复杂的汽车产业，在本轮重构中所涉及技术的广度和深度都是前所未有的。

至于政府及其掌握的公共资源，更是企业无法掌握和主导的。正因如此，在本轮产业重构中，政府的力量从未如此重要且不可或缺。这也是中国的特色优势所在。总之，任何企业都不可能同时拥有三个"1"，唯有有效集成、合作共赢，才是制胜之道。

同时，我们绝不能低估了本轮汽车产业重构的战略价值和深远影响。我认为正确理解未来汽车产业和产品的定位，必须基于4S的高度和视角。所谓4S是指SV（Smart Vehicle，智能汽车）、ST（Smart Transportation，智能交通），SE（Smart Energy，智慧能源）和SC（Smart City，智慧城市）。如图2.16所示，未来的智能汽车不仅将成为智能交通的核心枢纽，而且还将作为可移动的储能供能单元,改变智慧能源网的整个格局,并最终支撑智能城市的有效落地。因此,未来汽车能力的打造与使用,必须与智慧城市的系统布局相互结合起来,并以打通智能交通、智慧能源与智慧城市为目标。也只有这样,才能使汽车的作用最大化。

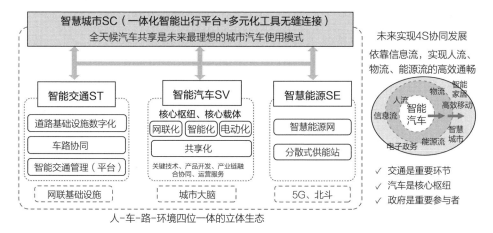

图2.16 未来智能汽车的战略定位与深远影响

不要忘记,汽车的本质是便利灵活的移动性。未来汽车的作用更应聚焦于为提升城市运行效率提供核心支撑,有效解决城市(尤其是大都市)的可持续发展问题,进一步提高城市的生产力。即以智能汽车为核心枢纽,以智能交通为重要环节,在政府的积极参与下,通过4S协同发展,依靠信息流,实现人流、物流及能源流在城市中的高效顺畅流通。我们必须站在这样的高度来谋划和推动汽车产业未来的发展。

三 产业重构将彻底改变"三产"概念

对于本轮汽车产业重构的本质,我有以下几点认识:

首先,汽车产业价值链将发生颠覆性改变,传统价值链的"微笑曲线"将呈现出体量上升、后端延展的变化趋势。体量上升表明汽车远非"夕阳产业",未来还将有巨大增长空间;后端延展则体现在汽车新的使用模式,特别是移动出行服务的广阔空间上。在此过程中,互联与数据将成为未来竞争的核心要素。互联使汽车真正变成可移动的智能网联终端,由此大量数据得以流通及有效使用，从而驱动整个产业变革的发生。

受此影响，汽车产业将进入3.0时代。我认为世界汽车产业的发展历程可以划分为三个阶段，如图2.17所示。在1.0时代，奔驰发明了汽车，汽车实现了从无到有，这主要是一次技术变革。在2.0时代，福特发明了T型车，汽车实现了大规模生产，这既是技术变革，更是商业模式变革，因为真正让汽车走进千家万户的是流水线式的生产方式。流水线生产方式是基于技术（产品）又跳出技术的伟大的商业模式创新，没有它就没有今天的汽车产业。而这一点却往往被忽略了，好像商业模式创新是互联网时代的新"创造"。实际上，对汽车这样长链条、长周期、多参与方、资本密集、人才密集、技术密集、牵一发动全身的超大产业来说，商业模式的创新更重要，也更难落地，因此需要以更大的智慧、勇气和能力来推动。而3.0时代以新一轮科技革命为标志，汽车产业将向生态化与服务化的方向发展，这将是一次产业生态系统的全面变革。

阶段	1.0时代	2.0时代	3.0时代
	汽车实现从无到有	汽车实现大规模生产	汽车产业生态化与服务化
标志性事件	奔驰发明内燃机、汽车	福特发明T型车，流水线生产	新一轮科技革命
意义	汽车代替了马车，让人移动得更快	实现大规模生产，让汽车走进千家万户	汽车高度智能并与外界充分互联，使个人按需智慧出行成为可能
本质	动力技术变革	生产方式变革	万物互联变革
发展特点	一个企业发展汽车（工厂）	一个产业发展汽车（产业链）	多个产业发展汽车（生态系统）
	制造	制造	制造+服务

图2.17 汽车产业发展的三个阶段

无论是1.0时代还是2.0时代，汽车产业在本质上还是"制造"。而3.0时代将呈现多个产业共同发展汽车的特点，从而使产业的本质转变为"制造+服务"，这意味着汽车会成为更具综合性的产业。

1.0时代发端于德国；2.0时代由美国引领，继而带动了日本、韩国汽车产业的崛起，后来中国也加入其中，奠定了自身的产业基础；而3.0时代既需要传统汽车基础，又需要充分互联和高度智能赋能，更需要政府力量推动，还需要庞大市场支撑。有鉴于此，中国将成为汽车产业3.0时代中最有机会的国家,关键在于我们能不能把握住这次历史机遇。

在3.0时代,汽车产业的价值构成将发生显著变化,我将其总结为新的"长尾效应",如图2.18所示。制造业的特点是产值高、利润低,而服务业相对来说产值低,但利润高。未来汽车产业基于物联网的助力,价值量将整体提升,同时由"制造"向"制造+服务"的进一步扩展,不仅将使制造部分的产值有所增加,而且将使服务所在的"长尾"拥有更大的价值总量。实际上,由于车辆服务将向出行服务深度延展,汽车服务环节的内涵将更为丰富,并表现为"尾部"的明显上扬,这将是完全不同于传统意义的新"长尾"。这个"新长尾"恰恰反映了汽车产业微笑曲线"价值重心后移"所带来的巨大产值增量(图2.3)。更重要的是,服务部分的利润占比将大幅提升,投入产出比更优,而制造部分在汽车产业中的利润占比将不断下降,并由此引发整个产业的格局改变与重心转移。因此,企业必须积极向"制造+服务"转型,关注汽车使用,深挖服务潜力,以拿到这部分"额外"的收益。

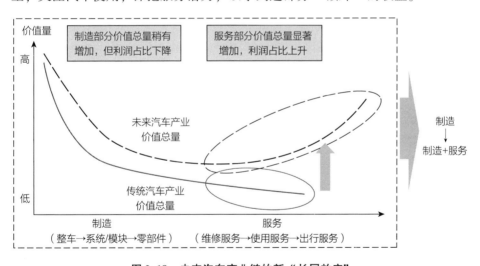

图2.18 未来汽车产业链的新"长尾效应"

从整个国民经济的角度看,随着制造业向"制造+服务"不断演进发展,产业划分的传统定义将逐渐失去意义。几乎所有产业的结构都将重塑,每个产业都会打通"设计-生产-服务"的全链条。因此我认为,未来"一产、二产、三产"的概念将不再适用,取而代之的可能是A产业、B产业、C产业的区分,每个产业都将实现与第三产业(即服务业)的深度融合。例如未来的汽车产业,既包括二产的制造,也包括三产的服务,将会形成一个统一的整体。实际上,农业作为第一产业也会发生类似的变化,未来的农业不只是种植作物的问题,还要考虑如何做好服务,让消费者吃得健康、吃得方便,并且会形成完整的产业链。

四 正确处理技术、产业、生态和资本之间的关系

未来汽车产业的发展,必须处理好技术、产业、生态和资本之间的关系。随着产业向生态化演进,整个生态涉及的技术将越来越多维,涵盖的产业将越来越宽泛,因此生态建设是极其复杂的。之前很多企业觉得只要坚持"技术为王"就能成功,未来技术依然非常重要,但已经远远不够了。特别是在产业重构期,核心技术会变得更广泛也更深入,每一项核心技术都必不可少,但是任何单一技术都无法解决产业发展的所有问题。

未来产业发展中技术、产业、生态与资本的关系如图2.19所示。在这种情况下,任何产业和企业都必须基于自身的特色技术向生态方向扩展,以获取其他产业和企业的技术和优势支持,从而有效参与生态的建设。不过在此过程中一定要清楚,任何企业的资源都是有限的,政府才是生态的真正拥有者,那些将建设整个大生态作为商业模式的企业是很难成功的。但是即便企业无法拥有生态,也必须基于自身特点,积极参与到生态建设中来。

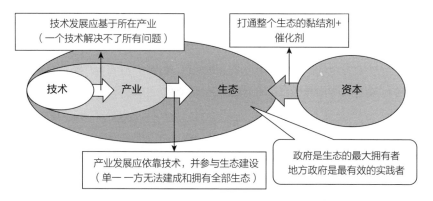

图2.19 未来产业发展中技术、产业、生态与资本的关系

最后,要把技术、产业、生态彻底打通、融为一体,需要借助资本的力

量。资本是黏结剂，更是催化剂。作为构建商业模式的重要支撑，资本将会推动整个产业重构的加快发生。

由此可见，当前我们正在面对的汽车产业，确实复杂得超乎想象，正所谓"听起来很好，看起来很乱，干起来很难"。为此，我们更需要以系统思维来审视未来的发展。企业必须准确把握全球产经大势和产业重构本质，必须综合考虑市场、政策、技术以及商业模式的交织影响，才有可能做出准确的判断和正确的决策。

在此，我给企业的建议是"升维思考，降维打击"。实际上，降维打击是结果，升维思考才是基础，如果没有升维思考的能力，既无法自己实施降维打击，也无法规避别人的降维打击，又何谈在产业重构中取胜呢？而所谓升维思考就是对产业重构的特征、机遇与挑战进行综合系统的战略思考，根据自身的能力找到产业重构中的最佳切入点，最终实现降维打击的战术落地。

五 汽车动力多元化时代会相当漫长

以上是对整个产业的宏观认识。下面就一些具体的热点话题，分享一下自己的观点。

首先谈谈汽车动力的发展趋势。我将汽车动力技术的发展分成三个阶段：即内燃机主导的1.0时代、多种动力源并存的2.0时代以及电动化主导的3.0时代。当然，3.0时代只是未来的发展方向，而且届时的主流动力源也尚未清晰，还存在很多争论。

总体上，我个人判断，汽车动力2.0时代将相当漫长，而不是一个短期的过渡阶段。这段时间很像"春秋战国"时期，各种动力技术"诸侯割据"，在相互竞争中逐渐此消彼长。在此过程中，法规约束、技术效果、技术成本、技术成熟度、技术潜力、市场需求、用户体验、企业能力以及品牌承载力等诸多要素，都会对各种动力技术的走向产生影响。

需要注意的是，在汽车动力多元化的时代，主要受限于法规，纯内燃机汽车的空间会越来越小，但是内燃机并不会就此退出历史舞台。因为它并非"孤军奋战"，而是可以充分借助电气化的重大机遇，通过与电池、电机的有效组合，以多种形式的油电混合技术，继续服务于汽车产业。

事实上，电动汽车市场份额不断攀升，内燃机汽车逐步退出历史舞台，这是产业发展大势。但是内燃机汽车究竟何时退出，在本质上讲并不是技术问题，而是法规问题。从目前的情况看，百公里 4 升的第五阶段油耗法规目标值，意味着到 2025 年绝大部分纯内燃机汽车将很难满足要求；而面对百公里 3.2 升的第六阶段油耗法规目标，即使是常规的混合动力技术都有巨大的达标难度。因此，企业推进动力电气化是非常紧迫的。

对于电动汽车，长期来看，电池的进步是其可持续发展的根本支撑，但短期来看，我认为充电基础设施才是当前电动汽车发展的主要瓶颈。充电设施不仅关系到里程忧虑问题，也和电池性能、成本及安全等问题的解决紧密相关。如果充电基础设施随处可见，那么企业根本无须装载过多的电池或者过度追求电池的高能量密度来化解消费者的里程忧虑，也就避免了车辆成本激增和安全隐患。

在此，我想特别向企业强调，不要认为充电设施建设就是政府的事情，因为无论政府是不是准备好了充电设施，企业都必须制造新能源汽车以满足国家的双积分要求，而消费者的体验决定了企业的新能源汽车产品到底能否售出，所以，企业必须思考如何自主解决充电难的问题，改善消费者的用车体验。从这个意义上讲，像增程式电动汽车、插电式混合动力汽车等技术方案，以及换电、车电分离销售等商业模式，都是企业在未来一段时间应对充电难题时可以考虑的对策，值得充分关注和积极探索。

电动汽车发展的另外一个关键问题是电池回收再利用。电池回收不难，但是不把电池的再制造和再利用问题解决好，电池回收就不可能真正做到位。目前，退役动力电池的"残余"寿命较短，作为"削峰填谷"的储能电池进行利用的商业价值非常有限。在大量动力电池即将退役之际，如何有效挖掘退役电池的商业价值并做好电池的再利用，这是政府和企业都必须认真面对的重大课题，同时这也孕育着巨大的商业机会。

六 有效应对软件定义汽车

软件定义汽车，同样是未来汽车产业发展的必然趋势，但这并不意味着硬件变得可有可无。实际上，硬件始终是基础，是必要条件；不过软件将是升华，是充分条件。未来构建在优质硬件之上的优质软件，将为定义汽车的智能化、个性化提供核心支撑。

软件定义汽车带来的最大挑战在于，软件主要掌握在 ICT 企业及科技公司手中，如果大部分车企都依靠这些公司获得软件，那么该如何避免产品的同质化？而如果自行开发软件，车企的资金、技术、人才和理念又能否支撑？

显然，如何平衡好自主掌控和广泛合作之间的关系，是应对软件定义汽车的关键所在。而强调特色发展、避免同质化，则是车企应该始终坚持的核心目标。为此，车企必须面向"硬件+软件+服务"，主动改变原有的产品开发流程、模式和组织架构，在做好硬件的前提下，加大软件领域的战略布局，形成自主可控的软件平台及系统能力。

七 智能网联汽车的发展路径选择

要确定发展智能网联汽车的合理路径，必须先明确智能与网联的关系。我认为可以用一句话来概括：智能是目的，网联是手段。实际上，只有基于网联的支撑，才能最终实现智能。因为没有网联的智能，要么成本高昂，要么根本就不是充分的智能。

同时，未来智能网联汽车的发展一定是"车路协同"的，而车联网和自动驾驶的平衡发展是其中的关键。就汽车而言，我给出的定义是，智能化 = 网联化 × 自动化。对于这两个方面，车企切不可偏废。

目前，国外车企主要是沿着自动化的方向发展，追求单车的自动驾驶能力，这在很大程度上也是因为其母国政府很难参与到"车路协同"中来，共同推动网联化的发展；而多数中国车企的主要精力放在了网联化方面，在自动化方面往往是宣传多于实际进展，因为网联化更容易迅速形成产品的实际卖点，也更容易得到各级政府以及本土 ICT 公司的助力。

在我看来，这两种路线都有偏颇，因为智能化才是终极目标。最终只有在网联化和自动化两个方向上都取得显著进展的车企，才能率先实现产品的充分智能化，从而占据未来市场竞争的优势地位。为此，我建议车企一定要平衡好网联化和自动化的投入,两者齐头并进更有利于技术的互动和积累,也更有利于快速找到有效商业化的应用场景。

八 打造产品品牌还是出行品牌

目前,很多整车企业纷纷成立了移动出行公司,但其目标是否清晰,举措是否合理,我个人认为答案恐怕未必是肯定的。这并不是说整车企业不应该涉足出行业务领域,而是说整车企业必须真正想清楚为何要进入出行领域,以及如何才能做好出行。如果只是为了卖车而做出行,那就好比"挂羊头,卖狗肉";而如果是把不好卖的车拿来做出行,那甚至连"狗肉"都不是,而是"挂羊头,卖臭肉",这怎么可能成功呢?试想一下,这些卖不出去的产品会给出行服务的用户带来好的体验吗?会让他们成为企业出行服务的回头客吗?这些用户将来会去购买或向朋友推荐购买这样的产品吗?这些都是车企从产品制造向出行服务转型过程中必须认真思考和解决的问题,否则出行业务还没有做起来,就已经伤害了自己的产品品牌。

如图 2.20 所示,出行服务必须具备三大要素,缺一不可。一是信息服务,必须能够即时匹配出行供需信息,因此供需匹配和交互优化的平台至关重要;二是车辆服务,一定是将最适合出行的车提供给最适合的用户,因此有针对性的高品质产品至关重要;三是用户服务,在汽车从 A 点到 B 点移动的过程中,用户及车辆自身能够享受各种出行附加服务,因此打通外部生态资源至关重要。

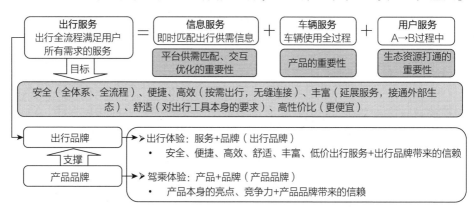

图 2.20　出行服务的关键要素及出行品牌与产品品牌的本质区别

在车企进入出行领域之前，有一个核心问题必须先想清楚：究竟是要打造产品品牌，还是要打造出行品牌，这是完全不同的两个目标。前者主要聚焦于产品本身的亮点和竞争力，并依靠产品品牌带来的信赖赢得用户；后者则需要提供安全、便捷、高效、舒适、丰富和高性价比的汽车出行服务，并依靠出行品牌带来的信赖赢得用户。产品品牌可以为出行品牌提供一定的支撑，因为产品体验本身也是出行体验的一部分。但是由于品牌内涵以及消费者的关注点不同，两类品牌是有本质区别的，因此拥有产品品牌优势的企业并不能天然地将其既有优势转换到出行品牌中。

　　未来出行服务商必须站在大出行的战略高度，真正打造出涵盖多个产品品牌、基于运营大平台并充分连接外部生态资源的出行服务大品牌，才能给用户提供多元化的用车选择以及丰富的出行服务，并通过规模效应更早地达到盈亏平衡点。目前来看，多数整车企业的出行实践距离这些要求都相差甚远，甚至根本没有朝着这样的方向努力。反过来讲，真正意识到这一点并为之踏实努力的企业，就更有机会成功。

九 淡定看待市场短期波折

　　近期中国汽车市场出现了负增长，对此我们应该淡定地看待。实际上，在内部经济"新常态"和外部环境更趋复杂的今天，汽车产业出现增速下降是很正常的。如图2.21所示，由于短期因素的影响，原来产业的增速也时常有不小的波动，只不过当时的基础增速较高，所以始终处于增长区间，没有引起更多的关注罢了。而经历了快速发展的第一阶段之后，现在产业已经进入微增长的第二阶段，基础增速开始趋缓，再加上近期一些负面因素的影响，就导致了负增长的出现，这是很自然的事情。负增长一定会到来，只是现在终于来了而已。

　　不过长期来看，我依然看好中国汽车市场的增长空间。因为庞大的人口基数和较低的人均汽车保有量这样的基本事实并没有改变，客观规律决定了我们尚处于汽车市场的第二阶段，中国汽车销量今后一定还会继续增长。但这种增长一定是微增长，且增长速度将与未来中国宏观经济发展状况紧密相关。直到全国市场都进入存量置换的状态，中国汽车销量才会进入不再增长即饱和的第三阶段。在我看来，当前我们没有理由唱衰中国汽车的长期增长潜力，而且大家都应该有信心，一起助力产业发展得更好。

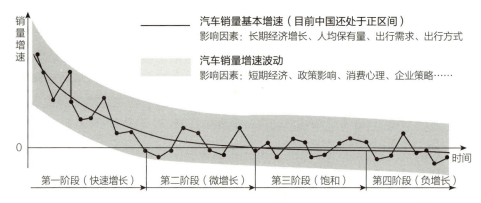

图 2.21 中国汽车市场增长解读与未来发展展望

当然，在第三阶段之后，由于人口总量及结构变化（如负增长、老龄化等）、用车文化改变（如共享、绿色出行等）、公共交通进一步完善等因素，汽车市场最终可能会进入缓慢负增长的第四阶段，类似于目前日本等国家的情况。唯有这样，第四阶段才会在中国到来。

结合近期产业发展态势，我对中国汽车市场格局有以下三点判断：

第一，市场多元化将进一步加剧。其中，一二线城市主要是存量消费，且市场成熟度不断提高；三四线城市以换购为主，还处于消费升级的阶段；而在五六线城市，首次购车者占据主流，这里才是主要的增量市场，企业应高度关注。

第二，消费并没有降级，而是在升级。只不过呈现出"高端产品低价化、高端品牌大众化、豪华品牌年轻化"的消费新特征而已，激烈的竞争导致高端品牌也必须以性价比作为优势之一来参与角逐。

第三，企业两极分化愈发明显。不仅自主企业，合资企业也是如此。事实上，合资企业的巅峰期已过，部分企业正逐渐被边缘化。在此需要特别指出的是，合资企业的外方主体正在其母国开启变革之路，而中国作为全球最大市场，必将是其变革实践的主战场。为此，真正强势的外资品牌预计将在合资企业中谋求更大的话语权，这根本不是简单的利润分成问题，而是为了获得战略应变的主导权,是事关外企未来全球竞争力的根本大计。

面对市场换档、产品结构升级以及多技术、多商业模式探索的迫切需求,所有企业都会感受到沉重的压力,因此必须积极寻求合作甚至结盟,以增大规模共担成本。从这个角度出发,规模较小的企业以及未在市场上站稳脚跟的新造车企业会更加困难。

➕ 产品演进方向及产业发展展望

未来汽车产品的演进方向是从通信到联网,再到在线,最终实现赋能。目前,我们正处于联网阶段,我认为,企业必须加快向在线方向推进,这样才能基于数据的有效利用实现汽车能力的质变。

联网和在线的区别在于,前者只在需要时连接,而后者则是全天候连接。个人电脑是联网的代表,智能手机则是在线的典范,后者目前已经超越前者成为主流的互联终端,足见在线的深远意义。企业应致力于尽早实现车队的全天候在线,这将成为汽车产品的最大竞争力所在。一旦实现在线,无论是企业、产品还是其背后的服务,可挖掘的潜力将是无限的。手机实现了"人在线",下一步车企要努力实现的是"车在线",然后再打通生态,实现"服务在线"。最终通过数据的深度挖掘,使人类的移动性得到质的跃升。

在此基础上,汽车企业将可以为用户提供个性化的定制服务,这里所说的服务既包括产品,也包括体验。其中,个性化产品来自于物联网支撑下的智能制造体系;而个性化体验则有赖于超级网联生态下的实时大数据应用。由此,未来汽车才能真正做到"千人千面",并把成本控制在合理的区间内。

展望汽车产业的未来发展,我认为一定会诞生产业平台公司,可能既包括出行产业平台,也包括制造产业平台,其内在逻辑如图 2.22 所示。其中,出行产业平台公司连接海量用户,集聚各类生态合作伙伴,覆盖多样化的出行需求,能够帮助用户彻底打通碎片化、孤岛式的出行资源;而制造产业平台公司,则是彻底融合整零供应链的智能制造体系,可以完成大规模的个人定制化生产,也就是所谓"工业 4.0"追求的境界。

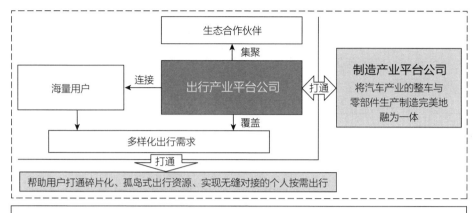

图 2.22　未来汽车产业平台公司发展的内在逻辑

这两类平台是否可以打通？整车企业当然希望打通，否则未来汽车制造商就将变成出行服务商的代工者。但实际上，两类平台所需的能力完全不同，连接的伙伴也差异明显，是否能够打通以及如何打通，还有待进一步深入研究。我目前的判断是，最终两大平台还是要打通的，这既是智能制造以及消费者到企业（C2B）定制模式的践行方向，也是"制造+服务"能够有效落地的根本保障。因为只有打通了两大产业平台，才能真正打通"设计－生产－服务"的全链条。但是可以预期，这种整合贯通将是一个非常漫长的过程。

那么，究竟哪类企业能成为出行产业平台公司呢？我认为，必须明确出行产业平台公司需要具备哪些基本条件，以此为依据来判断谁更有可能赢得未来。纵观此前成功的平台公司，其共性特点包括：平台必须足够开放，有"海量"的用户接入；同时在这个开放的平台上必须拥有足够丰富的生态玩家，可以为用户提供各种服务选项；在此基础上，平台上广泛活跃着各类不同参与企业和用户。由此来看，整车企业要想在这场竞争中最终胜出困难重重，必须彻底进行重大变革才有望成功。

➕ 应对产业重构需要大智慧+大平台+多能力+长时间

为了应对本轮汽车产业的全面重构，我们需要有大智慧，建立大平台，形成多种能力，并经历较长时间的实践探索。

本轮产业重构是前所未有的重大变革，表面上改变的是汽车产业，实际牵连的是多个产业，最终影响的是整个社会，带来的变化是广泛、深远和历史性的。这也决定了本轮重构的有效落地将非常艰难。而中国恰恰具备良好的基础条件，有望率先抓住这次变革带来的战略机遇，因为我们有庞大的市场总量、完整的汽车产业链、强大的信息产业以及体制机制优势。

当然，要想抓住机遇并不容易。唯有路径正确，才能事半功倍。对此，我的判断是，未来多能力、多产业、大平台的融合发展是唯一的正确路径。

同时，产业重构的参与者们还必须处理好创新与遵守行规之间的关系，即真正做到守正出奇。互联网时代，我们强调的是长板效应，凸显某一领域的优势就可能成功。而物联网时代，在汽车这样的大产业发生变革时，我们面对的将是短板效应，因为任何关键环节的不足都将导致企业难以转型成功、产业无法有效重构。也就是说，既要造好车，也要用好车；既要做好硬件，也要做好软件；既要关注车本身，也要关注车的使用环境。

对此，我的建议是，汽车产业的新进入者们不宜盲目批评行业创新不足，而要加强对汽车产业固有规律的深刻理解，避免在创新中走弯路；汽车产业的长期从业者们，则要努力摆脱"经验"的束缚，力争实现思维上的大突破；此外，汽车是"重法规"的行业，产业管理者们也要认清形势，为产业的创新发展扫清障碍。唯有这样，中国才有可能抓住这次千载难逢的历史机遇！

那么，谁将成为未来的王者？这个王者会诞生在现有的车企中吗？我认为答案将取决于以下三个方面：

第一，未来的王者必须打造出真正符合未来需要的汽车。而未来网联化、智能化的汽车需要适应于当地的政策法规、文化习惯和用户偏好，因此一定是区域性的汽车。由此，"一款产品卖遍全球"在未来将不再可能，这对传统汽车巨头们的全球化战略构成了严峻挑战。

第二，未来的王者必须能够满足市场的诸多矛盾性需求，同时必须进行多元化的战略探索，有胆识、有能力、大手笔地持续投入资源。

第三，未来的王者还必须以助力实现个人智慧出行为使命，形成足够的能力来重新定义"人－车－生活"的新方式。

最后，我们必须充分认识到：汽车产业重构是世界汽车产业的重新分工，是诞生汽车产业"新王者"的历史机遇。但从"大乱到大治"，将是一个漫长的过程，需要足够的时间。在这个过程中，会有很多尝试，会走很多弯路，也会浪费很多资源，并会产生很多"烈士"。这既是重构进程的必然规律，也是未来成功实现重构的应有代价。在此过程中，时间是阳光，促进成长；时间是裁判，淘汰"劣币"和投机者；时间更是赛道，让掉队者驶出，让后来者追上；而最终也是时间将把探索产业重构的坚持者送上明天的王座。

（本文根据赵福全教授 2019 年 5 月 10 日在"第十一届中国汽车蓝皮书论坛"上的主题演讲整理；原载于《汽车商业评论》2019 年 6 月 15 日第 6 期专论）

回应董明珠"粗制滥造"论：中国汽车行业之真现状

【精彩语句】

"丰田生产方式的精髓是隐含在精益生产背后的精益设计、精益管理和精益体系，只是结果最后体现在精益生产上。"

"要评价企业认识的程度是否深刻，只能看真正落地的程度。这就是我常讲的，似懂非懂的人讲道理，懂得的人抓落实，真懂的人努力把落实做到极致。"

"中国的智能网联汽车一定是针对中国的情况专属打造的。而本土的企业更了解中国的法规、基础设施以及消费者的习惯，这为我们打造出世界级的汽车企业创造了竞争优势。但是千万不要用另一方面带来的机会来掩盖这一方面的固有差距。如果我们不把固有的问题解决好，最终照样还是落后。"

"我们应该与时俱进地看待自主品牌的'走出去'，这里面既需要汽车企业的能力，也需要国家的实力，还需要本国法规与全球同步，甚至实现先导性的引领，最终能否成功地走出去，实际上取决于中国汽车产业的整体实力。这是一个'兵马未动粮草先行'的系统工程，需要整车企业与供应链企业的协同互动。"

"过去自主品牌车企往往容易进入'萝卜快了不洗泥'的状态，靠低价取胜，但是那个时代已经彻底结束了。未来企业必须要有研发能力，要有把产品做到极致的能力，还要有不断满足客户需要的能力，更要有追着客户提供优质服务的意识和能力，而且要做到坚持不懈、持之以恒。"

【编者按】

2019年3月3日，格力电器董事长董明珠在央视财经频道《对话》节目上批评中国汽车粗制滥造，一时之间在行业内引起轩然大波。在本篇专访中，赵福全教授明确表示董明珠的言论有失偏颇，是一种不负责任的说法，今天中国自主品牌车企的制造水平已经与跨国汽车公司不相上下。不过，他同时表示制造能力不只是制造装备的问题，还与设计能力、供应链能力、材料和工艺能力以及管理能力等息息相关，因此我们在充分肯定自主品牌车企取得巨大进步的同时，也要清醒地看到尚存的差距。整篇专访内容非常丰富，除了回应中国汽车"粗制滥造"论以外，赵教授还论及了积累的重要性、认识的差别、自主研发的四大支柱、汽车人才的相关议题、新领域的机遇、汽车产品的本质、海外发展的前景以及规模效应的重要性等关键问题，值得细细品味。

一 粗制滥造是误解

张志勇：格力电器董事长董明珠在做客央视《对话》栏目的时候，讲到一个问题，原话是这样的，"中国汽车的精度不够，没有精准的模具就做不了那么精制的磨合，配合就有差距，所以中国的汽车有一点粗制滥造，但是成本并没有减多少。"

这个话一说出来以后，就有很多汽车企业老总做出了完全不同的回应。董明珠对于中国汽车行业的理解，看来可能和汽车行业内的人感觉不一样。那您怎么评价董明珠对中国汽车产业的这种观点？

赵福全：作为中国制造业的一位领军人物，而且是在央视《对话》栏目这样一个重大的公开场合，董明珠发表的这些观点有失偏颇，也令人失望。

如果是在消费者层面，这样的观点无所谓对错，因为任何消费者对于汽车产品都可以有自己的评价。但是董明珠不是普通的消费者，她是中国著名企业格力电器的董事长，是社会知名人士。作为公众人物，她受到整个社会的更高期待，理应对自己的言论负责。

根本问题在于，董明珠对中国汽车制造水平的评价与事实不符。经过改革开放四十年的发展，中国汽车产业取得了巨大进步，尤其体现在制造能力方面。今天中国汽车企业使用的设备几乎都是全世界最先进的，在某些方面相比某些合资公司也有过之而无不及。

董明珠是对发展自主品牌有着特殊情节的企业家，格力电器也是中国自主品牌的佼佼者。作为家电行业的代表，董明珠其实非常了解自主品牌的成长是多么艰难。然而在谈到另外一个行业的时候，她却没能以谨慎、客观、科学、全面的态度来评价这个行业的自主品牌，看起来还真的是"隔行如隔山"。

目前，中国自主品牌车企呈现出两极分化的趋势，吉利、长安、长城等企业已经得到了国外竞争对手的高度认可。显然，主流自主品牌车企更能代表中国汽车行业的水平，如果只看到一些边缘化车企的情况，或者说只通过个别的案例，就对整个汽车行业做出评价，必然会以偏概全，更是对中国汽车产业的进步和成绩视而不见。

当然，毋庸讳言，我们也不能否认中国汽车产业与国外先进水平相比仍然是有差距的，但这种差距并不体现在制造方面。

另外，要充分认识到汽车产品的复杂性。汽车产业链条长、环节多、涉及广，一辆汽车由上万个零部件组成，有几百家供应商参与，像空调只是汽车上的一个零部件总成而已。

二 制造装备不是全部

张志勇： 魏建军和竺延风，一位是长城汽车的董事长，一位是东风汽车的党委书记、董事长，两位都对董明珠的观点进行了迅速回应。比如竺延风说，中国汽车制造水平是世界第一的水平。魏建军也讲，中国汽车工业的制造水平已在全球处于领先地位。那您觉得他们两个说的话，准确吗？

赵福全： 中国汽车产业在制造水平上，应该说与国际上先进的国家相比，基本上处在同一个层面。

不过从另外一个角度看，尽管经过改革开放四十年的发展，主流自主品牌车企已经发生了翻天覆地的变化，但与国外先进车企相比，我们在品牌溢价能力、产品研发能力以及运营管理能力等方面，都还存在着差距。

实际上，制造本身和设计也是分不开的。丰田举世闻名的精益生产，其根源在于精益设计，还在于精益管理，更在于精益体系。没有优秀的设计研发，凭什么能做到精益生产？没有优秀的管理，凭什么能把设计和生产做到极致？没有优秀的体系，又凭什么能做好运营管理？丰田生产方式的精髓是隐含在精益生产背后的精益设计、精益管理和精益体系，只是结果最后体现在精益生产上。从这个意义上讲，中国自主品牌车企的制造水平也不能说没有差距。

制造水平的优劣主要体现在几个方面：首先是制造的装备。目前中国自主品牌车企的制造装备是与国际接轨的，很多时候我们生产线上的机器人甚至比国外还多，我们的厂房、车间以及工艺的布局甚至比国外还先进。

但是制造装备只是必要条件，并非充分条件，在制造装备背后的是工艺能力，包括现场工人对生产过程的掌握能力，这才是所谓制造的knowhow（诀窍）。此外，众所周知，汽车最强调集成能力，因为有60%以上的零部件都来自供应商。这些供应商企业的研发及制造能力最终也都会体现在整车的品质上。在这些方面，中国自主品牌车企和国际顶级车企相比，也还有明显的差距。

总体来说，纵向来看，中国自主品牌车企的进步是革命性的；横向来看，我们在装备上丝毫不弱，甚至局部领先，但在整个制造体系的能力上，还存在差距。

三 积累的缺失

张志勇： 为什么在工艺水平上，就是您说的所谓knowhow方面，我们会有差距？

赵福全： 中国汽车产业发展到一定程度之后，自主品牌车企与其说缺的是技术，不如说缺的是管理。因为技术本身需要多年的积累，而有效的积累本身实际上就是管理。就制造环节来说，企业需要不断地有效积累工艺方面的经验和诀窍。

比如，在某一个焊点上总是出现问题，优秀的管理是在发现了问题后找到原因，然后形成文件，再把这个文件一代一代地传承下去，这样新工人就可以充分吸取曾经失败的教训，避免相同的问题再次发生。这其中有两个要点：一是员工要有能力积累。现在一些企业对于员工的培训远远不够，他们都不会解决问题，又何谈把解决问题的经验积累下来？而合资品牌车企大多都对工人有上岗时间的硬性要求。二是要有积累的标准，比如每一个遇到的问题都要有文件的积累，最终汇总为相应的知识手册。

张志勇：如果这样说，缺少这种工艺的积累，我们只能认命吗？许多跨国公司都有一百多年的历史，自主品牌车企只有几十年的历史。这种差距能否弥补？

赵福全：这就是我经常讲到的一个非常重要的问题。我们先要认识到这种积累的重要性，目前，许多企业对积累的认识还远远不够。有了认识，还要看你的认识有多深刻，因为认识的深刻程度直接决定了行动的坚决及坚持程度。因此，与其说是工艺积累不够，还不如说是我们的认识不够，所以也就不会采取有效的管理措施，真正把工艺积累这件事纳入到企业的管理体系中。这种积累不仅仅是生产过程中的工艺积累，它体现在企业运营的方方面面。

四 认识的差别

张志勇：那您觉得，我们现在汽车行业的这些老板们也好，或者管理人员也好，他们的认识程度不深刻吗？

赵福全：我认为要评价企业认识的程度是否深刻，只能看真正落地的程度。举个例子，美国车企难道不知道丰田的精益生产吗？它们对精益生产的重要性没有认识吗？但为什么它们很难做到丰田的程度呢？这就是我常讲的，似懂非懂的人讲道理，懂得的人抓落实，真懂的人努力把落实做到极致。就像精益生产，谁不想学丰田？但是为什么学着学着就走样了呢？我认为，这还是对精益生产理解程度不够的问题，或者也可以说，是在骨子里对精益生产相信到什么程度的问题。此外，不是一把手自己相信就够了，还要让员工们都有这种意识，整个公司都要向这方面不断努力。

五 国情与文化也不是绝对的

张志勇：那是不是和整个国情及文化有关系？

赵福全：丰田的这种管理体系确实和日本文化有一定的关系，日本人骨子里做事情就是追求精细的，但是也要具体问题具体分析。同样是日本车企，为什么铃木在中国就做得不好呢？如果说日本工程师的工匠精神就是日本文化的结果，那为什么丰田能够做得好，而有的日系企业做得并不成功呢？

因此，说到底还是要看企业的管理是不是真正做到位了，是不是真正形成了有效的体系。还以生产体系为例，人员到岗的培训，培训过程中的考核，对工艺问题的发现、解决和积累，所有这些都属于整个生产体系中的一部分，方方面面都做好才能说是管理到位。积累本身也是需要管理的，要把所有制造中的经验和教训都有效积累下来，必须要有制度性、体系化的保障。积累的内容是技术，积累的执行就是管理，必须明确要求大家积累，而且对认真积累的要给予认可和表扬，对不积累或不认真积累的要批评和惩罚。我认为很多企业都没想明白这个道理。

六 自主研发四大支柱

张志勇： 咱们再把这个问题延伸一下。丰田的例子非常好。20世纪90年代，保时捷还请日本丰田的专家去做了很长时间的培训，但是今天的保时捷与丰田之间仍然在管理上有很大的差异。因此，我们是不是可以这样认为，由于存在许多无法改变的因素，比如发展历史的长度、文化的因素等，中国汽车制造业的水平，永远赶不上欧美日？

赵福全： 不是这样的。企业的发展不能过分归因于国家或民族的文化，而是应归因于一家企业自身的文化。当然，企业不可能不受到大文化的一些影响，但是来自相同国家的企业，有的做得很好，也有的做得很差，这就很说明问题。

比如提升研发实力，我曾经讲过自主研发的四大支柱：人才、设备、流程和知识积累。第一个要素就是人才，包括生产、研发、管理等各个方面，归根到底都得靠人。研发大咖是人才，管理精英是人才，一线经验丰富、责任心强的工人也是人才，企业把各个方面的人才都聚拢到一起并让他们有效发挥作用，才有可能把事情做好。

第二是设备。前面讲了，我们的制造装备并不弱，工厂的现代化程度是世界级的。其实，我们的研发设备也很强，很多试验和测试设备都比肩世界一流水平。

第三是流程。流程其实就是体系的核心要素之一。比如说企业的供应链管理能力，优秀的整车企业是把供应链管理扩展到零部件企业的管理中去，这样车企在做质量管理的时候，就不限于自己内部的管理，而是把自身质量管理的能力和经验延伸到零部件企业，甚至延伸到二级三级供应商。这就体现了流程和体系的力量。

在这方面，自主品牌车企还做得很不够，甚至有的时候，不要说指导供应商，就是对供应商的把关都做得不到位。当然，这里面也有性价比的问题。比如，企业把零部件故障率的PPM（百万分之一，常用做故障率的单位）要求提高，就意味着淘汰率升高，最终产品成本就会上升。但也并不是说，只要质量好，成本就一定高，这其实是相对的。在同样的质量标准下，企业通过向管理要效益，通过强化流程、建立体系，把废品率降下来，也能降低产品成本。因此，企业还是可以在很好控制成本的前提下，把质量也做上去的。

最后是积累。积累其实就是不断交学费，然后把经验一点一点传承下去，形成知识体系。企业是不能靠个人来进行知识传承的，一定要靠知识积累。比如车门装配不好，涉及哪些问题？是工艺问题还是装备问题？是车门的问题还是车身的问题？车门装配不好的问题及其解决方法一定要形成报告，明确后续设计要怎么改，制造模具要怎么改，装配过程要怎么做。这些环节都做到位了，下一次肯定就再也不会出现类似的问题了。当然，还可能会有新的问题出现，但是绝不会再重复以前的错误了，这样至少可以在原来积累的基础上去解决新的问题。

张志勇：所以，这是一种有意识的积累。

赵福全：在这个过程中，企业要思考，我的员工为什么会积累？为什么能积累好。答案很简单，一定是因为企业有要求并且会回报员工的积累。第一，员工必须积累；第二，员工积累了之后，会得到企业更多的回报。要把这个过程想明白，然后形成制度。而制度坚持执行并不断完善，久而久之就会形成良好的企业文化。

七 不只高管是人才

张志勇：刚才也谈到人才的问题，企业需要构建一个多层次的人才体系，那我们首先要解决高管的人才？中层的人才？还是一线员工的人才？

赵福全：各级各类的人才都是企业需要的。

张志勇：但是同时来做，会不会力不从心？说到底，企业的积累要靠谁来下决心？如果领导层是个庸才，他不懂管理，那要怎么去解决一线员工的人才问题呢？

赵福全：那这样的企业就没有前途了。因此，首先一定要解决高层的问题，而且关键是一把手，然后是各个主要职能部门的领导者。比如把负责生产的领导找好，然后他自己就会去招合适的部下包括工人，有经验的人更好，没有经验的人，招来之后就进行培训。

这就好比让我带兵打仗，最好能直接招来黄埔军校的毕业生，不过招不来也不能因此就不打仗了。那我就先招来一群种地的农民，但是我一定要训练他们如何作战。因此，首先是领军人要充分认识到工人水平的重要性，现代化的生产并不是会拧螺钉就可以了，工人要真正懂得汽车的结构、工艺，以及他个人的岗位职责。而具体培训工作，并不一定需要领军人事必躬亲。管理体系一定是有层级、有分工的，领军人定好方向和目标，下面就要有人负责编撰培训教材，有人负责现场培训。并且是反复多次的培训，一轮做得不好，下轮就会做得比较好，第三轮就能做得更好，这其中也是有经验传承的。因此，丰田才会自己建技校，它的工人基本都是自己培训出来的。

八 中层基层人才更急需

张志勇：您觉得目前中国汽车产业的人才，哪一个层级最需要加强？或者说最紧缺？如果说我们中国的制造业，或者说我们中国的汽车企业管理水平要提高，首先要去解决什么？比如，在三个人才层次里面，您觉得哪个层次是最急需的？一线工人？中层？还是高管？

赵福全：现在我们企业高管的理念，总体来说已经比较先进了。我个人认为，主要问题还是在于我们的基层人员整体上相对偏年轻，经验还不够充分，因此，给他们交学费是不可避免的，但为了让他们少交学费，企业应该加倍做好培训。从这个意义上讲，我觉得现在的中层管理者更需要加强，因为是他们在贯彻高层意志以及开展培训工作。

现在无论是中层管理者，还是基层员工，普遍经历得太少。很多科长甚至部长的经验都很有限，再让他们领导经验更加不足的员工，工作是很难做到位的。这其实已经不仅仅是生产制造的问题了，包括研发在内的其他环节也都是如此。

九 人才的稳定很重要

张志勇：有一句话叫作"没有不好的士兵，只有不好的将军。"就是说，如果有好的将军，就可以把下面人培养成好的士兵。

赵福全：所以我刚才说了，我们的一些领军人对事情的认识程度还不够。高层一定要有使命感，要有为企业开疆扩土的担当。为了让高层有使命感，就要让他们有稳定感，整天只想着怎样保住位置是不可能做得好的。

张志勇：那您觉得这种使命感和稳定感，在咱们中国的汽车企业当中是不是很缺乏呢？

赵福全：相对来说，一些国企由于激励和考核机制的问题，导致部分领军人可能缺乏为企业谋长远发展的使命感。而对于民企来说，不乏团队稳定性不足的现象，高管随意换来换去。

尽管有所不同，但这都是实实在在需要解决的问题。我不相信"家花没有野花香"，一定是长期稳定在某个位置上的优秀人才，才会有足够的时间、空间和动力把积累做好，并最终把事情做到极致。实际上，团队稳定性这个问题也不限于中国企业，外资企业也同样如此。

张志勇：不稳定有时候是因为遇到一个更好的机会跳槽了，但更多是企业内部的压力造成的。

赵福全：我认为，这不是汽车行业自身的问题，而是整个中国在高速发展的过程中，为了快出成果而带来的后遗症。不只是老板们没有耐心，许多员工也有一种一夜暴富的心理，很多时候只想着跳槽了就会涨工资，而没有考虑个人的积累和提升。由于之前中国的机会太多，很多人在一个岗位上都不能静下心来长时间的坚持耕耘。这实际上是发展中国家在高速发展中都面临的共性问题。

张志勇：像长城、比亚迪、吉利，其实就是他们老板自己的公司，老板没有任何理由不把公司做好，那为什么还会出现人才问题呢？

赵福全：一方面，老板和职业经理人之间，有时候存在价值观的差别，越是高管，越有自己的想法；另一方面，市场快速变化等一系列因素，也造成了很多中国企业家相对来说容易急躁。

在这一点上，我认为应该学学丰田的淡定。实际上，做制造业不能说是十年磨一剑，至少也是五年磨一剑。目前，一些企业的情况是只要销售不好了就换掉销售老总，其实换一个也不见得就更好，因为并没有从本质上解决问题。

张志勇：您觉得现在这些企业的老总们意识到这个问题了吗？

赵福全：这需要一个过程。目前这个问题还是存在的，但和十年前相比，已经有了很大程度的改观了。

当然，从企业家个人的角度，我认为不能老给自己找理由，一定要认识到这是很严重的问题，要有意识地去改变。绝不能有这样的想法：我知识不足，经验不足，只能交学费。其实，学费最好不交，一定得交也要努力少交。也就是说，老板不能对自己太宽容，更不能觉得自己永远是对的。

➕ 职业经理人团队是方向

张志勇：中国的家族企业，或者民营企业都是以老板为中心的管理机制，与西方成熟的职业经理人团队，是有很大差异的。那么，这些企业为什么没有去建立一个成熟的职业经理人团队？或者说，现在汽车界有没有这样的一类企业，在向职业经理人的管理机制过渡呢？

赵福全：这是一个很深层次的问题。我觉得，这主要看老板的认识和眼光。通常，作为创始人的第一代老板，不太可能愿意把自己的企业完全交给职业经理人团队来管理，而且职业经理人的水平也不同，国外也不乏经营失败的职业经理人。国外很多企业之所以把管理交给职业经理人团队，是因为企业已经大到了家族自身很难操盘的程度，同时很多家族继承人也没有能力或者意愿来操盘。未来，随着中国企业规模的不断扩大，也会出现这样的情况。到那个时候，管理团队就会越来越职业化，因为企业最终的目标是盈利，如果老板自己经营不能让企业盈利，他自然就会把企业交给能够实现盈利的人来经营。如果他坚持不交权，最终企业失败乃至破产后，还是会交还给社会。我认为在中国这一天的到来不会太远了。

张志勇：其实，这里面就说到了人才对企业至关重要的问题。假如我们花大价钱，从宝马或者从大众成建制地挖来一个团队，是不是就能迅速提升我们的管理水平？

赵福全：也不见得。效果肯定会有一些。但是第一，这种做法的可行性比较低。第二，实际上，我们讲人才的时候，更多的不是指某一个人，也不是某一些人，而是指一个团队。就是说，高层、中层以及基层，大家是相通的，因为最终是团队整体作战而不是人才独立作战。比如，我挖来一个完整的研发管理团队，但它要怎样和公司的采购、质量和生产部门有效互动呢？第三，我也不认为国外车企的理念就一定适合自主品牌车企。自主品牌车企会做低档的产品，但还做不了高档的产品。反过来讲也一样，宝马会做高档的产品，但恐怕也做不了性价比超高的便宜产品。

因此，企业聘请来的职业经理人必须真正理解自身品牌的市场定位和现有基础，然后据此来打造适合的产品，并不断完善。这是非常复杂的事情，可能还需要我们几代人的摸索和实践。我们只能寄希望于通过努力，尽快完成这个过程。

 对自主品牌要有信心

张志勇：这应该也是一个积累的过程，是管理诀窍的积累。如果我们的管理提升还需要积累，那么还需要多少年才能打造出一个丰田或者大众呢？

赵福全：十年前，你会想到今天的吉利、长城能做到这种程度吗？不会的。同样，十年前你会想到铃木这种企业会退出中国市场吗？恐怕也不会的。但是这些事情都已经是事实了。从这个角度来看，我觉得中国车企还是要充满信心。当然，充满信心不是盲目乐观，我们更要认识到自己的差距。或许，董明珠的评价只是"恨铁不成钢"，我们的自主品牌车企确实还没做到丰田、大众和通用的高度。只不过，董明珠自己选错了角度，从制造的角度讲自主品牌汽车产品粗糙，是没有道理的。

十 新领域相对差距更小

张志勇：目前中国自主品牌车企确实存在一些差距，如何缩短差距甚至超越世界先进水平？有些观点认为，智能化或者网联化以及电动化是中国自主品牌车企能够取得突破的一个捷径，或者说是向上攀升的一个方向。您觉得这种说法合理吗？

赵福全：首先对于新兴的产业，比如新能源汽车，至少国外企业的积累也不多，与我们自主品牌车企相比是半斤八两。同时，人才也没有那么大的差距。因此，相对于传统汽车产业而言，我们发展新兴的产业确实差距更小，甚至有一些领域，中国已经走在了前面，或者更有条件走到前面。

再比如智能网联汽车，中国有强大的信息通信产业优势，包括互联网的能力、团队和基因，这是德国和日本也不具备的。更重要的是，智能网联汽车最终一定是一个生态，很多事情都不是某几家企业甚至某个行业就可以独立完成的，都需要国家的力量提供支持，包括标准、平台、基础设施建设等，而中国政府在这些方面更有能力进行推动。实际上，智能网联汽车的最佳解决方案一定是区域性的，因为基础设施、通信手段、信息安全等都依赖于区域因素，也就是说，中国的智能网联汽车一定是针对中国的情况专属打造的。而本土的企业更了解中国的法规、基础设施以及消费者的习惯，这为我们打造出世界级的汽车企业创造了竞争优势。

这就是所谓的换道超车，而不是弯道超车。弯道还是同一条跑道，人家起步更早，你要追赶人家；换道是我要在另外一条跑道上来和你竞争，这条跑道上大家的起步时间都差不多。从这些角度分析，在新的产业方向上，中国至少与国外的差距更小，甚至可能是并行的，这其中确实蕴含着巨大的机会。

十三 不能忘记汽车的本质

张志勇：现在我们的企业都在向智能化方向不断发展，但会不会出现这样的问题，即在转型的过程中我们过于强调了智能化，而忽略了原来传统汽车制造的精髓，比如工艺的专业知识。原来没有智能化和电动化的时候，我们也在不断追赶西方，虽然速度比较慢，但是仍然在不断实现突破。现在情况不一样了，有些企业会不会认为，智能化做得好了，其他一切就都做好了。这似乎是一种新技术决定一切的想法，我担心会让我们在传统汽车的专业水平上越来越落后。其实，工艺水平仍然是整个汽车企业运营和产品管理当中不可缺少的一环。对此，您怎么看？

赵福全：首先，这种担忧应该有，这是非常必要的预警和提醒。我们必须要做智能网联，必须关注出行服务，必须考虑汽车共享。但车还是车，智能网联的汽车也是汽车，因此一些汽车基本的功能和品质仍然是至关重要的。即使在一些新的领域，我们有可能走在前面，但人家也在进步，而且我们更要认识到，不管把什么样的新能力赋予汽车，汽车本身还是要先造好。车身、底盘、制动、转向，一个都不能少。而在这方面，我们和世界先进水平的差距仍然存在。千万不要用另一方面带来的机会来掩盖这一方面的固有差距。如果我们不把这方面的问题解决好，最终照样还是落后。我认为自主品牌车企在认识到新机会并且努力去把握新机会的同时，一定别忘了我们在汽车的基础能力方面还需要补课，追赶的工作一刻也不能松懈。

十四 宣传无须过度解读

张志勇：有些自主品牌车企在对外宣传过程中，喜欢说推出了全球首发的某一款产品，或者说推出了全球领先的某一个技术。但是有些产品只是在中国销售，为什么还叫全球首发？您对目前自主品牌车企存在的这种情况怎样评判？

赵福全：从企业营销的角度来说，其实也无可厚非。比如说全球首发，即使只在中国销售，也不能说就不对，因为理论上，全球首发就是企业第一次向全世界公布这件事。只不过我们总是参照国外企业的情况，它们都是国际化运营的企业，一般全球首发的也都是将会在多国销售的产品。对于这个概念，国内外的理解可能有一些差别，不过我觉得也没必要对此太过在意。当然，企业最终还是要在自己的真实力上下功夫。

进入欧美市场不只是企业的事情

张志勇：现在许多汽车企业都提出要进入欧美市场。从目前中国自主品牌车企的水平来看，您觉得我们什么时候才能进入欧美日这样的发达市场呢？

赵福全：欧美日发达国家的市场随时都可以去，关键问题在于，我们去了以后能不能有竞争力？这里所说的竞争力我觉得主要有两种，一种是基本的体系能力，包括技术体系、营销体系、供应链体系和质量保障体系等，一定要确保产品的品质和服务过硬；另一种就是品牌号召力，实际也是产品溢价力。毕竟只有消费者认可，才有可能把车卖出去。如果产品进入欧美市场以后，消费者不买单，或者只有便宜到无利可图，消费者才会买单，这样即使"走出去"了，也没有意义。对于中国自主品牌车企而言，无论是形成很强的实力，还是一点一滴打造品牌，都还需要一个过程。

实际上，企业的综合实力是一个复合值，方方面面都会影响我们"走出去"。我们的技术实力有差距，质量保证能力有差距，供应商体系也有差距。比如把车卖到德国，如果所用的供应商都是博世、大陆等跨国公司，你的产品凭什么比国外品牌产品便宜呢？没有性价比，靠你的品牌号召力，凭什么和大众的产品竞争呢？如果要用比较便宜的中国供应商，它们是否有能力和意愿与你一起"走出去"呢？

还有法规问题也必须重视。到目前为止，中国的法规，无论是油耗还是排放，基本都还是参考国外的法规来制定的，通常在推出时间上我们会慢一些。如果我们按照欧Ⅴ标准开发的产品，出口到欧Ⅵ标准的欧洲市场，那肯定是不行的。不过，现在我们的法规越来越与国际同步了，这就给中国企业走出去奠定了很好的基础。

除了企业自身的实力之外，征战海外市场还和一个国家总体的影响力有关。尤其是像汽车这样的产品，还代表着身份和偏好，并与文化密切相关。比如我们买日本汽车，很大程度上是因为很多消费者认同日本文化中精益求精的精神；买德国汽车，是因为很多消费者认同德国文化中"技术控"的特点；而买美国汽车，则是因为认同美国文化中大气豪放的气魄。而且这些国家无一例外，都是汽车强国。从这个角度看，中国的国力和文化会给自主品牌汽车产品带来怎样的标签，这也是需要我们重视和培育的。总体而言，随着中国在全世界影响力的不断提升，中国汽车产品走出去的条件将会越来越成熟。

因此，进军欧美日发达国家市场实际上不仅是企业的事情，而是一个全方位的立体工程。

张志勇：不仅是企业自身的问题。

赵福全：比如前面提到的法规。原来我们导入国三也就是欧Ⅲ标准的时候，欧洲已经在执行欧Ⅳ了。这种情况下，我们要在欧Ⅲ产品的基础上升级到欧Ⅳ产品，缺乏相应的供应商支撑，也没有足够的市场规模，就为了卖到欧洲市场几万辆的销量，实际上在经济上也不值得做这种升级。而欧洲、美国和日本的汽车产品进入中国市场就很容易，因为它们早就在欧洲销售欧Ⅳ标准的产品了，拿到中国来等于是降维打击，根本不需要额外的投入就会很有竞争力。

为什么现在做电动汽车国外企业就有挑战了呢？其实就是因为它们也没有储备了。像丰田原来并不开发电动汽车，现在为了中国市场它要重新投入开发设计，重新找供应商，而且它也没有太多的经验。这种情况下双方再竞争的时候，就是半斤八两了。当然，国外顶级车企还是有传统汽车的品牌号召力和共性技术基础储备作为竞争优势的。

我觉得，我们应该与时俱进地看待自主品牌车企的"走出去"，这里面既需要汽车企业的能力，也需要国家的实力，还需要本国法规与全球同步甚至实现先导性的引领。最终能否成功地走出去，实际上取决于中国汽车产业的整体实力。这是一个"兵马未动粮草先行"的系统工程,需要整车企业与供应链企业的协同互动。我认为中国自主品牌车企走出去,不仅是整车企业的走出去,而是中国汽车产业整体走出去的问题!

张志勇:中国自主品牌车企要进入欧美市场,不仅需要自己努力,还要等待一个最好的时机,就像诸葛亮借东风一样,东风有了,才可以火烧曹营。

赵福全:这是一个由量变到质变的过程,时机成熟的时候自然会水到渠成。比如刚才说的法规问题,到2020年之后,中国汽车法规就基本上与国际同步了。到那个时候,中国车企为本土市场开发的产品就可以直接销售到其他国家了,而不必再进行技术升级了。这样成本会降低很多,企业更多的只需要像目前欧美日企业进入中国市场一样做一些适应性开发就可以了。

当然,自主品牌车企还要面对品牌的问题,这不是一朝一夕之功,但只要坚持努力,我们的品牌就一定能在全世界树立起来。最终,当中国自主品牌车企的实力能够和国外顶级车企相提并论的时候,特别是当中国的国家力量在全世界都不容否定的时候,中国自主品牌车企进入发达国家市场就是理所当然的事情了。

100万辆是生死线

张志勇:从2018年开始,中国汽车市场也面临一个比较大的挑战,即年销量出现了负增长。2019年前两个月的形势也非常不好。在这样的情况下,必将加速优胜劣汰的过程。赵老师,您觉得有哪些品牌,或者说哪类企业,可以在未来胜出呢?

赵福全:首先,汽车产业是极度强调规模效应的产业,没有规模的企业会越来越困难。因为作为资本、人才、技术高度密集型的产业,汽车产业非常需要持续投入,这些投入如果不能通过销量摊销,企业的成本就会居高不下,也就很难具备竞争优势并进行持续投入。为什么汽车企业都追求200万辆、500万辆甚至1000万辆的销量道理就在于此。汽车企业如果规模不够,一切都免谈。当然,有了规模如果不认真做好,也会兵败如山倒。

一般来说,汽车企业的生存线就是100万辆的规模,没有100万辆销量的企业在全世界都会很难。之后，更多的企业还要追求200万辆、300万辆的目标。因为到了这样的规模，很多产品只要边际效益不亏，实际就有贡献，包括对品牌的贡献，对营销体系的贡献，对供应商成本摊销的贡献，以及对研发投入摊销的贡献等。

现在汽车市场大势不好，企业必然要打价格战。那么凭什么去打价格战呢？显然，企业得有规模才能分摊成本，要不然对手还有利可图的时候，你就已经亏本了。反过来讲，追求规模，追求销量，又靠什么实现呢？只能靠赢得更多的消费者，必须持续做出好的产品，不断满足消费者的需求。

过去自主品牌车企往往容易进入"萝卜快了不洗泥"的状态，靠低价取胜，但是那个时代已经彻底结束了。未来企业必须要有研发能力，要有把产品做到极致的能力，还要有不断满足客户需要的能力，更要有追着客户提供优质服务的意识和能力，而且要做到坚持不懈、持之以恒。实际上，没有一个豪华品牌是只推出了一款好产品就成为豪华品牌的，品牌是从产品和服务中一点一点积累形成的口碑。

总之，没有足够规模的企业，必须快马加鞭、奋起直追；有了基本规模的企业，也要继续努力，不断提质增量。

而且当前的产业变革期给企业提出了更大的挑战。比如，传统车企能不做还赚钱的内燃机汽车吗？能不做法规要求且更有前景的电动汽车吗？能不做影响未来产业格局的智能网联汽车吗？如果这些方面都要投入，没有足够的销量规模，企业又如何支撑呢？因此对车企来说，没有量就没有未来，即使挺过了今天，也挺不过明天。

张志勇： 您觉得规模化应该是一个最重要的因素吗？

赵福全： 这是汽车产业的基本规律，为什么大家对新造车势力存有疑虑，当他们投入几十亿元甚至上百亿元的时候，就靠几万辆的销量是很难支撑的。

张志勇： 有没有滚雪球式的发展模式呢？规模小但仍然是赚钱的。

赵福全： 产品卖得少还能赚钱，要么是因为卖的价格高，这需要品牌支撑；要么是因为成本低，那就意味着必须减少投入，但这样还能把产品做好吗？

体系力的经被念歪了

张志勇： 记得我在十几年前采访过丰田中国的矶贝，他当时是丰田中国的副总经理。采访最后，我问了他一个问题，与今天这个话题是相关的。我问他，假如他自己或者另外一位丰田的高管再创办一家汽车企业，能不能成为另外一家丰田呢？他说不能。为什么不能？因为一家公司的成功源于整个公司的体系，这个体系是很难在短期内复制出来的。现在自主品牌车企也都在讲体系力，讲得很多，但是自主品牌的体系力到底怎么样呢？

赵福全： 理论要落地，就要靠制度。形成并不断优化制度本身，就是在建设体系。建立一套完善的制度或者说形成一个完整的体系，通常需要一个漫长的过程。企业坚持做下去，一点一滴积累，就会形成全员的习惯。这种不经意间的习惯，久而久之，最后就会形成企业的文化。

丰田能有今天的成绩，就在于通过日积月累，最终形成了精益的体系和文化。丰田的高管，甚至我觉得包括丰田章男自己，现在出去另起炉灶，也无法做到丰田的高度。因为丰田汽车数十年的发展，也是交了很多学费的，它的规章制度不是平白无故产生的，它的体系也不是一蹴而就的，至于它的文化就更没办法简单复制了。这也成了最大的竞争壁垒。当然，当企业固有的文化不适应未来发展时，也会成为最大的发展障碍。

除此之外，还有品牌的问题。品牌不是产品，但是品牌代表着消费者对于这家企业及其产品在情感上的共鸣。这个共鸣可能说不清是如何产生的，也并非完全理性。比如，我就认为这个品牌好，但具体好在哪里，我自己可能也不知道，或者讲不清楚，这就是品牌。实际上，这次董明珠之所以一厢情愿地认为，中国汽车产品粗制滥造，我觉得也是因为在品牌上的先入为主。

张志勇： 董明珠可能说得比较偏颇，但我们自主品牌车企在品牌打造上是否也存在问题？

赵福全： 这恰恰就是我要说的另外一层意思。我们说董明珠如何偏颇是没有意义的，如果只是作为普通消费者，她完全有资格对自主品牌汽车产品品头论足。换个角度思考，像董明珠这样的大企业家，都下意识地认为自主品牌汽车产品粗制滥造，我觉得这更加反映出我们的品牌建设之路依然任重而道远。

尽管我们有了很大的进步，尽管在产品性价比等方面我们已经实实在在地超过了不少外资车企，但是中国的汽车品牌本身还远远没有树立起来。在这方面，我们还需要继续努力，力争加快提升。

十八 要懂得宽容

张志勇：这个问题是否可以从另外一个角度去理解。在一次文凤汽车举办的沙龙上，我们也请了财经领域的一位专家，他时不时会去央视做一些证券行业的评论。结果在讨论到一家民营汽车企业的时候，他一个劲地抱怨自主品牌车企不争气，甚至都有义愤填膺的感觉。我认为，他是停留在十年前的时间维度来看今天的自主品牌。这也表明，自主品牌车企在品牌的对外传播上可能存在很大的不足。

赵福全：这个事情，我认为既需要自主品牌车企自身努力，也需要全社会给予更多的包容。一方面，事物总是发展的，我们不能用老眼光看待自主品牌；另一方面，自主品牌实际上也分三六九等，如果只盯着后进分子看，就难免会以偏概全。

不久前，在一次给很多企业董事长、总经理的授课上，我开篇就讲一定要重新认识世界、认识中国、认识自我。这个自我就包括你所在的产业、你的企业以及你本人。要充分看到大环境以及自身的变化。

为什么现在大家有钱也不去买铃木的车，而是去买吉利、长城的车？为什么铃木从在华年销20万辆做到现在只能退出中国市场，而长城、吉利能够从十万辆一直做到现在的百万辆呢？这就是变化。不过换个角度看，在全球销量方面，2018年铃木汽车依然高达320万辆，与之相比，即使销量在自主品牌车企里最高的吉利汽车也远远不及。这就是差距。

我认为，我们既不要妄自菲薄，也不要盲目自大，越是发展就越要对自己有清醒的定位。当市场形势不好的时候，自主品牌车企最需要的是什么？我觉得是定力。

最后的寄语

赵福全: 制造是什么？制造是按照图样把产品生产出来，那么产生图样的设计过程就很重要。前面讲到，丰田的精益生产正是源自于精益设计，因为在设计过程中就已经把产品在生产乃至使用过程中可能涉及的各种问题都充分考虑到了。就连换机油这样看起来不起眼的事情，其方便程度实际对消费者来说都是很重要的。但是之前我们的某些产品设计却考虑不周，消费者操作起来很困难。甚至有时候一些零部件虽然设计出来了，却根本无法按要求制造出来。因此，没有精益设计，就根本谈不上精益生产。

同时，一款汽车产品只有30%的零部件是整车企业自己生产的，其余70%都是采购来的。那么，这些供应商到底有没有能力按照整车企业的设计要求、质量要求以及成本要求把零部件都生产出来？即使有这样的能力，它们是不是都能按期完成，即有没有所谓的交付能力？这就是整车企业的供应链能力，最终也反映在整车品质上。现在无论"工业4.0"还是"中国制造2025"，都指向智能制造，而智能制造不只是要有一个智能化的生产车间，还要有智能供应链、智能物流，这样才能彻底打通设计、生产和服务环节，形成一体化的全新制造生态。

除了设计能力和供应链能力以外，制造水平还与材料和工艺能力直接相关。比如一块钢板，刚冲压出来的时候符合要求，过了一段时间就变形了，这些问题是设计图样上反映不出来的，根本原因在于我们的材料和工艺技术跟不上。在设计过程中对材料特性的掌控以及冲压过程中的工艺控制，可能就直接决定了最终结果的不同。这些都是有技术诀窍的，整车企业都需要掌握。因此，在设计车身时要提前考虑到材料的变形，然后要计算出回弹力的大小，并结合冲压装备的能力，进行相应的补偿设计。

再举个例子，有一次供应商提供过来一批变速器，结果装到车上之后有异响，反复排查发现是齿轮的问题。但是齿轮怎么会有问题呢？之前的齿轮也是这家供应商供货，经检查供应商也并没有偷工减料、更换材料。后来一个一个环节核查，发现问题还是出在供应商身上。由于供货量增加了，它原有的产能不足，又不愿意购置新设备，就调整了工艺，把生产节拍提高了近一倍。结果加工出来的齿轮,外表上看起来和原来一样,实际测量发现表面粗糙度完全不同,于是就出现了摩擦异响。这个案例,很好地说明了工艺的重要性。

由此我们也就可以明白,为什么有时候我们把德国的图样拿过来,想要改动一点,对方坚决不同意。可能我们会觉得这是德国人为了加强技术控制,实际上他们也是不敢轻易改动。因为看似不重要的工艺过程都是经过大量试验验证才能确定的,一旦进行修改就意味着需要重新做整套试验,否则就可能会出现质量问题。

最后,我想和诸位行业同仁们一起共勉:我们既要看到改革开放40年来中国汽车产业的巨大进步,也要客观审视目前尚存的现实差距。对于这个问题,我们一定要有定力,不要因为别人说了什么,自己就先气馁;也不要一听到批评,自己就很反感。其实真正重要的是,我们要踏踏实实认真做好自己的事情。同时,我们也要做好宣传,让更多的消费者了解到我们的进步和优势,力争在整个社会形成一种有利于自主品牌发展的良好氛围——让大家都充分认识到自主品牌扎扎实实的进步!

中国再往前走,已经进入到一个新的历史拐点。自主品牌车企必须彻底摒弃此前"低价取胜"的策略,一心一意靠真实力来赢得竞争。除此之外,我们别无他途。

(本文根据"文凤汽车"公众号2019年4月8日赵福全教授专访整理)

产业边界不断扩展，"狼"和"坚守者"是一家

【精彩语句】

"未来的汽车产业一定是在协作中竞争、在共享中获利。唯有协作才能实现更有效地竞争，唯有共享才能获得更大的利益。"

"实际上，'跨界之狼'和'坚守者'已经是一家人了。因为产业边界趋向模糊，为了做好汽车产业，为了让汽车产业更好地服务人类，我们必须充分融合，必须协同发展。"

【编者按】

在一年一度的中国汽车工程学会年会上，由赵福全教授主持高层访谈已经成为备受关注的"保留节目"。2016年会高层访谈的主题为"汽车与互联网深度融合与协同发展"，本文是赵教授开场的引导发言。文字虽然不多，但言简意赅、金句迭出，特别是他提出的"'跨界之狼'和'坚守者'已经是一家人"的观点，既形象又深刻，引发了产业界的高度共鸣。

新一轮科技革命给汽车产业带来了翻天覆地的变化。由于互联互通、自动驾驶、交通成为服务，汽车产业正在发生前所未有的变化，汽车文明也正在被重新谱写。基于以上三点，汽车产业将由传统整车与零部件企业上下游联动的垂直线型产业链，向边界渐趋模糊、交叉网状的出行生态圈演进。由此，汽车产业，汽车产品，也包括汽车人都在被重新定义。在这样深刻的变革期，因为不断有跨界企业进军汽车产业，新的汽车人正在诞生，所以让人有"狼来了"的感觉；但是老的汽车人也在重生，坚守者依旧。

曾经，传统汽车人认为汽车产业高度复杂、规模庞大，新入力量对汽车的理解过于肤浅和乐观；而来自互联网的新汽车人又觉得传统汽车企业太过保守、墨守成规，除了一些技术积累之外并无优势。而如今，共识正在达成，无论是"跨界之狼"，还是传统的"坚守者"，大家都对产业有了新的认识，也都清醒地意识到新一轮科技革命带给汽车产业的巨大机会。汽车正在由以硬件为主的机械产品向"软硬兼备"的电子产品转变，没有打造卓越机械的"硬实力"满足不了未来汽车的必要条件，但是没有提供完美用户体验的"软实力"也不具

备未来汽车的充分条件。在汽车产品被重新定义的过程中,新老汽车人都看到了其中空前的机遇,也因此产生了一个广受热议的主题:汽车与互联网如何深度融合与协同发展。也就是说,汽车产业变革不是谁颠覆谁的问题,而是传统汽车产业如何与信息通信产业有效融合、协同创新、一起迈向新高峰的问题。未来的汽车产业也会像今天的互联网产业一样,在协作中竞争、在共享中获利。唯有协作才能实现更有效地竞争,唯有共享才能获得更大的利益。在这个过程中,传统汽车产业必将获得重生,并迎来更加美好的未来。

跨界融合是汽车产业未来发展的必然趋势,从这个意义上讲,外来的"野蛮人"已经不存在了,"落后"的传统汽车人也不存在了,实际上,"跨界之狼"和"坚守者"已经是一家人了。因为产业边界趋向模糊,为了做好汽车产业,为了让汽车产业更好地服务人类,我们必须充分融合,必须协同发展。为此,首先我们要勇于改变自己,要在"灵魂深处闹革命",以真正开放的心态来接受新事物;其次我们要敢于面对困难,尤其在智能网联汽车方面,完全自动驾驶的挑战之大可能超乎想象;同时,我们要有"不怕死"的精神,互联网产业也是经过殊死相拼才最终诞生了BAT(即百度、阿里和腾讯);最后也是最为关键的一点,我们要深度融合、多方协作,因为只有这样才有可能成为未来的真正赢家。

我们生活在一个伟大的时代,正值汽车文明发生重大改变的历史时期,我们必须充分认识到历史带来的机会和身上肩负的使命。过去的一百年,汽车改变了人类,我们才有了今天的生活;而未来的一百年,我们要通过改变汽车,让汽车更好地服务人类!展望明天,汽车产业不会消失,汽车产品也将继续存在,但是两者都会展现出远超我们想象的新内涵与新形态。当此之际,我们必须认真思考,在汽车与人类社会相互改变的历史进程中自己能够做些什么。

最后,正是源于这样的自问,我有以下观点想和大家分享:在产业边界不断扩展的时候,我们要努力找到属于自己的圆心,再由此画出自己的半径,这个半径到底能有多大,取决于我们的眼界、我们的态度和我们的能力。我们每个人都要努力改变自己,要有勇气面对困难,要有"不怕死"的拼搏精神,更要有"众人拾柴火焰高"的合作意识。果能如此,汽车产业一定会因为我们的贡献而融合发展、不断前进!

(本文根据赵福全教授2016年10月26日在"中国汽车工程学会年会"开幕式上主持高层访谈的引导发言整理)

中国汽车产业两极分化将急剧加速

【精彩语句】

"虽然中国新能源汽车市场日益扩大,但是大众等合资品牌的发力也意味着市场参与者的总数在增加,而且'高手'越来越多。未来五年,中国新能源汽车市场势必迎来一场空前惨烈的'白刃战'"。

"'打造百年老店、实现基业长青'绝非易事,企业一定要有战略眼光,真正做到未雨绸缪,'要在阳光明媚的日子里修屋顶',而这是最难的。"

"中国市场经历了多年高达两位数的快速增长,目前已经形成了如此庞大的规模,之后进入微增长的'新常态'是很正常的调整过程。此时由于内外部的一些不利因素,出现不增长或负增长也不足为奇。对此,行业要有定力,切不可自乱阵脚。"

"成功没有捷径,只能靠踏踏实实地不懈努力。总想着抓风口的投机心理是有害的,风口来了或许猪确实能飞起来,但是等风口过后,猪还是猪,会摔得很惨。"

【编者按】

"中国汽车三十人智库"《智评2018中国汽车》系列报道在2019春节前的最后一期选择了赵福全教授作为访谈嘉宾。在访谈中,赵教授对中国汽车行业2018年发生的重大事件进行了精彩点评,并对2019年以及后续产业格局和变化趋势进行前瞻预测。他特别强调,在产业发生全面变革且市场出现负增长的新时期,国家、行业以及企业都应该认识到,准确的战略判断是前提,掌控核心技术是根本,做精做细管理是保障。

赵福全眼中2018中国汽车大事记Top3

1. 中国汽车产业政策的调整。

2. 市场出现28年来首次负增长。

3. 资本寒冬引发连锁反应，汽车投资回归理性。

智库君：选择 2018 年您认为中国汽车产业非常重要的事件，并对这个事件的重要性和影响力进行点评。

事件一：汽车产业投资管理规定重磅出台，汽车投资项目由核准管理改为备案管理

赵福全点评：政府全面调整了曾经实行了多年的管理方法，这是方向性的重大改变，影响深远。新的投资管理政策将给汽车产业的参与者提供更多的机会，因此是一次巨大的进步。当然，更开放的政策也意味着将给产业带来更激烈的竞争。

事件二：国企混改大幕拉开，奇瑞挂牌出售半年无人接盘

赵福全点评：对于深化产业开放而言，对内开放也是重要的组成部分。目前国企掌握着产业的主要资源，如何为其引入活力非常关键。建议国家加大国企混改推进的力度，尽快建立有利于国企创新发展的体制机制。

事件三：蔚来登陆纽交所，成为第一家上市的造车新势力

赵福全点评：蔚来登陆纽交所，意味着由此成为一家公众公司，这一点非常重要。对于造车新势力而言，最难的还不是解决好眼前的问题，而是未来是否能有足够的资金支撑企业一直发展下去，而上市本身是一种有效的融资手段。

事件四：大众等合资品牌开始发力新能源汽车

赵福全点评：这会深刻影响产业格局。虽然中国新能源汽车市场日益扩大，但是大众等合资品牌的发力也意味着市场参与者的总数在增加，而且"高手"越来越多。未来五年，中国新能源汽车市场势必迎来一场空前惨烈的"白刃战"。

事件五：百度、阿里、腾讯纷纷入局自动驾驶，与车企合纵连横

赵福全点评：BAT（百度、阿里、腾讯）进入汽车产业，说明 ICT（信息通信技术）企业已经充分认识到未来汽车产业蕴含着巨大的商机，而产业全

面重构也正需要来自不同领域、具有不同优势的参与者。

事件六：通用、福特、捷豹路虎等车企先后裁员，传统车企迎来裁员潮

赵福全点评：福特和通用裁员的性质和目的是不一样的。通用是主动裁员，旨在使企业能够更好地转型；而福特更主要的是当前业务遇到了困难，因此不得不裁员。实际上，"打造百年老店、实现基业长青"绝非易事，企业一定要有战略眼光，真正做到未雨绸缪，"要在阳光明媚的日子里修屋顶"，而这是最难的。

事件七：资本寒冬引发连锁反应，融资难成为突出问题

赵福全点评：资本"盛宴"过后，回归理性才是正常的。汽车产业是资本密集型产业，尤其在产业全面重构的全新发展期，资本作为黏结剂和催化剂的重要作用更甚以往。出现融资困难，一方面确实会对产业发展进程产生影响，特别是一些实力相对弱小的企业会感觉到更加困难；但另一方面，汽车产业商机依旧，资本仍将进入只是会更谨慎，而理性的资本将更集中于有前景的企业，从而有利于产业的优胜劣汰。

智库君：2018年中国汽车经历了史无前例的变革，如果用一句话总结，您如何总结？

赵福全：很热、很乱、很难。

智库君：未来中国汽车产业的格局与趋势将会发生怎样的变化？

赵福全：两极分化急剧加速，产业将更加集中。汽车产业高度追求规模效应，没有规模的"小打小闹"最终是没有前途的。过去在市场快速增长中容易出现"鱼龙混杂"的情况，未来应对产业全面重构和资源组合，更加需要具有强大实力以及雄厚资本的企业。

智库君：对于2019年，您有怎样的判断？

赵福全：汽车产业的发展不是孤立的，而是与国家大形势有着极强的相关性。汽车是大众化的大宗消费品，汽车市场既与经济形势相关，也受消费心理影响。一旦消费者信心不足，即使有钱也不会轻易购车。当前中国正处于经济调整期，国际环境也非常复杂，这种状况绝非一朝一夕就能改变，而将是一个漫长的过程。对此我们要有充分的心理准备。

  因此，对于 2019 年，我们不能过于乐观，但也不必过分悲观。实际上，中国市场经历了多年高达两位数的快速增长，目前已经形成了如此庞大的规模，之后进入微增长的"新常态"是很正常的调整过程。此时，由于内外部的一些不利因素，出现不增长或负增长也不足为奇。对此，行业要有定力，切不可自乱阵脚。在这种情况下，更应该充分发挥市场的作用，让优秀的企业脱颖而出。长远来看，加速优胜劣汰对产业并不是坏事。未来汽车市场两极分化将更加明显，竞争将更趋白热化。无论是国家、行业，还是企业、个人，都应该认识到，准确的战略判断是前提，掌控核心技术是根本，做精做细管理是保障。最终，成功没有捷径，只能靠踏踏实实地不懈努力。总想着抓风口的投机心理是有害的，风口来了或许猪确实能飞起来，但是等风口过后，猪还是猪，会摔得很惨。

（本文原载于"中国汽车三十人智库"2019 年 2 月 2 日赵福全教授专论）

汽车产业业态重塑的特征与转型策略

【精彩语句】

"基于车辆数据和信息技术,汽车全生命周期内的设计、研发、采购、制造、销售、服务等环节将全面联通,从而实现资源的有效配置和效率的快速提升。在此过程中,汽车产品本身、制造工厂、销售及服务商、应用服务商、驾乘人员等各相关方将产生大量数据,并衍生出前所未有的商业价值。"

"智能出行服务商为满足用户需求,需要整合企业边界内外的资源,以智能汽车为核心、辐射所有交通出行方式,建立完整的出行服务平台;同时使自身产品和服务与未来城市发展相契合,为老龄化、空间紧张、能源供给和环境保护等城市问题提供解决方案。"

"低速完全自动驾驶就已经可以满足无人条件下车辆自行停取、智能加油充电、自动保养维修、城市拥堵工况辅助等典型应有场景的需求,为'上车人驾驶、下车车辆自驾驶'的汽车共享模式提供支撑。"

【编者按】

在本文中,赵福全教授系统论述了智能网联汽车全面深刻的影响以及未来发展的策略。他明确指出,智能化网联化将引发整个汽车产业生态发生全面重构,并将与城市和交通系统的整合重构相互促进、融为一体。在此过程中,汽车企业的战略定位、运营管理模式,汽车产品的形态、交互方式、应用场景等,都将发生根本性改变。为此,企业应在四个方面重点实施转型策略:把握战略机遇,转型平台企业;重整经营手段,加强跨界合作;创新商业模式,重塑用车生态;完善产品开发,优化用户体验。

一 汽车智能网联时代正在到来

以互联网为代表的新一轮科技革命正在对各行各业形成冲击,实体经济将随之发生全新变革,产业、企业、产品的形态和模式都将发生深刻改变与重构。汽车产业是国家经济的支柱产业，牵涉面广、关联度大、带动性强，是实体经济的典型代表，其受到互联网、人工智能、大数据等新兴技术的影响更为明显。同时，随着汽车保有量的激增，能源消耗、环境污染、城市拥堵、交通伤亡等汽车社会问题不断加剧，汽车产业也必须实现低碳化、信息化、智能化的转型升级，以适应未来社会的发展需要。

中国作为世界产销第一的汽车大国，同时也是全球领先的互联网大国，目前"互联网+"已被确定为国家战略，因此中国必将成为互联网与汽车产业融合发展的最前沿。同时，中国汽车产业虽大不强，能否在信息时代应对挑战、把握契机，通过智能化网联化的升级实现赶超，并引领整个制造业的发展，更加值得我们深入研究、系统思考。

智能化与网联化引发汽车产业生态重构

1. 汽车产业生态将发生根本性重构

作为最复杂的民用工业之一，汽车通常被认为是进入门槛极高的传统行业。但实际上，新能源汽车与智能网联汽车的蓬勃发展已经改变了固有局面，使汽车产业成为多种新力量竞相角逐的新兴产业。一方面，新能源汽车的电池、电机、电控等核心技术对于行业外部参与者所形成的壁垒，相较于传统发动机动力总成已经大幅降低；另一方面，智能网联汽车与信息通信、人工智能、大数据等技术密切相关，也为互联网企业切入汽车产业提供了机遇。

目前，一些具备充足人才储备、强大融资能力和广泛品牌影响力的互联网企业，正通过自主开发、业务合作、技术收购等不同方式，全面渗透到汽车产业的各个环节。与此同时，传统汽车企业也意识到跨界的挑战与机遇，不断加大在人工智能、大数据等高新技术以及商业模式创新方面的投入。跨界合作、融合创新已成为汽车产业发展的主旋律和驱动力。

受此影响，充分互联、高度智能的汽车产业生态网络初露端倪，基于车辆数据和信息技术，汽车全生命周期内的设计、研发、采购、制造、销售、服务等环节将全面联通，从而实现资源的有效配置和效率的快速提升。在此过程中，汽车产品本身、制造工厂、销售及服务商、应用服务商、驾乘人员等各相关方将产生大量数据,并衍生出前所未有的商业价值。

因此,未来智能网联汽车产业有望催生出类似于当今互联网巨头的平台型企业,并具有多种职能:一是为产业平台上所有参与者提供统一的交互标准、充足的生产服务资源和完善的利益分配机制;二是在模块化、柔性化、个性化的智能制造背景下,为生产企业与客户、供应商、经销商等建立更加紧密的联系提供支撑;三是广泛参与跨行业的产品制造和服务供应,从而由汽车向整个制造业的平台延展。由此,汽车产业极有可能从纵向一体化的层级型产业链模式,转变为开放共赢的平台化产业网模式,进而形成全新的汽车创新生态圈。

2. 城市和交通信息平台也将随之整合重构

智慧城市是未来城市升级的方向,而智能交通是智慧城市重要的组成部分。目前,中国的汽车及交通产业多头管理问题严重,相关信息分散,且缺乏沟通交流机制,普遍存在"信息孤岛"现象。在汽车智能化、网联化的带动下,基于车载传感器、交通信号系统、路侧设备以及随身移动智能设备(如智能手机)等收集的海量信息,交通数据有望实现规模增长,快速达到商业化应用水平,从而促使一批智慧城市信息平台兴起和发展。运营未来城市信息平台的企业将与各类大型数据中心、小型数据企业、政府数据管理部门等充分对接,并基于云存储、云计算等技术手段,实现数据资产的集中储存、管理、交易和服务,形成充分联通的"信息海洋",从而可以最大限度地发挥大数据的作用,为用户提供标准、统一、高效、完整的生活服务组合。特别需要注意的是,出于国家信息安全考虑,相较外国企业,本土企业参与城市信息平台建设的机遇更大,具备信息技术和资源优势的本土企业理应提前规划布局,主动配合和推动政府完成相关工作。

三 智能化与网联化引发汽车企业定位与运营变革

1. 汽车企业的战略定位将发生变革

目前,汽车仍然是典型的有形产品,消费者极其重视其功能、性能、质量、品牌等特征以及其所有权归属。未来,受资源总量限制、生活水平提高、交通拥堵加剧、车辆养护固定支出难以下降等因素的影响，越来越多的用户将不再追求自己拥有汽车，而是转为追求更高效、舒适、便捷的出行模式，汽车共享等智能出行服务将因此兴起。为此，传统汽车企业必须重新审视汽车产品的价值，积极考虑从移动工具制造商转型为智能出行服务商。

智能出行服务商为满足用户需求，需要整合企业边界内外的资源，以智能汽车为核心、辐射所有交通出行方式，建立完整的出行服务平台；同时使自身产品和服务与未来城市发展相契合，为老龄化、空间紧张、能源供给和环境保护等城市问题提供解决方案。基于自身良好的品牌公信力和运营管理能力，传统汽车企业完全有条件将出行服务以及停车、充电等相关附加服务有效集成，并为其他各类服务提供技术配套支持，是智能出行服务商最具竞争力的候选者之一。

2. 汽车企业的运营管理将发生变革

在智能化、网联化技术条件和互联网思维的影响下，企业经营管理手段也必然呈现全新的特征。汽车产品和服务的数字化将大幅提高，有利于自动化、信息化、智能化的企业管理模式在汽车产业得到更广泛、更充分的应用。未来基于车辆本身的数据资源和通信能力，利用大数据、云计算、人工智能等技术，企业能够充分实现设计、制造、采购、销售、服务、回收等各环节的产品全生命周期智能化管理，异地在线办公、众包研发、个性化定制等新型模式都将成为可能，客户管理、远程升级、在线服务等功能则将成为汽车企业的核心竞争力之一。

四 智能化与网联化引发汽车产品形态和使用模式变化

1. 汽车产品形态发生变化

从产品形态来看，智能网联汽车将显著区别于传统汽车。首先，车辆主动安全性能将大大提高，设计安全约束相对减少，造型和结构有条件发生更多变化，类似方向盘、安全带等装置甚至可能完全消失；其次，基于自动驾驶功能，驾乘人员的时间和精力将得到解放，一些针对非驾驶活动的新型设施有望搭载在汽车上，例如家庭影院、会议系统、餐饮设备等；最后，汽车平台化、模块化将进一步增强，可以通过特定模块的增减和集成来实现车辆的个性化配置与统一管理。

从产品价值构成来看，传统汽车本质上是一种硬件产品，软件成分有限，而智能网联汽车中软件比例将大幅提升。未来传统汽车物理架构与智能系统信息架构将逐渐融合，软件和硬件均将成为汽车产品的核心竞争力，并最终走向由软件定义汽车。

从产品功能角度看，在具备自动驾驶以及信息交互能力后，汽车能够实现物理移动以外的更多功能，应用范围将得到极大扩展，从而实现帮助人、解放人、理解人。一方面，为用户提供实时在线的网络服务，允许用户在移动的同时进行娱乐、工作、休息等活动；另一方面，作为智慧城市的基本交通工具，能够实现与智能家居、智能办公等系统的无缝连接，同时也将成为智能交通网、智慧能源网等公共网络的重要节点。

2. 汽车产品交互方式发生变化

传统汽车仅仅与交通基础设施、加油或充电设施、停车设施等进行有限的交互，基本上属于"移动孤岛"式产品。而智能化和网联化技术，将使汽车可以与其他智能设备进行深层次的交互，甚至相互移植部分功能，汽车产品的内涵由此大为延伸。以智能手机为例，目前与汽车之间仅为简单的映射关系。而未来智能汽车能够与智能手机充分互联互通，基于手机的信息进行身份验证、需求分析和自动调整。以手机为代表的随身移动智能终端，由于携带方便和应用普遍，可以作为传递用户意志和个性需求的工具，充当汽车的"大脑"，即通过智能手机可自动实现对汽车不同设置和功能的个性化配置与有效控制。

3. 汽车产品应用场景发生变化

基于充分网联和高度自动驾驶的全天候汽车共享，可以实现"无须拥有，按需使用，随用随叫，随用随还"，为化解出行刚性需求与能源环境承载力之间的矛盾创造了可能，对于中国而言尤其具有战略价值。

而智能网联汽车将为汽车共享提供理想的解决方案：基于自动驾驶技术，能够有效解决"最后一公里"的用车和还车问题，并保证车辆的安全、合理运营；基于指纹识别、语音识别、无线网络、车辆诊断技术，可以实时完成身份验证、车辆起动、电子支付等环节，实现用车过程的完整闭环。

从自动驾驶技术本身的发展来看，目前 L2 级和 L3 级自动驾驶技术已经投入使用，但由于复杂环境难以感知、配件成本居高不下、配套设施尚未完善、法律责任仍不清晰等因素制约，实现全天候的 L4 级自动驾驶技术仍是遥远的目标。不过，全天候自动驾驶虽是汽车技术发展的理想境界，但在低速条件下率先实现局部区域的无人驾驶将更有实际意义。因为，低速工况下车辆具有更充裕的反应时间，对传感器精度、决策计算速度、移动组网等技术要求低，相应的成本也较低，更容易实现规模化应用。更重要的是，低速完全自动驾驶就已经可以满足无人条件下车辆自行停取、智能加油充电、自动保养维修、城市拥堵工况辅助等典型应有场景的需求，为"上车人驾驶、下车车辆自驾驶"的汽车共享模式提供支撑。对此，车企应有清醒的判断。

五 智能化与网联化前景下汽车企业的转型策略

1. 把握战略机遇，转型平台企业

汽车的智能化、网联化需要汽车产业平台与城市信息平台的共同支撑，这两个平台既涉及国家经济安全和信息安全问题，必须在政府统筹监管下运营；又涉及跨企业、跨产业的交流合作与互联互通，需要政府引导基础设施和技术标准建设。也就是说，相比于新能源汽车主要是动力技术升级，智能网联汽车则是产业体系架构和交通体系架构的全面升级。在政府的顶层设计与强力推进下，本土企业更有希望占据发展先机。为此，资金、技术等方面均具备较强实力的本土企业，应考虑努力转型成为核心平台企业，以把握未来产业生态的主导权；而对于具备一定技术和产品特点但资源不足的企业，则应积极围绕潜在的核心平台企业开展业务，争取形成自身的独特竞争优势。

2. 重整经营手段，加强跨界合作

汽车企业通常规模庞大、组织复杂、流程漫长，容易出现经营管理效率低下、对环境响应缓慢等问题，在新形势下急需学习互联网企业的经营管理思维，以更快响应市场需求。当然，智能网联汽车是软件硬件相结合的产品，传统车企不必妄自菲薄，互联网企业也不能故步自封。传统汽车企业对于全

产业链的统筹协调、产品质量的系统控制等都积累了大量科学的管理手段和经验；而互联网企业往往更强调面向消费者的市场快速反应能力和服务意识。两者同为智能网联汽车产业最重要的参与方，需要互相尊重、互相学习、互相合作，才有可能在未来获得竞争优势。

3. 创新商业模式，重塑用车生态

在智能网联时代，汽车不只是可移动的机电产品，更是出行服务的基本载体。为此，汽车企业必须重新思考自身定位，明确在未来汽车生态中占据的价值环节。可能的定位包括：传统汽车制造商，成为汽车产品上硬件以及软件接口的提供商，由其他企业添加智能网联功能；智能网联汽车制造商，研发生产具备完整智能网联功能的新型汽车；汽车生态运营服务商，为用户提供汽车共享、智能停车、个性定制等相关服务，或者提供出行工具及其他服务的有效组合。在清晰定位的基础上，企业可以有针对性地设计符合自身特点的商业模式，并努力占据主导或优势地位。

4. 完善产品开发，优化用户体验

智能网联汽车的产品形态和应用模式面临重大变革，需要企业大胆创新产品开发模式、重新设计用户体验。企业必须突破传统思维的局限，在调动内部研发人员积极性和创造力的同时，充分利用外部资源获取优秀创意和方案。同时，企业也应针对硬件和软件区别建立不同的产品开发流程，并设置相应的节点管控模式，从而既保障产品开发的质量和进度，又确保产品"偏软"的功能能够实时更新，使软件定义汽车的潜力得到充分发挥。

当然，企业也需要理性认识智能网联汽车，充分理解市场需求的渐变性，避免陷入"为创新而创新"的思维陷阱。以最核心的自动驾驶功能为例，企业不应仅仅将实现完全自动驾驶作为目标，而应该从实际应用角度出发，分析用户需要自动驾驶的场景，并阶段性地开发和应用相关技术，在人机共驾和状态交互、故障分析和冗余保障、信息安全和隐私维护等关键问题上深入研究、加强攻关。

（本文原载于《21世纪经济报道》2016年11月8日第19版专论；署名作者：赵福全、刘宗巍）

你可以任性

【精彩语句】

"汽车最首要的作用是满足人类点到点自由顺畅快捷移动的需要,智能汽车无论其他功能多么吸引人,如果不能实现自由移动的基本功能,也是没有意义的,因为人们没有必要一定在车内享受这些智能化的功能。"

"最聪明的企业家不是总想着去颠覆别人,一统天下,而是努力把各种资源进行有效组合,甚至不拥有的资源也能为我所用,从而实现自己商业目标的最大化,这才是跨界时代最应具有的经营思想。"

"在这样一个波澜壮阔的时代,对于汽车产业未来发展的畅想:你可以任性!"

【编者按】

2015年5月,赵福全教授在《汽车商业评论》第七届中国汽车蓝皮书论坛上,发表了题为"技术变革浪潮下汽车产业转型升级的战略思考"的主旨演讲。在分享中,他着重谈到了汽车产业面临的机遇与挑战,技术变革的趋势、影响及瓶颈,以及产业变革期必须明确的关键问题。他对"汽车四化"的理解和汽车本质属性的解读,受到广泛关注。后续该讲稿被《汽车四化:2015—2016中国汽车蓝皮书》一书收录,用作全书的跋。

一 解读"汽车四化"

"汽车四化"为什么会成为当前产业发展的趋势?主要还是缘于汽车技术的进步,本次大会提出的电动化、智能化、共享化、电商化以前也需要,但是以前还做不到,因为技术还不够成熟,而现在我们有了实现"汽车四化"的可能。

先谈电动化。能源是人类永恒的话题,也是事关中国未来可持续发展的战略问题。汽车电动化,也就是发展新能源汽车,恰与国家能源战略息息相关,同时又与环保紧密交织在一起。

关于电动化，我想强调三点：其一，如果不能改变中国现有的以煤电为主的电能结构，推广电动汽车所能带来的减排效果就会大打折扣，甚至有可能比传统燃油汽车的碳排放更高。对此，国家必须高度重视，要将改变能源结构作为推广电动汽车的并行战略。

其二，当前电动汽车的发展有很多瓶颈，包括电池成本、耐久性等。但其中最关键的还是充电设施建设滞后的问题尚未解决，这直接影响消费者对电动汽车的接受程度，而且这个问题单靠企业是无法解决的，必须依赖政府的有效推进。

其三，电动化固然要重视"三电"技术的突破，但最终仍然要落在汽车本身上。自主品牌电动汽车产品之所以存在一定差距，不仅是"电"的问题，很大程度上还是"车"的问题。传统汽车如果始终落后，我们的电动汽车也难以领先。实际上，智能汽车也是如此。

再看智能化和共享化。智能化集中体现在智能汽车上，同时又和共享化紧密相关。智能汽车将催生汽车使用的"理想主义"，即汽车共享。实际上，共享经济是未来社会的发展趋势之一。共享化的智能汽车，也意味着一种全新的汽车社会和汽车文化。

为什么需要汽车共享？实际上，这是在资源能够承载的范围内，让更多国民实现"汽车梦"的必然选择，即提高车辆的利用率，实现以更少的车辆满足更多人的出行需求。

试想我们购买一台车，一天可能只使用2个小时，另外22个小时都在停车场闲置，而且汽车还会逐渐贬值。这是一种巨大的浪费，特别是在中国汽车保有量逐步增加之后，就更是如此。而如果通过汽车共享来提高车辆的利用率，就可以节约大量的资源。

汽车共享实际上并不是什么新事物，像出租车，以及几个人一起的搭车、拼车等，其实都是原始汽车共享的一种模式。对此，我们按照车辆所有权分离度（私有-公有-平台保有）和驾驶自主度（配驾-自驾-无人驾驶）两个维度，对汽车共享进行了划分。其中，终极状态就是全天候共享，而这需要无人驾驶的智能网联汽车作为依托。

未来，随着技术的进步和商业模式的完善，"轻拥有、重使用"的汽车共享文化一定会大行其道，并由此构建起节约型的汽车社会。实际上，90后、00后等年轻一代，更容易接受"汽车共享"的理念，因为他们本来就没有必须"拥有汽车"的概念和惯性，更在意能够方便地使用汽车本身。而在全天候的汽车共享状态下，"无须拥有、按需使用、随用随叫，随用随还"的愿景将成为现实。

当然，这个过程不可能一蹴而就，但如果说自动驾驶完全解放驾驶员还需要一个过程，那么区域性的汽车自动驾驶在技术上已经没有太大问题，完全可以基于此实现并推广初级的汽车共享，并为后续的发展打好基础、积淀经验。

最后是电商化，对此我持保留意见。电商化解决的其实就是怎样卖汽车的问题，我认为不足以与其他"三化"相提并论。与之相比，网联化要重要得多。网联化是汽车智能化及共享化发展的基础和支撑。网联化与其他"三化"组合共同构筑起未来汽车发展的"新四化"。

汽车电商在本质上只不过是把4S店转变成了网上的汽车"淘宝"，但是未来将是"工业4.0"所指向的智能制造时代，c2B模式将成为主流（c代表个体客户，B代表企业），也就是说，客户将可以和车企直接对话，从而真正实现大规模的个性化定制生产。与此同时，当前的C2B模式或将逐渐面临淘汰（C代表销售平台，例如4S店及网上电商），因为任何中间环节都会增加成本、浪费时间并可能误传信息，从而影响个性化定制的实现。在这样的前景下，在整车销售上不仅实体店将会消失，网上销售的电商也终将面临冲击。从这个意义上讲，互联网企业同样需要思考如何适应新一轮科技革命，实施转型升级。

二 未来产业转型需要认清三个问题

汽车产业转型升级路在何方？业界的共识是汽车产业一定会发生翻天覆地的变化，电动化、智能化、网联化、共享化将会发生，尤其是智能汽车可能会以意想不到的模式和超乎想象的速度进入我们的生活。同时，全新的商业模式和产业生态也一定会出现。但是现在要给出明确的定义还为时尚早。

未来汽车产业整体不会被颠覆，但是汽车企业个体很有可能会被颠覆。互联网的跨界进入和新技术的不断发展，将会加快整个汽车产业的进步，这种趋势对产业而言，并非威胁而是助力。但是，对于不思进取、保守僵化的传统汽车企业来说，"汽车四化"确实是现实的挑战。

无论所谓"颠覆者"还是"被颠覆者"，必须认清的第一个也是最基本的问题：不管汽车产业和汽车社会如何变化，终究要以汽车产品为核心。

汽车首先是一种可以自由移动的工具，其他所有的功能都是锦上添花。手机被智能手机颠覆的原因在于，智能手机已经不再是一种简单的通话工具了，而是信息交互和处理的终端。现在人们随时随地都在使用智能手机，但大部分时间已经不是用它通电话、发短信了。

但是，智能汽车和传统汽车的关系不是这样的。汽车最首要的作用是满足人类点到点自由顺畅快捷移动的需要，智能汽车无论其他功能多么吸引人，如果不能实现自由移动的基本功能，也是没有意义的，因为人们没有必要一定在车内享受这些智能化的功能。

"颠覆者"与"被颠覆者"必须认清的第二个问题：硅谷真的能够取代底特律吗？

IT企业的信息技术、软件功能和一些观念，确有值得传统汽车企业借鉴吸纳之处，在这方面传统车企不能故步自封、盲目拒绝。但如前所述，汽车的基本属性并没有改变。在这一点上，汽车与手机有着本质的区别。

在硬件方面，无论是经济性，还是动力性，以及抗高温、高寒、高原的安全性、可靠性等，都还是要靠传统汽车企业来解决；在软件方面，IT企业则可提供互联、智能、资讯、娱乐等功能。因此，双方最应该做的是深度合作、取长补短，这也是未来行业发展的必然趋势。

"颠覆者"与"被颠覆者"必须认清的最后一个问题：与新能源汽车一样，智能网联汽车的"弯道超车"同样是伪命题。

智能网联汽车首先还是汽车，如果传统汽车与国外的差距没有改变，那么汽车在互联智能之后，也一样跨不过这道槛。新能源汽车就是如此，即使能做好电池、电机和电控，但没有卓越的汽车共性技术和平台，也没办法造出整体性能优良的新能源汽车。

相比之下，智能网联汽车可能比新能源汽车机会更大，当然挑战也更大。

因为后者只涉及汽车动力源的转变，而前者则代表着一种全新的产业生态。正因如此，智能网联汽车的发展，一定是政府、行业和企业有效互动，单靠一方的力量是很难实现重大突破的。唯有通过合作共赢、融合创新，进行有效分工、利益分配，寻找到合理的商业模式，才能够迈出最重要的一步。

面向未来的产业重构，汽车企业必须更加开放，积极拥抱新技术、新商业模式以及跨界进入的新兴力量。如果哪家传统汽车企业不能适应这种改变，那么就将被颠覆。反过来说，如果哪家传统汽车企业能够快速转变，积极应对，那么就能抢占先机。而对于进入汽车领域的IT企业而言，谁能更充分地认识到汽车产业和产品的固有属性与特点，与传统车企有效合作，规避自身的弱势，谁就会成为新入力量中的赢家。

因此，最聪明的企业家不是总想着去颠覆别人，一统天下，而是努力把各种资源进行有效组合，甚至不拥有的资源也能为我所用，从而实现自己商业目标的最大化，这才是跨界时代最应具有的经营思想。

三 未来汽车产业可以尽情畅想

最后，新一轮科技革命带来了前所未有的历史机遇。如果说过去几十年，世界改变了中国的汽车产业；那么未来，依托傲视全球的庞大规模，中国汽车市场必将引领世界潮流。

这是做强汽车产业千载难逢的良机。为此，我们必须加倍努力。既要造好传统汽车，更要重视汽车电动化、智能化、网联化和共享化，也就是要在技术和商业模式创新上占据战略制高点。在强国的征途上，国家要有所作为，产业要跨界合作，企业要融合创新。

未来，汽车产业、企业和产品到底会是什么样子？恐怕现在没有人能够完全描述清楚，而这正是机会所在。我认为，在这样一个波澜壮阔的时代，对于汽车产业未来发展的畅想：你可以任性！

（本文根据赵福全教授2015年5月9日在《汽车商业评论》第七届中国汽车蓝皮书论坛上的主题演讲整理；原载于《汽车商业评论》2015年5月第五期，后被《汽车四化：2015—2016中国汽车蓝皮书》一书收录）

高端智库大有作为,汽车共享是产业未来

【精彩语句】

"重塑中的新型整零关系将对零部件企业提出严峻挑战,但同时也将为其带来空前机遇。企业现在就应该把这些问题梳理清楚、思考明白,然后明确前进方向和行动计划,有目的地预做准备。反之,如果这也不做,那也不做,就只能永远保持现状,等到'工业4.0'真的到来时,只有被淘汰一种可能。"

"关于自主品牌如何做强,我的'药方'是品质、成本、差异、造型、服务和细分市场。产品品质过硬是前提,成本控制是基础,做好差异化是后来居上的关键。"

"新形势下商业模式对技术、企业及至国家战略都有越来越深刻的影响。在既定的成本和技术条件下,适宜的商业模式将助力相应的产品加快产业化进程,从而形成规模效应,带动技术成熟和成本下降;反之,如果不能解决商业模式问题,即使技术取得了突破,也很难获得市场回报。"

【编者按】

在《汽车工艺师》的这篇专访中,赵福全教授介绍了自己离开企业加盟清华大学的初心以及目前领导团队开展战略研究的主要工作,他特别针对"工业4.0"、新型整零关系、做强自主品牌和汽车共享商业模式等热点话题,阐述了自己的认识和建议。

一 转型之后重点开展三大战略性研究

其实,我在进入产业界之前就是做学术出身,2013年离开企业加盟清华大学只是又回归到学术界。不过,如今我所做的学术研究和20年前不一样,那个时候是研究一些具体技术,而现在则是做产业和技术的宏观战略性研究。目前,我在清华大学的团队主要开展三个方面的工作:一是产业战略,包括参与国家战略的研究、讨论和制定等。二是企业战略,包括企业的运营管理、

产品开发、技术体系、海外发展等。三是技术战略，包括技术路线的评价和决策等，这既和国家战略有关，也和企业战略有关，但又有所不同。因为国家和企业对技术战略都有需求，但关注的时间长度和细节程度是不一样的。总体而言，我们研究的是"三位一体"的战略问题，产业战略为国家、地方提供高端智库服务，企业战略为各类企业提供专业咨询服务，而技术战略同时服务于两者，又把国家战略和企业战略连在一起。

我们的研究立足于汽车产业，以技术为基础，以经济和管理的方法作为研究手段。既关注整个国家的宏观经济形势、未来走向，更聚焦定位于汽车作为支柱性产业，在国民经济中承担的使命和发展的态势，以及新形势下的机遇和挑战，最核心的问题是如何加快建成汽车强国以及和谐汽车社会。同时，也研究在这种大形势之下企业应该如何应对，即在清晰识别并准确判断宏观形势和未来趋势的前提下，基于企业现有的资源而又跳出现有的资源来制定适宜的发展战略。应该说这是很有挑战的工作，恰恰也是我们可以帮助企业的价值所在。

汽车是牵涉广泛、高度复杂的支柱性产业，国家战略、企业战略和技术战略相互交织、彼此影响。因此，既要想远的，也要看近的；既要夯实基础，又要敢于前瞻；既要思考国家高度的总体需求，也要关注企业层面的实际需要。而政府、企业和学界的分工和使命各不相同：政府专注于政策制定和产业管理，企业专注于自身经营，唯有学界能进行中立的系统思考，不受既得利益干扰，也没有源自不同出发点的"偏见"。正因如此，我才选择到独立的第三方学术平台上来开展战略性研究。现在，我的思考既不受企业具体运营所扰，也不受政府政策细节的束缚，我是以专家和学者的眼光、俯瞰的角度来观察整个汽车行业，致力于打造独立的汽车产业高端智库。正如我加盟清华大学时所说，希望能在更高的层面上服务于全行业，为探索中国汽车工业的可持续发展之路，做出自己的贡献。

二 很多企业陷入"工业4.0"误区

近期，我们团队专门对"工业4.0"（简称4.0）进行了详细研究。实际上，《中国制造2025》（简称2025）可以视为中国版本的"工业4.0"，两者的目标都指向智能制造，但问题是目前我们很多企业对 4.0 的理解有不少误区。比如有些企业认为 4.0 还很遥远，我现在连自动化都还没做好，用不着考虑。但是任何事物都是由初级到中级再到高级阶段不断进化演变的，现在不关注、不思考、不努力转型，将来肯定做不到 4.0，被淘汰只是时间问题。还有很多企业正相反，一提到 4.0 就高调得不得了，企业规模不大却总想着引进多少套机器人。当然，中小企业也要思考在 2025 的格局下自己能够承担什么角色，怎样才能更有竞争力。总体来说，2025 是国家战略，代表着一个国家制造业整体的实力，不是某个企业或产业单独就能实现的。践行 2025 将是一个循序渐进、不断积累的过程，企业既不能盲目冒进，更不能视而不见。

在推进 2025 的进程中，标准滞后也是一个严重问题，在这方面，国家正在加紧工作。但即使国家标准暂时缺失，也不意味着企业就可以停步不前。事实上，2025 要实现的目标是非常明确的：信息化与工业化深度融合是 2025 的大方向，基础研发、质量保障和创新能力是 2025 的基本功，为此，企业必须积极导入信息化手段，再造流程，重塑体系，努力提升数字化设计和制造能力，实现基于网络的设计、生产、销售及服务一体化，提升整体的管理水平。基于现有条件，2.0 不具备的加紧补课，3.0 有欠缺的全面普及，从而为进入 4.0 做好储备，否则企业是没有办法从自动化、信息化向智能化迈进的。

三 新型整零关系的挑战

在新形势下，整车和零部件企业的关系将发生重大变化。原来二者主要是依附关系，整车企业往往处于主导地位，零部件企业按照整车企业的标准生产零部件，再向整车企业供货。而到了充分互联协作的智能制造时代，情况将完全不同：第一，整车企业正在全力提升平台化、模块化程度，如果零部件企业没有能力模块化供货，将越来越难以与整车企业匹配。第二，当前是集中式生产模式，零部件企业在整车企业附近建厂供货，但未来将是分散式生产模式，各种工厂离散分布，依靠工业互联网连接在一起、有序运行。这一方面使有实力的零部件企业可以通过提供个性化的模块，同时为众多整车企业供货；但另一方面，零部件企业如果没有技术诀窍、没有质量保障能力，整车企业是不会与之联网合作的，智能制造体系将把落后企业"置之网外"。

智能制造的核心就是实现大规模定制化生产，以满足消费者的个性化需求。而越是个性化的需求越需要依靠零部件企业实现。因此，整零关系将不再是整车企业主导、零部件企业从属，而是"你中有我、我中有你"的相互交融，也就是由"父子"关系演变成"兄弟"关系，由简单的买卖关系演变成平等的战略伙伴关系。这就是4.0背景下新型整零关系的实质内涵。正因如此，重塑中的新型整零关系将对零部件企业提出严峻挑战，但同时也将为其带来空前机遇。

或许会有人认为这样的变化太复杂了，也太超前了。但实际上，这些变化正在悄然发生，企业现在就应该把这些问题梳理清楚、思考明白，然后明确前进方向和行动计划，有目的地预做准备。反之，如果这也不做，那也不做，就只能永远保持现状，等到"工业4.0"真的到来时，只有被淘汰一种可能。

四 自主品牌车企管理能力是短板，差异化是关键

关于企业战略，大家最关心的是自主品牌车企到底怎样才能实现突破？有人说靠技术，其实自主品牌车企的研发团队一直都在努力，问题在于我们的资源和国际巨头相比非常有限，要如何确保持续的产出和提升？又有人说靠品牌，自主品牌的溢价力不足是众所周知的事实，而品牌是"十年育树、百年育人"的长期过程，我们现在要不要做、要怎样做？还有人说靠成本控制力，也就是保持价格优势，但是通过减配置来保持低价，消费者已经越来越不买单了，而配置样样都不少甚至更多更好，又怎样控制成本呢？当前，自主品牌车企的产品有同质化的倾向，大家本着"你有的我也要有"的想法来做产品，配置虽多，但都差不多。这样要想继续保持成本优势是非常困难的，更无法真正满足消费者的个性化需求。此外，成本与技术和质量息息相关，需要科学地选择最佳平衡点。要想有效回答上述诸多问题，企业战略研究就显得至关重要。

我认为，自主品牌与国外品牌相比差距是多方面的，不只是技术、品牌以及质量那么简单，更在于我们的管理水平跟不上。以研发为例，突破一种

核心技术不难，或者用购买的方式也能解决；难的是我们要如何提升研发管理水平，构建起有效的研发体系，以持续支撑技术攻关和产品开发。目前，自主品牌车企的研发团队在不断扩大，设备也在不断升级，很多企业甚至已经不输于国外企业了，但是这些资源集成起来能否发挥更大的作用？这就要看管理水平也就是体系建设的完备程度了。我一直在讲，一定要向管理要效益，向体系要保障。管理能力仍然是当前自主品牌车企不容忽视的短板。

关于自主品牌如何做强，我的"药方"是品质、成本、差异、造型、服务和细分市场。首先，产品品质过硬是前提，成本控制是基础。但成本控制不能靠"萝卜快了不洗泥"，而是要精打细算地满足消费者，如功能配置的选择要有针对性地直击消费者的痛点，形成自身的特色，即所谓的差异化，而不是一味求全。其次，造型也是可以大有可为的，在满足消费者时尚追求并融入中国文化元素方面，自主品牌更有优势，可以不增加成本而赢得青睐，切不可盲目跟风。同时，基于互联网提供特色服务和优质体验具有广阔空间，可以成为扩展业务范围、增加客户群体的契机。最后，中国地域差异大，很多省份的汽车销量都不亚于欧洲的一个国家，在细分市场上做足文章，一定可以获得丰厚回报。所以说，对于自主品牌而言，做好差异化是后来居上的关键。

五 未来将是"轻拥有、重使用"的汽车共享时代

除了产业、企业和技术等的战略研究之外，我的团队还进行商业模式方面的研究，因为新形势下商业模式对技术、企业乃至国家战略都有越来越深刻的影响。比如技术战略，绝不单纯是一个技术选择的问题，这里面有成本问题，开发和配置先进技术是要付出代价的；也有品牌承载力的问题，举个极端的例子，如果自主品牌车企造出一台等同宝马、奔驰档次的车，价格也和宝马、奔驰一样或者稍微低一些，消费者是不会去购买的，因为品牌还没有那么大的号召力。还有技术成熟度、消费者需求、企业自身能力和现有资源等一系列问题，像自动变速器技术的选择，AT（液力自动变速器）、DCT（双离合器自动变速器）、CVT（机械无级自动变速器）等可以说各有千秋，对于不同的自主品牌企业来说，都有各自不同的最佳选择。

在既定的成本和技术条件下，适宜的商业模式将助力相应的产品加快产业化进程，从而形成规模效应，带动技术成熟和成本下降；反之，如果不能解决商业模式问题，即使技术取得了突破，也很难获得市场回报。例如，车联网是大家公认的发展方向，技术本身也已有较多的积累了。但是所谓 V2X（即 Vehicle to Everything），这个 X 到底应该先连接什么，怎样连接，又如何通过连接而获利？这些问题到现在也没有一个很好的可行答案。一家企业的产品相连都比较困难，那不同企业之间的产品又到底怎样相连？如何确定标准，如何承担责任，又如何分配利益？这些问题的解决都与商业模式有关。因此，商业模式研究至关重要，这是事关国家、产业、企业多方面的系统性问题。像前面提到的，要在不同企业的产品之间实现车联网，显然需要国家牵头制定标准规则，并在交通系统、基础建设等方面进行相应配套。什么样的商业模式最适合现有技术状态和国情企情，在这种模式中，国家、行业和企业各自应当承担什么样的责任和义务，这些都需要系统的梳理和全面的研究。

这其中有一个重要方向，就是对汽车共享商业模式的研究。未来中国一定是一个汽车共享的社会，否则资源约束和出行需要之间的矛盾将无法解决。中国目前的千人汽车保有量远远低于欧洲、日本、美国等发达国家和地区。如果未来我们达到欧洲的平均水平，中国每年的汽车销量就需要接近 6500 万辆。这样的销量规模是国家承受不起的，但是我们又必须保障十几亿人的移动出行需求，因为这不仅事关民生福祉，也是社会资源顺畅流动的保障。这个问题的解决只能依靠少造车、多使用，即提升汽车的利用率。而"轻拥有、重使用"的汽车共享模式恰恰能够解决这个难题。

汽车共享其实一直都有需求，而今天中国正致力于建设节约型社会，以共享方式避免不必要地扩张产能就变得更加重要。实际上，出租车也是一种带有共享性质的汽车使用模式，只是要靠专人来驾驶"共享"的车辆；而未来共享汽车可以自动驾驶，从而大幅降低共享成本。汽车共享不可能一蹴而就，通过研究，我们将其分为三个阶段：最终的理想主义是一种"全天候"的汽车共享，其技术支撑是完全的自动驾驶技术和充分的网联信息技术。届时在任意智能终端上发布一个信息，选定类别的车辆就会在指定时间行驶过来接你；而你下车后，车辆将自动行驶到下一个用户那里；同时，在这个过程中，也可以通过信息手段实现自由拼车，以及匹配各种服务。当然，这样的理想主义不可能马上实现，但我认为，初级阶段的汽车共享将很快在实践中得到发展，并为终极阶段的汽车共享做好储备。比如分时租赁模式也是一种汽车共享，这在几年前还是根本想不到的事情，而现在已经有不少企业在实践了。在互联网时代，我们的预测也不能太过保守。

汽车共享模式的核心在于必须清楚谁需要共享，什么汽车适合共享，如何实现共享，以及如何解决在共享过程中可能出现的问题。显然，在这方面，国家必须有所作为，既要组织深入研究，又要鼓励创新尝试，更要加快出台相关政策法规并培育共享文化，因为汽车共享不只需要考虑技术问题，也需要考虑法律责任问题，比如自动驾驶的共享车辆，如果出了事故如何界定是谁的责任？此外，还有社会认知和伦理等问题。最终，这些问题都可以也必将在发展的过程中得到解决。

（本文根据《汽车工艺师》2016年2月第2期赵福全教授专访整理）

论新能源汽车、限行限购及整零协同发展

【精彩语句】

"新能源汽车是站在一个产业、一个民族、一个国家未来可持续发展的高度上确定的战略方向,不能奢望今天播撒了种子,明天就能收获。"

"限购限行或许是短期见效最快的治标措施,但却绝不是长期最科学的治本办法,尤其对于汽车这一国民经济支柱产业未来的可持续发展是极其不利的。"

"产业大并不一定需要自主,但是产业强一定要靠自主,这也是我们的使命和责任。"

【编者按】

赵福全教授在这篇专访中论及了中国新能源以及混合动力技术的未来发展,限购限行政策的弊端及汽车社会问题的解决,以及自主零部件产业与整车产业协同发展的重要意义。

腾讯汽车:这里是2013中国汽车产业发展(泰达)国际论坛腾讯汽车专访间,非常荣幸邀请到清华大学汽车产业与技术战略研究院院长赵福全接受我们的专访。赵院长,欢迎您。

赵福全:大家好。

腾讯汽车:先向您请教新能源汽车产业的未来发展问题,这是大家非常关注的,对此您是怎么看的?

赵福全:总体来说,我认为新能源汽车在大方向上会越来越成熟,但是大规模推向市场、走进千家万户,肯定还需要一段较长的时间。一直以来,中国汽车市场有一种不好的倾向,总是希望今天播撒了种子,明天就能收获,这是不现实的,尤其对新的技术更是如此。实际上,任何新技术的研发攻关以及推广应用都需要一个漫长的过程,这是由于多方面的原因造成的。一方面,技术进步本身有其客观规律,通常只能渐趋成熟;另一方面,新技术取代老技术得到推广应用同样需要过渡时间,更要克服固有的惯性。目前,在

中国汽车市场，传统发动机等"老"技术仍有很大的提升空间，消费者也更容易接受。有些人认为我们在新能源汽车上的投入很多，却没有见到明显效果，其实这是很正常的。

实际上，新能源汽车是站在一个产业、一个民族、一个国家未来可持续发展的高度上确定的战略方向，不能只局限于眼前。从这个意义上来说，中国发展新能源汽车产业所取得的成绩是比较显著的，而且是功在后世。当然，如果说新能源汽车明年就能达到10%的市场份额，这也是不可能的，或许在未来10年这都是很难达到的目标。在市场份额逐步提升的过程中，我们需要逐一解决产业化推广面临的很多问题，也只有解决了这些问题之后，中国新能源汽车产业才会有更大的突破。

另外，也要考虑我们对于节能和环保的要求，尤其是近年来不断提升的汽车节能减排标准，以及跌宕起伏的油价，这些因素也是我们在发展新能源汽车产业时需要兼顾的。最后，新能源汽车研发成本比较高，这个成本到底由谁来负担，也是新能源汽车产业发展的一个重要问题。我认为，要么由消费者买单，要么由国家负担，只靠企业自身是很难完全承担的。如果消费者没有购买的经济动力，大规模的市场应用就会比较困难。

腾讯汽车：新能源补贴是促进新能源汽车发展的一个重要方面吗？

赵福全：可以从两个角度来看待这个问题。从企业的角度来看，发展新能源汽车技术是在为未来做准备，但企业又不能长期亏本来做技术推广；从国家的角度来看，正如刚才所说，这是一个重要产业乃至整个民族可持续发展的基础。因此，在新能源汽车技术尚未充分成熟、市场接受程度还比较低的时候，确实需要一些经济杠杆和法规杠杆来为新能源汽车的发展提供坚实的后盾。而新能源补贴就是经济杠杆手段，其作用在当前是很重要的。当然，无论这个杠杆多么有效，终有一天，新能源汽车还是要靠市场的驱动力来完成更大规模的发展。

腾讯汽车：我国电动汽车技术发展目前处于什么样的状况？

赵福全：中国的新能源汽车目前主要是指纯电动汽车、插电式混合动力汽车以及燃料电池汽车等，而常规的混合动力汽车没有定义在新能源汽车补贴范围内。但是从节油效果来看，混合动力汽车作为发动机和电池、电机的结合技术，在相当一段时间内，其节油效果、成本性价比都是很好的。尽管从长远来说，纯电动汽车和插电式混合动力汽车应该会有更大的前景。不过，新能源汽车技术的发展取决于动力电池成本的不断下降、性能的不断提升和可靠性的不断改善，如前所述，这需要一个过程。从这个意义上讲，国家产业政策将纯电动汽车、插电式混合动力汽车以及燃料电池汽车定义为新能源汽车，是一个长期的战略性的发展指向。仅就未来十年而言，从节能减排的角度出发，我认为混合动力汽车更是一个非常有力的商业化技术选项。

腾讯汽车：您认为纯电动汽车要广泛普及，大概会在哪个时间段？

赵福全：普及的概念并没有一致的标准，个人理解可能至少要有10%以上的市场份额才行。如果不考虑插电式混合动力汽车，单以纯电动汽车而论，要真正走进千家万户，能够适应不同的使用环境，我认为还需要15年的时间。

腾讯汽车：下面我们换一个话题，请您谈谈对于限购限行政策的看法？

赵福全：由于中国汽车产业的快速增长，以往的基础配套设施跟不上发展的需求，导致城市拥堵及环境问题日益严峻，为此，部分地区出台了限购限行政策，这些政策背后有其客观原因。这些行政手段或许是短期见效最快的治标措施，但却绝不是长期最科学的治本办法，尤其对于汽车这一国民经济支柱产业未来的可持续发展是极其不利的。

老百姓手里有钱，想要买车，这是他的权利，拥有汽车也是生活品质提升的重要标志，如果因为汽车产业发展带来的问题而不让老百姓买车，于情于理都是讲不通的，我们努力奋斗的目标不就是提高民生福祉吗？所以说，限购肯定不是一个好办法。当然，由于汽车保有量的急速增长，也确实带来了交通拥堵、空气污染等一系列问题，这是不争的事实。但解决这些问题更应该从城市规划、交通系统改造的角度来着眼，或者通过经济手段，以增加成本等方式限制私人汽车的使用，而不应该在行政上限制购买。总之，我认为"允许拥有、限制使用"才是长久之计。如果增加了使用成本，有车的人就会思考什么时候驾车出行才合算，不紧急或者一个人的时候可能就选择公共交通了，而购车的人也会思考买车不用是否划算的问题，这样的措施会更合情合理，也一定会更有效。

限制使用可以通过多种途径来实现，比如说更大力度发展公共交通，在出行高峰期通过道路再分配加大公共交通的运力和效率等。这样大家还是会去拥有汽车，但只在一些场合比如全家外出游玩时才使用汽车，而平时则会选择公共交通。在这方面，发达国家大都市有很多经验可供借鉴。

腾讯汽车：在目前的情况下，汽车企业有没有一些应对办法？

赵福全：企业当然是希望消费者能够更多地购买汽车，否则企业的利润从何而来？同时也希望国家能够系统研究中国快速迈入汽车社会带来的各种问题，以及如何有效解决这些问题。目前，中国城镇居民的生活方式以聚居为主，必须解决上班、上学、购物等日常生活的集中出行需求，国家虽然一直在不断完善公共交通和基础设施建设，但随着私人汽车的快速增长，交通拥堵日趋严重，环保问题也迫在眉睫，因此亟待从战略高度系统梳理，并采取综合性的组合措施来解决这些问题。事实上，中国已经成了绑在车轮上的国家，为此，我们的城市规划应该借鉴美欧，在中心城市周边发展卫星城市，比如一个十几万人的卫星城市，拥有独立的生活、就业功能，就会有效分流交通流量。而我们当前的情况是，大家周一至周五都集中到城市的同一个区域上班，周六周日又都去另一个区域逛街休闲，人流的集聚自然造成严重的拥堵。如果有卫星城的话，相信这些情况会有很大的改善。

这些问题，企业是没有办法解决的，这是全社会的问题。汽车给人们提供了更大自由度的出行选项，政府应该根据出行自由度以及城市运行效率来规划整个城市交通体系和配套基础设施的建设。

我始终认为，汽车产业要实现健康发展，第一层面首先是国家问题，第二层面才是企业问题，当然还有第三层面，也是整个社会每一份子的问题。汽车产业在国民经济中的地位举足轻重、不可替代，这是不容置疑的事实。老百姓想拥有汽车的愿望非常强烈，这也是不容置疑的事实。如果中国汽车产业得不到健康发展，不仅直接影响中国国内生产总值（GDP）的增长，也会降低国民的生活质量。类似停车困难、交通拥堵等问题，发达国家在汽车产业发展过程中也曾出现过，最终都得到了比较有效的解决。只是这些国家都有一个很长的时间来消化汽车保有量的渐进式增长，而我们仅在 10 年间汽车销量就从 300 万辆发展到 2000 万辆，急速的增长不可避免地会加剧汽车社会问题，这些问题我们本来需要花 30 年的时间来解决，现在要求马上解决，当然非常困难。虽说限购限行也是无奈之举，但我们理应有更长远的规划和更快速的执行来尽快从根本上解决这些问题。

当前，中国正处于制造业转型升级的历史阶段，要由一个低成本的制造大国向一个高技术含量的制造强国转变，挑战是空前巨大的，必须选准突破口，带动整体提升。而汽车产业规模大、关联广、拉动强，纵观全球，汽车强国无一不是制造强国。因此，做强汽车产业必须站在建设制造强国的战略高度上来加以认识。同时，每个中国百姓都有一个中国梦，这其中享受使用汽车的便捷舒适也是中国梦很重要的一个组成部分。从这个意义上来说，汽车产业的可持续发展，又事关社会资源的顺畅移动和广大国民的幸福生活。必须站在国家战略高度来系统研究汽车产业和汽车社会，积极解决我们面临的诸多问题，从而让汽车更好地服务国民，服务社会。

腾讯汽车：最后一个问题，在强调自主发展的前提下，您怎么看零部件产业与整车的协同发展？

赵福全：整车方面，改革开放以来取得的发展成果是非常显著的，中国一跃成为汽车大国。目前，中国市场仍是合资品牌车企与自主品牌车企相互竞争的格局。需要指出的是，虽然从历史的角度看，合资品牌车企对于中国汽车产业的整体发展有很大的贡献，但是也一直存在着对自主品牌车企的挤压，而且随着竞争的加剧，合资品牌车企产品线不断下探，这种趋势日趋严重。自主品牌车企发展空间受限的问题需要引起我们的高度关注，这不是发展问题，而是生存挑战。

零部件方面，也取得了很大的进步。但与整车不同的是，零部件产业这些年来一直是放开的，因此自主零部件企业面临国外对手的竞争更直接，也更惨烈，导致中国自主零部件产业的局面比整车更加困难，甚至对整车的发展构成了一定程度的制约。确保中国自主零部件企业得到进一步的发展，与确保中国自主品牌整车企业得到进一步的发展同等重要，都是建设汽车强国的必备要素。实际上，各汽车强国除了拥有世界级的整车强企外，也都拥有世界级的汽车零部件强企，而且两者往往相互支持，共同成长。

因此，我们必须建立起自己完备的产业链条，弥补自己供应体系方面的硬性短板，这也是汽车强国建设中很重要的一部分内容。必须清楚，产业大并不一定需要自主，外国企业看好中国汽车市场这块大"蛋糕"，蜂拥而至，一样可以把中国汽车产业做大；但是产业强一定要靠自主，这也是我们的使命和责任。在发展自主品牌整车企业的同时，我们也必须大力发展自己的零部件企业，确保掌握核心零部件的关键技术，有很强的实力，这样才能支撑整车企业的发展，最终把整个汽车产业做强。在这方面，要从国家战略高度出发，首先充分研究如何做强，然后做好顶层设计，最后出台一系列的政策和措施，确保汽车强国战略的真正落地。

［本文根据赵福全教授 2013 年 9 月 6 日在中国汽车产业发展（泰达）国际论坛上接受腾讯汽车的专访整理］

碳配额、"双积分"法规迷雾待清

【精彩语句】

"企业平均燃料消耗量的目标在于控制汽车行业的燃料消耗总量，进而确保国家能源安全。新能源汽车积分是通过给车企设定新能源汽车产量占比的强制要求来确保新能源汽车产业在补贴退坡后能够可持续发展。而碳配额方案是从碳排放的角度来看待不同的汽车产品和技术路线，其目标应是降低汽车及相关产业乃至整个国家的碳排放。"

"政府应鼓励企业开发低成本、有竞争力的动力电池和新能源汽车产品，而不是为了追求长里程的高积分而搭载更多电池。建议NEV（新能源汽车积分）引入单位电耗，即吨百公里电耗的概念，作为积分分值的主要依据。"

【编者按】

在国家发改委出台《新能源汽车碳配额管理办法（征求意见稿）》之后，工信部又发布了《企业平均燃料消耗量与新能源汽车积分并行管理暂行办法（征求意见稿）》，一时之间引发了行业的持续热议。为此，赵福全教授专门接受《中国汽车报》的采访，表达了自己的核心观点：碳配额和"双积分"各有不同的战略目标，必须"各司其职"；对NEV积分比例达标总体乐观，但同时必须避免CAFC（平均燃料消耗量）法规的控制目标受到影响；NEV积分也要建立节能观念，而不应基于续驶里程；商用车需引入NEV积分比例管理。这些思想正被日后的实际情况和政策走向印证，至今仍有重要的指导价值。

一 "双积分"和碳配额应"各司其职"

《中国汽车报》：不久前，国家发改委和工信部分别提出了碳配额和"双积分"法规，如何理解这两套方案？

赵福全：首先应当明确企业平均燃料消耗量（CAFC）、新能源汽车积分

(NEV)和碳配额交易相互关联，但又各有独立性，各自的核心目标有所不同。企业平均燃料消耗量的目标在于控制汽车行业的燃料消耗总量，进而确保国家能源安全。由于中国的石油对外依存度已超过60%，满足 CAFC 目标就成为汽车产业持续发展的前提。新能源汽车积分是通过给车企设定新能源汽车产量占比的强制要求，来确保新能源汽车产业在补贴退坡后能够可持续发展，进而实现国家节能减排的长期目标。

CAFC 和 NEV 在降低能源消耗诉求上有交集，但现阶段并不能彼此替代。对于 CAFC 而言，企业可以采取多种技术路线来满足法规要求，其中当然也包含新能源汽车，并且 CAFC 法规还给予新能源汽车很大的核算优惠。但不同的企业由于自身能力、技术储备和对未来技术趋势的判断不同，并不一定会用新能源汽车技术来满足 CAFC 要求。特别是目前新能源汽车尚未形成规模，成本压力还主要依靠政府财政补贴来弥补，而以后补贴将逐步退坡，企业更担心成本无法负担。因此仅有 CAFC 法规，可能出现企业发展新能源汽车动力不足的情况。所以，有必要出台 NEV 积分，以直接的强制要求确保之前所取得的新能源汽车推广成果不会付之东流。同时，这个强制比例又让企业必须在成本降低和市场推广方面下足功夫，从而有利于新能源汽车早日取得突破。

碳配额方案是从碳排放的角度来看待不同的汽车产品和技术路线。与降低能源消耗诉求不同，其目标应是降低汽车及相关产业乃至整个国家的碳排放。作为碳排放第一大国，中国已经承诺到2030年二氧化碳排放要达到峰值，后续国际压力还将不断增大。因此，国家发改委提出管理汽车产品的碳排放，从大方向上讲是正确的。

但目前的碳配额方案只指向新能源汽车的使用阶段，这和 NEV 积分没有本质区别，也无法确保总体低碳目标的实现。实际上，跨行业、跨环节的全生命周期的碳排放管理才应是各方努力的方向。以电动汽车为例，在使用阶段确实是零排放，但与欧美不同，中国的电能以高碳电为主，因此在发电阶段有相对较高的碳排放。也就是说，在使用高碳电的情况下，电动汽车全生命周期的碳排放并不一定低。这正是碳配额管理应该解决的问题。

我建议，目前应先将电力部门的碳排放指标纳入统一管理体系之中，让高碳电的生产部门花钱购买碳配额，而这部分钱则可用于补贴使用阶段零排放的电动汽车的生产企业。实际上，将新能源汽车确定为国家战略，就意味着政府必须下决心同时改善电能结构，生产更多的低碳电，否则减碳的国际承诺将难以兑现。

另外，对于汽车行业，无论是 CAFC、NEV 还是将来的碳排放积分，尽管目的不同，但都应该由一个部门来统筹策划、系统思考，拿出科学、系统、具体、有效的管理办法来推动实施，尽量避免以往"政出多门"、不同部门的法规要求互相重复甚至矛盾的局面。

三 积分交易细则需加快制定、尽早出台

《中国汽车报》："双积分"法规中涉及积分交易价格没有任何规定，这给汽车行业节能减排工作增加了很多不确定因素，如何定价既能实现节能减排目的又能让企业接受？

赵福全：确定合理的积分价格，涉及技术、成本和市场接受度，需要综合测算和动态调整。我认为基本原则是，一定要让认真做新能源汽车的企业有经济动力，让没做新能源汽车的企业有经济压力。如果 NEV 积分是"白菜价"，大家直接买就可以，谁还会愿意在新能源汽车上投入？

因此，NEV 积分的定价应足够高，以鼓励每一家企业都在新能源汽车上加大投入，通过自己的新能源产品获取积分，满足法规要求。而交易的作用只是让一些由于产品结构不合理、技术储备不足等原因在短期内无法满足法规要求的企业，能够通过购买积分先生存下去，争取时间把自己的新能源产品做起来。

《中国汽车报》：除了积分价格之外，我国的积分交易平台也因没有上位法支撑，目前处于"空档"状态，怎么看待这个问题？

赵福全：这个问题在一定程度上折损了积分交易制度的效力。而且距 2018 年法规实施仅有一年多的时间，要在短时间内解决这些难题的确非常困难。这也反映出中国政策法规的制定仍然缺乏足够的前瞻性。同时，法规的出台也往往没有给企业留足缓冲时间。对汽车企业来说，3 年仅仅是一轮产品开发的周期，政府作为"游戏规则"的制定者，应尽快给企业一个明确的目标，否则企业将无所适从。

三 NEV 比例符合发展预期，CAFC 目标恐受影响

《中国汽车报》："双积分"中提出了 2018—2020 年 8%、10%、12% 的 NEV 积分比例要求，而经权威机构按照法规要求测算，我国今年的积分比例仅为 3%~4%，在一年多的时间里积分比例提升 4%~5% 是否过于困难？

赵福全：在这个问题上，我并不持悲观看法。现在还不能说 2018 年达到 8% 的积分比例非常困难，因为还有很多企业尚未完全发力。按照国家的发展预期，2020 年新能源汽车销量比例要达到 7%，如果每辆车以最低积分 2 分计算，整体积分比例就达到了 14%；如果是分值更高的产品，达到 18% 甚至更高的积分比例都有可能。关键是要努力实现 7% 的销量占比目标，而这也正是 NEV 积分的目的所在。

不过，另一个问题引人担忧。目前，新能源汽车不仅受 NEV 的强制要求，同时在 CAFC 核算中也有优惠：一方面油耗直接按零计算，另一方面核算数量加倍，从 2016—2020 年分别是 5 倍、3 倍、2 倍。此外，按照单向抵偿原则，新能源汽车产生的剩余 NEV 正积分，还可用于抵消 CAFC 负积分。我们经过测算发现，CAFC 中的这种双重优惠，对新能源汽车的"照顾"过多了，不利于促进其他节能技术发展，也使行业燃料消耗量的控制目标面临风险。因为只要新能源汽车按照预期顺利发展，CAFC 的达标难度就会随之大大降低。实际上，指向近期节能压力的 CAFC 和指向长期新能源汽车发展的 NEV 必须并重，两者不可偏废。即使 NEV 如愿推动了新能源汽车的发展，但如果 CAFC 目标落空，国家能源安全受到威胁，汽车产业的可持续发展仍然无从保障。建议 CAFC 核算中有关新能源汽车的优惠尽快取消，只保留 NEV 积分对 CAFC 积分的单向抵偿，这不仅能确保 CAFC 目标的达成，也会提升 NEV 积分的价值，避免 NEV 交易落空。

四 积分核算标准切勿背离初衷

《中国汽车报》："双积分"法规中提出按新能源汽车的续驶里程计算分值，而没有将电耗的概念纳入其中，这样的算法是否科学？

赵福全：NEV 积分分值以续驶里程为依据，这与推广新能源汽车的初衷相违背，也不利于鼓励技术进步。因为只靠多装电池而没有技术突破也能实现较长的续驶里程。推广新能源汽车是为了节能减排，因此不仅传统汽车，新能源汽车也同样应该抑大扬小、抑重扬轻。我认为电动汽车的续驶里程应该是"够用就好"，而不是搭载电池越多越好，因为大量电池搭载在汽车上移动，这本身就会使能耗增加，与汽车产业极力倡导的轻量化方向相矛盾，也意味着大量增加电池生产的排放。

政府应鼓励企业开发低成本、有竞争力的动力电池和新能源汽车产品，而不是为了追求长里程的高积分而搭载更多电池。也就是说，政策制定一定要"勿忘初心"。建议 NEV 引入单位电耗，即吨百公里电耗的概念，作为积分分值的主要依据。同时，对于小型汽车电耗应适当放宽，而对大型汽车应提出更严要求，以鼓励新能源汽车小型化，进一步提升节能减排效果。

五 NEV 未涉及商用车是缺憾

《中国汽车报》：在"双积分"中，没有将新能源商用车列入管理范围，这样做合理吗？

赵福全：新能源商用车也存在补贴退坡后如何确保可持续发展的问题。2015 年，中国新能源商用车在新能源汽车总销量中的占比高达 38%，获得国家补贴的比例比这个数字还高。而此次 NEV 积分政策的出台却未涉及商用车，这是不合理的，表明政策的全面性和系统性有所欠缺，也会让乘用车企业感到不公平。

虽然目前商用车没有强制的 CAFC 法规，但是这并不妨碍给商用车设定新能源汽车比例要求。我建议，应该单独给商用车设立 NEV 比例要求，可以不与 CAFC 积分抵偿，但企业之间可以交易。因为如果没有 NEV 的强制要求，在补贴退坡之后，新能源商用车恐怕将出现断崖式下滑。

（本文原载于《中国汽车报》2016 年 11 月 14 日第 10 版赵福全教授专访）

新能源汽车产业地方保护问题及解决对策

【精彩语句】

"各地通过各种形式的手段实施地方保护,短期来看当地政府能够实现财政创收,而当地企业也能够从中受益。但从全局来看,各地企业要进军其他地方市场将变得非常困难。实际上,每一家企业都非受益者,而是受害者。"

"当前正值国家补贴逐步退坡的关键时期,中国迫切需要培育一批有实力的企业在自由竞争的市场条件下脱颖而出,并通过这些企业,形成中国在新能源汽车领域的核心竞争力。如果在这一关键期,地方保护继续盛行,落后企业在当地政策保护伞下苟延残喘,将极大地阻碍优势企业的培育和发展。等到国家补贴结束后,即使表面上看市场总量可能还会继续增长,但由于企业各据一方,无法形成合力,优势企业未能应运而生,后续中国新能源汽车产业的可持续发展就会失去基础和支撑,进而直接威胁发展新能源汽车这一国家战略目标的顺利实现。"

"中国新能源汽车产业正值政策主导向市场主导转变的关键时期,政府要适时转换角色,毕竟补贴政策只能发挥一时的激励作用,无法决定市场的最终发展。因此,未来无论中央还是地方政府,都应更加强调发挥市场调节作用。"

【编者按】

赵福全教授在本文中全面总结了他对新能源汽车地方保护问题的系统思考。文章清晰梳理了地方保护政策的四种类型,即直接要求本地化生产、自行定义产品和技术标准、实施所谓"公平对等"竞争以及烦琐手续增加隐性成本,特别强调了地方保护将造成市场调节作用失效、新能源汽车无法形成规模、技术多样性受到限制以及新能源汽车总体认知受损等严重危害,并从经济学角度剖析了地方保护的根源所在。在此基础上,从根治新能源汽车地方保护弊端出发,赵教授提出了国家顶层设计先行、推进财税制度改革和坚持市场第一原则这三方面建议。其中全面取消地方补贴、更多倾向车辆使用环节（尤其是充电基础设施）等意见，已经在后续的产业政策中得到了体现。

当前，国家已明确针对新能源汽车的财政补贴将逐步退坡直至2020年全部取消。因此，新能源汽车产业需要由政策主导过渡到市场主导的全新发展阶段。显然，唯有培育出在核心技术和成本控制等方面具有优势的企业，才能确保这一新兴产业的可持续发展，否则补贴退坡后，新能源汽车市场很可能会出现"断崖式衰退"。为此，迫切需要尽快建立起公平统一的新能源汽车大市场。然而一直以来，新能源汽车的地方保护盛行，各地往往通过各种手段，保护本地的新能源汽车企业。这就造成市场地域割裂现象严重，不同地区的新能源汽车产品往往"画地为牢"，并未形成统一市场。尽管在这个过程中地方会有短期收益，但从全局和长远来看，地方保护无疑危害极大。

一　新能源汽车地方保护政策现状

近年来，对新能源汽车地方保护政策的负面报道和批评屡见报端。但是，一些地方政府始终以地方有权自定财政支出标准为由，制定各种保护本地新能源汽车企业的政策。这些地方保护政策主要可以总结为以下四种形式：

一是直接要求车企本地化生产。一些城市为提高税收收入，要求进入其市场的企业必须在当地注册销售公司甚至建立生产工厂，且对注册资本有不低于一定额度的明确规定。此外，还有一些地方虽然没有明确要求进入的企业在当地注册销售公司或生产厂，但却要求企业必须配套使用当地的核心零部件。在当前现有汽车产能尚未得到充分利用的情况下，这种重复投入产能建设的行为与汽车产业规模经济规律和企业经营内在需求都极其不符。

二是自行定义产品和技术标准。在国家已经对新能源汽车产品范畴及技术标准有明确规定的情况下，各地政府在落实地方补贴的过程中仍然会再次进行自定义。多个城市对于享受当地补贴的新能源汽车产品类型有着完全不同的规定，最为明显的案例就是插电式混合动力以及增程式电动汽车。这两类产品明确属于国家定义的新能源汽车产品，但却在一些地方无法享受补贴，在另一些地方则有不同的产品规格限制。虽然这些规定表面来看都有合适的理由，但是在政策效果上往往都是使当地车企成为最大的受益者，让人很难认为只是巧合。

三是实施所谓"公平对等"原则。一些地方政府要求企业所在地也要出台相应的补贴政策,并且落实推行,企业才能在当地得到补贴。但企业所在地有无对等补贴,又岂是企业所能决定的?还有一些地方以公开招标方式采购新能源汽车产品,但在实际操作中完全按照本地企业的车型特点制定标底条件,导致空有"公平"竞争的形式,却没有优者胜出、鼓励先进的实质。

四是以繁杂手续增加隐性成本。一些地方对外地企业进行重复检测,或者要求外地企业在当地进行测试平台建设以及自建充电桩等,以此作为获取地方补贴的前提。这些措施无形中增加了外地企业获得补贴的隐性成本,使其在与当地企业的竞争中很难取得优势。

二 地方保护对新能源汽车产业的危害

各地通过各种形式的手段实施地方保护,短期来看,当地政府能够实现财政创收,而当地企业也能够从中受益。但从全局来看,各地企业要进军其他地方市场将变得非常困难。实际上,每一家企业都非受益者,而是受害者。特别是从长远来看,没有形成统一市场、缺乏公平竞争机制,将让处于当地保护伞和外地壁垒之下的企业丧失进步的动力,最终影响整个新能源汽车产业的健康发展。地方保护对新能源汽车产业的危害集中表现为以下四个方面:

第一,市场优胜劣汰的调节作用失效。技术落后的企业可以从企业所在地拿到高额补贴,同时地方政府还以各种手段限制外来竞争者的进入,这样的市场不可能有效发挥鼓励先进、优化资源配置的作用。这与中国深化改革开放的精神相悖,也不利于企业未来可持续竞争力的形成。

第二,新能源汽车产业无法形成规模。汽车产业极度追求规模效应,往往需要较高产量来降低成本才能确保企业实现盈利,但是目前中国新能源汽车市场被各种地方保护主义分割成若干个小市场,优势企业根本无法快速实现增量降本。2015年中国新能源乘用车销量为20.74万辆,贡献这些销量的主要车企共有19家;商用车销量为12.37万辆,其中仅贡献了客车销量的主要企业就有10家以上;货车及特种车辆的厂家之多更是几乎无法统计。这意味着总计约 33 万辆的新能源汽车销量是由 30 家以上的汽车企业构成的，中国新能源汽车产品的平均销量之低可想而知。相比之下，日产汽车仅一款新能源车型——聆风，截至 2015 年底的累计销量就已达到 20.1 万辆。虽然中国新能源汽车市场已居全球首位，但是市场割裂、企业过多、产品分散，要形成具有国际竞争力的本土新能源汽车强企和优势新能源汽车产品将会非常困难。

第三，技术多样性和技术创新受到限制。技术的优胜劣汰本该由市场来做选择，而地方政府根据当地企业的技术路线制定相应的地方补贴政策，将极大地限制技术的多样性和技术的创新发展。

第四，影响消费者对新能源汽车的总体认知。新能源汽车作为新生事物，需要经历一个市场培育的过程，才能逐步被消费者接受。在地方保护政策下，消费者购买当地汽车企业生产的新能源汽车更加合算，这导致消费者可选择的产品范围缩小，对新能源汽车缺乏总体的认知与了解，不利于新能源汽车文化的构建，也不利于整个新能源汽车市场的培育以及合力的形成。

当前正值国家补贴逐步退坡的关键时期，中国迫切需要培育一批有实力的企业在自由竞争的市场条件下脱颖而出，并通过这些企业形成中国在新能源汽车领域的核心竞争力。如果在这一关键期，地方保护继续盛行，落后企业在当地政策保护伞下苟延残喘，将极大地阻碍优势企业的培育和发展。等到国家补贴结束后，即使表面上看市场总量可能还会继续增长，但由于企业各据一方，无法形成合力，优势企业未能应运而生，后续中国新能源汽车产业的可持续发展就会失去基础和支撑，进而直接威胁发展新能源汽车这一国家战略目标的顺利实现。

三 新能源汽车地方保护盛行的经济原因

为什么虽然面临国家和社会各界的压力，新能源汽车的地方保护主义却依然屡禁不止、持续盛行呢？笔者从经济学角度对此进行了分析，发现了催生地方保护主义的内在经济原因。具体可以从以下两方面来展开讨论：

一方面，地方的财权和事权不相匹配。中国利税收入的主体分别是中央和地方政府。在汽车产业的相关利税中，中央收入约占八成以上，而地方收入只占不到两成。也就是说，财税收入的绝大部分被中央获得，但是新能源汽车补贴却要求地方与中央共同支出。此外，地方还要负责与新能源汽车产品使用相配套的基础设施等的投入。这在客观上导致地方发放新能源汽车补贴的积极性不高，同时希望发放的补贴能给自身财政带来相关收益。

另一方面，地方在车辆使用阶段所得的税收既少又慢。地方政府所得的汽车收入可以从制造地（即工厂所在地）和使用地（汽车消费地）两个维度分析。由于在汽车产品生产及购置环节的税收占比高达约2/3，而保有及使用环节的税收仅有1/3，这就导致制造地获得了绝大部分的汽车税收，而使用地所得部分只相当于制造地的一半。而且汽车保有及使用环节的税收并非一步到位，使用地要在车辆整个生命周期内逐步获得这部分税收。

上述财税分配机制是新能源汽车地方保护现象时有发生的主要原因。首先，地方政府财力有限，"精打细算"之下更希望把补贴都用到本地企业，因为这些企业取得良好效益能直接带来地方财税收入的增加。其次，车辆使用地的税收远远不及制造地，而且要在几年内逐步获得，这导致地方培育本地市场的动力不强，因为建立公平市场吸引各地企业优质产品在本地使用，所能获得的税收增加极为有限，远不如支持本地制造企业更为直接。最后，新能源汽车销量增加还意味着使用地政府要背负解决配套基础设施的更大责任。在这种情况下，不难设想地方政府会做出怎样的选择。

四 破除新能源汽车地方保护的对策建议

实际上，由于经济利益驱使，地方保护不仅限于新能源汽车，在传统汽车产业也同样存在。不过，传统燃油汽车没有财政补贴，地方保护的手段相对有限，同时产业格局较为稳定，因此危害相对不大。而新能源汽车属于新兴产业，在培育期有其脆弱性，建立统一市场的重要性和迫切性远非传统燃油汽车可比。可以看出，地方保护对于中国新能源汽车产业可持续发展的威胁更大，甚至可能影响到整个中国汽车产业未来的转型升级。对此，国家必须高度重视，采取有效措施，尽快加以解决。基于以上分析，笔者建议从如下三个层面解决新能源汽车产业发展中的地方保护弊端。

1. 国家顶层设计先行

目前，汽车产业已被纳入"中国制造2025"十大重点领域之一，建设汽车强国成为国家目标，而发展新能源汽车则是中国实现汽车强国的必由之路。面对高度复杂、牵涉广泛的汽车产业，特别是新能源汽车这样的战略新兴产业，国家必须进行顶层设计，制定国家战略，明确发展重点和方向，有效协调各方关系，以指导产业的有序发展。

首先，当前新一轮的城镇化建设正在加紧推进，发展新型城市群成为国家战略方向。结合这一契机，国家应规划率先在某一个或几个重点城市群里，建立统一的新能源汽车标准，完全破除地方保护。例如京津冀一体化正在重点推进，而目前北京和天津两市不仅新能源汽车补贴政策差别较大，而且连车牌都在实施限号进入，这不利于在全国范围内构建统一市场。

其次，中国新能源汽车产业正值政策主导向市场主导转变的关键时期，政府要适时转换角色，毕竟补贴政策只能发挥一时的激励作用，无法决定市场的最终发展。因此，未来无论中央还是地方政府，都应更加强调发挥市场调节作用。同时，应要求财政投入向汽车使用环境治理、共性核心技术研发以及新能源汽车文化培育等方面倾斜，更好地完成企业力所不及的基础性工作。

最后，中央和地方在角色转换过程中要有效分工、步调一致。中央负责统一管理，对全国新能源汽车的整体发展水平进行基本判断，然后制定统一的补贴标准。地方更应关注新能源汽车的使用环节，因为汽车使用过程中面临的状况千差万别，只有地方才能切实有效地解决当地使用的问题。

2. 加快推进财税制度改革

目前，国家已经废除了新能源汽车地方目录，但是要根治地方保护，还需要推进财税制度改革。改革的基本原则应是合理平衡财权与事权，实现"取之于车、用之于车"。具体建议为：首先，减少车辆制造环节的税收，增大车辆使用环节的税收，让车辆使用地承担治理汽车社会问题的责任时，就应当赋予其相应的治理经费。其次，优化中央与地方之间的汽车税收分配制度，改变汽车税收过于集中在中央的现状。最后，设立专款专用制度，建立治理成效标准以及配套监管机制。要求汽车制造业领域征收的税收必须有足够比例直接用于改善交通环境及相关配套设施，例如对于新能源汽车，可明文要求用于充电基础设施建设。同时要有明确的治理目标，对于交通拥堵的改善情况、污染治理效果等，都应建立相关费用投入后的考核标准和配套监管机制。

3. 坚持市场第一，打通使用环节

解决地方保护问题的最终目的在于建立统一市场，确保新能源汽车产业能够顺利通过培育期。因此，应坚持市场第一原则，聚焦于解决新能源汽车使用环节的各种问题，这是消除地方保护不良影响的根本保障。为此笔者建议：

第一，要敢于动刀，直接破除地方保护。对于各种地方保护行为，凡不符合国家规定的，中央都应严格监管、取缔甚至处罚，杜绝"上有政策，下有对策"的阳奉阴违。同时建议尽快完全取消地方补贴，拿掉地方补贴保护伞，以保证国家的统一调控达到应有效果。而地方原应投入到补贴的资金，则应明令其投入到新能源汽车的基础设施建设及使用推广中，以利于产业的长远发展。

第二，专款专用，重点倾向使用环节。首先，建议新能源补贴对象逐步由生产者向运营者（如充电、停车等）转移，以加快打通使用环节。其次，新能源财政补贴应更多用于加强基础设施建设，同时，政府应统一充电标准、搭建服务平台，积聚各方力量共建充电设施。再次，各级政府在推广新能源汽车方面应"以身作则"，由政府掌控的车辆率先实现全面电动化，包括公共交通、公务车、团体用车及特种车等。最后，政府应鼓励新能源汽车运营、充电等方面的商业模式创新。像充电设施建设，仅靠政府的力量，无论是国家还是地方都难以承担，应通过政策调动社会各方资源来共同解决充电难题。

当前，中国新能源汽车产业正进入到全新发展阶段，急需建立公平统一的大市场，以优化资源配置，培育优势企业，形成核心竞争力。而地方保护导致市场割裂、产品分散，使优势企业难以脱颖而出。为此，建议政府从产生地方保护的经济根源出发，做好国家顶层设计，推行财税制度改革，并在市场第一原则下着力解决新能源汽车使用环节中的诸多难题，从而从根本上破除地方保护，保障中国新能源汽车产业的可持续发展。

[本文根据学术论文《中国新能源汽车产业地方保护问题及对策研究》精编整理；原论文发表于《科技管理研究》2018年第7期；署名作者：刘宗巍、赵福全（通信作者）、陈嘉瑶]

中国汽车产业税收分配机制剖析及改革建议

【精彩语句】

"相较于地方，中央获取了汽车制造业直接利税的绝大部分；相较于使用地，制造地获得了汽车制造业给地方财政带来的绝大部分税收。"

"由此，各地陷入了'争相引进发展汽车制造业，却限制汽车在本地使用'的怪圈，发展汽车产业与建设和谐汽车社会之间的矛盾正呈现日益激烈之势，而汽车产业本身和广大消费者都是直接的受害者。这对于未来汽车产业的可持续发展和城市交通问题的系统有效解决，都极其不利。"

"理想的汽车税制应当在促进汽车产业健康发展的同时，保障汽车社会的和谐有序，使地方有发达的基础设施可以满足汽车产业发展和百姓便捷出行的需要，并成为未来智能交通和智慧城市的重要组成部分。"

【编者按】

本文从现行税制切入，通过数据解析、综合研究和国际比较，深刻剖析了目前中国汽车产业税收分配机制在中央与地方之间、制造地与使用地之间，存在财权与事权严重失衡的问题，并明确指出这是发展汽车产业与建设和谐汽车社会的核心症结之一。为此，赵福全教授针对中国汽车税收机制给出了自己的四点建议，即合理分配中央与地方、制造地与使用地之间的汽车税收比例；中央向地方逐步适当适时下放税权；出台更明确的专款专用制度及监管机制；设立透明化的转移支付制度。这些措施将确保地方政府有足够的财力和动力治理汽车公害问题，彻底打破地方"一边引进车企、一边限制用车"的怪圈，为汽车产业和汽车社会的健康有序发展创造良好的外部环境。

当前，中国汽车业迎来了全球产业格局重构的重大历史机遇，为此，国家需要全面深化改革，以实现支柱产业的转型升级和经济结构的优化调整。其中，税制改革是一个重要方面。中国汽车产业税收分配机制，特别是中央与地方之间、不同地方之间在财权与事权间的博弈，一直对产业发展有直接的影响。对于汽车这样产值巨大的产业，地方政府为获得招商引资优势，往往通过土地批租、财政返还、财政贴息等方式展开税收优惠竞争；但在积极招商引资的同时，又常常施行限行限购措施，形成了一面鼓励汽车生产、一面限制汽车消费的矛盾状况。这在很大程度上是因为现行税收分配机制下，地方治理汽车社会问题缺乏足够的财力和动力。

当然，保障地方财政收入不能成为税收体系改革的唯一目标，税收的经济杠杆作用和市场调节功能更不能忽视。问题的关键在于，中国应重新审视汽车这类重要民生产业的税收分配机制，有效平衡好中央政府与地方政府之间的事权与财权，并且提升转移支付的规范化、透明化，促进地区间公共服务的合理化、均等化，从而为构建和谐汽车社会、做强汽车产业提供有力支撑。

一 汽车制造业利税分析

汽车制造是典型的制造业，对增值税、消费税、所得税都有贡献。此外，汽车产业的直接利税还包括车辆购置税、车船税。以下重点分析汽车利税的主要税种及其分配机制。

1. 汽车制造业直接利税在中央与地方间的分配比例

如图 2.23 所示，汽车制造业的直接利税有 15 项。国家税务总局的统计数据显示，2013 年汽车制造业直接利税合计高达 6510 亿元，其中车辆购置税、国内增值税、整车消费税、企业所得税为主要来源，分别带来 2596 亿元、1402 亿元、883 亿元、774 亿元的税收收入。

按照现行各类直接利税的法定分配规定，以 2013 年的税额数据为例，对四种主要税收的分配情况进行测算。其中，消费税和车辆购置税均为国家税，全部为中央收入；国内增值税，中央分成 75%，地方分成 25%；企业所得税，中央分成 60%，地方分成 40%。合计中央收入占 77%，地方收入占 23%，中央与地方的法定收入之比为 3.3:1。此处仅考虑了国内汽车制造业的直接利税，并未将上下游产业链利税及进出口环节计算在内。

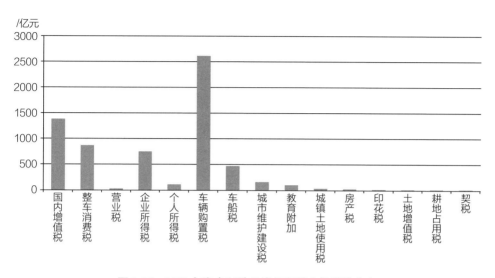

图 2.23　2013 年汽车制造业直接利税主体税种分布

当然，利税法定分配后，中央财政会对地方财政进行税收返还，具体比例是浮动的。不过统计显示，税收返还后，中央收入仍占 73%、地方占 27%，中央与地方的实际收入之比约为 2.7:1。此外，在某些情况下，地方需要将部分税收上解（财税术语，指地方财政按照有关法律法规或财政规定将部分收入直线划解给中央财政）中央，因此地方实际的税收收入额还会略小于上述统计结果。

上述分析表明，税收返还对汽车制造业直接利税在中央与地方间分配比例的影响较为微弱。无论是法定收入还是实际收入，中央税收收入占比均逾 70%。也就是说，中央获取了汽车制造业直接利税的绝大部分，中央财政在汽车制造业中的财权远大于地方财政。

2. 汽车制造业直接利税在不同地方间的分配比例

汽车制造业直接利税涉及生产、购置、保有、使用等多个环节，其中，地方政府的税收收入将在汽车制造地、消费地和使用地之间分配，而车辆消费地通常也是主要的使用地。因此，笔者直接分析和测算汽车制造业地方利税在制造地与使用地间的分配比例。

研究表明，中国汽车产品全生命周期的税收链条前重后轻，生产阶段的汽车税收收入明显高于购置、保有和使用阶段，因而制造地享受到汽车地方利税的大部分收入。同时，汽车使用地得不到设置在生产阶段的汽车消费税以及设置在消费阶段的车辆购置税（均属国家税），仅能获得数额极少的车船税收入和少部分的成品油相关税收。而汽车制造地的收入包括生产阶段全部的城市维护建设税、教育附加税、城镇土地使用税、企业员工个人所得税和地方企业所得税以及国内增值税中的地方分成部分。

相关统计结果显示，如果不计使用阶段成品油消费带来的流转税附加税和部分增值税收入，汽车制造业地方直接利税中，制造地收入占73%，使用地收入占27%，这说明制造地获得了汽车制造业给地方财政带来的绝大部分税收。

3. 汽车制造业直接利税的总体分配情况

进一步梳理并汇总汽车产品全生命周期即生产、购置、保有及使用各环节的直接税收分配情况，结果如图2.24所示。这里未考虑中央对地方财政比例不确定的返还，同时计入了燃油消费税及其增值税。

从图2.24可以看到：一方面，在汽车产业的相关利税中，中央收入占81%，而地方收入只占19%，地方所得尚不足中央的1/4；另一方面，由于在汽车产品生产及购置环节的税收占比高达67%，而保有及使用环节的税收仅有33%，这就导致使用地所得部分至多只相当于制造地的一半，且汽车保有及使用环节的税收并非一步到位，使用地要在车辆整个生命周期内逐步获得这部分税收。

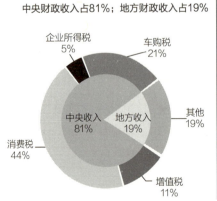
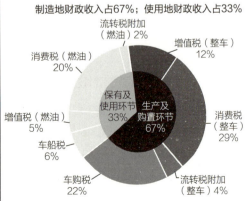

图2.24 汽车产品全生命周期税收分配分析

4. 汽车制造业间接利税简析

汽车制造业产业关联度高，流转环节众多，上下游的产业链体系几乎覆盖了民用工业的方方面面，如果将这些间接税收考虑在内，汽车产业利税总额将显著增加。例如，在应税消费品中，除了整车产品外，汽车产业还相应带动了成品油、汽车零部件等一系列消费税贡献。又如，一些合资品牌汽车产品需要进口主要部件，相应带动了进口关税、进口增值税收入。利税数额巨大的成品油消费与汽车产业息息相关，当前，中国每年新增石油消费量的70%以上被汽车所消耗，成品油产业中约1/3~1/2的利税来自汽车。

由于汽车产业相关的间接税收涉及其他众多产业，无法确切判定汽车产业在其中所覆盖的部分和关联的程度。同时，调整间接税收制度并不直接影响汽车产业本身，且将波及汽车之外的众多产业，需要更综合系统的考量和慎重稳妥的决策。因此，笔者下面的分析主要基于汽车制造业的直接利税展开。

二 中国汽车产业税收分配机制的问题剖析

政府的财政支出与税制结构间是双向互动的关系，税收收入制约了财政支出的规模，财政支出又反向要求有适当的税制结构与之适应，而各级政府的职能范围及实现方式决定了对税收收入总量的需求。在汽车产业中，中央与各地方政府均应具有相互匹配的财权与事权。按照这一标准，笔者进一步剖析汽车产业相关收入与支出之间存在的主要问题。

1. 汽车产业相关支出分析

前面分析了汽车利税分配即汽车产业相关收入的情况。而在支出方面，道路建设与养护是直接面向汽车产业的基建开销。总体上，中国公路建设采用"国家投资、地方筹资、社会融资、利用外资"的多元化投融资格局，其中地方筹资为主体，地方财政为公路建设及养护费用的主要承担者。中国公路体系中，绝大多数为普通非收费公路，而高速公路则普遍采取收费方式。

截至2014年底，中国收费公路里程为16.26万千米，占公路总里程446.39万千米的3.6%。收费公路年度收入为通行费收入，而支出包括还本付息支出、养护经费支出、运营管理支出、税费支出等，2014年收支缺口达到1571亿元。如果再将普通非收费公路的养护、管理等支出考虑在内，中国道路建设与养护的收支缺口还远不止于此。同时，近年来中国公路建设投资总额呈现稳步增长态势。而地方公共财政作为公路建设投资的主导力量，显然需要有相应的收入机制给予支撑。

2. 中央与地方在汽车产业财权与事权之间的矛盾

目前，中国的地方税体系是以营业税为主体税种、所得税为辅助税种的架构格局，尽管税种数量众多，但是税源分散、收入体量小，总体收入不足，因此重构地方税收体系成为当务之急。当前，国家在平衡中央地方汽车税收收支间已经采取了一些举措，具体主要包括以下三项。其一，税收返还，包括增值税和消费税返还、所得税基数返还等。不过，地方上解在很大程度上抵消了约21.2%的税收返还总额，并且税收返还没有专款专用等制度规定，税款流向并不明朗。客观上，税收返还数额仍显不足，效果不够理想。其二，以弥补原养路费损失为目的、属于一般性转移支付的成品油税费改革转移支付，2010—2013年的转移支付金额分别为350亿元、581亿元、610亿元、690亿元。其规模尚难以弥补愈趋扩大的道路收支赤字，基本不可能有盈余来补充其他开销。其三，包含在交通运输专项转移支付内的车辆购置税专项转移支付资金。自2010年起，国家引入了交通运输专项转移支付制度，主要覆盖公路建设及公路运输、水路运输和铁路运输，石油价格改革补贴，以及对城市公交、农村客运、出租车行业的补助等，并不局限于汽车产业。2011—2013年，交通运输专项转移支付金额年均为3000亿元左右。例如，2013年中央对地方的交通运输专项转移支付金额为3416亿元，其中包括车辆购置税资金2379亿元。对地方给予补助的措施，有利于促进交通运输业的健康发展，但目前还属于项目式运作，尚未在法律层面制度化。

从上述分析可知，仅收费公路的收支缺口就已经与地方财政当年的汽车直接利税规模相当，显然地方财政无力承担包括普通公路在内的所有道路的建设和养护费用。事实上，除了道路基建养护支出外，地方政府还需要承担治理环境污染和交通拥堵等方面的其他开销，这就更加"入不敷出"了。由于汽车制造业直接利税中的大部分上交国家，少量的税收返还也并未指定用于汽车产业发展和汽车社会建设上，且转移支付总体力度较为有限。因此，地方政府在汽车产业中的财权与事权是不均等的，这也是地方政府以治本方式解决交通拥堵、环境污染、停车资源紧缺等问题动力不足的主要原因之一。

3. 制造地与使用地在汽车产业财权与事权之间的矛盾

前述提到，汽车制造业地方直接利税分配结构是大部分的汽车利税集中于制造地，而只有少部分归入使用地。加之缺少专款专用制度，使用地政府在地方汽车税收体系中获益甚少。

在事权方面，制造地政府的产业管理集中在生产制造阶段的监管，并不直接涉及对汽车消费与使用的管理，且生产阶段的工厂污染是集中式的，易于直接管控。而使用地（消费地）政府则是面向汽车社会的"基层单元"，需要直面汽车消费与使用中引发的交通和环境等问题，这就需要对车辆的长期使用实施有效的管理并给予持续的投入。显然，汽车使用地政府承担了治理汽车社会问题的大部分责任。

客观上，汽车使用地政府从汽车市场增长中所得的税收收益最少，承担的管理任务最重，制造地与使用地在财权与事权上严重失衡。使用地政府迫切需要在汽车税收中"有'利'可图"、在解决汽车社会问题时"有钱可用"。

4. 地方在发展汽车产业与治理汽车社会问题之间的偏颇

在现有的汽车税收体系中，营业税、契税、土地增值税、耕地占用税、资源税、房产税和车船税等税种是法定的地方财政固定收入，但数额均较有限。与汽车制造高度相关的国内增值税、企业所得税、个人所得税、城市维护建设税、教育附加税、城镇土地使用税等，都是可以通过引入汽车企业额外争取到的财政收入，且其中包含主体税种，税收数额更多。这成为地方政府积极招商引资、争相上马汽车生产项目（尤其是整车项目）的直接推动力之一。甚至不乏地方政府为了吸引财源和拉高GDP而展开财税优惠竞争，如承诺低成本土地、定向执行财税返还和贴息贷款等。

从国家层面来看，一方面，各地采用补贴、财税优惠等方式"争抢"整车项目无益于产业的合理布局,甚至可能衍生产能过剩的风险。特别是相对于本土车企,实力更强、规模更大的合资车企,更受地方政府的欢迎,往往能够获得更大力度的支持和优惠,变相享受"超国民待遇"。这在一定程度上反而对本土车企构成了一种"隐性"的不公平竞争,对做强中国汽车产业产生负面影响。

另一方面,财权缺失导致使用地政府普遍倾向于采用简单直接的行政手段治理汽车社会问题,而非积极推进相关基础设施建设、持续完善城市规划。这是限购限行成为地方治理交通拥堵主要手段的原因所在。

由此,各地陷入了"争相引进发展汽车制造业,却限制汽车在本地使用"的怪圈,发展汽车产业与建设和谐汽车社会之间的矛盾正呈现日益激烈之势,而汽车产业本身和广大消费者都是直接的受害者。这对于未来汽车产业的可持续发展和城市交通问题的系统有效解决,都极其不利。

三 国际汽车税收及使用状况

实际上,税收应当充分体现"受益者负担"的公平原则是很多发达国家的共同经验和普遍共识。各国政府对汽车产业采用的税制各有不同,相关税收的用途也存在差异,但大都遵循着上述原则。

大部分欧洲国家对燃油征收重税。汽车产业高度发达的德国就以其高昂的燃油税而著称,其燃油税收入不仅可以覆盖道路建设支出,还可以用于支付义务养老金保险者的退休金支出。其他绝大部分欧盟国家,汽车税收收入均大于道路建设养护开销,即便计入治理空气污染、噪声和交通事故等其他外部成本,仍有超过一半的国家可以实现汽车税收盈余。

美国是分权为主的分税制国家,地方在生产、批发、销售环节均有销售税收入。此外,地方政府拥有地方燃油消费税税率的立法权,可以根据道路建设需要征收地方燃油税。不过,美国以极低的燃油税税负著称,加之高速公路基本不收费,燃油相关财政收入无法负担公路建设及养护支出。为此,每年美国财政投入超过 10000 亿美元资金用于道路建设维护与相关服务,足见政府的重视,美国能建成发达的汽车社会也在情理之中。

日本的汽车税制相对复杂，在主要涉及的税种中，汽车税、微型汽车税和汽车购置税（自 2015 年 10 月 1 日起，随着消费税税率提高而取消征收）都是地方税，汽车重量税为国家税。基于"受益者负担"的思想，日本政府规定汽车产业税收中的 7 种只能用于道路支出。上述税种的设置和税收的使用规定使日本汽车社会得以进入"汽车保有量扩大—税收增加—道路建设扩张—汽车保有量继续扩大"的正向循环。

四 结论与建议

税收作为政策法规中主要的经济调节手段之一，其重要作用不容忽视。当前，中国汽车税制在收入分配方面存在明显失衡，为了更好地满足经济和社会的发展需要，急需优化调整。

可以预见，构建和谐汽车社会、治理交通环境等多方面问题需要大量持续的开支。相应地，汽车产业利税应秉持"取之于车、用之于车"的原则，为这些开支提供有效的支撑。理想的汽车税制应当在促进汽车产业健康发展的同时，保障汽车社会的和谐有序，使地方有发达的基础设施可以满足汽车产业发展和百姓便捷出行的需要，并成为未来智能交通和智慧城市的重要组成部分。为此，中央应从宏观全局做好汽车税制的统筹规划，并适当下放税收权限，确保地方政府在汽车税收上拥有平衡的财权与事权，同时可以通过专款专用制度等为和谐汽车社会提供更好的公共服务。

基于当前中国汽车产业税制中央与地方、制造地与使用地之间事权与财权存在明显不平衡的问题，从支撑汽车产业早日实现转型升级的战略目标出发，笔者针对汽车产业税收分配机制改革，提出以下具体建议：

第一，通过税种结构变更、转移支付等方式合理分配中央与地方间汽车税收比例，为地方治理汽车社会问题提供必要的财力支持，确保和督促地方更积极地应对及解决汽车社会的各种挑战。同时，汽车税收应更侧重于车辆在保有及使用阶段的税收，且相关税种的设置应以地方税为主。

第二，中央向地方逐步适当适时下放税权。中国幅员辽阔，地方经济发展存在差异，产业结构、税源结构同样存在差异，统一的汽车税收体制未必具有普适的最佳效果。中央可以考虑适当给予部分地方政府设税权、税率调整权，以利于其因地制宜、更好地发挥税收的市场杠杆作用。如经济发达地区的地方政府可根据实际情况设立拥堵税，通过经济手段缓解交通压力，而地方人大也要发挥应有的监督效用，确保拥堵税真正用于解决交通拥堵问题。从这个意义上讲，合理的汽车税制改革完全可以带来地方政府积极治理交通拥堵和环境污染问题的全新局面。

第三，出台更明确的专款专用制度、治理成效要求以及配套的严格监管机制，有效使用和分配汽车产业税收，一方面保障地方政府掌握应有的财力，另一方面保障相关举措都能落实到位。如可借鉴日本对相关汽车税收的处理方式，将汽车税收定向用于道路建设、城市规划、停车设施扩建等基础工程上。唯有提升政府的公共服务水平，"用车难、停车难"的情况才能逐渐得到有效缓解。

第四，设立透明化的转移支付制度，将汽车产业相关利税更明确、清晰、合理地划拨给使用地政府。从国家层面统筹规划，合理配置财政资源，平衡制造地与使用地财权与事权之间的矛盾。地方在汽车生产阶段的税收应当逐步减少，而在使用阶段的税收则应有实质增加。同时，中央还可以考虑根据各地的汽车消费量和保有量，将部分汽车税收按比例返还地方。

［本文根据学术论文《中国汽车产业税收分配机制及改革策略》精编整理；原论文发表于《税务与经济》2016年第2期；署名作者：刘宗巍、王悦、郝瀚、赵福全（通信作者）］

第三部分　企业篇

颠覆性的改变取决于颠覆性的认识和持续的产业实践

【精彩语句】

"简单的'拼盘式创新'向复杂的'融合式创新'升级,前者只是把有限要素组合到一起的物理变化,类似于把各种原料放在了同一个拼盘里;而后者则是把诸多要素融合到一处并引发本质改变的化学变化,类似于用各种原料制成了'八宝粥',每样原料都还存在,但又都是不同的存在。"

"'千车千面'的关注重点在于汽车本身,这是物联网对汽车的全新赋能过程。'千人千面'的关注重点在于汽车使用过程中的所有服务,这是物联网对汽车的全新使能过程。赋能让汽车更好地被使能;使能则有益于汽车更好地被赋能。两者相互促进,共同让未来汽车作为'新物种'发挥更大的作用。"

"对于车企而言,真正重要的将不再是产品转型,而是必须由单一的产品提供者向综合的数据运营商进行转型。企业必须在智能汽车的打造、将客户变为用户并依靠用户赚钱、以及向移动出行服务商转型上做足功课。未来,汽车制造商之间的竞争最终将聚焦在'移动智能生活空间'的打造和运营上。"

"颠覆性的改变来源于颠覆性的创新,而颠覆性的创新来源于颠覆性的思维,其核心是颠覆性的认识。只有深刻洞察未来、真正具有颠覆性的认识,才能形成颠覆性的思维,并进行颠覆性的创新,最终才有可能在持续的产业实践中迎来颠覆性改变的美好未来。"

【编者按】

在这篇高屋建瓴的雄论中,赵福全教授从哲学高度的认识与实践论出发,深入浅出地阐述了自己关于产业重构如何发生、企业转型如何进行的精辟观点。赵教授明确指出:转型就是要"革"自己的命,体量大的产业和企业转型的实力更强,但转型的阻力也更大,因此大企业能否转型成功不是能力问题,而是认识问题。在人与机器智能共存的未来,应该是人更像人,机器更像机器；人类的智慧和机器的智能充分连接并有效组合，将使整个人类社会迈入前所未有的智能时代。而汽车将在这个时代中扮演极为重要的角色，成为推动物联网发展的最重要载体之一。同时，万物互联将彻底改变人对汽车的所有权和驾驶权。受此影响，未来汽车将不再是简单的产品，而是车辆、服务、端管云以及前后台连接组合起来的一个完整系统。今后汽车产业的大多数创新将来自于从1到N的组合创新和融合创新，并以此形成支撑汽车品牌及产品不同定位的差异化，因此企业的生存之道将是融合、开放和创新。而他贯穿全文的核心观点是，所有这些颠覆性的改变究竟能否以及何时实现，取决于颠覆性的认识和持续的产业实践。实际上，颠覆性的认识决定了我们能否坚持进行持续的产业实践；反过来，也只有在持续的产业实践中，我们的认识才能不断深化和升华。因此，认识的深度和实践的力度是企业最终抓住产业重构历史机遇的关键。

一　颠覆性的认识决定能否实现颠覆性的改变

我们身处产业全面重构的转型时代。转型是一场革命，但不是"革"别人的命，而是"革"自己的命。这话说起来容易，做起来很难。

当前，很多企业都意识到了非转型不可，也都在尝试着做出一些改变，可是一遇到加大投入、销量下滑等战术问题时，就开始怀疑自己的战略选择，不经意之间，又重新回到了原来的轨道上。实际上，正确的战略决策也需要正确的战术执行，如果因为还没找到正确的战术就否定了自己的战略决策，那永远也无法真正实现转型。

说到底，一切问题的根源都在于认识和实践。现在，很多人总把颠覆性的改变挂在嘴边，但不少人对这种颠覆性改变的认识还只是停留在概念上，或者局限于复述别人的信息。实际上，只有对本轮产业变革所带来的颠覆性改变有了超越常人的深刻理解和认识，才能有足够的决心和动力去进行相应的产业实践；而产业实践能否一直坚持下来，则取决于认识的深刻程度。反过来讲，也只有持续的产业实践，才能让认识一点一点逐步落地，并在实践中不断更新和加深自己的认识。最终实现认识和实践的辩证统一，迎来颠覆性的改变。

当然，在人类历史长河的大部分时间里，社会和产业的发展都是渐进式的，而且我们绝大多数人的常规思维方式也是渐进式的。然而，当革命性的改变发生之际，如果依然秉持渐进式的思维，完全不做颠覆性的思考，是很难坚持进行巨大而持续的投入来抓住颠覆性改变带来的历史机遇的，最终就会错失良机并付出超乎想象的代价。历史上很多案例也说明了这个道理。

从这个意义上讲，在面对巨变的时候，体量越大的产业和企业，转型的实力就越强，但是其转型的阻力也越大。因为规模大，惯性就大，要改变既有的发展轨道也就更难。同时，体量大的企业还存在着新旧业务重叠的问题，因为不可能一下子完全抛弃还在盈利的旧业务，结果是很多时候这些大企业看起来也做了不少新业务的投入，但骨子里其实还是旧思维在支配其发展战略。这其中的原因，既有大企业内部达成充分共识的艰难，也有平衡新旧业务时分散了企业资源所带来的挑战。

更重要的是，对于大企业而言，由于没有眼前的生存压力，往往很难感受到转型的迫切性，在变革大势下仍然保持渐进式发展，结果很容易变成"温水煮青蛙"，等到必须行动时已经错过了新业务培育和发展的最佳时机。正因如此，每次产业巨变都会给相对没有历史包袱、可以轻装上阵并愿意"殊死一搏"的后来者，提供更大的进入机遇。所谓"无产阶级革命最彻底"，也是同样的道理。

我认为，对于体量大的企业或产业，转型能否成功其实不是能力问题，而是认识问题。或许有人会问，没有能力怎么可能转型成功？因为有了正确的认识，就会产生转型的决心和动力，就会提高资源投入的力度和速度，这样就能逐步形成与转型相匹配的能力。更何况很多大企业本来就有很强的能力。反过来，即便原本有能力的企业，如果没有认识而不去行动，最终也难以抓住机会取得成功。这就是我想特别强调的观点，颠覆性的认识决定能否实现颠覆性的改变。

二 汽车将在未来的智能时代扮演极为重要的角色

那么，我们所处的时代究竟为何会发生颠覆性的改变呢？我认为，本质上驱动世界发生本轮颠覆性改变的是万物互联。未来的智能时代有三个要素，一是数据，二是互联，三是计算。数据是基础，人工智能是建立在数据之上的；互联是手段，使大量数据得以流动、汇聚和有效采集；计算是保障，强大的云端计算能力将有效分析处理各种数据，并挖掘出其中的巨大价值。由此可知，一方面，未来没有数据的企业将很难生存下去。即使企业本身产生的数据有限，也必须去寻找和应用数据；而与外部生态的互联互通，将有效推进企业数据的生产、流动与共享。因此，未来数字化、数据化及互联化将是企业参与竞争的基础和核心。

另一方面，在智能时代，机器的作用将越来越重要。对此，我们首先应该想清楚机器与人的区别。简单地说，机器具有智能，而人拥有智慧。智能其实就是对大量堆积知识的深度优化，而数据就是知识，数据越多，智能的程度就越高。因此，未来人的智能将不断受到机器的挑战。但是人类拥有创造性的智慧，这是机器永远不可能具备的。

基于此，智能时代的人和机器应该各司其长、分工协作。过去，人像机器一样，完成了大量机械性、重复性的工作；未来，机器要自主学习、提升能力，把这些工作做得更好。尽管机器应该像人一样聪明地工作，但是机器没必要追求完全像人一样工作，而是应聚焦于机器自身的优势，去做好它该做并且擅长做的各种工作。也就是说，未来的发展趋势应该是人更像人，机器更像机器。这一点已经越来越被很多专家认同。

在此前景下，人类和机器进入共生共荣的新时代已呈大势所趋。因此，人必须敬畏机器，学会与机器融合发展、各展其能。实际上，一台机器本身的智能作用有限，真正带来人类社会全面改变的将是万物互联下的智能联网。未来，人类的智慧和机器的智能将通过充分连接而有效组合。而互联的智能化与机器的智能化相互叠加，再加上人类智慧的引领和催化，将使整个人类社会由此迈入前所未有的智能时代。这也正是万物互联的无限潜力所在。尽管这个新的智能时代不会一蹴而就，但是它必将到来并逐渐改变我们曾经熟悉的一切。

而汽车将在这个智能时代里扮演极为重要的角色。因为无论是造车的人和物，还是用车的人和物，也包括与汽车相关的交通、能源、城市乃至社会的各种人和物，都将紧密地互联起来，使汽车成为未来万物互联下集大成的核心智能载体之一。

三 交叉、组合、融合是未来产业发展的大方向

当前，汽车产业面对的复杂局面已经远远超出本行业自身，这是本轮产业以及社会变革的必然结果。因为万物互联下各个行业的边界不再分明，颠覆往往来自外部，社会资源的优化重组不仅成为可能，而且将是必然。由此，原有的一切都将随之而变。社会及产业变革的内涵与企业的生存之道如图3.1所示。

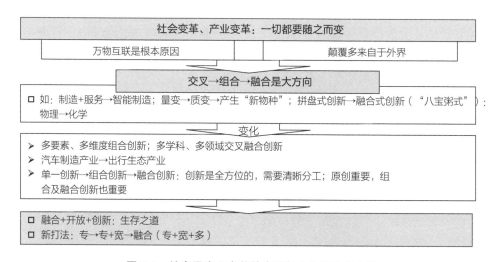

图3.1 社会及产业变革的内涵与企业的生存之道

在这种大势下，从交叉到组合再到融合将成为未来产业发展的大方向。其特征包括：一是"制造+服务"一体化升级，最终指向智能制造。二是原来量变积累到质变的渐进发展过程出现变化，由于关键新技术众多且相互交织，未来量变与质变将融为一体，导致质变随时都在发生。三是简单的"拼盘式创新"向复杂的"融合式创新"升级，前者只是把有限要素组合到一起的物理变化，类似于把各种原料放在了同一个拼盘里；而后者则是把诸多要素融合到一处并引发本质改变的化学变化，类似于用各种原料制成了"八宝粥"，每样原料都还存在，但又都是不同的存在。也就是说，融合创新将带给我们更多的机会，可以把原本熟悉的事物改造成"新物种"。

在众多产业相互交叉的情况下，多要素、多维度组合创新以及多学科、

多领域融合创新的新格局，将在汽车这样的复杂产业中更加凸显。由此，汽车制造产业也将升级为出行生态产业。过去，我们往往更强调单项创新；未来，组合创新尤其是融合创新可能更具颠覆性。这意味着未来创新一定是全方位的，既需要从0到1的原始创新，也需要通过组合及融合创新，把原始创新的价值发挥到最大。因此，未来创新更需要清晰分工，做原始创新、组合创新及融合创新的各类企业必须各司其职。在此过程中，汽车产业既需要高度关注从0到1的原始创新，并与相应的创新主体进行密切合作；也需要在从1到N的融合创新上下大功夫，为从0到1的创新提供应用平台。这是由汽车产业作为集大成者的载体性质决定的。

正因如此，面向未来，企业的生存之道将是融合、开放和创新。如果说过去我们主要需要做到"专"，那么未来我们至少必须做到既"专"又"宽"，而要想成为融合创新的主导者，我们则需要做到既"专"又"宽"且"多"。显然，这需要清晰的顶层设计和开放式的平台打造。

四 对众多核心技术进行有效重组是未来的核心竞争力

本轮产业全面重构将引发汽车核心能力的根本性转变。首先，智能汽车将云集人类几乎全部的下一代先进技术。未来汽车产业将会涉及各种先进技术，包括但不限于联网平台、云技术、5G、AI算法及芯片、OTA（空中下载）、人工智能、语音和图像处理、自动驾驶、汽车操作系统、高精地图、数字孪生技术、AR/VR技术、新能源、新材料、新工艺等。

其次，企业要想在未来产业的新格局中占据一席之地，掌控某领域的核心技术只是必要条件，而非充分条件。没有独特核心技术的企业根本没有条件参与未来的竞争与合作，但是只凭借自己拥有的核心技术远不能确保胜出，甚至无法完成技术价值的转化。事实上，没有任何企业乃至产业能够掌控上述全部的先进技术。因此，对各种核心技术进行有效重组的软实力，将成为企业构筑未来核心竞争力的关键。

最后，我们必须充分认识到，不同于传统机电一体化的汽车，未来汽车将成为新一代数字技术的集大成者。可以推断，今后汽车产业的大多数创新应该来自于从1到N的组合创新和融合创新。即企业基于新一代数字化技术，在其产生影响的诸多领域内不断积累数据、完善技术,并进行有效的组合及融合,最终由此形成支撑汽车品牌及产品不同定位的差异化。

面对产业重构,所有汽车产业的决策者和从业者,都应该认真思考,如何才能看清产业未来的终局,然后以终为始,根据各自的客观情况,有针对性地制定转型发展战略,并坚定不移地狠抓执行。而看清未来、坚定执行,意味着我们需要做"升维"的系统思考,以指引"降维"的精准行动。

五 汽车是推动物联网发展的最重要载体之一

如前所述,从互联网到物联网,人类社会正在经历一场空前的重大变革。互联网改变了人与人之间的交流方式;而物联网则把物与物连接在了一起。这些人造物在数字化后,可以基于万物互联实现海量信息(数据)的高速传递,再由分析处理信息的计算技术予以深度赋能,使其具有完成相应任务的人工智能。正因如此,未来的一切都将和原来完全不同,大部分人造物都将实时在线,并拥有不断升级的能力。

而汽车产业和产品的特点决定了汽车对于物联网来说,将是最大、最难也最重要的应用载体之一。如图3.2所示,一方面,汽车自身必须实现互联。从智能制造体系中的设备、材料,到智能汽车产品上的零部件,再到汽车使用过程中的运行数据,所有这些要素连接起来,再通过人工智能进行优化,是未来汽车形成各种不同属性和表现的基础,"千车千面"由此成为可能。"千车千面"的关注重点在于汽车本身,这是物联网对汽车的全新使能过程。

另一方面,汽车必须与外界实现互联。未来汽车将与外界生态完全打通,充分连接交通环境、能源设施、城市大脑以及各种增值服务,并基于大数据分析,为每一个用户提供不同的个性化服务组合,从而实现"千人千面"。"千人千面"的关注重点不在于汽车本身,而在于汽车使用过程中的所有服务,这是物联网对汽车的全新赋能过程。

使能和赋能既有本质区别,又有紧密关系。赋能让汽车更好地被使能;使能则有益于汽车更好地被赋能。两者相互促进,共同让未来全新的汽车作为"新物种"发挥更大的作用。

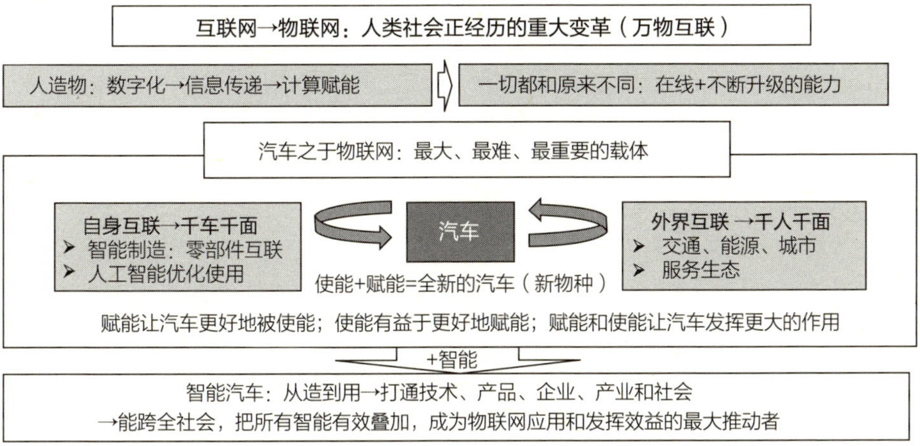

```
┌─────────────────────────────────────────────────────────────────┐
│         互联网→物联网：人类社会正经历的重大变革（万物互联）              │
└─────────────────────────────────────────────────────────────────┘
┌──────────────────────────────┐  ┌──────────────────────────────┐
│ 人造物：数字化→信息传递→计算赋能 │  │ 一切都和原来不同：在线+不断升级的能力 │
└──────────────────────────────┘  └──────────────────────────────┘
          ┌─────────────────────────────────────────┐
          │   汽车之于物联网：最大、最难、最重要的载体    │
          └─────────────────────────────────────────┘
  ┌──────────────────┐   ⟲        ⟳   ┌──────────────────┐
  │ 自身互联→千车千面  │       汽车       │ 外界互联→千人千面  │
  │ ▸ 智能制造：零部件互联│              │ ▸ 交通、能源、城市 │
  │ ▸ 人工智能优化使用 │                │ ▸ 服务生态         │
  └──────────────────┘   使能+赋能=全新的汽车（新物种）└──────────────────┘
        赋能让汽车更好地被使能；使能有益于更好地赋能；赋能和使能让汽车发挥更大的作用
                                  +智能
┌─────────────────────────────────────────────────────────────────┐
│ 智能汽车：从造到用→打通技术、产品、企业、产业和社会                    │
│ →能跨全社会，把所有智能有效叠加，成为物联网应用和发挥效益的最大推动者    │
└─────────────────────────────────────────────────────────────────┘
```

图 3.2　物联网对汽车的赋能使能作用以及汽车对物联网的载体推动价值

由此，智能汽车从制造到使用的全过程，将彻底打通技术、产品、企业、产业乃至整个社会。而能够横跨全社会、把不同层面的各种智能有效叠加在一起的未来汽车，无疑是物联网得到广泛应用并充分发挥效益的最大推动者之一。

六　汽车所有权和驾驶权的改变带来产业颠覆性的改变

纵观汽车产业的发展史，人对汽车的所有权和驾驶权是汽车产业发展至今的基础。到目前为止，我们对汽车品牌、功能、性能等所有属性的追求，基本都是由这两种属性所决定的。而在万物互联的时代，汽车共享的不断普及以及自动驾驶技术的广泛应用，将改变人对汽车所有权和驾驶权的要求，进而给汽车产业带来颠覆性的改变。

未来汽车将不再是一个孤立的产品，它既包括车辆本身，也包括围绕车辆提供的所有服务，而这些服务必须基于端管云充分打通，实现前台使用与后台服务的有效连接。显然，如果没有整个系统的支撑，汽车产品就是不健全的。也就是说，未来汽车产品将是车辆、服务、端管云以及前后台连接有效组合起来的一个完整系统。

在这种变化下，我们对智能汽车必须有准确的认识。汽车智能化是一个大概念，既包含车辆本身的智能化，也包含制造、使用、道路、环境、能源等多个方面的智能化。现在很多人把车联网简单理解为一种产品技术或者提升用户体验的一种手段，我认为这是对智能网联汽车的误解。车联网的价值远非如此，它实际上是未来汽车产业建立新型商业模式并进入智能出行生态的黏结剂和催化剂。

面对生态化的未来汽车产品及服务，单个市场主体根本无法解决产业重构的诸多系统性问题。例如，如果周围的环境、设施、地图以及连接不提供支撑，任何一家企业都很难打造出真正意义上的高等级自动驾驶汽车。因此，未来全新的汽车产业，一定会形成开放的平台和生态，因为谁都无法在封闭的体系里独自生存，也就更谈不上发展了。实际上，未来汽车的制造与使用环境都将是充分开放与紧密合作的。在这个大平台上，一方面，任何企业都离不开与其他企业的互联合作；另一方面，少了哪家企业都无所谓，因为缺少的仅仅是一个点，而且空缺很快就会被竞争对手填补上。未来不会有谁能够主导一切，想要独吞独占的企业很难赢得未来。尤其需要强调的是，发展智能汽车还必须构建车路网云协同体系，这绝对不是单纯的技术和商业模式问题，而是需要政府、行业、企业多方主体共同努力来打造有效联动发展的有机体。

七　未来竞争将聚焦于"移动智能生活空间"的打造与运营

面对万物互联的未来图景，汽车企业到底应该如何转型升级呢？不同企业给出的答案可能有所不同，但是有一点非常关键——当数据成为第一生产力的时代到来之际，对于车企而言，真正重要的将不再是产品转型，而是必须由单一的产品提供者向综合的数据运营商进行转型。企业必须在智能汽车的打造、将客户变为用户并依靠用户赚钱以及向移动出行服务商转型上做足功课。未来，汽车制造商之间的竞争最终将聚焦在"移动智能生活空间"的打造和运营上。企业只有从移动生活服务商、智能机器运营商的角度，为用户创造全新的空间和体验，才能真正抓住万物互联引发汽车产业颠覆性改变的历史机遇。

此外，当我们面对产业重构时，除了看到智能汽车带给消费者的利益外，是否同时看到了其带给社会的巨大价值？当消费者从汽车产品购买者的客户转变为出行服务使用者的用户时，我们是否认真思考过客户与用户在产品及服务的收费方式上应该有什么不同？如果我们没有理清智能汽车的个人价值、社会价值以及拥有价值、使用价值之间的关系，又如何处理其社会成本、企业成本以及购买成本、使用成本之间的关系？要知道，这些成本要素恰恰决定了智能汽车产业化进程中投入与产出的合理分配，否则我们如何确保巨大的资本投入能够获得有效的商业回报？而没有足够的资本投入，又如何推动颠覆性的改变早日到来？类似的问题在本轮产业重构中比比皆是，无不说明颠覆性的改变是由颠覆性的认识带来的。下面举几个例子，从不同的角度进行讨论。

其一，当自动驾驶使汽车成为智能移动空间的时候，汽车的价值就不应该仅仅基于车辆本身来考虑了。就像过去只能通话和发短信的手机，与现在具备很多功能的智能手机相比，两者的价值相去甚远。智能手机不只可以完成通信，还提供了消费者日常生活中太多的功用和服务，有些专家甚至认为智能手机已经变成了人类的一个新"器官"。因此，智能手机的成本远不是手机通话功能本身所能决定的，这也是消费者愿意为一部昂贵的智能手机买单的根本原因。我相信，当汽车发展成为智能移动空间时，消费者也一定会像购买智能手机一样，为智能汽车的全新价值付费。问题在于，我们是否已经认识到了汽车应该成为未来的智能移动空间，如果没有这样深刻的认识，汽车成为智能移动空间这个颠覆性的改变可能永远都不会发生。

其二，当汽车企业努力实现从客户思维向用户思维转变的时候，我们必须清楚地认识到，客户思维的本质是一次性购买；用户思维则意味着在产品使用的全过程中，使用者按照自己的需求付费，而企业按照所提供的服务收费。从购买向使用收费的转变，不仅可以大幅降低消费者对智能网联等高成本新技术的接受门槛，而且也会让企业更好地理解市场，按照消费者的需求和期待精准导入有竞争力的产品及服务。而这种颠覆性的改变同样源自我们对客户与用户本质不同的深刻认识，只有具备了这种深刻的认识，才会真正投入资源去尝试实现这种颠覆性的改变。

同时，当企业从客户思维向用户思维转变时，还必须实现从替客户做出选择到为用户提供选择的升级。未来，本地化的车联网服务将成为丰富用户选择、形成品牌差异的核心要素。因此我认为,未来的汽车将具有浓郁的区域特色,一款产品卖遍全世界的时代将成为过去。也就是说,未来汽车企业、产品及服务之间实现差异化的核心,一定是在多场景下的个性化、情感化呈现,即所谓"千人千面"和"千车千面"的用户体验。我们只有深刻认识到这样的前景,才会为之努力,最终促进差异化明显的王牌汽车产品及服务早日成为现实。

其三,当汽车真正实现高度智能化的时候,我们还必须认识到,未来智能汽车既要充分考虑用户收益,也要全面评估社会价值。对此,我们专门进行过相关研究,一旦构建起支撑智能汽车高效运行的智能交通环境,将会有效改善行车安全、交通效率、能源消耗和环境污染等问题,从而给国家带来巨大的经济和社会效益。而车路协同的智能一体化发展,将为汽车提供有效的智能行驶环境,极大降低智能汽车的开发、购买以及使用成本,加速推进智能汽车的产业化进程。因此,政府理应成为智能汽车发展的坚定推动力量,尤其要在智慧城市建设的过程中,为智能汽车的有效落地进行战略性布局,并提供硬软件和相关法律法规的支撑。显然,这样的决心与行动,也需要深刻的认识先行到位。

八 颠覆性认识是颠覆性创新的前提与核心

通过以上分析,我们可以看到,颠覆性的改变来源于颠覆性的创新,而颠覆性的创新来源于颠覆性的思维,其核心是颠覆性的认识。只有深刻洞察未来、真正具有颠覆性的认识,才能形成颠覆性的思维,并进行颠覆性的创新,最终才有可能在持续的产业实践中迎来颠覆性改变的美好未来。三者的辩证关系如图 3.3 所示。

在这个过程中,一方面,我们必须敢于否定自己,这样才有可能改变自己,而否定自己的勇气源自对未来的深刻洞见和认识。另一方面,我们还必须坚决采取行动且始终毫不动摇,这样的定力则取决于对未来认识的深刻程度。因此,改变认识是实现自我改变并快速行动的前提和基础。就像一些颇具潜力的新技术,只有对其价值形成了颠覆性的认识,充分理解了这些技术可能带来的颠覆性改变,企业才会不断加大研发投入,才会在遇到困难时坚持下去，最终才能实现突破，从而让这些技术在企业的创新发展中发挥关键作用。

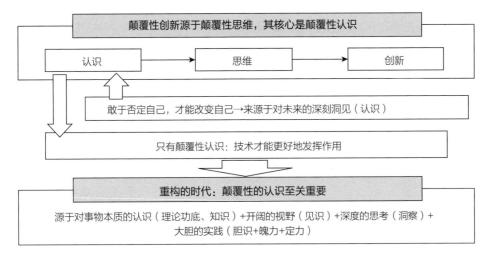

图 3.3　颠覆性认识、思维与创新的辩证关系

当前，我们正处在社会和产业重构的变革时代，颠覆性的认识将比以往任何时候都更加重要。而颠覆性的认识源于对事物本质的认识，这需要深厚的理论功底和丰富的知识储备；源于开放广阔的视野和非同寻常的见识；源于深度的思考以及由此形成的敏锐洞察力；更源于大胆的实践，其挑战的是我们的胆识、魄力与定力。

总之，要想成为颠覆性改变的重要参与者和最终受益者，我们必须拥有颠覆性的认识，并在此指引下进行持续的产业实践。最终，颠覆性的改变也将由于我们的颠覆性认识及持续的产业实践而加快到来。

（本文根据赵福全教授 2019 年 10 月 24 日在"2019 年第六届全球汽车人才联合年会暨'中国拥抱世界'汽车产业创新论坛"上的主题演讲整理）

中国汽车为什么没有世界品牌？

【精彩语句】

"国家应站在可持续发展的战略高度，而不只限于汽车产业本身来谋划布局未来的汽车产业，在能源、环境、交通、城市规划、制造业升级以及消费者引导等各个方面，形成多位一体的系统联动，并在汽车产业链条上进行合理的布局与分工，全力抢占汽车这一事关未来国运的战略制高点。"

"国家必须进行有效的平衡，让全社会对于未来汽车产业发展的期待和热情有序释放，避免短期过热投资、过度投资、盲目投资，这一点至关重要。"

"我们必须思考，未来主导汽车产业格局的企业到底以什么作为核心竞争力，汽车生态将呈现怎样一种情形，不同的汽车企业在全新的生态中将各自以什么形式存在，它们的规模如何，具备哪些能力，彼此之间以及和整个社会之间将是什么样的关系。"

【编者按】

"汽车志汇"公众号怡雪女士特别约访赵福全教授，双方进行了深度交流。由于内容非常丰富，怡雪女士调整了原来发表一篇专访文章的计划，而是连续推出了四篇系列文章，本文是其中的第一篇。赵福全教授在文中再次强调了政府在推进汽车强国建设中的使命与责任，他特别指出国家战略要看需求而非能力，对于新时期重要度更趋提升的汽车产业，国家必须从全局高度出发，跨产业、跨领域地系统谋划、前瞻布局、合理分工，并尽最大努力确保相关战略的有效落地。

怡雪：中国汽车产业目前存在的最大问题是什么？

赵福全：中国汽车产业面临的最大问题，是国家对于汽车产业的定位仍不够清晰、战略还存在缺失。汽车产业在整个国家大战略里到底是什么定位？中国汽车产业到底应该怎样发展？如何实现汽车强国与和谐汽车社会？之前也出台了"中国制造2025",近期又发布了《汽车产业中长期发展规划》,总体来说,政府对汽车的认识有所增强,但我认为还远远不够。

首先,汽车业是制造业的集大成者,是最具综合性的支柱性产业,是中国建设制造强国的载体、龙头和抓手。纵观全球,汽车强国无不是制造强国。实际上,中国制造业发展遇到的诸多共性问题,如整体上大而不强的问题,没有世界品牌的问题,亟待从量的竞争向质的竞争转变的问题等,也都是汽车行业迫切需要解决的问题。理应通过汽车这种大产业解决这些问题,进而带动和实现全局问题的解决。

可以说,如果汽车产业不能做强,那么中国制造业就很难做强。然而,像汽车这样重要的产业,当初进入"中国制造2025"重点领域竟然还有争议。很难设想在中国建设制造强国的征途中,没有汽车作为载体要如何才能系统全面有效地推进。

当今,国家之间的竞争早已不是简单的军事竞争,而是经济、信息、金融等的全面竞争。从这个角度来看,汽车产业链条长、涉及范围广,几乎与经济、信息、金融等方方面面都息息相关。这既更进一步说明了汽车产业的重要性,同时也要求汽车产业的发展战略不能只限于汽车本身。究竟哪些工作是汽车产业应该做的,哪些工作只能依靠其他产业来做,彼此之间又要怎样互动,这个问题显然需要国家意志和全局考虑。然而,国家在这方面的系统的应对政策却不多。

还有供应链问题,汽车产业要想做强,供应链不强是不行的。但是这些供应链企业到底缺什么支持,国家为供应链的打造做了什么,又有哪些清晰的政策指引?

在新能源汽车方面,国家确实投入了很多精力,目前我们已经做到了全世界规模最大。但是现在新能源汽车企业又开始搞合资,中国允许新能源汽车企业合资的目的到底是什么呢?我们是要把中国的新能源汽车产业做强,还是要解决外国企业在中国发展新能源汽车的资质问题,又或者是为了帮助外企解燃眉之急?

国内有那么多想进入新能源汽车领域的企业,却被资质卡住进不来,现在反而允许外资自由进入。许多外资企业都在谋划在中国如何做新能源汽车企业合资，说暗流涌动一点都不为过。国家为外企打开了一扇门，却只给自己的企业留一条门缝。

在智能网联汽车方面，这是一个产业生态问题，并且不只是汽车产业的产业生态，也不只是"汽车＋互联网"的产业生态，而是与智能交通体系、智慧城市规划、智慧能源以及信息通信产业布局等息息相关，整个汽车文明都将因此发生改变，这是全世界公认的重大战略机遇。

正因如此，国家理应站在可持续发展的战略高度，而不只限于汽车产业本身来谋划布局未来的汽车产业。应在能源、环境、交通、城市规划、制造业升级以及消费者引导等各个方面，形成多位一体的系统联动，并在汽车产业链条上进行合理的布局与分工，全力抢占汽车这一事关未来国运的战略制高点。

从国家已经出台的《汽车产业中长期发展规划》来看，战略定位是较高的，讲得也比较全面，但是谁在落实，谁在协调，又有谁在持续思考和探索？汽车强国显然不是一个部门能够解决得了的问题，相关部委都有统一的认识和一致的行动吗？战略也不只是个目标，更是一个执行落实目标的过程，否则就等于没有战略。不是大家一起喊汽车强国，我们就能实现。战略要有定位，更要有举措，落实到具体的战术执行上，这样才能达到填平缺陷、补齐短板，进而实现赶超的目的。

我曾经在研究中专门给汽车强国下过定义：即必须以本土企业为主体，形成自主的完整产业链，自主掌控核心技术，产生有世界级影响力的品牌，在全球范围内拥有一定的市场份额。这是汽车强国的五大标志性指标。

在本土企业中，民营企业主要依靠自己的力量在不懈努力，取得了不错的成绩。但应该看到，真正掌握着大部分产业资源的，包括国家资源、人才资源、资金资源等，还是国有企业。因此，国企如何释放自身的创造力，在自主创新上不断突破是非常关键的，这就牵涉到国企体制和机制改革的问题。而这方面的举措同样还是步子太小太慢。

此外，面对产业未来发展的战略机遇，如何做好加快产业发展和避免投资过热的平衡？目前无论是地方政府，还是金融机构，包括民间的资本，都存在盲目投资的倾向。如果投入巨大，却大都是低层次的重复建设，没有真正形成优质产能，这对国家资源将是严重的浪费，但严加限制又可能扼杀产业发展的活力。因此，国家必须进行有效的平衡，让全社会对于未来汽车产业发展的期待和热情有序释放，避免短期过热投资、过度投资、盲目投资，这一点至关重要。

前段时间，我参加世界智能出行大会，和一位很资深的外国专家交流。他说，你们中国每家企业单个来看都很厉害，但是所有的资源都是分散的，如果能够形成合力的话，那么别说 L3 级别的自动驾驶，就是 L4、L5 级别的自动驾驶也早做出来了。

当前，汽车产业正在经历深刻重构，产业边界渐趋模糊，汽车与信息、交通、能源、环境等产业相互交融、难分彼此，同时又涉及更为复杂的政策体系和法规标准等问题。比如无人驾驶汽车，如果出了交通事故，不仅涉及法律问题，甚至也涉及伦理道德的问题，这都是汽车产业前所未有的新挑战。

面向未来的万物互联时代，某一项技术、某一家企业都不会是决定性的，只有把所有资源整合到一起，在同一个平台上集成才能实现有竞争力的最佳组合。这种平台涉及大量信息，也涉及大量资源，从国家安全角度讲必须掌握在自己手里，因此在未来的产业发展进程中，国家的力量会倍加凸显。

实际上，全世界都认为中国的机会最大，我们有自己的北斗系统，将按照自己的标准和节奏发展 5G，有领先的信息通信产业巨头，有强有力的政府，这些都是新形势下建设汽车强国的有利条件。问题在于这些优势如何系统整合？特别是政府到底应该如何发挥全局性和先导性作用？最近美国国会已经立法支持自动驾驶汽车上路了，我们的自动驾驶却仍然苦于无法合法路试。

中国拥有强势的政府，这是我们的体制优势，在跨界融合成为必然趋势的前景下，这个优势正变得越来越重要。不过体制优势其实是双刃剑，如果国家还是基于原来的思路按部就班地做事，反而会阻碍产业的创新发展，我们有可能会错失新一轮科技革命所带来的战略机遇。

怡雪：请预测一下中国汽车赶上欧美发达国家的可能性和所需的时间，新能源汽车的兴起是否会让中国提前赶上发达国家？

赵福全：中国应该也必须赶上发达国家，这既是国民强烈的诉求，也是国家最根本的战略。国家战略是不能用能力来衡量的，必须根据需求来决定。如果有需求，即使没有能力，也要想尽一切办法提升能力、创造条件去做！如果没有需求，即使有能力，也不应该去做。当年"一穷二白"的中国坚持发展出"两弹一星"就是这个道理。

正像我前面谈到的，如果没有汽车强国的支撑，那么中国建设制造强国就是空中楼阁；反过来，如果没有制造强国作为战略驱动，那么汽车强国也不可能实现。而强国必先强企，国家要给本土企业创造有利条件加快做强，本土企业也要带着使命感来加倍努力。试想，中国如果诞生几家如丰田、大众、通用这种水准的本土企业，汽车产业乃至整个制造业不就自然做强了吗？

发展汽车产业需要支持，更需要耐心，我们不能过分高估自己现在的状态。虽然国内市场占有率超过四成，但其实本土企业无论是品牌的溢价力、支撑品牌背后的核心技术掌控力，还是经营管理水平、体系完备程度，以及供应链上核心零部件的受控度，都还有很大的差距。对于企业而言，这种差距是全方位的，包括研发、质量、采购、营销和服务等各个业务板块。和过去相比，本土企业整体上已经有了大幅提升，但是与世界一流企业相比，我们的差距仍然不小。特别是在品牌、管理体系、国际化、核心技术以及前瞻技术等方面，还相去甚远。我们不抓紧弥补这些差距，是谈不上超越人家的。

现在规模逼近甚至突破百万辆级的本土企业越来越多了，但是和丰田、大众、通用这种千万辆级别的企业相比，我们还需要相当漫长的发展过程。我们从十万辆做到一百万辆花了这么长的时间，从一百万辆做到一千万辆的挑战是可以想象的。

而且本土企业还主要是依赖中国市场，虽然中国汽车市场是全球最大的市场，但也只是世界市场的1/4，外面的空间更为广阔。不能在国外市场特别是发达国家市场上占据一席之地的企业，显然就算不上是世界级的强企。

在新一轮科技革命来临之际，产业重构带给中国赶超世界先进水平的绝佳机会。因为未来的汽车产业、产品、技术、应用场景和商业模式都将发生改变，原有核心技术的重要性在不断弱化，甚至可能逐渐成为企业转型的沉没成本。

现在的汽车已经不是简单的机械产品了，而是包含着大量的电子成分，未来这部分"软"的成分比重还将大大提升，可能会超过50%。甚至有人认为，未来汽车主要将是由软件而非硬件来定义的。

在这种前景下，我们必须思考，未来主导汽车产业格局的企业到底以什么作为核心竞争力，汽车生态将呈现怎样一种情形，不同的汽车企业在全新的生态中将各自以什么形式存在，它们的规模如何，具备哪些能力，彼此之间以及和整个社会之间将是什么样的关系。

例如，未来出行将作为服务存在，因此汽车企业的使命已经不再是造车那么单一，必须更多地考虑用车服务。未来汽车企业究竟是成为造车企业还是用车企业，或者合二为一？这些问题不能只由企业思考和谋划，也需要国家层面来思考和谋划。

在能源革命与万物互联的时代，人类在变，社会在变，产业也在变。新能源汽车与智能网联汽车将给中国带来绝佳的机会，利用这次良机，发挥后发优势，充分梳理清楚、思考明白后，走一条不太一样的路，这可能是中国汽车产业诞生世界级品牌的最大机遇。

（本文根据"汽车志汇"公众号2017年9月25日"赵福全聊汽车"专访整理）

自主品牌车企迎来历史机遇

【精彩语句】

"本轮汽车产业的变革重构是全方位的,主要体现为:产品形态重新定义;制造体系整体升级;产业生态全面创新;产业格局发生重塑。"

"产业重构后的最终赢家将是这样一些类型的企业:创新型企业,也可以是中小企业;科技型企业,能够掌控关键核心技术;差异型企业,关键是要与众不同,能够提供增值服务;融合型企业,能够有效集成、凝聚合力;平台型企业,即产业的集大成者,提供平台管理和支持服务。"

【编者按】

赵福全教授在本文中指出,产业全面变革的重构期,将为自主品牌车企带来前所未有的重要机遇。具体体现在:纵向上的能源革命、智能网联革命和全新产业生态,以及横向上的本土作战、国家资源和品牌重塑。赵教授同时也对未来产业重构后的最终赢家进行了预测,并给出了企业转型升级的两个方向。

一 汽车产业进入全面变革的特殊时期

当前,汽车产业进入全面变革的特殊时期,这既带来了前所未有的机遇,也带来了前所未有的挑战。对于汽车企业而言,从外部看,新一轮科技革命将使汽车的内涵得到空前扩展,互联网、大数据、云计算、人工智能、3D打印都已进入汽车领域,汽车产业必将随之发生重大变革;从内部看,汽车产业的可持续发展面临的约束日益凸显,如能耗、污染、拥堵和行车安全等,这也倒逼汽车产业必须转型升级,才能继续更好地服务于人类。

应该说,本轮汽车产业的变革重构是全方位的,主要体现为:其一,产品形态重新定义,未来的汽车产品将越来越呈现出"新能源+智能网联"的属性。其二,制造体系整体升级,大规模定制化的智能制造体系,将是"智能工厂+智能物流+智能服务"的集合体。其三,产业生态全面创新,线型垂直产业链向网状交叉生态圈转变,这是技术+产品+体验+商业模式+应用场景的多维革新与立体重构。其四,产业格局发生重塑,包括汽车与信息产业深度融合、产业价值链发生转移、"制造+服务"成为升级方向、产业边界渐趋模糊等。

二 新时期中国自主品牌车企的历史机遇

由此,中国自主品牌车企将迎来历史性的战略机遇,可以概括为纵向和横向六个方面。

从纵向角度看,一是能源革命:部分传统核心技术重要度下降,这对相对落后的自主品牌车企而言等于缩小了与世界巨头之间的差距;同时,在新兴的"三电"等核心技术上,国内外大体上是同步的,或者至少差距相对较小;此外,在新基础设施的建设以及不同应用场景的把握等方面,也更有利于本土企业在中国市场上深耕细作。

二是智能网联革命:智能网联汽车与汽车智能制造并行双向升级,同时还涉及全新的基础设施,以及类似于汽车共享这样的全新使用模式。这些变化对后发者更为有利。

三是全新产业生态:"智慧城市+智慧能源+智能交通+智能汽车+智能制造",共同构成未来的智能社会;"新产业+新模式+新文化+新人类",一起催生新社会和新文明。这将为自主品牌创造出更多后发赶超的机遇。

从横向角度看,一是本土作战:在规模上,全球第一的中国市场未来必将引领全球趋势,而自主品牌车企更了解和贴近本土消费者和文化;在资源上,未来没有任何企业能够完全掌控所需的多方资源,跨界融合、资源组合将成为必然,而自主品牌车企与不同领域的大量本土资源开展合作更具先天优势。

二是国家资源:汽车产业与信息产业正在深度融合中,原本与汽车无关的信息通信技术以及相关的产业安全保障,成为未来汽车产业发展的重大机遇。外方很难主导的5G、北斗导航等技术成为发展汽车产业的必需,这些技术都是国家主导控制的关键资源;而未来可能出现的产业平台公司,既是连接消费者与生产资源的制造平台,更是连接智慧城市、智能交通、智慧能源以及大数据管理等的枢纽与核心。这种平台公司同样需要与国家的公共资源紧密对接,因此更有利于本土企业参与和掌控。

三是品牌重塑:一方面,原有的品牌价值很可能出现变数,由于汽车共享等因素,基于产品本身的品牌差异与区分将会弱化,面向出行服务的汽车使用者不会像今天的汽车拥有者那样追捧品牌;另一方面,品牌内涵也在发生变化,硬件价值不断下降,软件定义汽车将成为品牌的核心内涵,后发者可以借机重塑品牌形象;此外,互联网时代也给新品牌迅速崛起创造了更大的可能。

三 未来汽车企业转型升级的主要方向

我认为,产业重构后的最终赢家将是这样一些类型的企业:创新型企业,也可以是中小企业;科技型企业,能够掌控关键核心技术;差异型企业,关键是要与众不同,能够提供增值服务;融合型企业,能够有效集成、凝聚合力;平台型企业,即产业的集大成者,提供平台管理和支持服务,类似于今天的阿里,本身并不卖货,却成为千千万万商家依赖的平台,未来的汽车产业平台公司也不一定自己造车,而是能够把造车及用车的各方资源有效地连接集聚在一起。

对于汽车企业来说,转型升级的发展方向主要有两个:一是谋求成为产业平台公司,二是努力成为掌握独特技术诀窍、可以满足个性需求的公司。希望自主品牌车企能够把握住产业重构的历史机遇,诞生出更多的世界强企,支撑汽车强国与和谐汽车社会战略目标的最终实现!

(本文根据赵福全教授 2017 年 1 月 8 日在"首届自主品牌汽车年度发展趋势研讨会"上的演讲整理)

本土企业要在合资股比放开前尽快做强

【精彩语句】

"合资双方各有所长、各取所需,合资公司才有存续的商业基础。也就是说,中方到底有没有外方真正看重的'所长'将成为合资公司未来走向的关键。"

"如果在股比放开的时候,本土企业已经足够强大,可以在完全市场化的环境中游刃有余地参与竞争与合作,那股比放开与否也就不再重要。"

【编者按】

整车合资股比限制应在何时放开,一直是业界关注的焦点问题之一,且在一个时期内形成了观点截然不同的两方激烈交锋的局面。在本文中,赵福全教授再次阐明了自己观点:判断这个问题的根本出发点在于我们必须基于本土企业实现产业做强,因此应在充分评估产业安全的前提下确定放开时间表,同时激励本土企业抓紧时间尽快做强。而放开后合资公司的最终走向,恰恰取决于届时中外两方的实力对比,特别是中方是否具备外方看重的"所长"。

合资是一种很常见的企业经营形式,正常情况下,企业之间是否合资以及合资股比应该由双方根据各自利益共同商定。目前,中国的很多汽车合资公司从运营角度看是健全的,已经有了自己完整的研产供销经营链;但是从基础能力的角度看则是不健全的,并不具备支撑企业可持续发展的基因。因为这些合资公司在很多重要方面,尤其是在支撑企业"长治久安"的品牌与核心技术等方面,都没有自己的主导权以及独立的资源。从诞生的那一天起,这些公司的基因就是不正常的。设想当前的合资公司,一旦失去外方的品牌授权,即使假以时日能够自主开发出有竞争力的产品,可是还会拥有原来的竞争力吗?这其中最主要的原因在于,正常情况下合资公司的各股东方是为了自己的资本收益、商业目的或市场需要,自愿进行有效组合以谋求多赢,为了达成目标自然会在各个方面努力培育合资公司的能力。

然而，中国此前的汽车合资公司却并非如此，这些公司其实都不是资本自由进行商业组合的结果，而是产业政策约束下的产物，是在特殊历史条件下诞生的一种非简单商业诉求的组合体。正因如此，未来这些合资公司要实现良好的发展还是要从正常的商业规律出发，回到各股东方真正的需要和诉求上来，即根据中外合资方各自的需求、能力、资源以及贡献来商定如何合作。显然，两者之间到底是什么关系，恐怕只有到股比限制完全放开的时候才能真正知道。

实际上，中国整车合资股比限制放开已是大势所趋，而且不会拖得太久。因此，现在每一家在华的整车企业都在思考合资公司的未来发展问题，都在思考后续股比要不要改变以及怎样改变。据我了解，合资公司的中外双方都已经在推演各种可能的情景，并开始制定相关预案了。

这里我想强调一点，我们首先应该充分肯定合资公司曾经为中国汽车产业做出了宝贵的贡献。同时，中国汽车市场之庞大、消费者需求之多样，决定了产业竞争格局必然是复杂的，自主、合资、外方独资等不同类型的车企具有共存的大环境。因此在可预期的未来，合资公司仍会继续存在并为产业做出贡献。但到那个时候，合资公司如何发展一定是由市场决定的，而不是由产业政策强加的。合资双方各有所长、各取所需，合资公司才有存续的商业基础。也就是说，中方到底有没有外方真正看重的"所长"，将成为合资公司未来走向的关键。

说到底，我们最需要思考的还是本土企业如何做强的问题。因为汽车强国必须是以本土企业为主体，拥有享誉全球的品牌，掌控关键领域的核心技术，形成完整的强大产业链，并在全球范围内拥有一定的市场份额。最终，本土企业的实力将决定放开股比限制会对中国汽车产业产生怎样的影响，也将决定中外双方未来在合资公司中的决策地位和博弈能力。话语权是要靠实力来争取的。

从国家做强汽车产业的核心诉求出发，我建议：第一，站在产业安全的角度对整车合资股比限制放开后的影响进行系统评估，确保在局面受控的前提下再行放开，为本土企业的进步赢得宝贵时间；第二，不再批准任何形式的新增合资企业,尤其一定要避免在新能源领域掀起新一轮合资潮。第三,在股比限制对外没有改变之前,可以先行对内放开,以鼓励市场竞争和优胜劣汰,为本土企业增添发展活力。如果在股比放开的时候,本土企业已经足够强大,可以在完全市场化的环境中游刃有余地参与竞争与合作,那股比放开与否也就不再重要。而有了这样的实力基础,中国就一定能够建成汽车强国,我们的目的也就达到了。

(本文根据赵福全教授 2017 年 8 月 26 日在"中国汽车产业后合资时代研讨会"上的发言整理)

汽车企业与信息技术企业产品创造模式对比分析

【精彩语句】

"整车企业应尝试在制造环节有针对性地扩大外包比例,并向销售和服务领域扩展业务范围,有分寸地向'轻资产、高利润'的方向靠拢。同时,汽车产品中信息化智能化等'软'的部分所占比例越来越高,汽车企业必须采取与'硬'的部分有所不同的研发模式,而不是固守传统的产品开发理念不变。"

"汽车与IT企业的产品创造模式差异明显,这主要源自两者产业与产品的不同特点,不过IT企业在产品创造模式方面的一些理念与举措,仍然不乏可供汽车企业借鉴的价值,可以成为汽车企业在新形势下构建并完善新型产品创造模式的重要参考。"

"汽车企业应对IT企业的经验进行认真研究,同时始终立足于本行业的实际特点和需要来思考借鉴提升策略。在此过程中,越是规模庞大、历史悠久的车企巨头,就越有必要自我挑战以摆脱惯性,要以谦虚和积极的心态,主动创新求变,谋求融合发展。"

【编者按】

新一轮科技革命驱动下的汽车产业全面重构,是工业化与信息化深度融合的必然结果与典型呈现,这无疑意味着汽车和IT企业需要审视彼此的优点,认真思考借鉴策略。在本文中,赵福全教授基于通用汽车和苹果这两家各自行业内的代表性企业,对汽车与IT产品创造模式进行了系统对比与辩证分析,内容全面涵盖了产业链、产品、企业等不同层面的固有特点,以及团队组织结构、产品决策、研发与制造、供应链管理等产品创造的主要环节。最后,在充分考虑了两大产业及其产品实际差异的基础上,赵教授向汽车企业提出了自己的建议,包括产品团队尝试更扁平化的组织结构、在特定技术领域建立更高效的决策机制、进一步加强模块化开发能力、适当外包制造环节并向高利润环节扩展业务以及尽快采取"软硬分离"的产品开发模式。今天回顾,不难感受到其见解的前瞻性和预见性。

当前，以互联网等技术为代表的新一轮科技革命正在驱动全球制造业全面转型升级。受此影响，汽车产品创造的全过程面临重大变革。为此，汽车企业必须思考如何自我调整，以适应未来万物互联、跨界融合前景下的激烈竞争。而信息技术（IT）企业与本轮科技革命更为贴近，且不乏成功经验，因此研究 IT 企业的产品创造模式可否为汽车企业提供借鉴具有现实意义。

为了最大限度地确保研究的可比性，笔者选取通用汽车和苹果公司进行对比分析，这不仅是因为两家公司同为行业巨头和领军企业，代表性较强，且在规模和产业地位上近似，同时也是因为两家公司都是美国企业，文化环境与外部条件基本相同。

一 汽车与 IT 产业固有特点对比分析

1. 产业链特点对比

汽车产业链如图 3.4 左侧所示：上游涉及机械、电子、能源、化工、冶金等众多产业；中游以整车企业为核心，涵盖设计开发、生产制造、供应链管理、质量和销售等业务环节；下游则包括汽车售后服务业、汽车金融、物流等配套产业，其影响也波及道路、加油站等基础设施建设。汽车产业不仅自身产值巨大，而且关联度大、拉动力强。例如，汽车企业对上游能源类企业及材料类企业、下游服务类企业都有极强的带动作用。

IT 产业链如图 3.4 右侧所示：上游主要是零部件与代工生产企业，包括芯片等重要元器件及配套零件；中游则是如苹果公司这样的 IT 产品集成企业，同样涉及设计开发、质量、供应链管理以及销售等业务环节，但往往自身不直接承担制造业务；下游则是软件与互联网服务等配套产业，与通信基础设施等也有一定关联。IT 产业的产值同样非常可观，但相对而言，IT 集成企业与上下游企业的关联范围要比汽车产业小很多。

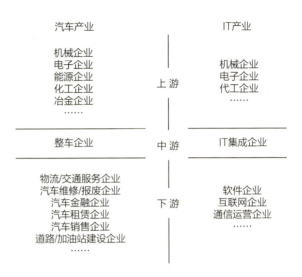

图 3.4　汽车及 IT 产业链示意图

与 IT 产业相比，汽车产业的产业链涉及面更广且关联企业更多，其产品创造过程的管理难度显然要大得多。

2. 产品特点对比

从产品的结构、复杂度及价值三个方面，我们可以看到汽车与 IT 产品的显著差异。

产品结构：尽管随着网联化与信息化的不断深入，近期汽车产品中"软"的成分所占比重不断上升，但是汽车产品目前仍主要聚焦于硬件，包括整车与核心零部件的设计、制造及组装。不同产品的区别主要体现在硬件上，产品的功能也主要依靠硬件来实现，同时，产品投产后可以配载的软件应用和附加功能非常有限。相比之下，IT 产品如苹果公司的 iPhone、iMac 和 iPad 等，既包括硬件的设计制造，更包括软件的开发运营。事实上，除了卓越硬件提供的基本功能和性能保障之外，苹果产品受到消费者的青睐，很大程度得益于开放平台上大量的应用软件及其实现的丰富功能。

产品复杂度：汽车产品由几十个系统和总成、总计上万个零部件构成，且很多零部件本身极其复杂。而 IT 产品相对简单，以 iPhone 为例，根据苹果公司公布的产品供应商名录，iPhone 由十多个小型模块组成，零部件数量约为一千余个，复杂度也普遍较低。相比之下，汽车产品的复杂度远超 IT 产品。

产品价值：汽车产品的单品价格远高于 IT 产品，同时汽车产业的平均利润率远低于 IT 产业，由此不难推算出汽车产品的成本远高于 IT 产品。这直接影响到消费者的购置心理与换购预期，也影响到企业开发新产品时的风险管控与决策机制。

3. 企业特点对比

对于通用汽车和苹果公司这两家企业本身而言，也存在颇具代表性的一些明显不同。

通用汽车成立于 1908 年，至 2015 年拥有约 22 万员工，总资产 1776 亿美元，营业额 1559 亿美元，利润 39 亿美元，净利润率 2.5%，位列世界五百强企业第 21 名，汽车行业第 5 名，北美地区汽车企业第 1 名。同时，通用汽车旗下拥有雪佛兰、别克、凯迪拉克等多个汽车品牌，分别针对不同档次的市场，面向不同的用户群体采取不同的品牌产品是通用汽车的特点之一。

苹果公司成立于 1976 年，至 2015 年拥有近 10 万名员工，总资产 2318 亿美元，营业额 1828 亿美元，利润 395 亿美元，净利润率 21.6%。目前位列世界五百强企业第 5 名，IT 领域第 1 名。同时，苹果公司旗下所有产品都使用同一品牌，即只向不同用户群体提供统一苹果品牌之下的不同产品。

两家企业都是各自行业的巨头，从产业链来看，汽车企业覆盖面更广、关联度更高；从产品来看，汽车产品体现功能以硬件为主，而 IT 产品中往往软件更重要，同时汽车产品复杂度更高，单品价值也更高；从代表企业来看，通用汽车拥有更长的发展历程，苹果公司则是在近十几年崛起的"新贵"，但在 IT 产业中也属于积淀时间较长的企业。

二 汽车与 IT 产品创造主要环节对比分析

1. 产品创造团队组织结构对比

通用汽车除了在美国的总公司外，还在各个不同区域设立了分公司，并针对不同品牌设立了若干事业部，但这部分组织对于产品创造过程而言属于支线，不做重点分析。其产品创造团队的组织结构如图 3.5 左侧所示。可以看到，通用汽车通常由一名总工程师主导车型产品开发，直接向集团层面分管该产品的副总裁汇报，并有权力和责任协调整个产品团队。而这个团队又可向下分解为若干个领域的专业团队，主要包括市场、设计开发、生产制造、供应链管理、质量以及项目管理等。对于一款全新整车开发项目而言，产品团队总人数通常需要 300～400 人，按汇报层级来划分，从总裁到基层工程师大致有 6 个等级。

苹果公司除了总公司外，也在各个不同区域设立了分公司，但没有基于不同品牌或类别产品的事业部，分公司与产品创造的相关性很小。聚焦于产品创造的团队组织结构如图 3.5 右侧所示，通常由一名项目负责人带领产品团队完成产品开发。值得注意的是，对于重点项目（比如 iPhone 系列产品），该负责人向总裁汇报，重大产品决策都是由总裁直接做出的。另有资料显示，其团队规模通常不过数十人，常被称为"小得惊人"。且从总裁到各领域的直接开发人员，汇报层级只有 4 级。

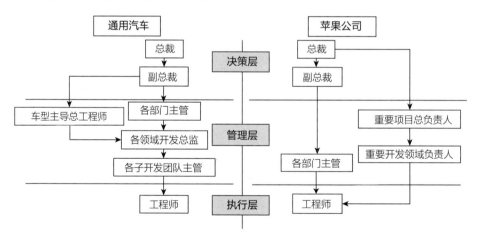

图 3.5　通用汽车及苹果公司产品创造团队组织结构示意图

总体来看，大型汽车公司多采用品牌事业部制，产品团队人员较多，汇报层级也较多；而 IT 公司大多不把不同产品划分至不同事业部制，产品团队人员相对较少，汇报层级也少。

造成以上区别的主要原因有两个：第一，与 IT 产品相比，汽车产品复杂度更高，产品的各个模块需要不同领域的专业团队来承担，相应的汇报层级也就需要增加；第二，与IT企业相比，汽车企业面向不同地区和消费群体销售的产品差异性更大，为满足不同的法规标准和客户需求，同时为打造不同品牌旗下产品的差别化属性和特点，有必要划分出不同品牌事业部以及不同地区分部，并由其分担相应的部分产品开发任务。从这个角度分析，事业部制对于大型跨国汽车企业来说，是匹配度较高的运营模式之一，有其内在的合理性。

不过，汽车产品团队汇报层级过多显然不利于快速决策。同时，当前信息技术的快速发展，也为各级管理者提高管理幅度提供了新的可能，即依托互联网手段，管理者可以更及时、更有效地管理更多数量的直接下属。因此，汽车企业应考虑尝试向扁平化方向进行组织革新，通过适当增加各级管理幅度来减少管理层级，以提高整体决策效率。

值得注意的是，根据企业最新发布的信息：丰田汽车已正式启动了内部组织架构的重大调整，不再按照全球区域市场和职能来划分公司部门，而是设立七家内部公司，分别针对小型车、中型车等不同产品类别，负责从研发到生产的一切事务，以提升效率。无独有偶，大众汽车也在着手进行组织架构调整，将单一车型的研发权责集中化，设立四大研发部门，分别覆盖紧凑型、小型、中型和电动产品四个细分市场，以缩短产品开发周期。这些举措都带有面向组织扁平化和决策高效化努力的倾向，或许正是在新形势下借鉴IT企业经验的创新尝试。

2. 产品决策对比

从决策方式看，汽车产品方案的决策原则是各部门共同参与、协作进行，并根据决策事项的重要程度，采取逐级汇报确认的方式进行。以通用汽车为例，在确定启动某一个车型项目后，根据总体开发目标向各系统分解，并由各个专业部门确定相应的边界条件，较小的产品决策直接在专业部门完成；同时，主导产品项目的总工程师负责对技术方案的把控和对各部门进行协调，一般的产品决策也由总工程师完成；遇有事关产品整体实现方案的重大决策，再上报集团副总裁定夺。总体来说，各个专业部门之间没有明确的主次关系，更强调彼此合作。产品的总体属性定义固然来自高层决策，但具体执行和细节决策则由参与产品创造的各专业部门协同完成。

而苹果公司的决策原则是以设计部门为核心,其他部门提供参考建议与服务支持,全力帮助设计部门实现设计目标。对于某一个产品项目,首先由设计部门牵头提出产品方案,获批后在总裁的直接授权下成立项目小组,由项目负责人统一调配其他部门的资源,进行封闭式的集中开发。总体来说,设计部门和项目负责人拥有较大的话语权,后者可以直接向总裁汇报,也因此来自最高层(总裁)的意见常常会直接影响项目的走向。

可以看出,通用汽车的产品决策方式相对滞缓,但协同决策涵盖了多方面的专业考量,因此稳定性和可靠性更高;而苹果公司产品决策更为直接、快速,项目推动也更有力,但相应的决策风险也更大。

造成上述区别的原因主要有三点:第一,产品设计是苹果公司保持与众不同核心竞争力的关键要素,必须不断开发出创新产品才能满足市场需求,因此,苹果公司鼓励创新的想法和新型的方案,愿意积极尝试并承担相应的风险;第二,与IT产业相比,汽车产业链长、涉及面广,产品高度复杂,分工专业性极强,高层很难完全掌控细节,如果不是各部门共同协作决策,无法确保产品方案的正确性和可行性;第三,与IT产品相比,汽车产品开发成本高,设计变更损失大,设计失败面临的风险是企业难以承担的,因此宁可选择相对缓慢但更加稳妥的决策方式。

从上述分析不难发现,汽车作为一种复杂而成本较高的产品,全面吸纳IT产品的决策方式是不现实的,这是产业和产品的固有特点所决定的,在这方面,汽车企业不宜盲目"跟风"。但是,在部分领域诸如前瞻性技术的尝试及某些专项技术的开发导入上,则可以考虑借鉴IT业的经验进行创新尝试。

3. 产品研发与制造对比

整车企业的研发主要针对动力总成、底盘系统等核心硬件。大部分零部件则由供应商开发及制造,少部分核心零部件会自行开发及制造,最终在自己控制的整车工厂完成组装。

IT企业的研发往往不只针对硬件,同时也高度重视各类软件的开发。而在制造环节,不少企业选择将所有零部件和组装制造全部外包,只保留质量管控和测试环节。像苹果公司至今也没有自己控制的工厂。

造成上述区别的原因主要有三点：第一，汽车产品以硬件为主，软件所占比重较小，而IT产品是硬软并重，甚至软件更为关键，因此在研发重点上会有差异；第二，整车企业在产业价值链中本身就处于组装制造环节，虽然微笑曲线理论表明制造环节的利润率较低，但是该环节恰恰事关对汽车产品标准和集成技术的控制，与整车企业的核心竞争力息息相关；第三，汽车产品高度复杂，制造环节的专业性也极高，需要大量的经验和技术积累，还要与相应的制造装备及生产线充分匹配，因此，即使整车企业想只保留质量管控和测试而把整个制造外包出去，也是很难做到的。

需要注意的是，尽管生产制造本身事关整车核心技术，但像苹果公司这样将生产制造完全外包出去，而专注于创新设计、品牌建设、营销及服务等高利润率环节的模式仍然值得车企关注与借鉴。笔者认为，一方面，整车企业应尝试在制造环节有针对性地扩大外包比例，并向销售和服务领域扩展业务范围，有分寸地向"轻资产、高利润"的方向靠拢。另一方面，受新一轮科技革命的影响，汽车产品中信息化智能化等"软"的部分所占比例越来越高，地位越来越重要，汽车企业必须在网联化、智能化等技术的研发上有更多的投入，并采取与"硬"的部分有所不同的研发模式，而不是固守传统的产品开发理念不变。此外，车企在产品开发中还应进一步强化模块化设计以降低成本，而组件和功能的模块化开发也是IT企业的研发理念，在这一点上，两类企业完全可供互相借鉴和学习。

4. 产品供应链管理对比

通用汽车的供应链管理原则是统一标准、就近选择，在其业务所及的世界各地，按照严格而一致的标准，寻找合适的供应商引入供应链体系。目前，通用汽车在全球共有超过3000家一级供应商。

而根据苹果公司2012年首次公布的供应商名录来看，其选择集中式供应商的倾向比较明显，如聚焦于三星、高通、英特尔等大型企业。目前，苹果在全球共有约160家各类供应商。

造成上述不同的原因是：与IT产品相比，汽车产品零部件数量较多，自身价值高，物流成本高，供应链规模庞大。在确保质量和技术达标的前提下，进行本地化供应是降低成本的有效手段，尽管这需要更为复杂的供应链管理体系，但仍是整车企业必然的选择。而对于苹果公司而言，产品零部件的物流成本比汽车低得多，因此更看重零部件的稳定性和匹配性。而复杂的供应链体系不仅会增加管理成本，也会增加出错的风险，并不是 IT 企业的首选项。在这方面，双方的做法都较为符合自身的实际需要。当然，与当前汽车企业大力推行模块化产品开发同步，模块化的供应链管理也应进一步强化，在这方面，车企可部分借鉴 IT 企业的经验。

三 综合对比分析与借鉴策略建议

对上述四个方面的对比分析进行总结，见表 3.1。在充分考虑两个产业不同的产业链特点、企业特点和产品特点的基础上，笔者对汽车企业在产品创造模式上如何借鉴 IT 企业经验提出了以下具体建议。

1. 产品团队组织结构方面

汽车产品团队的层级较多，对效率有一定影响。这虽然主要受限于汽车产品本身的复杂程度，但随着信息技术的发展，管理者扩大管理幅度即指挥更多直接下属成为可能。因此，汽车企业有条件考虑在一定范围内适当减少产品团队的层级，以提高决策及管理效率。

2. 产品决策方面

汽车产品远较 IT 产品复杂，且失败成本高，IT 企业的集中主导式决策方式未必适用于汽车企业。但在目前的环境下，可以选择一些与 IT 偏软技术特点相近的前瞻性技术，尝试借鉴 IT 产品的决策方式，以更有效地推进产品开发。

3. 产品研发与制造方面

汽车与 IT 企业最大的不同在于制造环节。汽车企业一般自建工厂来进行整车生产，而很多 IT 企业选择代工生产，这主要是因为两者的产品不同，掌控制造核心技术的关键程度也不同。汽车企业完全借鉴 IT 企业而放弃制造环节显然是不可取的，但是适当增大生产外包的比例，更聚焦于创新设计、品牌建设和销售服务及使用等环节，以提高收益率是正确的方向。同时，未来汽车产品中"软"的成分将越来越多，对这部分内容，汽车企业应区别于硬件开发，采取类似 IT 企业的创新研发与制造模式，即实施"软硬分离"以应对新形势下的竞争。此外，为加快产品开发速度，汽车企业在强化模块化产品开发的进程中，也可以借鉴 IT 企业的一些成功理念和经验。

4. 供应链管理方面

汽车企业对供应商的选择主要取决于其产品复杂度及供应成本，这与 IT 企业有着较大不同。因此汽车企业目前的供应链管理模式比较符合自身特点，不需要采取 IT 企业的模式。不过仍然可向 IT 企业学习，进一步强化模块化供货方式。

表 3.1　汽车与 IT 企业产品创造模式综合对比分析

对比领域	特点		原因分析	汽车企业借鉴建议
	通用汽车	苹果公司		
产品团队组织结构	汇报层级较多 分品牌/区域事业部制	汇报层级较少 不分品牌事业部	产品复杂度不同 面向不同地区和消费群体产品差异性不同	保持事业部制，利用信息手段建设扁平化团队
产品决策	各部门平行协作决策 高层定义产品属性等重大事项	设计部门主导决策 高层直接影响产品走向	产品核心竞争力不同 产业链复杂度不同 产品开发成本不同	在诸如前瞻性技术等领域可以尝试集中主导式的决策机制
研发与制造	以硬件为主 部分外包，有工厂	硬件与软件结合 完全外包，没有工厂	产品主体不同 产品核心技术掌控方式不同 产品复杂度不同	在制造环节扩大外包比例 强化模块化设计理念 在研发环节增大对偏"软"成分的投入，并对"软"和"硬"的开发采取不同模式

(续)

对比领域	特点		原因分析	汽车企业借鉴建议
	通用汽车	苹果公司		
供应链管理	统一标准，全球各地选择供应商 供应商数量多	集中选择供应商 供应商数量少	产品复杂度不同 零部件物流成本不同	汽车企业目前的做法较符合自身实际需要 但应进一步强化模块化供货

总体来看，汽车与IT企业的产品创造模式差异明显，这当然主要源自两者产业与产品的不同特点，不过深入分析表明，IT企业在产品创造模式方面的一些理念与举措，仍然不乏可供汽车企业借鉴的价值，可以成为汽车企业在新形势下构建并完善新型产品创造模式的重要参考。

因此笔者认为，在万物互联正在到来的大背景下，汽车企业应对IT企业的经验进行认真研究，同时始终立足于本行业的实际特点和需要来思考借鉴提升策略。在此过程中，越是规模庞大、历史悠久的车企巨头，就越有必要自我挑战以摆脱惯性，要以谦虚和积极的心态，主动创新求变，谋求融合发展。具体来说，笔者建议汽车企业的产品团队可尝试更为扁平化的组织结构；在部分前瞻技术领域，建立更高效的研究及决策机制；加强模块化开发能力和体系，提升模块化供货水平；适当外包部分制造环节，向高利润的销售及服务环节扩展业务；同时采取"软硬分离"的开发模式，以有效适应汽车产品中"软"成分的不断增加。

[本文根据学术论文"汽车企业与信息技术企业产品创造模式对比研究与借鉴策略——以通用汽车和苹果公司为例"精编整理；原论文发表于《中国科技论坛》2017年第4期；署名作者：刘宗巍、乔钦彧、赵福全（通信作者）]

中国汽车 2.0 时代，零部件企业如何"居危思危"？

【精彩语句】

"智能制造的本质在于可以实现大规模的个性化定制生产，零部件企业无疑是实现个性化定制的关键。从这个意义上讲，未来汽车产品与技术的创新，可能主要掌握在零部件企业而非整车企业手中。"

"本土零部件企业必须充分认识到，机会虽大，挑战更大，关键在于自己到底有没有能力战胜挑战，把握住机会？因此，零部件企业必须'居危思危'，加紧努力。"

"全球汽车产业进入深刻变革期与中国经济步入'新常态'，两者相互交织，共同构成了机遇与挑战空前的大形势。当此之际，中国零部件企业一定要加快转型升级。转型是手段、是前提，升级是目的、是结果。"

【编者按】

针对新形势下零部件企业的发展问题，赵福全教授在这篇文章中分享了很多重要观点，并且一如既往地保持着通俗易懂、直击要害的赵氏语言风格：汽车企业不仅要努力"赚钱"，也要努力"值钱"；智能制造体系下，零部件企业是满足消费者个性化需求的关键，整零关系将因此重塑；新时期零部件比整车企业机会更大，挑战也更大；中国汽车产业已经进入2.0时代，零部件企业要强化国际化和正规化；零部件企业转型升级，要做到"四变"（思变、谋变、快变、真变）和"三局"（破局、格局、布局）。

十年前本土车企主要讲"追赶"，而现在中国本土车企，无论整车还是零部件，都有了大幅提升，特别是近期自主品牌抓住了 SUV 的机遇，市场份额进一步提高。今后我们不仅要"追赶"，更要"超越"，这也给本土企业带来了更大的挑战。今天，我主要针对产业变革大背景下零部件企业如何转型升级，分享一些思考和建议。

一 不仅要做"赚钱的企业",也要做"值钱的企业"

经过过去十几年的努力,中国汽车产业取得了显著的进步,也受到了更多关注。但与此同时,市场竞争日益激烈。在消费者购买力不断增长的情况下,一方面合资品牌的产品线不断下探,开始涉足中低级别车型领域;另一方面,自主品牌正在艰难地提升产品级别,以获取更多利润并支撑品牌升级,双方形成了短兵相接的局面,从而给自主品牌车企造成很大的压力。

而在法规方面,目前2025年百公里4升的五阶段油耗标准即将实施,比欧Ⅵ更为严格的国六排放标准已发布时间表,而强制发展新能源汽车的NEV积分管理制度也实施在即,这一系列法规意味着车企必须进行大量的技术投入。传统汽车企业必须以低成本满足日益严苛的节能减排法规,才能在与同行的较量中赢得先机。

更重要的是,产业正在进入全面重构期,外部力量纷纷跨界涌入,传统车企还要面对新入车企的挑战。一方面,车联网、自动驾驶、人工智能等技术给汽车产业带来了全新发展机遇,这些技术未必都是传统车企所擅长,但又必须有效掌控。另一方面,新能源汽车也使传统动力总成技术不再是必需,进入汽车产业的技术门槛正在不断下降。新入车企没有传统内燃机汽车的历史包袱,而且往往在资本运作能力、服务意识、响应速度以及某些新领域技术方面,可能具有部分优势,从而对传统整零车企构成了切实的挑战。

对此,我建议传统汽车企业不能仅仅追求成为"赚钱的企业",也要争取成为"值钱的企业",以便借助资本的力量撬动更多的资源。这其实正是新入车企带给我们的启示,例如一些新入车企虽然还没有实现盈利,但是已经拥有很高的市值或估值了。

二 未来零部件企业:消费者要什么,就造什么

中国汽车产业为什么"大而不强"?有技术问题,有管理问题,更有战略问题。但其中零部件产业不强,无疑也是最重要的原因之一。在本土整车企业取得快速进步的今天,甚至可以说,缺少强大的本土零部件企业,正制约着中国汽车产业核心竞争力的持续提升。

事实上，零部件企业的重要性不容忽视，因为一款整车上有近70%的零部件都是采购自供应商。因此，第一，零部件企业的技术能力在很大程度上直接决定着整车产品的竞争力。第二，整车有90%的质量问题都与零部件相关，当然这并不是说90%的问题都是零部件造成的，其中也有系统集成和匹配的问题，但解决这类问题也要涉及零部件。第三，成本作为整车产品竞争力的重要因素，其实也受零部件的制约，而目前核心零部件大多掌控在外方手中，价格仍然较高。

此外，未来汽车产品的平台化、模块化已呈大势所趋，整车企业将借此提升规模效应、缩短开发周期、降低开发和采购成本、减少质量问题概率。可以说，平台化、模块化的应用程度直接决定未来整车企业的竞争力。为此，整车企业必然对零部件企业提出更高的要求，今后整车企业更需要零部件企业提供具有独立功能的模块总成或系统，而不是单个的零部件。而从行业整体的角度看，平台化、模块化设计与生产方式的应用深度，更取决于供应链的能力。

与此同时，新一轮科技革命正在引发全球制造业发生深刻变革，汽车产业的边界正在不断扩展。在此过程中，一些新型零部件企业也会应运而生，这对传统的整车和零部件企业来说，同样是巨大的挑战。

例如发动机一直是整车企业的核心技术，但只造新能源汽车的新入车企并不需要发动机，只需要电池即可。不难理解，新入车企会认为，传统车企是购买电池，我也是购买电池，我的产品竞争力为什么会输给传统车企？对于传统车企来说，如果也像掌控发动机一样去控制电池，不仅需要很大的并行投入，而且还要承担额外的风险，因为主流电池技术的进步速度以及是否可能发生转变都存在变数；而如果把电池完全交给供应商，确实又有失控的风险，至少难以确保特色优势。大家都在为此纠结。对于以传统业务为主的零部件企业，更面临着是否以及如何转型发展新业务的难题。

又如人工智能技术，也和此前零部件供应商的概念完全不同。未来能够提供高水平人工智能技术的会是哪些企业？人工智能一定需要大数据，那么提供大数据的又会是哪些企业？这些企业彼此之间、与车企之间以及与传统零部件企业之间，究竟会是怎样的关系？显然，全新的汽车供应链体系正在形成中。

最后,还有智能制造升级带来的挑战。未来充分互联的智能制造体系,将把整车企业、零部件企业和消费者直接联系起来,消费者的需求可以直接传递给整车和零部件企业,后者按此进行产品设计与生产。也就是说,智能制造的本质在于可以实现大规模的个性化定制生产,而零部件企业无疑是实现个性化定制的关键。从这个意义上讲,未来汽车产品与技术的创新,可能主要掌握在零部件企业而非整车企业手中。因此,零部件企业将成为产业创新的主要驱动力之一。在智能制造体系下,整零关系将彻底重塑。未来零部件企业完全可以借助工业物联网服务于所有有需求的整车企业,而不是只能给某几家整车企业供货,更不是简单接受整车企业的指令。实际上,零部件企业也要和整车企业一起,直接与消费者互动,提供满足消费者不同需求的零部件。换句话说,消费者要什么,零部件企业就造什么。

零部件企业还在很大程度上决定着中国汽车产业能否顺利地"走出去"。纵观全球,无论美系、欧系,还是日系、韩系,其整车企业之所以能够占领国外市场,都得益于强大的本国零部件企业提供支持。正因如此,国家提出了面向工业"四基"的强基工程,"四基"之一就是基础零部件,强调一定要把零部件产业做好,以支撑制造强国建设。

三 零部件比整车企业更有机会,也更有挑战

在产业全面重构的新形势下,相比于整车企业,我认为零部件企业的机遇其实更大。首先,零部件尽管也很复杂,但与整车比较还是相对简单的,技术还比较单一,努力攻关更容易见效。其次,零部件对品牌的依赖度远没有整车高。最后,与国外巨头相比,本土零部件企业规模相对较小,往往更加灵活,反应也更快速,这在产业变革期尤为重要。总之,产业转型升级给本土零部件企业带来了重大战略机遇。

机遇虽大,但是挑战也比整车企业更大。首先,未来的竞争日趋激烈,整车企业一定会把自身的成本压力转嫁给供应商,因此零部件企业必须不断以更低的价格提供更好的产品;其次,产业边界渐趋模糊,技术更加多元化,整车企业已经越来越不可能自己掌控所有的核心技术了,特别是像人工智能、

大数据等新技术，本来就不是车企的强项，一定会选择有能力的合作伙伴，但现有的零部件企业有没有这些技术呢？再次，零部件企业不像整车企业一样受到合资股比限制的保护，一直以来都在直接面对国外巨头的竞争压力。最后，整零协同是相互的，本土零部件企业也没有强大的本土整车企业提供支撑。

在这种情况下，本土零部件企业必须充分认识到，机会虽大，挑战更大，关键在于自己到底有没有能力战胜挑战，把握住机会？因此，零部件企业必须"居危思危"，加紧努力。

（四）中国汽车2.0时代，企业要走正规化、国际化之路

我曾经提出过企业发展的"三段论"：第一阶段是初创阶段，靠抓住市场机遇，企业取得初步发展。但此时企业的管理、技术、资金和经验都有不足，随时面临夭折风险。因此，企业必须尽快进入第二阶段即现代化管理阶段，通过走正规化、国际化之路，坚持自主研发、掌控核心技术，来提升企业的核心竞争力。而企业经营的最高境界是第三阶段，即多元化、全球化经营阶段，企业将成功的经营模式复制到多个领域、多个地域，实现"东方不亮西方亮"，提升抗风险的能力，以确保基业长青。比如之前在遭遇严重的金融危机时，很多欧美企业就是靠中国市场渡过了难关，这就是全球化经营的意义所在。中国的零部件企业必须尽快转型进入企业发展的第二阶段，要在正规化经营与国际化发展上下功夫，全面提升企业的经营管理水平。

相应地，中国汽车产业的发展也可以划分为三个时代：1.0时代，以粗放管理、逆向开发、抄袭模仿、本土市场为特征；2.0时代，以正规管理、正向为主、借鉴创新、进军海外为特征；而3.0时代，则是以精益管理、正向开发、引领创新、全球发展为特征。我认为，目前本土汽车企业已经进入2.0时代，也就是现代化管理阶段，必须持续提升正规化和国际化程度，以更低的成本、更快的速度和更高的质量来满足消费者的需求，持续提升自身的核心竞争力。

或许有人说，互联网时代，一切追求快、追求新、追求变，有些互联网公司甚至允许员工穿着拖鞋来上班，以保持其创造性，这时候我们车企还强

调正规化是不是不合时宜？其实，正规化和互联网思维并不矛盾。正规化是有板有眼、不乱出牌，但并非墨守成规、一成不变；互联网也不是自由主义，更不是无政府主义。因此，互联网思维并不否定正规化，而是需要灵活的、有差别的、更高水平的正规化。实际上，跨界时代汽车产业更为复杂，对正规化的需求将有更多的内涵，也将会更加强烈。

五 转型升级：思变，谋变，快变，真变

最后，全球汽车产业进入深刻变革期与中国经济步入"新常态"，两者相互交织，共同构成了机遇与挑战空前的大形势。当此之际，中国零部件企业一定要加快转型升级。转型是手段、是前提，升级是目的、是结果。为此，企业一要思变，认真思考应该如何转型；二要谋变，科学谋划转型的具体路径；三要快变，互联网时代不是"大鱼吃小鱼"，而是"快鱼吃慢鱼"，晚一步就可能全盘皆输；四要真变，通过真正推动转型使企业成功迈入下一个阶段。在这里我给零部件企业几点具体建议，可以概括为三个"局"。

首先是破局。传统汽车企业必须积极应对外部环境的巨大变化和新入力量的跨界挑战：要开展动态的商业规划，适应快速变化的环境；要紧密关注新产业生态，确保找到并胜任自身的新定位。每家零部件企业都应自问，是否需要以及究竟如何从实物供应商向数字化服务供应商转型？

其次是格局。有志于成为伟大的企业，才有可能成为伟大的企业。全球产业调整期与中国经济新常态，为伟大企业的诞生提供了空前的机遇。零部件企业必须充分认识到，要么成功，要么失败！为此，企业家一定要有大格局、大思路、大手笔，才能带领企业实现大发展。

最后是布局。包括企业业务重点的调整、国内外资源的配置以及保障体系的建设。一方面要做实、做强国内市场；另一方面，要坚决走国际化道路，目前很多国内外企业境况困难，正是优势企业纵横捭阖、低价获取高质资源的良机。

总之，未来要尽快从 2.0 时代迈向 3.0 时代，中国汽车零部件企业一定要做好全方位的立体创新，尤其是商业模式、管理模式、思维模式的创新；

要努力实现资源利用的最大化，因为未来任何企业都不可能拥有所需的全部资源，平台整合、资源共享才是出路；还要时刻秉承工匠精神，踏踏实实，一丝不苟，持之以恒。实际上，尽一切可能把互联网思维的优势发挥到极致，这本身也是一种工匠精神的体现。

展望未来，中国汽车零部件企业肩负重任，希望大家共同努力，为早日建成汽车强国贡献力量。

（本文根据赵福全教授2016年11月29日在"突围之路——2016首届铃轩奖颁奖典礼暨中国汽车零部件创新论坛"上的主题演讲整理；原载于《汽车商业评论》2016年12月第12期专论）

关于中小企业如何应对智能制造升级的思考

【精彩语句】

"在智能制造体系中,既需要具有优势的大企业发挥平台主导作用,也需要大量中小企业来提供个性化模块或零部件,后者是满足消费者个性化需求的基本保障。正因如此,中小企业在本轮制造业转型升级中应该占有重要地位。"

"在工业互联网平台上,整零关系将由传统的整车企业近乎拥有绝对主导权的'主从模式',逐步转向未来的整车企业与供应商相对平等的'协作模式',形成'你中有我、我中有你'的交融局面。"

"智能制造体系将放大企业原有的弱点,增强竞争的激烈程度。在工业互联网平台上,所有企业的技术开发、生产装备、质量控制、售后服务等能力都将是透明的,因此智能制造体系将对融入其中的企业提出极高的要求。"

【编者按】

赵福全教授认为在全球制造业面向智能制造升级的发展大势下,中小企业并不会被边缘化,反而应该占据更加重要的地位,甚至在某种程度上决定着未来工业互联网的系统输出能力,即提供满足消费者个性化需求的定制化产品。然而中国中小企业整体实力相对薄弱,存在诸多短板,虽然迎来了难得的历史机遇,但也面临着紧迫的严峻挑战,情况不容乐观。可以说,中国中小企业能否有效应对挑战、把握机遇、融入智能制造体系,是事关中国制造业转型成败的重要因素。赵教授对这一关键问题进行了深入研究与思考。在透彻分析了智能制造带给中小企业的机遇和挑战之后,他从"有所为、有所不为"两个角度,为中国中小企业开出了如何应对智能制造升级的具体药方。

当前,智能制造已成为全球制造业转型升级的发展方向。智能制造的基本特征,即其核心优势在于,通过物联网充分连接分散的生产资源,实现规模化和定制化的生产。这意味着智能制造要在低成本、高质量、大规模的生产条件下，快速满足消费者的个性化需求。在智能制造体系中，既需要具有优势的大企业发挥平台主导作用，也需要大量中小企业来提供个性化模块或零部件，后者是满足消费者个性化需求的基本保障。正因如此，中小企业在本轮制造业转型升级中应该占有重要地位。然而与德国等工业强国拥有众多品质一流的中小企业相比，中国中小企业的状况不佳，不少企业在日趋激烈的市场竞争中挣扎在生存的边缘，很难满足未来制造业转型升级的需要。对此，中国必须高度重视并研究中小企业的转型应对之策。

一 智能制造给中小企业带来的历史机遇

在智能制造体系下，相较于当前的集中、计划驱动、强中心的固定配置式生产，未来工厂将向分散、需求拉动、去中心的动态配置式生产转变，这就给分散在各地、规模不大的中小企业带来了更多的参与机会；相较于当前的单纯生产产品，未来工厂将向既生产产品、又产生数据转变，这要求想融入智能制造体系的企业必须在数字化、数据化、网联化方面做好储备；相较于当前的主要依靠产品品质竞争，未来工厂将向依靠基于质量的定制化产品和个性化服务竞争转变，这意味着面向个性化需求的产品定制与服务将成为制造业转型升级的着力点，而整车企业要实现这一目标，离不开那些拥有独特技能、能够提供个性化模块或零部件的企业的参与和支持。这一系列变化将彻底改变现有的制造模式，极大地扩展产业范围，扩宽业务领域，并强化不同类型参与者之间的分工协作，从而既为中小企业带来了巨大的机遇，也为其带来了巨大的挑战。

事实上，未来智能制造体系的核心在于，在大规模生产的前提下，提供定制化的产品来满足消费者的个性化需求。而中小企业所提供的差异化模块或零部件正是实现产品个性化定制的关键所在。众所周知，个性化设计和制造的技术诀窍（know-how）大多掌握在零部件供应商手中。很多供应商尽管规模不大，但却可以基于智能制造体系为整车企业提供必不可少的配套服务，以有效支撑大规模的定制化生产。对于汽车产业而言，整车制造水平与核心技术牵涉广泛，其整体提升非常困难，远非一朝一夕之功；相比之下，零部件所涉及的技术及其影响要素相对单一得多，只要企业集中资源、聚焦重点，就能实现突破并快速适应智能制造的转型需求。

另外,智能制造体系使"小企业、大供货"成为可能,整零关系也将由此发生改变。通过供应商与整车企业的有效连接,分散的生产资源将汇聚成一个可以智能调配的有机整体,从而使中小企业的开源供货成为可能。受此影响,在工业互联网平台上,整零关系将由传统的整车企业近乎拥有绝对主导权的"主从模式",逐步转向未来的整车企业与供应商相对平等的"协作模式",形成"你中有我、我中有你"的交融局面。而有实力融入智能制造体系的零部件供应商,即使规模不大,也不再处于受支配的地位,而是将与整车企业结成真正的战略协作伙伴关系。

二 智能制造给中小企业带来的严峻挑战

面向未来的制造业转型升级,机遇虽大,挑战更大。实际上,智能制造体系将放大企业原有的弱点,增强竞争的激烈程度。在工业互联网平台上,所有企业的技术开发、生产装备、质量控制、售后服务等能力都将是透明的,因此智能制造体系将对融入其中的企业提出极高的要求。

然而,当前中国制造业整体水平偏低,中小企业往往实力更弱,不少企业还未实现自动化和电气化,根本不具备向智能化升级的条件。同时,中国中小企业普遍存在质量保障能力低下、专业化程度不高、核心技术缺乏、经验积累不足等问题,而高质量、高技术、有自身特色恰恰是中小企业能够融入智能制造体系的前提和基础。对于无法稳定提供优质产品的企业,工业互联网显然是不会对其开放的,这类企业也就无法融入未来的智能制造体系并将因此逐渐被边缘化。

三 中国中小企业面向智能制造的应对策略

面对智能制造的重大变革,中国企业尤其是中小企业,必须未雨绸缪、提前布局,尽快明确合理的应对策略,并踏实努力,直面挑战,把握机遇。

第一,企业必须充分认识到智能制造的历史机遇,做到"有所为"。智能制造尽管不可能一蹴而就，但却代表着未来制造业的发展方向，对此企业不应有丝毫怀疑，而是应该认真思考如何随之转型。为此，既要针对自身在运营管理、质量保障、基础研发和自主创新等方面的薄弱环节，边补课、边追赶；也要有意识地为智能制造升级进行前瞻准备，具体而言，就是要努力提升全方位的数字化水平，逐步形成数据化能力。换句话说，企业要把现有的信息化手段用到极致，为融入智能制造体系做好技术、管理以及工具等方面的充分积累。

第二，企业必须准确定位自身在智能制造体系中的角色，也要做到"有所不为"。面向智能制造的升级，企业切不可盲目跟风，寄希望于通过购买智能化生产设备而一次性地达成目标。实际上，企业综合实力的提升从来不是只靠购买先进设备就能实现的；相反，与现有管理水平、人员素质不相匹配的设备，反而会导致成本增加，但却难以收到预期效果。因为在智能制造实现之前企业没有解决的问题，到智能制造之后也不会自动得到解决。例如产品质量保障体系如果存在管理问题，只是引进了一些机器人，是不可能显著提升产品质量的。企业必须认识到智能制造不是包治百病的万能药方，如果不结合自身实际需求和现有基础而进行盲目"升级"，只能事倍功半，甚至可能给企业带来更大的困难。因此，企业对于智能制造升级必须系统思考策略，谨慎制订计划，做到谋定而后动。而对于实力薄弱、没有试错资本的中小企业来说，就更是如此。

第三，在具体实践中，企业应注意把精益思想与智能制造升级有效结合，向管理要效益，向精益要产出。也就是说，企业要本着精益求精、追求极致的精神去把现有的事情做好，练好基本功，这样才能全面提升设计开发、生产制造、质量保障、成本控制、营销服务以及运营管理等各方面的核心竞争力，从而在当前获得显著收益的同时，为未来融入智能制造体系做好充分准备。

（本文根据学术论文"工业4.0与精益体系辨析及其对中国中小企业的影响研究"精编整理；原论文发表于《科技管理研究》2018年第3期；署名作者：赵福全、刘宗巍、史天泽）

中国车企需谨慎赴美

【精彩语句】

"要在美国市场站稳脚跟,难度非常大。这个市场奉行'宽进严出'的管理方式,任何企业都可以随时把产品销往美国市场,但进入后就要接受美国法律法规的全面监管,一旦出现问题就有可能被罚得倾家荡产。"

"片面强调抓风口,我认为是不对的,因为相比机遇,能力才是基础。中国企业不能只寄希望于去抓风口,更要做好长远战略,踏踏实实提升自己的硬实力,这样有了风口就可以飞得更高,没有风口也能逐步走向成功。"

"'走出去'不只是整车企业的事情,还涉及整个供应商体系,要培育优秀的本土供应商和自己一起走出去,否则也很难达到预期目的。"

【编者按】

时值若干自主品牌车企先后发布进军美国市场的计划,国家也明确提出鼓励自主汽车进入发达国家市场。针对这一热点问题,赵福全教授在接受《财新网》的专访中指出,美国市场确有规模大、购买力强、对新品牌相对更包容等优点,但要想站稳脚跟却并不容易。他建议,本土车企一定要苦练内功、提升实力,先把中国市场真正做好,并考虑好供应商协同进军的问题,再择机杀入美国市场,这可能是更稳妥的选择。

财新记者:中国汽车业在大约十年前也曾有过一轮筹划进入美国市场的潮流,后来大都无疾而终,这次有什么变化?

赵福全:第一波企业宣称要出口美国的时候,我认为是当时行业对美国市场估计得太乐观,对自己的能力评估也过分乐观。实际要去做的时候,才发现中国汽车之所以便宜,是因为我们的法规不严、质量指标要求不高,也就是说,是牺牲了一些品质换来的便宜。而且当时中国汽车企业还没有形成规模,也没有当地的销售网络,这样在中国拥有的成本优势到了美国就完全没有了,最后只能不了了之。

经过这些年的打拼，中国汽车产业取得了全方位的进步。很多企业摒弃了原来逆向工程、简单模仿的产品开发方式，正向开发能力得到大幅提升。同时，中国油耗、排放等法规已经基本和国际接轨。我们的制造技术也有了很大提升，例如中国生产的别克昂科威于2015年开始返销美国，这说明中国制造出来的产品可以满足美国市场的需要。中国的生产制造水平已经和国际接轨，同时还有效结合了中国的人力成本优势。这些方面的进步使我们此时进入美国，获得成功的可能性要比10年前大得多。

财新记者：为什么很多中国车企都希望能够进入美国市场？这个市场的难度在哪里？

赵福全：美国是全球第二大汽车市场，在规模上和整个欧洲相当，而且这个市场的购买力较强，也就是说企业有望获取较高的利润。对于中国车企来说，进入美国这个高端市场，也是企业实力的证明，可以获得更多的品牌认可，反哺国内以及其他市场。此外，相对来说，美国消费者对新品牌的包容度比较高，像特斯拉诞生在美国就是例证。

但是要在美国市场站稳脚跟，难度也非常大。这个市场奉行"宽进严出"的管理方式，不像中国进入汽车行业先要有企业和产品的双重准入才行。任何企业都可以随时把产品销往美国市场，但进入后就要接受美国法律法规的全面监管，一旦出现问题就有可能被罚得倾家荡产。

例如，美国的排放法规是最严的，执法也是最严的。大众"柴油门"就是最典型的一个例子，大众为这个事件付出了沉重的代价，现在也还没有完结。不仅大众品牌形象受到了严重的伤害，企业也面临巨额的罚款和赔偿。

另一个例子是丰田的"刹车门"事件，属于安全方面的问题。这些例子比比皆是。连全球最大的两家车企都面临这样的挑战，可见要进入美国市场并站稳脚跟是非常困难的。

财新记者：进入美国市场难度特别大，这和我们国家汽车技术标准体系整体偏欧洲有关系吗？

赵福全：有一定关系。实际上，中国制定下一阶段机动车排放标准的时候，不同国家的企业都会来游说，希望采用自己的标准体系，这样它们进入中国市场就不用重新进行二次开发了。汽车高度复杂，很多技术都需要大量的人力、物力和财力的投入，而且不仅是整车企业的投入，还有零部件企业的投入。中国车企进军欧洲比美国要容易一些，因为我们和欧洲的法规标准体系更接近。另一方面，相对来说，美国对违规行为的追责也比欧洲更严厉。

财新记者：重新开发所需的成本有多大？您能给我们一个大概的估计吗？

赵福全：这个成本没办法简单量化，因为每家企业的情况不一样，依靠规模摊销的程度也不一样，还有一些投入是零部件企业承担的。一般来说，按照全新的法规要求进行专属开放，必然会增加很大的额外投入，这需要一定的销量来分摊新增的成本。如果销量达不到，企业在经济上就会"入不敷出"。何况中国品牌汽车一开始在国外也不可能卖很高的价格，毕竟我们的品牌溢价力还低于欧美日韩系车企。品牌培育需要一个漫长的过程，这是短期内没办法改变的。很多中国企业进行评估后，就会发现进军美国市场至少目前在经济上并不划算。

财新记者：中国企业出口美国面临一个选择，是只在美国象征性卖车反过来提升国内品牌形象呢？还是真正出去赚钱？

赵福全：我认为如果去美国就一定要设法真正在那里站住脚，只是试水是没有必要的。中国有2800万辆的市场，如果国内市场都还没有做好，我建议不要急着去美国，要去美国永远都有机会。中国车企和当年日本车企、韩国车企去美国不一样，日本、韩国的汽车市场相对较小，日韩车企去美国是为了开拓一个大市场。中国自己就是全球最大的市场，有足够的空间可以承载本土企业的发展壮大，因此开拓美国市场并不紧迫。

财新记者：中国在新能源汽车方面比较领先，比亚迪纯电动大巴也进了美国，在新能源、智能化这些领域，中国车企出口是否有一定优势？

赵福全：这要看企业选择什么时间去美国，目前全球汽车市场还是以传统燃油汽车为主，况且最大的新能源汽车市场是中国而非美国。也许5年、10年之后，新能源汽车会是进军美国的一个很好的切入点。但像前面几家企业提出的2019、2020年，那时美国肯定还是传统燃油汽车的天下。即便是在中国，到2020年新能源汽车市场份额按国家规划目标也不过7%，没有政府强势支持的美国不太可能达到和中国一样高的比例。另外，中国在新能源汽车市场方面有优势,并不意味着我们的企业在新能源技术上有多大的优势。

财新记者: 丰田和现代分别是在美国遇到石油危机和金融危机时成功占领这个市场的,像丰田就是抓住了燃油经济性的风口,中国车企还会有类似的技术风口可以把握吗?

赵福全: 片面强调抓风口,我认为是不对的,因为相比机遇,能力才是基础。如果出现风口,企业也有能力,那就可以获得重大的突破。像日本汽车企业当年去美国能抓住风口,是因为之前他们已经做了很长时间的储备,在节能技术方面取得了领先。起初美国市场也不接受日本汽车的理念,但后来遇到了石油危机,油价猛涨,就给节油汽车带来了绝佳的机会。当然如果日本汽车的质量不过关,即使再节油,市场也不会接受。

而韩国汽车是抓住了金融危机的机会。当时美国汽车年销量从 1800 万辆直线下跌到 1200 万辆,很多人没有了工作,但又需要买车换车。而现代汽车经济实惠,还提出了十年保修,就赢得了消费者的认可。显然,韩国车企抓住这个风口的前提,还是因为其产品已经具有了较高的性价比和过硬的质量。

这些案例对于中国企业都有很好的启示,不能只寄希望于去抓风口,更要做好长远战略,踏踏实实提升自己的硬实力,这样有了风口就可以飞得更高,没有风口也能逐步走向成功。

财新记者: 企业应该选择怎样的"走出去"方式?是通过贸易的形式先试水,还是从一开始就进行本地化生产?

赵福全: 到另外一个国家销售整车,即便开始是以贸易的形式进行,也应该有未来 10 年乃至 20 年的长远打算。销售整车如果没有品牌塑造的支撑,最终肯定是卖不动的,而且卖掉一些也很难赚钱。汽车利润要靠品牌附加值来确保,这是一项长期的工作。以贸易形式出口售车一定要和自身品牌提升计划联系在一起,如果只是为了卖几台车,那意义不大,也赚不到钱。

这些年我们向发展中国家出口汽车,很多时候就是不做品牌只做贸易,结果只要该国市场出现波动,或者外汇汇率出现变化,我们的出口就不行了。中国品牌出口量最高曾经达到一年 100 万辆以上,但现在只有 70 多万辆了。

财新记者: 现在还有一个变化,就是打算进入美国的中国企业都在有意识地借助外方合作伙伴的资源，这是不是一种捷径？

赵福全："走出去"是企业综合实力的体现，自己能力不足时，借助外力非常正常，也应该这样做，这是一种有智慧的策略。借助外方的技术、产能和销售网络等，加快自身的国际化步伐，我认为这是一种很好的资源组合方式。但是有一点必须明确，这些资源组合的目的一定是打造我们自己的品牌，否则就没有意义了。

现在外方合作伙伴愿意配合我们走出去，也说明我们的产品确实有了很大提高，得到了外方的认可，他们也是觉得你成功的可能性大了，才愿意帮你。因为帮你不是学雷锋，彼此之间是有利益分配的。我觉得如果企业自身的产品品质、技术水平以及企业运营管理的综合能力不进步，没有让外方感觉到你"走出去"会有很大的成功可能，能够帮他们赚到钱，外方也是不会支持你的。

财新记者：您对已经明确提出进军美国计划的企业有什么建议？

赵福全：中国汽车企业产生了进入世界上最严市场的想法，这本身非常值得鼓励。不过企业的实力各不相同，发展阶段也不一样，一定要量力而行。中国市场虽然竞争也很激烈，但毕竟是在本土作战，中国企业有天然的优势。我认为还是要先把国内市场做好，再择机征战海外。同时，"走出去"不只是整车企业的事情，还涉及整个供应商体系，要培育优秀的本土供应商和自己一起走出去，否则也很难达到预期目的。总体来说，对有意进军美国的企业，我们首先应给予鼓励，其次希望他们谨慎前进，最后建议他们一定要把中国市场先做好。

（本文根据《财新网》2017年5月23日赵福全教授专访整理）

他山之石可以攻玉

【精彩语句】

"汽车企业的战略决策必须兼具细致性和长期性。一方面,对产业链条内各个环节都不容忽视;另一方面,企业也要高瞻远瞩,不断做出具有预见性的正确判断。"

"结合中国文化和中国企业的特点,对全球顶级汽车强企的核心理念、策略、机制与文化等进行深度解剖,针对企业自身的实际情况,梳理如何活学活用强企成功经验的研究和思考,更需要企业自己来完成。"

【编者按】

在本文中,赵福全教授分享了自己关于"他山之石可以攻玉"的认识,赵教授指出研究领先企业和竞争对手非常重要,这既是企业在竞争中"知彼"的需要,更是企业在前行中"知己"的前提。对于后发的自主品牌车企而言,借鉴优势方及先行者的成功经验和失败教训,是做出正确战略抉择、加快实现赶超的有力基础和宝贵参考。

合理的战略规划和决策是企业在强手如云的激烈竞争中保持优势的前提,而"知己知彼"则是企业做出正确战略抉择的基础和保证。"知己"貌似容易,但实际上,没有对行业状况的通透了解,没有对行业水平的充分认知,没有对行业发展趋势的科学预估,也就是在完全不"知彼"的情况下,"知己"其实无从谈起。特别是行业内领军企业和主要竞争对手的情况,更加值得关注和研究。只有如此,方能建立衡量自身的客观标尺,突破闭门造车、自我陶醉的局限,在"知彼"的基础上真正"知己",从而了解对手、认清自身、扬长避短,为制订清晰而可操作的发展战略提供宝贵依据。

与其他领域不同,汽车行业具有产业规模大、产业链条长、产业周期也长的鲜明特点,这就要求汽车企业的战略决策必须兼具细致性和长期性。一方面,对产业链条内各个环节都不容忽视;另一方面,企业也要高瞻远瞩,不断做出具有预见性的正确判断。局部的成功、一时的业绩都远远不足以支撑汽车企业可持续的健康发展,唯有秉持"建设百年老店"的信念,既关注细节、又放眼未来，才能最终成就辉煌。这就更加需要吸纳"他山之石"，以雕琢自己的"璞玉"。

对于尚不够强大的中国自主品牌汽车企业来说，研究、学习全球顶级汽车企业的经营之道、发展之史和壮大之因就另有一番必要性和紧迫性。目前，世界各大汽车厂商早已接踵进入中国市场，自主品牌别无选择，必须与这些世界一流企业同台竞技、一较短长，如何尽快由小变大、以弱胜强，是每家自主品牌车企都无法回避的艰难课题。在这种情况下，借鉴成功者及先行者的宝贵经验和失败教训应该是最佳的捷径之一。

实际上，对于某些全球顶级车企进行研究的著作和文献可谓汗牛充栋，其中自然不乏见解极其深刻的佳作。但是，结合中国文化和中国企业的特点，对全球顶级汽车强企的核心理念、策略、机制与文化等进行深度解剖，进而分析如何有效运用的思考却并不多见。特别是针对企业自身的实际情况，梳理如何活学活用强企成功经验的公开研究成果更几乎没有。说到底，这种研究更需要企业自己来完成，因为只有企业才知道自身的状态和特点，以及需要从"他山之石"中汲取何种营养。这又反过来说明了在充分"知彼"的前提下，"知己"的重要性所在。

今日的自主品牌车企当然还远不及世界汽车豪强们强大，但假如我们相信后发可以赶超，就应该为了梦想而不懈努力。而对于这些豪强们的深入研究，恰恰可为前行中的我们提供指路的航标、增添奋进的力量。或许，几十年后，若干自主品牌车企真的可以崛起、屹立于世界顶级汽车强企之列，到那个时候，企业之前所做的这些系统化的"对标"研究，就更能彰显出里程碑一样的重要价值和深远意义。

（本文根据赵福全教授2017年3月在某企业研发体系建设咨询交流会上的讲话整理）

绩效考核的价值与方法

【精彩语句】

"考核的根本目的在于提升效率，过细的考核容易使员工疲于应付，影响日常工作，反而成为效率的绊脚石；然而，没有细节的考核，又将成为空中楼阁，因为不可操作而遭人质疑或被人忽略，无法发挥应有的效力。"

"考核也只有从无到有、从有到好、从好到精，才能在不断进步中逐步走向完善。在这个过程中，为适应不同阶段的企业发展需要，考核的重点必须适时进行调整和改变。"

【编者按】

绩效考核，尤其是高度复杂的汽车企业研发部门的绩效考核，既是提质增效的必然选择，又是全球公认的操作难题。对此，赵福全教授曾在企业实践中进行过成功探索，本文就是其经验和心得的总结凝练。他着重指出，有针对性、可操作的绩效考核对于后发的本土企业开展自主研发意义更加重大，而唯有公开公平、高度细化、局部灵活、持续完善的绩效考核才会具有持久的活力并有效发挥作用。

众所周知，汽车研发是一项复杂的系统工程，需要管理和技术等各类人才通力合作；同时，汽车研发又是一个环环相连、不容分割的整体过程，需要不同专业领域的技术人员共同参与。因此，在汽车研发单位，全体员工必须各司其职、有效协作，才能保证企业有序运转、不断产出。在这种情况下，较之企业的其他部门，汽车研发单位对于明确责权、提高效率的需要就显得更为迫切和紧要。也正因如此，在汽车研发单位实施有效的绩效考核，为员工明确任务和指标，以确保大家按照合理有序的总体规划，按时保质地完成既定工作，也就显得更加重要和必需。

对于自身资金、人员、设备和能力相对有限的自主品牌车企而言，为实现有限资源的最大化利用，矩阵式管理模式是可供选择的重要手段之一。矩阵管理在资源有效利用方面的优势显而易见，然而其责权不易明确的缺点也十分严重。很多企业在试图推行矩阵管理时,往往雷声大、雨点小,最后不了了之,其原因就在于责权无法理清或分工无法实施,反而导致效率低下、资源浪费。这就更需要以考核为后盾,克服矩阵管理的不足,充分发挥其优势。由此,绩效考核也有了更深一层的意义。

当然,考核本身并不是新鲜事物。实际上,追求高效率和低成本是所有企业经营者共同面对的永久话题,而考核被公认为是实施高效管理的核心手段之一。当今,考核理论和流派纷纭复杂,几乎每一家稍具规模的企业都在实施或宣称实施着考核。然而,真正能够适应企业情况、充分发挥效用、显著提升效率的考核却并不多见。究其原因,考核的想法和思路从不缺乏,考核的手段和措施却往往不够具体及完备,甚或与实际情况脱节,起到相反的作用。更重要的是,企业的情况是动态的,工作也在随时发生变化,考核本身也必须随之进行调整。现在有很多企业试图寻找到一种一劳永逸的考核解决方案,这只能是一种奢望,其结果恐怕必然是负面的。可以说,缺乏一种坚持不懈而又与时俱进、不断完善的考核机制,才是问题的关键所在。

在这方面,我在企业实践中进行过有益的尝试:力争以不断完善的考核机制为保证,充分实施各项具体的绩效考核指标,以克服矩阵管理责权不易明晰的缺点,真正实现有限资源的最大化利用,完成低成本、高效率的产品开发与技术突破。在此过程中,我始终坚持"诚信、团队、执行、细节、务实"的管理理念并全力落实。

首先是坚持以"公开、公平、公正"为总体原则。公平、公正是确保考核令人信服和有效实施的基本前提,而没有公开二字,公平、公正其实无从谈起。全面公开的考核模式和公平公正的考核体系,可以使被考核者均能心服口服地接受考核结果,自觉地服从考核指挥棒,从而真正达到提高工作效率的目的。

其次是考核措施高度具体化和可执行化。考核究竟应该细化到什么程度,这是一个仁者见仁、智者见智的难题。考核的根本目的在于提升效率,过细的考核容易使员工疲于应付,影响日常工作,反而成为效率的绊脚石;然而,没有细节的考核,又将成为空中楼阁,因为不可操作而遭人质疑或被人忽略,无法发挥应有的效力。为此,我提出了"总体掌控,局部灵活"的指导原则,既细致入微、条理清楚,又给各部门足够的自由度。最终做到了"没有考核遗忘的角落"，并且不失之于千篇一律的僵化，充分考虑了研发管理不同层面和环节的差异性，从而为确保研发质量、进度和成本受控，推进各个项目顺利进行奠定了基础。

再次是侧重激励、适当惩罚。与很多企业采用排名靠前者正激励、末尾负激励的模式不同，我主导的考核更注重鼓励，以充分调动大家的积极性。这样可以避免员工对考核产生抵触情绪，以及排名靠前与靠后的部门及个人之间产生矛盾，更能最大限度地挖掘员工的额外潜力。当然，适度的惩罚也是必要的，完全没有淘汰制度是无法鞭策后进的。

最后，建立一套能够不断自我完善的考核机制，是绩效考核工作能够真正并持久发挥作用的根本保证。实际上，考核也只有从无到有、从有到好、从好到精，才能在不断进步中逐步走向完善。在这个过程中，为适应不同阶段的企业发展需要，考核的重点必须适时进行调整和改变。

总之，高度细化且不断完善的绩效考核可以使每一名员工都非常清楚自己的工作职责和努力方向，有效地克服矩阵式管理责权不清的缺点，充分发挥其资源最大化利用的优势，真正达到向管理要产出、向考核要效益的目的。

（本文根据赵福全教授 2018 年 7 月在某企业管理体系优化咨询交流会上的讲话整理）

第四部分 技术篇

节能与新能源汽车技术策略选择关键问题辨析

【精彩语句】

"站在解决全球能源问题的高度看,开源与节流是缺一不可的两大途径。对于汽车产业而言,节能汽车技术与新能源汽车技术的占比固然会有些消彼长,但却并非相互对立的关系,两者共同确保汽车能够继续造福人类。"

"在机电耦合系统中,技术决策者需要权衡的是电池、电机成本的增加与发动机成本的节省。在此过程中,发动机将有质的变化,针对机电耦合需求开发适宜的专用发动机将成为重要发展方向,尚有很多工作亟待重视和开展。"

"电动汽车的发展轨迹是动力电池的时间函数,而动力电池的能量密度和成本在短期内尚难有革命性的突破。此外,另一个制约电动汽车发展的硬性障碍是充电设施不足。"

"燃料电池汽车在短期内大规模产业化的前景并不明朗。从长远来看,电能与氢能孰胜孰负或未易量,两者共同支撑起汽车摆脱化石能源的大趋势。"

【编者按】

这是针对节能与新能源汽车若干关键问题的一篇集大成之作,赵福全教授在本文中系统深入地阐述了自己的思考与判断,内容全面涵盖了各种汽车动力技术的分析与预测。他鞭辟入里地指出:传统发动机是通过机械实现动力输出可变,而发动机与电机电池共同作为动力源是通过机电耦合实现动力输出可变,将使发动机进一步获得广阔的应用空间。整车企业必须掌控动力电池的成组技术,因其直接决定电池在整车上的性能表现;而对单体技术则需谨慎投入。插电式混动与增程式电动方案存在本质不同,前者为发动机延续发挥作用提供了一种高度灵活的解决方案;后者则是一种解决充电问题的可能方案,相当于一种适应性较强的电动汽车。燃料电池汽车在中国应该以商用车优先切入,以此培育产业链,并为燃料电池乘用车进行技术储备。他特别强调,汽车动力源的转变将是一个渐进的长期过程,对企业而言,必须结合产业大势和自身实际情况进行差异化的选择;对于国家而言,必须把"能源多元化"作为长期战略,不疏漏任何一种重要的技术选项。

一 节能与新能源汽车共同支撑汽车产业可持续发展

当前,由化石能源向电能及氢能过渡的汽车动力革命正不断深化,节能与新能源汽车成为行业持续高度关注的重要议题之一:传统发动机汽车、各种不同程度的混合动力汽车、电动汽车以及燃料电池汽车,各自承担什么使命、面临哪些挑战、将会怎样发展、适宜何种应用?这一系列问题事关产业未来走向和可持续发展,急需系统梳理和清晰判断。为此,笔者基于大量研究和思考,尝试给出答案。

首先应当明确,站在解决全球能源问题的高度看,开源与节流是缺一不可的两大途径。对于汽车产业而言,节流意味着完善现有技术,以不断提升传统发动机效率为其代表,包括各种节能技术,可归入节能汽车技术;而开源意味着寻找新的动力源,以电动汽车和燃料电池汽车最为典型,被称为新能源汽车技术。两者的占比固然会有此消彼长,但却并非相互对立的关系。实际上,节能汽车将为新能源汽车逐步走向成熟赢得时间,两者共同确保汽车能够继续造福人类。同时,传统动力总成以外的共性节能技术也将助力新能源汽车的效率提升,具体如图4.1所示。因此,开源与节流同行,生存与发展并重,这应是我们看待节能与新能源汽车发展的基本出发点。

图 4.1 节能与新能源汽车技术的定位与相互关系

二 发动机（ICE）动力系统：全面电气化带来质的不同

发动机虽号称"传统"，但在本轮汽车动力革命中同样将经历质的变化。过去，发动机与变速器组合提供动力输出。为满足复杂的工况，发动机需要工作在较宽区间，并通过不断扩大最佳工作区域来实现热效率的提升。无论发动机可变气门正时（VVT）、可变气门升程（VVL）及可变压缩比（VCR），还是变速器多档化或采用无级变速器（CVT），其本质都在于通过改善机械配置来实现动力输出可变，以适应变工况下的高效运行需求。这将不可避免地造成系统越来越复杂、控制越来越难以及成本越来越高。即使如此，发动机的热效率也不可能无限增长，事实上，目前正在逐渐接近物理原理上的"天花板"，单独使用发动机的汽车产品将越来越难以满足日趋严格的油耗和排放法规。

但是，这并不意味着发动机已无发展潜力和应用空间。未来传统动力系统将向电气化方向进化，即发动机与电池电机有效组合提供动力输出，由此获得提升效率的新空间。尽管复杂的工况需求并未改变，但由于动力系统中耦合了电池电机单元，可通过电池充放电来调节发动机的运行状态，从而使发动机得以工作在更窄的最佳热效率区域。如图 4.2 所示，其本质是通过机电耦合来实现动力输出可变，以适应变工况下的高效运行需求。这实际上正是混合动力的设计理念。

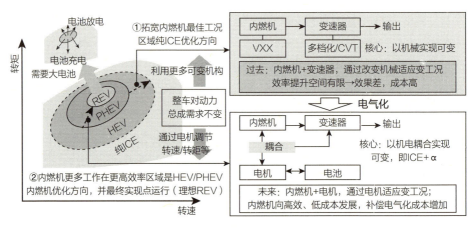

图 4.2　内燃机电气化的耦合机理

传统动力系统的电气化之路不会一蹴而就，但将不断提速。第一阶段，企业依托于现有发动机，匹配较小的电池和电机，此时，电能单元不能单独驱动车辆，也不能与发动机充分交互，整个动力系统的效率提升主要仍源自发动机优化，此外，当然还有制动能量回收等。因此，发动机依旧较为复杂，综合热效率的改善也较有限。不过，这是传统车企直接沿用原有先进发动机技术，并减少高成本电池投入的合理选择。

第二阶段，随着法规的加严和电池成本的下降，发动机与较大的电池和电机匹配。此时，电能单元将有强大的充放电及输出能力，从而可以更大限度地对发动机运行状态进行调节；相应地，发动机要向与之前完全不同的方向优化，即将被设计得更简单，重点追求在较小工作区域内的高效率，这样就不需要复杂的机械控制，发动机的成本不升反降。这也是真正意义上的混合动力，意味着整个动力系统的重新定义。

第三阶段，发动机几乎只在热效率最高的"甜蜜点"上工作，整体设计更趋简化，而单点工作效率趋近极致；与此同时，不断增大电池电机的比重，形成理想的机电耦合模式。特别是大电池也可直接预先充电，带着电能参与工作循环，从而不仅可以提升热效率，更为满足未来油耗与碳排放法规提供了灵活手段。这实际上就是插电式混合动力系统。

上述三个阶段在时间上其实是相互重叠的，不同的企业可以有不同的选择和发展时间表。但在本质上，技术决策者需要权衡的是电池、电机成本的增加与发动机成本的节省——因为在同样的输出效果下，加大电池电机的投入可以使发动机做得较为简单，关键在于合理地评估平衡点。在此过程中，发动机将有质的变化，针对机电耦合需求开发适宜的专用发动机将成为重要发展方向，尚有很多工作亟待重视和开展。

此外，面向动力系统的电气化升级，系统集成及控制方面也将有所不同，更强调发动机与电机的有效耦合。正因如此，在传统动力总成中主要关注变速器的节油贡献，而在混动系统中更强调变速器的耦合作用而非简单的传动效率。

三 纯电动汽车（BEV）：动力电池与充电设施是两大核心问题

总体而言，纯电动汽车的发展轨迹是动力电池的时间函数，而动力电池本身存在着一定的不确定性。一方面，目前对未来动力电池的性能指标做出的预测，更多的是基于经验和一般规律，究竟现有主流动力电池在材料化学的本质上是否存在增长极限尚难定论。另一方面，新体系电池以及氢燃料电池的发展速度也难以预料。这就使企业基于现有动力电池体系进行投入存在一定的风险。然而，由于动力电池的重要性，笔者认为，在政策加速推进新能源汽车的大势下，已经具有一定规模的整车企业都不能只做电池的采购者，而应切实有所投入，可以按照先控制成组，有余力再适当参股单体制造的方式，不断提升自身对动力电池的掌控力。

原因在于：其一，新能源汽车的发展速度，尤其是在中国的推进力度，远超预期，整车企业已无观望等待的时间；其二，现有主流动力电池进步快速，短期内的不确定性正在下降；其三，最重要的是如同传统燃油汽车掌控发动机技术一样，整车企业开发电动汽车也必须掌控动力电池关键技术，否则仅靠外购无法确保可持续的核心竞争力。而电池成组与单体技术的差异性非常大，其中成组技术直接决定电池在整车上的性能表现，并与车身结构、整车策略、热管理及安全性能等密切相关，因此整车企业理应投入谋求掌控；相比之下，单体技术涉及完全不同的材料、工艺与装备，不确定性更大，整车企业就需要谨慎投入。

除动力电池的能量密度和成本在短期内难有革命性的突破之外，另一个制约电动汽车发展的硬性障碍是充电设施不足，这加剧了消费者的里程焦虑，使企业不得不为电动汽车装上更多昂贵的电池。解决充电设施问题并不比提升动力电池性能容易，这既涉及基础设施建设需要的成本和时间，也涉及充电及电池技术出现更迭带来的潜在投资风险。影响电动汽车发展的两大核心问题如图4.3所示。

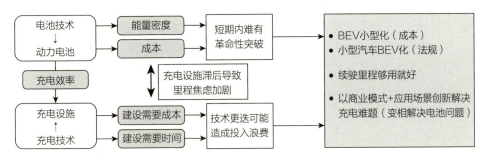

图 4.3　影响电动汽车发展的两大核心问题

尽管如此，对于企业来说，在法规压力下，打造电动汽车仍是必然的选项。对此，笔者的判断：一是电动汽车要小型化，以节省电池成本；同时小型汽车要电动化，在不得不做电动汽车的情况下，企业理应优先选择最适宜的小型汽车作为突破口。二是续驶里程够用就好，同样是为了节省电池，以提升电动汽车的性价比。三是企业必须思考商业模式创新和特定技术方案解决充电难题以赢得先机，包括可拆装电池、换电模式以及增程式电动汽车等，因为依靠充电设施普及支撑电动汽车实现重大突破，在短期内挑战较大。

四 混合动力汽车（HEV）：长期的过渡就不是过渡

混合动力常被视为从发动机到电动汽车的过渡技术，但这种过渡无疑将是一个长期的过程，而长期的过渡其实就不是过渡。在汽车动力革命的进程中，混合动力是无法跨越的。作为节流与开源的交叉技术，混合动力同时享有两方面进步的收益，将成为满足未来节能环保法规的必然技术选项之一。特别是由于具有多种不同方案，混合动力提供了更广的适用范围，当然，这也更考验企业的技术决策和创新能力。此外，混合动力在本质上是两种不同动力源的有效耦合，因此该领域的进步将为今后其他形式多种动力源耦合的可能前景做好充分的技术储备。

综合油耗、性能与成本之间的诉求，企业可以选择不同混合度的混动方案以满足自身的需要。总体来说，笔者认为：混合动力怠速起停成本低廉、技术成熟度高，将逐步广泛普及。轻混和中混技术成本、性能适中，在中小型汽车上将得到越来越多的应用。重混技术系统复杂、增加成本多，将在中大型汽车上应用。

这里要指出的是，混合动力汽车并不一定需要大电池，这是其与电动汽车相比的优势所在。也就是说，混合动力汽车与电动汽车相比，本质上是两套动力装置的成本与电池成本及充电便利性之间的权衡，只要动力电池没有革命性的重大突破，混合动力汽车就有其存在的价值与合理性。在可预期的未来，油电耦合将成为汽车动力系统的"新常态"，因此，混合动力汽车必不可少、大有可为。

五 插电式混合动力汽车（PHEV）与增程式电动汽车（REV）：本质不同，勿忘初心

插电式混合动力汽车与增程式电动汽车在中国都被归入新能源汽车范畴，并划分为一类，实际上，两者的本质完全不同，企业在应用中不能偏离其各自的本质。

PHEV 是加大了电池、可直接充电的混合动力汽车。其目的是为满足日益严苛的法规提供灵活性极高的混动解决方案。在本质上，插电式混合动力就是"发动机+可变的电池"，通过调整后者的容量，提高纯电驱动的里程，就可以满足油耗及碳排放法规，或者享受新能源汽车的优惠（或积分）。在结构上，插电式混合动力为并联或混联构型，以带有较大发动机的两套动力系统和复杂的控制为其特点。因此，PHEV 所装的电池并不一定很大，即使只有二三十千米的纯电驱动里程，也可以构成插电式混合动力汽车，并有适用于某种应用场景的可能。不过，按照中国现行法规，纯电模式下续驶里程在 50 千米以上的插电式混合动力汽车，才能被定义为新能源汽车并享受相关的政策待遇。而在油耗和碳排放约束越来越严的前景下，插电式混合动力的应用空间会越来越大。当然，插电式混合动力的成本比一般的混合动力要高，这是其劣势。

REV 则是自带充电装置的电动汽车。其目的在于以较小的投入，化解里程焦虑难题。在本质上 REV 就是为电动汽车安装了一种可自充电的配置，当然也可以在增加自充电配置后适当少装一些电池。在结构上 REV 都是串联构

型,搭载只负责补电、不直接参与驱动的小发动机,控制相对简单。REV 最大优势就在于可以使电动汽车少受充电设施的制约。而其劣势也很明显,一方面,REV 要比纯电动汽车增加额外的配置;另一方面,REV 仍然是一种电动汽车,小发动机补电只是为了保障车辆在意外情况下无法正常充电时也不会抛锚,也就是说,REV 还是立足于纯电驱动为主,如果因为充电设施严重滞后,小发动机始终提供动力,以防万一的"回家模式"成为常态,那就等于"小马拉大车",反而更不节能了。

由上述分析可知,PHEV 与 REV 的本质及其应用是完全不同的:前者为发动机延续发挥作用提供了一种高度灵活的解决方案;后者则是一种解决充电问题的可能方案,相当于一种适应性较强的电动汽车。因此,PHEV 的性价比不应与纯电动汽车比较,而应站在混合动力的延展曲线上来思考。同样地,讨论 REV 的油耗问题其实毫无意义,更不能以此作为反对 REV 的理由,因为REV 的"常态"应该是纯电行驶。如图 4.4 所示。

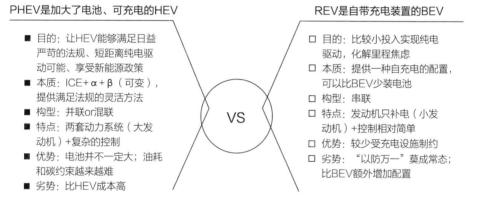

图 4.4 插电式混合动力汽车(PHEV)与增程式电动汽车(REV)的区别

这里还需提及串联混合动力汽车(Series HEV),虽然与增程式电动汽车在结构上类似,发动机同样只充电而不直接驱动车辆,但其实两者也有根本差异:串联混动汽车更应与并联及混联混动汽车进行比较,其优势在于以相对简单的构型获得还算不错的节油效果,并可实现类似电动汽车的驾乘体验。为满足全工况驱动的需要,串联混动汽车配备大发动机是理所当然的,因为发动机依然是车辆的主要动力来源,只不过经过了电机的中转;而增程式电动汽车配备发动机纯粹是为纯电动汽车提供充电保障,因此搭载大发动机并非合理的选择。鉴于相同的理由，串联混动汽车并不一定需要配备较大的电池，应该更关注电池的充放电效率；而增程式电动汽车是电动汽车，为保证足够的续驶里程，大电池应该是其标配。企业对此也要有正确的理解。

总体来说，插电式混合动力汽车未来在中大型车以及 SUV 上有较大应用空间：面对日益严苛的法规，大型车越来越不得不做重度混动，而已经做了重度混动，就不如再做插电式，虽然成本可能略高一些，但大车的成本承载力本来就比较高，更重要的是由此即可拥有面向未来油耗法规的灵活解决方案，并且还能享受一些新能源汽车的优惠政策。而在小型车纯电动的基础上，增程式电动汽车更应偏向于在中型车上应用。

六 燃料电池汽车（FCV）：大规模产业化尚待时日

燃料电池汽车代表着汽车产业动力革命的重要方向之一，对于改善未来能源结构，发展低碳交通，具有深远意义。甚至有观点认为，燃料电池汽车技术正在快速走向成熟，可能对电动汽车构成跨越式发展的挑战。但实际上，综合全球产业发展和技术攻关现状不难发现，燃料电池汽车在短期内大规模产业化的前景并不明朗。

从长远来看，电能与氢能孰胜孰负或未易量，两者共同支撑起汽车摆脱化石能源的大趋势。不过就当下而言，为加速推广新能源汽车，尽快取得节能减排实效，仍然需要有所选择。由于核心技术尚未突破，燃料电池汽车还存在成本、耐久、基础设施等全球性瓶颈，从制氢、储氢、运氢到加氢的氢能产业链也并未清晰。相比之下，电动汽车明显比燃料电池汽车的商用化成熟度更高。而且地域辽阔的中国也很难同时承担加油站、充电站和加氢站三套基础设施的建设。因此，现阶段"发展有先后、推进有侧重"的新能源汽车策略可以理解。

但是，这并不意味着我们可以忽略燃料电池汽车。同样因为我们是大国，在能源战略上绝不能赌博，必须把"能源多元化"作为长期战略，对于任何一种重要技术选项都不能疏漏。因此，建议国家给予燃料电池汽车足够的重视，持续进行基础研发投入、财政补贴支持和示范工程推动。

总体来说，笔者认为燃料电池汽车在中国应该以商用车优先切入，以此培育产业链，并为燃料电池乘用车进行技术储备。因为，商用车也必将进入电动化时代，而搭载大量动力电池本身就不节能环保，相比之下，燃料电池可能是更合适的选择。同时，燃料电池成本较高，商用车更有可能承载。此外，保障长途运行的大型货车和客车，只需定点建设少量加氢站即可，具有相对较强的可行性。

对于企业而言，应将燃料电池汽车纳入技术路线选择中来，进行认真的评估和比较，并根据实际情况适时进行技术攻关与储备。特别是商用车企业，更要思考如果商用车也和乘用车一样，纳入 NEV（新能源汽车积分）强制管理范围，应以何种新能源技术应对。显然，在这样的前景下，燃料电池将是不容忽视的重要选项。

七 未来节能与新能源汽车技术路线预测

CAFC（企业平均燃料消耗量）、NEV 和碳配额等法规组合日益加严、市场需求多样而易变、成本压力有增无减，这些挑战要求企业必须在节能与新能源汽车技术路线上做出明智的选择。在此，笔者对节能与新能源汽车的主要技术路线有如下预测：

从时间维度看，纯发动机汽车的市场份额将不断下降；传统车企为满足日益加严的油耗法规，将加速导入基于传统发动机的混合动力、插电式、增程式技术以及纯电动技术；而燃料电池汽车预期在 2030 年之后有望兴起。

最后必须强调的是，汽车动力源的转变将是一个渐进的长期过程，在此过程中，各种技术的突破、不同政策的变化以及能源格局的走向等，都会对节能与新能源汽车的此消彼长产生重大影响。具体到各家企业，更要结合自身实际情况进行因企而异的针对性选择。因此，没有绝对正确的技术决策，只有更合适且需不断完善的路线选择。不过从产业总体来看，一个不容置疑的基本判断是：未来车用能源的高效、清洁、低碳和多元化将成为主流趋势；而汽车动力系统一定是节流与开源并重，多种动力源之间相互竞争并有效组合来完成汽车节能减排的历史重任。

（本文原载于《汽车商业评论》2018 年 1 月第 1 期专论；署名作者：赵福全、刘宗巍）

应理性评估内燃机汽车的挑战、潜力与机遇

【精彩语句】

"伴随着汽车动力总成的全面电气化,内燃机将作为机电耦合系统中的组成部分,长期发挥重要作用。这也意味着内燃机的存在方式、性能需求和开发理念都将发生根本性的改变。未来的内燃机将向高效、定工况、简单、低成本的方向不断进化,并与高效的电机、变速器、电池等紧密结合,从而给整个产业带来全新的发展机遇。"

"目前,较高续驶里程的电动汽车在全生命周期内的碳排放并不低于汽油车,中低续驶里程的电动汽车相对汽油车确实具有一定的碳减排收益,但仍然很难达到深度混合动力汽车的碳排放水平。如果考虑不同地区和季节的差异,电动汽车的碳排放还可能更高。"

"全国范围内出台限制内燃机汽车发展的政策必须慎之又慎,个别区域根据自身情况采取类似措施也应该经过充分的科学评估。否则不仅不会立竿见影地取得节油减排降碳的明显效果,还会影响汽车以及众多相关产业的健康发展。"

"内燃机的存在可以让机电耦合系统的电动部分更好地发挥作用。反过来,电动技术的进步也为内燃机产业带来了更大的发展空间。因此,内燃机和电动汽车彼此并非割裂和排斥的关系,而是相互拥抱和融合的互补关系。"

【编者按】

针对一段时间以来行业内关于内燃机未来发展走向的热议与争论,赵福全教授专门撰写了这篇关于车用内燃机乃至整个汽车动力技术发展前景的重量级文章。他明确指出,单一以内燃机为主的"汽车动力1.0时代"正在向多种动力源并存的"汽车动力2.0时代"过渡,而以电驱动为主的"汽车动力3.0时代"还只是未来的远景目标,尚不足以构成评价当前动力形式优劣的依据。因此,唯有全面客观分析车用内燃机面临的挑战、拥有的潜力、具备的优势及可能的机遇,才能判断其生存的空间。尽管面临油耗、排放以及电动化新技术带来的严峻挑战,但车用内燃机仍然具有很大的发展潜力,不

仅热效率未达极限、能够实现近零排放，且并不绝对高碳，最重要的是动力系统的电气化将给内燃机带来本质改变。对此，赵教授进行了精辟的阐述：过去，内燃机独自承担驱动任务，本质上是以机械可变实现动力输出可变；未来，内燃机将与电池电机组合承担驱动任务，本质上是以机电耦合即"内燃机（ICE）+α"实现动力输出可变。这意味着内燃机的存在方式、性能需求和开发理念都将发生根本性的改变，从而给整个产业带来全新的发展机遇。在此基础上，赵福全教授预测了未来汽车动力技术整体的发展趋势。最后他特别强调，内燃机汽车和新能源汽车一定要互相借鉴、取长补短、共同进步，而不是彼此否定、刻意站队。

当前，能源消耗、环境污染以及气候变化给汽车产业带来的压力日益加剧，在传统汽车动力技术中占据绝对主体地位的车用内燃机，也因此面临日益增大的严峻挑战。同时，以纯电动汽车为代表的新能源汽车近年来取得了长足的进步和快速的发展，成为中国乃至全球范围内备受瞩目的焦点，也对传统内燃机汽车形成了巨大冲击。不断有报道称，一些国家或地区正在出台或制定禁售内燃机汽车的政策，一些车企则提出了到某个时间点完全停产纯内燃机汽车的计划。尽管其中多数消息并不确切或者存在误读，但是带给车用内燃机产业的影响是显而易见的。一时之间，围绕着车用内燃机的未来走向，形成了针锋相对的激烈争论，也让很多汽车产业的管理者、参与者和利益相关者感到无所适从。当此之际，科学分析和准确判断车用内燃机的定位与前景不仅意义重大，而且异常紧迫，这既涉及拥有100多年历史的车用内燃机产业后续如何发展，也与汽车动力技术的路线选择与未来方向息息相关，从而影响整个汽车产业的可持续发展。

毋庸置疑，汽车产业正在经历前所未有的全面重构，其中的重要驱动力之一就是能源革命。如果说此前一直是单一以内燃机为主的"汽车动力1.0时代"，那么今后很长一段时期都将处于多种动力源并存的"汽车动力2.0时代"。而展望未来，人类或许终会进入以电驱动为主的"汽车动力3.0时代"，但那将是一个远景目标，并且届时处于主流地位的很可能并非今天的锂电池系统，而是固态电池，或者氢燃料电池，或者是其他现在还未知的新型电池。显然，我们不能以"汽车动力3.0时代"的终极目标和可能情景，来简单断言当前内燃机汽车和电动汽车的优劣。更进一步说，人类社会对于能源的需求是一个永恒的话题，而人类的能源利用史从来都是一个不断进步、交替成长的过程。因此，关于车用内燃机的判断，绝不是非此即彼的简单取舍，而是必须进行系统全面的综合评估。

站在产业转型关键期的历史节点，笔者对车用内燃机面临的挑战、拥有的潜力、具备的优势以及可能的机遇，进行了深入分析与客观解读，以期澄清事实、明确判断、达成共识、凝聚合力，从而为车用内燃机乃至整个汽车产业未来的可持续发展提供参考。

一 车用内燃机面临严峻挑战

车用内燃机当前确实面临空前的严峻挑战，主要体现在以下三点。

1. 挑战一：油耗法规日益严苛

随着全球汽车保有量的不断增长，汽车消耗的石油资源与日俱增。为此，各国不断升级限制汽车油耗水平的法规。对于中国来说，还面临着能源安全的严重问题。据统计，2018 年中国石油净进口高达 4.4 亿吨，石油对外依存度已升至 69.8%，远超国际上 50% 的能源安全警戒线。而汽车行业的油耗量目前已占到中国石油消耗总量的一半左右。同时相对而言，在石油消费量最大的几个产业中，汽车产业更容易改变动力形式和降低产品油耗。正因如此，国家汽车油耗法规不断收紧，以乘用车 CAFC（企业平均燃料消耗量）法规为例，从正在实施的第四阶段 2020 年百公里 5 升，到即将颁布的第五阶段 2025 年百公里 4 升，再到目标已定的第六阶段 2030 年百公里 3.2 升。日益严苛的油耗法规不仅带来技术成本的大幅提升，也对内燃机的热效率极限提出了严峻的实际挑战，仅靠内燃机自身优化提升已经越来越难以达标。

2. 挑战二：环保标准不断提升

当前，中国的环保形势日益严峻，很多城市饱受雾霾肆虐之苦。因此，绿色环保不仅是长期重要的发展策略，也成为近期紧迫的政治任务。具体到汽车产业，一方面，为了有效降低有害气体和颗粒物排放，国家不断加快汽车排放法规的升级，即将实施的国六（第六阶段机动车污染物排放标准）被誉为全球最难的排放法规之一,不仅延续了欧洲标准的基本内容,还增加了美国标准的一些考核指标,并且很多地区将提前实施。内燃机汽车必须增加更先进的后处理技术才有可能达标,这也带来汽车成本的大幅提升。此外,越来越多的地区和城市除了为缓解交通拥堵问题,也基于环保考虑,已经或计划实施内燃机汽车限行甚至限购的政策。另一方面,气候变化使二氧化碳排放成为全球关注的焦点,作为碳排放第一大国,中国在《巴黎协定》上做出了庄严承诺,汽车工业早日实现碳排放达峰是大势所趋,这对消耗碳基燃料的传统内燃机汽车来说也是无法回避的难题。所有这些不断提升的环保要求给内燃机汽车带来了巨大的生存挑战。

3. 挑战三:新技术带来新可能

随着新能源以及混合动力汽车技术的快速进步,纯内燃机驱动不再是车用动力源的唯一可选方案。因此,且不论车用内燃机在技术极限上能否满足未来的油耗和环保法规,仅从技术经济性角度出发,不计成本地使用日趋复杂的内燃机也不再是最佳的商业选项。以电能驱动主导的新能源汽车,不仅有助于降低石油对外依存度和有害物污染,而且在使用阶段无任何排放物,因此受到了全世界的高度重视。同时,对于国家建立低碳能源系统具有战略意义的可再生能源发电及制氢,发展潜力巨大,也将为基于电驱动的汽车动力系统开发及产业化提供重要的原动力。未来,随着电动汽车保有量的不断增加及其作为供能储能装置接入能源互联网(V2G)技术的逐步成熟,电动汽车所具有的电网削峰填谷的巨大潜力将进一步放大其战略价值。尤其在中国,发展新能源汽车已上升为国家战略,政府专门出台了如NEV(新能源汽车积分)政策等旨在推动新能源汽车快速市场化的诸多产业政策,明确要求所有在华汽车企业必须生产一定比例的新能源汽车。一些观点认为,新能源汽车将很快突破拐点、实现高速发展,这意味着汽车动力源将发生重大转变。电动化相关技术的快速进步以及相关基础设施和商业模式的进一步成熟,将对车用内燃机的生存提出最为根本的挑战。

综上所述,面对未来节能、能源转型、环保、低碳等多方面的发展要求,内燃机技术的发展潜力、进步速度以及经济有效性,将决定其与其他技术竞争时的生存空间。

二 车用内燃机的发展潜力不容小觑

尽管面临严峻挑战,但车用内燃机的发展潜力也不容小觑,以下从四个方面展开分析。

1. 潜力一:车用内燃机的热效率远未达到极限

当前根据各车企的公开数据,国际上量产汽油机峰值热效率最高已达41%,实验室汽油机峰值热效率超过 50%,而备受关注的马自达第二代创驰蓝天发动机,据报道峰值热效率可达 51%,并且即将在全新马自达 3 上量产应用;量产柴油机峰值热效率最高已达 50%,实验室柴油机峰值热效率可达 55% 以上。日本早稻田大学大圣泰弘教授的研究表明,对点燃式汽油机而言,通过稀薄燃烧、增压直喷、冷却废气再循环(EGR)、长冲程、低摩擦、高效涡轮增压器、氢 + 强滚流、绝热等技术组合,可将其峰值有效热效率提升到 50.12%。对于压燃式汽油机而言,通过多次喷射及燃烧控制(MPCI)、增压 + EGR、燃烧室优化、米勒(Miller)循环、低摩擦、低散热损失、高压缩比(CR = 18)等技术组合,可将其峰值有效热效率提升到 51.05%。由此可见,内燃机的热效率远未达到物理极限,在节油方面还有很大的提升空间。

2. 潜力二:内燃机汽车能够实现近零排放

在排放方面,早在 2006 年,笔者编著的英文著作《汽油车近零排放技术》一书,就对相关技术进行过系统阐述(此书中文版由清华大学帅石金教授翻译,于 2010 年出版)。目前,内燃机汽车在技术上已经可以做到氮氧化物和颗粒物的近零排放,未来通过内燃机技术的进一步优化、动力系统的电气化(混合动力技术)、更加先进的后处理技术以及可持续性的脱碳策略(回收利用大气中的二氧化碳),内燃机汽车有望实现真正的零污染。即污染物排放量可以降低到不再与环境相关的水平,不会对空气质量产生负面影响,甚至车辆排放的尾气比空气本身还要清洁。根据德国斯图加特实时空气质量检测模型的计算,符合欧Ⅵd-TEMP 标准(约相当于中国国六 b 标准)的车辆对总污染的贡献约为 $0.2 \sim 0.5 \mu g/m^3$,几乎可以忽略不计。而内燃机汽车满足下一阶段更严苛排放标准的技术路线是明确可行的,所需衡量的主要要素是成本。

3. 潜力三：内燃机汽车并不绝对高碳

比较不同动力总成车辆的碳排放必须基于全生命周期的测算，而不能只看使用阶段。从这个意义上讲，电动汽车并不一定比内燃机汽车低碳，主要取决于其所用电能的来源。众所周知，电能是二次能源，尽管在使用阶段电动汽车本身的碳排放为零，但其所用的电能因来源不同，有不同的碳排放量。同时，还应考虑车辆生产及报废回收阶段产生的碳排放。唯有系统对比评估各种车用动力系统全生命周期内的碳排放总量，才能指导产业及企业科学、合理地选取技术路线，满足未来碳排放的法规要求。

图 4.5 所示为我们对不同动力总成车辆全生命周期碳排放情况的最新研究结果。图中 EV100、EV200、EV300、EV400、EV500 分别代表续驶里程为 100 千米、200 千米、300 千米、400 千米、500 千米的纯电动汽车，所选基准车型为典型 A 级车，所用车辆参数则来自工信部 2017 年公示的全部相关车型数据的均值。可以看到，目前较高续驶里程的电动汽车在全生命周期内的碳排放并不低于汽油车，中低续驶里程的电动汽车相对汽油车确实具有一定的碳减排收益，但仍然很难达到深度混合动力汽车的碳排放水平。如果考虑不同地区和季节的差异，电动汽车的碳排放还可能更高。此外，在生产阶段，电动汽车的碳排放显著高于汽油车，这是因为制造电池系统要比制造内燃机的碳排放高很多。

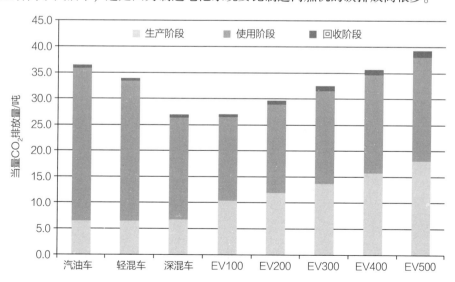

图 4.5　不同动力总成车辆全生命周期的碳排放量对比（2017 年）

当然，上述评估结果不是一成不变的，尤其受到两个关键因素的影响。一是电池能量密度的提升，二是外部电能的清洁度。中国的能源结构一直以高碳的煤电为主，这在短期内难以彻底扭转，毕竟可再生能源的大量导入和有效利用不可能一蹴而就。在此情况下，通过"去内燃机"来迅速实现汽车低碳化，其实是一个大难题。当然从长远来看，电动汽车相较于内燃机汽车的碳减排优势会日趋明朗，但是在今后相当一段时间内，只关注电动汽车的发展而忽略车用内燃机低碳技术的攻关是不利于产业整体低碳化发展的。

4. 潜力四：动力系统电气化带来本质改变

实际上，在本轮汽车能源革命中，内燃机并不是旁观者，而是重要的参与者。通过传统动力总成的全面电气化，内燃机发挥作用的形式、方向和能力都将发生质的改变。过去，内燃机独自承担驱动任务，需要工作在较宽区间以满足复杂工况，提升其热效率则需增加各种可控技术以扩大最佳工作区域，这同时也带来了成本的大幅增加。内燃机最终的热效率是各个工作区域热效率的综合平均值，其最高热效率并未得到有效体现。在本质上，这是以机械可变的方式实现动力输出可变带来的结果。沿着这条技术路线发展，将不可避免地造成系统日益复杂、控制日益困难、成本日益攀升，直至抵达内燃机热效率的物理极限。因此，单独使用内燃机驱动的车辆越来越难以满足后续的油耗和排放法规。

但是，内燃机完全可以借助电池、电机和电控技术的进步，转向动力系统电气化的发展方向，从而获得更大的潜力。未来，内燃机将与电池电机有效组合承担驱动任务。尽管整车对动力总成的需求并未改变，但由于动力系统中耦合了电池电机单元，可通过电池充放电来适应不同工况。内燃机则始终工作在较窄的高热效率区域，甚至最终可以只追求有效热效率的单点最高值，并力争只在这个"甜蜜点"上工作。而动力输出的可变调节则由电池与电机的有效组合（α）来完成。这样内燃机将大幅简化，成本将显著降低，从而补偿引入电池电机所带来的成本增加。在本质上，这是以机电耦合即"内燃机（ICE）+α"的方式来实现动力输出的可变，也即混合动力的技术路线。区别于传统的混合动力技术方案，这种"新"混动技术路线提出了全新的内燃机设计理念，并进一步强化了电池电机的作用。

传统内燃机动力系统的全面电气化将是一个渐进的过程，随着法规约束的不断增强和"三电"技术的持续进步，这一进程将不断加快。由此，企业将逐渐放弃单独以内燃机驱动车辆的技术路线，而是转向根据混合动力、插电式以及增程式等各种机电耦合动力系统的需求来进行内燃机的优化。当然，在具体技术决策中，企业需要评估电池电机成本及控制难度增加与内燃机成本节省之间的平衡点，不同的企业在不同的时间点和不同的技术储备下，会有不同的最佳选择。但无论如何，内燃机本身都将发生质的改变。面向满足机电耦合需求的专用内燃机开发，产业界和学术界还有很多重要工作急需开展和深入，这将极大地扩展内燃机在节能、减排及降碳方面的潜力，从而使内燃机重新焕发青春。

三 车用内燃机可助力电动汽车克服短板

内燃机不仅潜力巨大，而且还有很多优势，可以助力尚不成熟的电动汽车克服发展短板并不断走向成熟。

首先，当前电动汽车面临的核心瓶颈是电池成本和续驶里程。电池成本的降低不是短期内就能实现的，长期来看还将受到原材料供需关系的影响，存在不确定性。续驶里程焦虑也是一个大问题，在充电设施完全满足需要之前，只能通过增加电池来提升续驶里程，但这又意味着成本的激增。而且，在本质上，电池属于能源载体，其作用相当于油箱，即便未来电池成本有了显著下降，车辆搭载着大量电池运行带来的能耗增加仍然对节能减碳不利，因为电池是有重量的，且生产电池本身是以增加碳排放为代价的。在这种情况下，如能充分挖掘内燃机的潜力，与电池电机形成性价比最优的技术组合，不仅可以有效控制成本，而且也很容易化解里程焦虑，从而在满足严苛法规的同时，为消费者提供体验更好的汽车产品，在全生命周期内实现更加节能、减排、低碳的高性价比运行。实际上，"汽车动力2.0时代"既是各种动力技术相互竞争的时代，更是其相互融合、互为补充的新时代。

其次，电动汽车的使用环境存在很大局限，这是由电池属性决定的，很难彻底解决。一般来说，气温低于-15℃时，电动汽车的性能会急剧衰减。而中国冬季日间平均气温在-15℃以下的区域约占国土面积的5%，夜间平均气温在-15℃以下的区域约占35%。毫无疑问，电动汽车在这些地区的推广面临额外的挑战。相比之下，内燃机具有极强的适应性，在高温和高寒等极端情况下都可以正常运行。在纯电动汽车难以适应的区域，与其勉为其难地提升电池的低温性能（必然随之带来产品性价比的恶化），不如充分利用内燃机的优势，通过内燃机与电池电机的有效组合来为电动汽车冬季运行保驾护航。一些常年特别寒冷的地区，则根本不宜推广电动汽车，使用纯内燃机汽车就可以满足移动出行的需要。实际上，内燃机在一些恶劣条件下的高可靠应用，远不是其他动力技术可以简单替代的，即使最终能够找到满足这些使用条件的新技术，也需要较长时间的持续攻关。

最后，内燃机经过100多年的发展，拥有了完整的产业链条、明确的分工关系和深厚的技术积累。坚实的产业基础决定了完全取代可靠性高、成本低的内燃机，代价是高昂的、过程是漫长的。对于幅员辽阔、自然条件千差万别且各地经济发展不平衡的中国来说，要全面替换车用内燃机将比一些体量较小的国家困难得多，也缓慢得多，此外，对于如何满足汽车对动力的需求，内燃机从业者有深刻的理解和丰富的经验。作为汽车中最复杂的总成系统，内燃机的电控技术十分精细，内燃机的制造涉及包括工艺、材料等在内的大量共性核心技术。这些技术，过去有效支撑了内燃机汽车的持续进步，未来则将助力汽车动力系统逐步电气化以及电动化的不断发展。

四 车用内燃机迎来优化机遇

当前，车用内燃机在面临严峻挑战的同时，也正在迎来前所未有的优化机遇。

1. 机遇一：动力系统全面电气化的机遇

内燃机热效率提升的巨大潜力，与电池电机有效结合后将得到充分释放。

一方面，当前内燃机峰值热效率本身仍有10%（绝对值）以上的提升空间；另一方面，通过将内燃机的高热效率区由较大区间收窄到较小区间直至单点运行，综合热效率还可以进一步提升20%（绝对值）以上。在此过程中，内燃机将逐步摆脱多种机械可变的复杂技术，成本不升反降。伴随着汽车动力总成的全面电气化，内燃机将作为机电耦合系统中的组成部分，长期发挥重要作用。这也意味着内燃机的存在方式、性能需求和开发理念都将发生根本性的改变。未来的内燃机将向高效、定工况、简单、低成本的方向不断进化，并与高效的电机、变速器、电池等紧密结合，从而给整个产业带来全新的发展机遇。

当内燃机由"机械实现可变"向"机电耦合实现可变"转变时，掌握各种高度复杂的机械可变控制技术将不再是必然选项，从而相对削弱了该领域曾经的领先者优势，为后来者提供了赶超的新机遇。而在追求较窄乃至单点区域最高热效率的技术路径上，中国可以和各国同时起步并力争在此方面有更大的作为。

2. 机遇二：燃料改质设计与多元化的机遇

燃料改质与多元化使用也是当前重要的发展趋势之一，而内燃机则是全球燃料革命的重要载体。内燃机经过100多年的发展，在技术上已经足够成熟，通过对燃烧过程及燃料特性的协同改善与控制，几乎可以有效使用任何种类的不同燃料。未来通过燃烧系统的进一步优化与智能控制，同时对燃料进行有针对性的改质设计，将有更多不同种类的燃料，特别是碳中性燃料、低辛烷值燃料以及基于可再生能源制备的燃料，提供给内燃机使用，从而延长内燃机的寿命，并使其更加高效、绿色、清洁地服务人类。

3. 机遇三：智能网联化的机遇

当前，汽车正向低碳化、网联化和智能化方向不断升级，而智能网联技术的应用并不局限于整车层面。对于汽车动力系统而言，借助智能网联技术，可以面向节能、环保、低碳目标，实现更有效的优化控制。显然，这不仅有利于纯电动力系统的优化运行，搭载内燃机和电池电机单元的复杂机电耦合系统对此同样有紧迫需求。未来，动力系统将通过网联实时获取车辆自身信息以及与车辆相关的交通环境信息,并基于对车辆内外部状态的感知和预测,实施高度智能化的精准控制,以最大限度地降低汽车能耗和排放。

五 "汽车动力2.0时代"正在到来

当前,汽车产业正快速进入能源多元化时代。ICEV(纯内燃机汽车)、HEV(混合动力汽车)、PHEV(插电式混动汽车)、REV(增程式电动汽车)、BEV(纯电动汽车)及FCV(燃料电池汽车)等将长期并存,分别占有不同的市场份额并随时间推移逐渐发生变化。不同动力形式各有优缺点,法规将成为推动此消彼长的最关键因素,具体如图4.6所示。由于技术成本的原因,简单依靠内燃机难以满足百公里4升的油耗目标,ICEV将在2025年前后逐渐接近应用极限。此后,HEV将占据较大比例,几乎所有内燃机都将匹配电池电机系统,形成ICE+α的混动形式(α代表与内燃机组合的电池电机),借助电机调整内燃机的工作区域,以提升效率、降低油耗。随着法规进一步强化,HEV也将面临节油极限,PHEV和REV将随之获得快速增长,以实现N-ICE+α+β的更大节能(N-ICE代表按照动力系统高度电气化的运行特性需求而重新优化设计的全新内燃机;β代表在油电耦合系统中容量增加的电池部分)。在此过程中,一方面,PHEV的电池将越来越大,即通过增加纯电行驶里程来满足日益严苛的油耗法规;另一方面,内燃机将向全新的设计方向演化,即通过定区域乃至定点工作来进一步提升综合热效率,并通过简化设计来降低系统成本。在PHEV技术方案中,内燃机简化设计带来的成本降低在一定程度上补偿了引入大电池所带来的成本增加。而在REV技术方案中,内燃机的导入同时解决了里程焦虑和电池成本的双重矛盾。由于法规的不断加严,BEV和FCV的占比也将稳步提升,其发展速度除受技术本身影响之外,还取决于其成本下降速度以及基础设施的建设情况。当电池成本大幅下降、充电基础设施充分普及后,PHEV及REV将逐步退出市场。

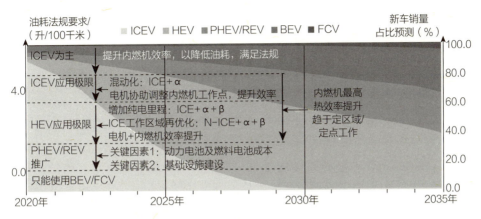

图 4.6 未来汽车动力技术发展趋势预测

由此可见,虽然单独使用内燃机驱动的车辆会越来越少,但是内燃机并不会就此退出历史舞台。搭载内燃机的 HEV、PHEV、REV 的市场份额将逐步扩大。在可预期的未来,带有内燃机的汽车产品仍将远远多于没有内燃机的汽车产品。从这个意义上讲,内燃机在汽车动力源中的主体地位虽有下降,但仍然具有强大的生命力。

对于内燃机的潜力、优势和产业基础,国家、产业界和学术界都应有清醒的认识。内燃机在汽车可持续发展的进程中已经并且还将继续发挥重要作用,这一点不应也不容否定。对国家而言,将产业基础雄厚的内燃机轻易舍弃,还意味着社会资源的巨大浪费,并将对整个国民经济产生冲击。因此,全国范围内出台限制内燃机汽车发展的政策必须慎之又慎,个别区域根据自身情况采取类似措施也应该经过充分的科学评估,否则不仅不会立竿见影地取得节油减排降碳的明显效果,还会影响汽车以及众多相关产业的健康发展。

至于不同企业的技术路线决策,则应根据技术储备的不同、产品组合的不同、品牌价格承载力的不同以及发展时期的不同,做出最适合自己的正确选择。需要强调的是,对于各种动力技术的未来发展,企业从各自的情况及利益出发,可以有不同的认识和战略。而产业的决策者和研究者理应站在国家和行业整体的高度,基于全生命周期的视角,从技术成熟度、成本、进步速度、攻关投入以及产业支撑、政策导向等多个维度,对汽车动力技术进行持续、系统、全面、客观的评估,以此来指导产业的健康可持续发展。

实际上,内燃机的存在可以让机电耦合系统的电动部分更好地发挥作用。

反过来，电动技术的进步也为内燃机产业带来了更大的发展空间。因此，内燃机和电动汽车彼此并非割裂和排斥的关系，而是相互拥抱和融合的互补关系。内燃机从业者需要转变思想，要承认汽车动力系统电动化是大势所趋，内燃机独挑大梁的时代已经过去了。为了更好地发展，内燃机必须主动转型、积极"触电"，调整技术攻关和产业应用方向，最大限度地满足新时期对内燃机的新需求。与此同时，新能源汽车的从业者也不要轻视内燃机的发展潜力，要明白在相当长的一段时间内只靠电池尚难以承担起汽车动力源主角的任务。因此，新能源汽车应充分接纳内燃机，利用内燃机的长处补足自己的短板，为消费者提供性价比和体验更优的产品，也为自身的发展成熟赢得时间。

总之，双方完全没有必要相互争论、彼此否定，更没有必要刻意站队、敌视对方。在新旧技术交替的变革期，我们既要以开放的心态看待"新"事物的发展，也要以客观的态度审视"旧"事物的"余威"。最重要的是，双方一定要互相借鉴、取长补短、共同进步。这既是车用动力系统向电动化转型并逐步取代内燃机的辩证法，也是自然界内其他新旧技术交替的必然规律。

展望未来，多种动力源长期共存的"汽车动力2.0时代"正在到来。在节能与新能源汽车技术的发展过程中，开源与节流必须并重。多种动力形式并非简单的竞争关系，而是互为补充的竞合关系，唯有优化组合才能获得最佳的汽车动力解决方案，以期满足日益严苛的法规标准和日益升级的出行需求。

在多种动力形式中，作为各种机电耦合系统中不可或缺的组成部分，内燃机仍具有继续发挥重要作用的空间和进一步完善的潜力。这也意味着车用内燃机将出现重大转型，未来将朝着定点高效、系统简化、成本下降的新方向发展。

为此，在大力推动新能源汽车快速发展的同时，无论国家还是产业，都必须高度重视车用内燃机的优化升级。一方面，一定要把内燃机的产业基础、特色优势和技术潜力用足，并且结合不同动力形式的特点，科学制定近中远期的技术路线；另一方面，应针对内燃机技术方向的转变，做好前瞻布局，提供基础支撑，持续加大投入，充分挖掘内燃机的最大潜能。此外，还应采取切实措施防止内燃机人才流失和断层，避免产业出现后继无人、发展乏力的被动局面。唯有如此，才能有效支撑汽车产业的可持续发展。

（本文原载于《中国汽车报》2019年2月25日第13版、3月4日第4版专论；署名作者：赵福全、刘宗巍、郝瀚、陈康达）

汽车产业核心技术掌控力评价体系

【精彩语句】

"掌控核心技术不仅是企业打造产品竞争力的前提,也是国家确保产业安全和长期竞争力的关键,是企业乃至国家可持续发展的根本保障。"

"基于所建立的多层级评价指标体系,经过量化评估,最终得出各国核心技术掌控力的得分,据此可将七个国家分为三个阵营。其中,第一阵营为德国、日本和美国;第二阵营为韩国、法国和意大利;第三阵营为中国。"

"中国汽车产业在核心技术的各个方面均有缺失,急需齐头并进、加快赶超。未来,中国必须在汽车核心技术的各个环节全面推进,确保持续投入足够的研发经费,并针对主要硬性技术短板进行重点突破。"

【编者按】

在这篇文章中,赵福全教授领导构建了可以评价一国汽车产业核心技术掌控力强弱的评价指标体系,包含产品平台、动力总成、汽车电子、新能源技术和研发能力五个一级指标,并对美国、德国、日本、韩国、意大利、法国、中国七个国家进行了评价。评价结果全面显示了各国汽车产业核心技术的综合实力以及在各个主要方面的优劣势,也是在国际比较的视角下,对中国汽车产业核心技术掌控力的一次系统梳理和综合评价。该研究完成于2014年,是中国工程院"制造强国战略研究"项目中汽车产业研究的重要组成部分。今天看来,当时的评价结果准确评价了各国汽车产业的技术水平,清晰指示了中国汽车产业全面提升核心技术的方向和目标,并且这套评价体系和方法框架具有长期价值,可通过更新指标细节对核心技术掌控力进行动态跟踪与评价。

汽车产业具有巨大的关联效应和拉动效应,是国民经济中当之无愧的支柱产业。当前,一方面,中国汽车产业正面临产业结构优化调整和转型升级,并将作为国家产业升级的重要动力,带动大量相关产业高质量发展;另一方面，核心技术是企业和国家的重要命脉，掌控核心技术不仅是企业打造产品竞争力的前提，也是国家确保产业安全和长期竞争力的关键。为此，对汽车产业掌控核心技术的能力进行量化评价与横向比较，具有指导意义和参考价值，将为提升汽车产业实力、发展自主品牌车企、提升核心技术水平提供方向指引和决策依据。

从企业角度看，一家企业的核心技术掌控力更高，意味着其产品更有技术优势，可以更从容地面对法规升级和市场压力，并且更容易在未来的竞争中占据主导地位。从国家角度看，一个国家的核心技术掌控力，反映了该国在相应产业的总体技术水平。这个水平越低，产业安全就越缺乏保障，该国在全球分工中也越容易处于产业链的低端。因此，掌控核心技术是企业乃至国家可持续发展的根本保障。

具体而言，核心技术掌控力是指企业对各项核心技术的掌控能力，这既包括企业对前沿技术的开发和应用能力，也包括企业拥有的研发和创新能力。虽然核心技术掌控力主要是企业层面的指标，但只要对一国主要汽车企业的情况进行汇总，就可以反映出该国汽车产业核心技术掌控力的总体水平。有鉴于此，经过深入研究和综合分析，笔者建立了汽车产业核心技术掌控力的指标评价体系，可以从国家层面对整个汽车产业的核心技术掌控力进行系统的量化评价。

一 汽车产业核心技术掌控力评价指标体系的建立

1. 指标体系的设计原则

在研究对象方面，选择了具有一定代表性和区分度的美国、德国、日本、韩国、意大利、法国、中国七个国家。这覆盖了全球公认的汽车强国德国、美国、日本，近年来发展迅猛的韩国，以及欧洲老牌汽车强国意大利、法国，以便更好地对标比较。

在评价指标方面，按照代表性、独立性、指导性、可测性和可比性的原则确定各层次的具体指标。

代表性：各级指标充分代表核心技术掌控力的关键构成要素，或是提升汽车产业核心技术掌控力的关键支撑要素。

独立性：指标间保证弱相关性，避免由于过大的关联度或过高的重合度造成指标的失效或者重复。也就是说，在全面覆盖相关关键要素的前提下应尽可能地减少指标数量。

指导性：指标体系能够清晰显示一国汽车产业核心技术掌控力的关键要素及其相互关系，并可以通过与其他国家的比对，找出本国的差距与症结所在。

可测性：作为可量化评价的多层级体系，各级指标需要具备可测性，即有数据可查并且可以度量，定性因子也要能够转化为定量因子来衡量。

可比性：各级指标的量化能够在不同企业和国家之间进行比较，并可以形成区分度，确保整个量化评价过程具有现实指导意义。

2. 指标体系的构建

核心技术掌控力是重要的技术指标。针对汽车产业自身的技术特点，经过调研访谈及多轮分析、思考和甄选，将该评价目标细分为产品平台、动力总成、汽车电子、新能源技术和研发能力五项一级指标。

产品平台：平台化已经成为全球汽车产业的重要技术趋势。企业通过平台化降低成本，打造有竞争力的产品。汽车产品平台是一系列重要的共性技术和功能的集合，基于共同的平台可以衍生出不同的产品。对企业在平台技术方面的能力评价可从平台数量、平台衍生车型的能力以及平台规模三个方向进行。考虑到绝对的平台数量在不同企业间并不具有直接可比性，故将平台数量和平台规模结合为"单位平台的销量数"这一指标来进行综合衡量。同时，考虑到企业平台战略的差异，选取各企业衍生车型数排名前三的三个平台考察其平台衍生能力，取其衍生车型数的平均值。

动力总成：发动机和变速器的水平在很大程度上决定了汽车的动力性、经济性和环保性能。动力总成的自主自给，是整车企业摆脱对外技术依赖、实现技术自主的关键。动力总成衡量指标分为发动机和变速器两个部分，重点考察其技术来源和技术水平。其中，技术来源包括自主开发、合作开发和逆向工程，分别对应不同得分。

汽车电子：汽车发展历经百余年，电子系统已经越来越多地结合到传统的机械装置中。有数据显示，近十年汽车产业约七成的创新都源于汽车电子技术以及相关产品的开发应用。汽车电子在整车产品中所占成本越来越高，是未来技术竞争的核心。汽车电子指标从主动安全、车载娱乐系统和车载通信系统三个方面来考察，分别以相应主要技术的实现能力表征。例如，主动安全是指企业在电子稳定控制系统（Electronic Stability Control，ESC）、车道偏离警示系统（Lane Departure Warning System，LDWS）、智能制动辅助（Intelligent Brake Assist，IBA）、自动泊车系统（Automatic Parking System，APS）、自适应巡航控制系统（Adaptive Cruise Control，ACC）等方面的技术实现能力。

新能源技术：对新能源技术的评价可以反映出车企在产业前沿技术方面的技术储备和产品化能力，这是决定汽车厂商未来竞争成败的关键。这里的新能源技术为广义概念，将分别考察混合动力汽车（Hybrid Electric Vehicle，HEV）、纯电动汽车（Battery Electric Vehicle，BEV）和燃料电池汽车（Fuel Cell Vehicle，FCV）三个方向，基于各车企在全球市场的研制和投产情况、代表车型、上市时间及销量规模综合打分。

研发能力：研发能力是企业产品开发能力的根本保障，也是企业自主创新能力的重要来源。企业的经营策略和技术路线未必相同，但研发经费投入始终是关键所在，包括人员、设备等相关要素归根到底也都是经费投入的问题。因此，研发资金投入可以很好地表征企业的研发能力，具体通过统计年度内各企业在基础研究、应用研究和试验方面的经费支出进行考察，包括原材料、人员劳务、固定资产购建、管理费用以及其他支出等。

在五大原则的基础上，结合数据查找情况判断可行性，并广泛搜集多方专家意见，经过反复思考、提炼与测算，最终得到汽车产业核心技术掌控力的多层级评价指标体系，见表4.1。

表 4.1 汽车产业核心技术掌控力的多层级评价指标体系

目标层	一级指标	二级指标
核心技术掌控力	产品平台	单位平台的销量数
		平台衍生能力
	动力总成	发动机
		变速器
	汽车电子	主动安全
		车载娱乐系统
		车载通信系统
	新能源技术	混合动力汽车
		纯电动汽车
		燃料电池汽车
	研发能力	研发经费投入

需要说明的是，在评价指标的选择上必须做出取舍。例如，研发体系也是企业研发能力的重要表征，但研发体系涉及的环节众多，如果参照研发流程对相关的每个环节都进行衡量难免过于细致，从国家层面来看必要性不大，且很多环节难以量化，故予以舍弃。最终，选择研发经费投入作为研发能力下唯一的二级指标。

3. 指标权重的确定

在文献调研的基础上，选择层次分析法对各国汽车产业的核心技术掌控力做出评价，在此过程中，运用判断矩阵法计算确定各级指标的权重。通过问卷调查搜集了共计 20 位专家的意见，包括 7 位产业界的资深专家、5 位学术界的权威教授以及 8 位企业一线的研发骨干工程师，综合得出最终的权重矩阵。

以一级指标为例，给出具体说明：首先请参与调查的专家对五项一级指标进行重要程度排序，进而给出指标间两两比较的重要度差异分值。然后进行数据处理，根据专家评价结果，列出各个判断矩阵，进行一致性检验。如果判断矩阵的一致性检验不合格，则依据专家给出的排名评价对数据进行重新处理，冲突过于严重时予以舍弃。最后，分别求解各判断矩阵的最大特征根及所对应的特征向量，并将特征向量标准化，即得到五项一级指标的权重向量。

二 基于评价指标体系的汽车产业核心技术掌控力评价

1. 研究样本的选取

核心技术掌控力是企业层面的指标，需要选择确定七个国家进行研究的企业对象。为此，笔者选择了各国乘用车产销规模居于前列的汽车企业。而对于中国而言，由于自主品牌车企众多，分散度较大，所以只选择了自主品牌乘用车年销量规模为 20 万辆以上的车企（2013 年数据）作为考察对象，详见表 4.2。

同时，考虑到大型车企对一国汽车产业实力的决定作用更强，因此各评价指标得分在国家层面进行累计汇总时，均参照乘用车销量数据分配企业间的加权系数，从而避免了规模相对较小的企业产生过大的影响。

表 4.2 研究样本列表：进行研究的七国及其主要车企

国别	主要汽车企业
美国	通用汽车集团、福特集团、克莱斯勒集团、特斯拉
德国	大众保时捷联合体、宝马集团、戴姆勒集团
日本	丰田集团、本田公司、日产公司、三菱汽车、马自达、铃木
韩国	现代起亚集团
意大利	菲亚特集团
法国	标致雪铁龙集团、雷诺公司
中国	长安汽车、长城汽车、一汽轿车、上汽乘用车、奇瑞汽车、比亚迪、吉利汽车、华晨汽车、江淮汽车

2. 各指标得分的确定

在查找大量相关数据资料的基础上，分别得出了各企业在不同指标项的量化分值。进而对所有企业的分值进行无量纲化处理，使所有得分均被标准化到 0~100 的区间，以确保企业在各指标下的得分在同一量级。再将各国所选企业的某项指标得分加权汇总，即为该国在该指标上的总得分。

3. 评价结果与阵营划分

基于所建立的多层级评价指标体系，经过量化评估，最终得出各国核心技术掌控力的得分，以百分制表示。具体评价结果见表 4.3，据此可将七个国家分为三个阵营。

第一阵营（70 分以上）：德国、日本、美国；第二阵营（50~70 分）：韩国、法国、意大利；第三阵营（50 分以下）：中国。

其中，各阵营中的先后排序代表了得分高低的顺序，也即核心技术掌控力的强弱顺序。在发达汽车强国阵营中，德国与日本处于第一第二的领先地位，美国略逊一筹。韩国作为后起之秀，已经爬升到第二阵营，并且超越了传统的欧洲汽车强国法国和意大利。中国则远远落后于各汽车强国，总得分不及排名第六的意大利的一半，仅为排名第一的德国的 1/4，这表明当前中国在汽车产业核心技术掌控力上与世界先进水平相比，仍然存在明显差距。

表 4.3 汽车产业核心技术掌控力评价结果

（单位：分）

国家	美	德	日	韩	意	法	中
产品平台	69.3	89.4	74.0	77.0	41.5	62.6	15.1
动力总成	62.9	63.7	65.3	63.2	66.0	63.2	44.7
汽车电子	76.7	85.7	60.3	83.9	67.6	40.7	14.0
新能源技术	69.0	62.9	94.5	67.8	44.4	46.4	43.7
研发能力	76.4	85.6	86.9	57.0	57.0	59.0	7.1
核心技术掌控力总分	70.8	80.0	76.5	67.2	54.7	58.4	21.2
位序	3	1	2	4	6	5	7

三 汽车产业核心技术掌控力评价结果分析

将七国的总分及五项一级指标的得分进行排序并汇总，见表 4.4。当然，由于相对分差不同，排序位次并不具有完全的代表性，但也可以从一个侧面阐释评价结果，显示了不同国家在各项一级指标上的实力对比。

表4.4 七国各项一级指标及总分排名汇总

位次	产品平台	动力总成	汽车电子	新能源技术	研发能力	核心技术掌控力总分排名
德国	1	3	1	4	2	1
日本	3	2	5	1	1	2
美国	4	6	3	2	3	3
韩国	2	5	2	3	5	4
法国	5	4	6	5	4	5
意大利	6	1	4	6	6	6
中国	7	7	7	7	7	7

为了更加直观地观察评价结果，将各国在五项一级指标上的排名绘制成雷达图，如图4.7所示。从雷达图包络面积的大小可以大致判断出各国汽车产业核心技术掌控力的强弱。例如，德国和日本两国雷达图线的包络面积最大，代表两国的核心技术掌控力最强。同时，雷达图中五边形的形状显示出各国在各项一级指标上的优劣势。例如，意大利五边形的尖锐一角是其在动力总成方面突出优势的表现；中国的五边形则集中于中心处，反映出中国在各项评价指标上全面落后。

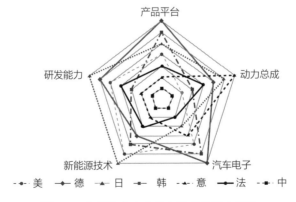

图4.7 七国汽车产业核心技术掌控力对比

由图4.7可以看出，各国汽车产业的核心技术掌控力在五项一级指标上存在不同的优势与短板。以下按照总分排名，对各国的情况进行逐一分析。

德国作为世界头号汽车强国，在产品平台、汽车电子、研发能力上均处于前列，尤其是产品平台方面处于绝对领先地位。实际上，模块化平台的概念就是德国大众最早提出并实践的。同时，奔驰、宝马等德国高端汽车品牌，在汽车电子技术的应用上也一直领先。不过，在新能源技术方面德国略显落后，只排在第四的位置。总体来看，德国汽车产业核心技术掌控力在各个方面都处于较高水平。

日本作为通过模仿创新实现后发赶超并最终跻身世界前列的汽车强国，依靠日本车企对研发的高度重视和持续投入，在研发能力和新能源技术上均已取得领先，在动力总成和产品平台方面则分别位于第二和第三。像丰田这样规模巨大的集团、本田这样专注动力技术研发的车企以及日产这样电动汽车的先行者，都为日本加分不少。以新能源技术为例，日本车企拥有绝对优势，混合动力、纯电动以及燃料电池汽车的产品化都走在全球前列。不过，对于架构相对开放、与IT产业结合更多的汽车电子，日本并无明显优势，仅位居第五。

美国坐拥全球第二大汽车市场，同时通用、福特等都是历史悠久的老牌汽车强企。不过，美国并没有一项指标足以问鼎，这可能与近期金融危机和破产风云给美国汽车产业带来的困扰有关。值得一提的是，美国社会灵活的创新机制催生了特斯拉这样的新兴电动汽车品牌，其在2013年的全球销量达22000多辆，在一定程度上弥补了传统三大车企在新能源汽车领域的相对劣势，使美国在新能源汽车技术方面的得分位居世界第二，仅次于日本。作为汽车产业的先发国家，长期的技术积累使美国在五项指标上都没有跌出前四，综合排名第三，仍处于第一阵营。

第二阵营中，韩国汽车近几年的蓬勃态势和飞速扩张让世界瞩目。不过，从核心技术掌控力的评价结果来看，韩国虽然已经超过了法国和意大利，但是尚未进入世界汽车强国的第一阵营。总体来看，现代起亚集团的学习能力极强，充分利用后发优势，在产品平台和汽车电子上已经排名第二，包括在主动安全、车载通信、车载娱乐系统的开发和应用都取得了巨大进步。同时，氢燃料电池汽车的发展，确保了其在新能源技术方面的较高得分。不过，在权重较高的研发能力指标上，韩国仅排名第五。其综合实力与一流强国相比仍有差距。

法国也是欧洲传统的汽车强国之一，其各方面的发展相对均衡，基本都在第四至第六的位置，综合实力处在第二阵营。在汽车电子技术指标上，法国相对更为落后，仅排名第六。

意大利以众多顶级跑车品牌闻名，在动力总成方面排名居首，但其余指标均在第五、第六的位置上，这与企业的战略侧重和技术路线有关。菲亚特作为动力总成领域的强企，实力雄厚，其动力总成构件的外销能力很强，成为意大利拥有世界一流汽车动力技术的重要保障。

中国的五项一级指标得分都排在队尾，处于弱势地位。相对而言，中国车企在产品平台、汽车电子等方面的差距更为明显。这是因为自主品牌车企受发展阶段和规模的限制，平台化应用尚不充分；同时对汽车电子的开发参差不齐，此前还没有太多精力顾及该领域。不过，中国车企在电动汽车领域却多有涉足，这与国家政策对新能源汽车的大力支持不无关系。虽然中国在新能源技术上相较汽车强国也还有差距，但该差距远小于传统动力总成技术。在研发经费投入方面，中国车企也远低于汽车强企水平，客观上，这与中国车企品牌附加值低、产品竞争力弱以及产量规模小有关。也就是说，中国汽车产业在核心技术的各个方面均有缺失，急需齐头并进、加快赶超。未来中国必须在汽车核心技术的各个环节全面推进，确保持续投入足够的研发经费，并针对主要硬性技术短板进行重点突破。

上述评价指标体系与量化评价结果，可以为国家汽车产业及技术发展相关政策的制定提供参考，亦可作为中国汽车强国路径目标分解的依据。同时，对车企的经营管理与技术开发也有一定指导作用，可以帮助企业在掌控核心技术方面认清差距、明确方向。

[本文根据学术论文《汽车产业核心技术掌控力评价体系研究》精编整理；原论文发表于《汽车工程学报》2015年第4期；署名作者：王悦、刘宗巍、赵福全（通信作者）]

未来汽车技术"五化"发展趋势

【精彩语句】

"汽车保有量趋于饱和有两种情况:一是随着社会的发展,汽车得到充分普及,新增购车者的数量不再增加;二是公共交通高度发达,且更便捷,汽车不再是必需的代步工具。对于中国来说,这两种情况的出现显然都还需要相当长的时间。"

"展望明天,汽车技术将呈现出'五化'趋势,即功能多元化、控制集成化、开发平台化、系统网络化和技术一体化。"

【编者按】

本文是赵福全教授关于"未来汽车技术发展趋势"主题演讲的精缩版,在文中,他指出安全、节能、环保、信息化以及智能化技术,将成为未来汽车技术的发展方向。

我在很多场合多次听到关于汽车产业未来发展的不同讨论,其中有持乐观态度的,也不乏悲观者。我个人认为,中国汽车产业至少还有十年的稳定增长期。在过去的十年里,中国汽车产业从几百万辆的产销规模到突破2000万辆,而未来有太多因素表明中国的汽车产业还有很大的发展空间,其根本原因在于中国十三亿人口的购买力还远远没有完全释放出来。

参照发达国家的经验,汽车保有量趋于饱和有两种情况:一是随着社会的发展,汽车得到充分普及,新增购车者的数量不再增加;二是公共交通高度发达,且更便捷,汽车不再是必需的代步工具。对于中国来说,这两种情况的出现显然都还需要相当长的时间。至于中国汽车产销量今后的增幅,我认为主要取决于经济发展速度、产业政策以及消费心理转变等因素,总体而言,是无需悲观的。

然而,目前中国汽车产业也遇到了诸多制约因素,像能源紧缺、交通拥堵、环境污染等汽车社会问题愈演愈烈,政府日益严苛的法规和限行限购政策，也让汽车产业的发展遭遇前所未有的挑战。但是这些外部因素都不是不可克服的，而对于能够练好内功、积极应对的企业来说，挑战也是一种机遇。其中，掌控核心技术的重要性将越来越明显。

下面我就来谈谈对未来汽车技术发展趋势的判断：

第一，未来安全技术会越来越受到关注。被动安全日益精细化，主动安全会继续得到大幅提升，被动和主动安全技术的相互融合将越来越明显。未来汽车将从"零死亡"向"零伤亡"再向"零事故"的终极目标不断前进。同时，智能驾驶技术的进步会越来越快，尽管完全的无人驾驶可能尚需时日，但区域的、部分工况下的自动驾驶将作为一项核心的安全技术得到快速应用。而且这些安全技术将与语言识别系统、数据信息交换系统以及IT网络技术等的进步紧密结合在一起。

第二，节能技术的重要性不断凸显。实际上，未来真正能制约汽车发展的最重大问题之一，就是能源问题。当前，中国石油进口比重已接近60%，缺油的压力非常大。为此，工信部已经明确提出到2020年实施百公里5升油耗的法规，这是非常严苛的指标，尤其对于本土企业来说挑战异常艰巨。目前，国内很多企业的动力总成技术还有待提升，新能源技术还方兴未艾，而在优化发动机、变速器之外，轻量化、动力总成电气化、智能化等技术在节油领域的巨大潜力，还有待进一步挖掘。例如，一般的乘用车通常只要减轻10%的重量就能节省7%的油。因此未来整车厂选择零部件，不仅要看谁更便宜、更耐用，也要看谁更轻。总之，节能方面的要求很可能将会给中国汽车产业从整车到零部件、从造车到用车，带来全方位的质的改变。

第三，环保技术也将成为企业不容忽视的核心技术，因为污染的压力将使环保成为否决项。目前，国家已经导入了材料回收法规，在汽车设计过程中就必须考虑日后如何拆分、回收的问题。这不仅是对整车企业，更是对零部件企业的巨大挑战。同时，排放控制、噪声控制以及车内空气质量控制等，都会越来越受到法规和消费者的双重关注。

最后，以电子电控技术为基础的信息化、智能化技术将为未来汽车产品的能力跃升提供巨大机遇。近年来，电子技术在汽车上的应用呈几何级数增加。以信息化、数字化、大数据、云计算等为特征的新一轮科技革命正在兴起，而汽车将成为应用这些最新科技成果的最佳载体之一。车载信息娱乐系统、车联网技术和汽车智能化技术将引领未来技术发展的方向。展望明天，汽车技术将呈现出"五化"趋势，即功能多元化、控制集成化、开发平台化、系统网络化和技术一体化。

（本文根据赵福全教授2014年4月22日在盖世汽车网"第六届全球汽车及零部件企业高峰论坛"上的主题演讲整理）

中国乘用车自动变速器产业发展战略

【精彩语句】

"目前,DCT、CVT、AT 以及 AMT 这四种自动变速器,都各有本土车企进行开发及搭配,整体局面可谓'家家点灯、户户炊烟'。原本产销规模有限、开发经验不足的本土车企,并没有建立有效的产业联盟或零部件共享机制。"

"中国自动变速器产业起步较晚,没有既有的产业基础,也没有明显的消费者偏好;同时作为全球最大的汽车市场,又有足够的销量空间容纳多种变速器的发展。从某种意义上讲,这对中国也是难得的有利条件,让我们可以更多地从各种自动变速器自身的技术特点、成本及适用性的角度来规划最优的发展方向和组合方案。"

"本土车企应以开放的心态,积极谋求建立实质性的技术联盟,实现资源共享、协同开发,或者联合扶持相应的本土供应商,助力其加快技术攻关及产业化应用,以实现中国乘用车自动变速器产业的良好发展和后发赶超。"

【编者按】

本文完成于 2015 年,彼时自动变速器自主产品严重缺乏的问题,逐渐在中国汽车产业的发展进程中凸显,成为亟待突破的下一个关键技术瓶颈。为此,赵福全教授梳理了四种主要自动变速器的技术特点,分析了美日德各有不同主流乘用车自动变速器的根本原因。在此基础上,针对中国自动变速器产业发展极度分散化的现状,明确指出中国本土车企的"各行其是"加剧了我们技术赶超的困难。最后,从提供有效的解决方案和科学的发展战略出发,赵教授提出中国市场的特殊性让我们可以更多地基于自动变速器技术特点来合理规划最优的技术路线,他给出了自己对各种不同自动变速器适宜搭载范围的判断,同时强调尽管对技术路线可以各有不同选择,但是本土汽车企业必须加强联合、共享资源、协同作战,以集中力量、重点突破、加快发展。

变速器是汽车动力系统的重要组成部分，对整车的动力性、经济性和舒适性等都有重要影响。其中，自动变速器具有操纵方便、起步平稳等诸多优点，其市场占有率稳步提高，逐渐成为主流。但是国内自动变速器关键技术目前与国外仍有较大差距，本土企业整体竞争力不强，市场占有率较低，这已成为制约中国汽车产业发展的严重瓶颈之一。

一 自动变速器发展现状与未来趋势

2015年统计数据表明，各发达国家乘用车市场的自动变速器占比已达65%左右，而中国市场虽然近年来自动变速器份额稳步增长，也仅达到约五成。可以预期，随着中国汽车市场增长、高价位车型比重增加和自动变速器成本下降，国内自动变速器产业发展前景广阔。这一方面给企业提供了良好的发展机遇，另一方面也要求国家和企业必须理清发展战略，有效把握机遇，实现乘用车自动变速器产业的突破和升级。

自动变速器常见的类型有四种，分别是液力自动变速器（AT）、电控机械自动变速器（AMT）、机械无级自动变速器（CVT）以及双离合器自动变速器（DCT）。目前，中国本土车企产品的自动变速器搭载比例普遍偏低，且选择配置的主要自动变速器往往类型不同，呈现分散多元的特点。同时，即使选择了相同类型的自动变速器，各企业之间也大多单独进行采购或开发，缺乏必要的联合。一家整车企业开发出的自动变速器产品通常不会被其他企业接受，难以形成规模效应，无法分摊高昂的开发投入，这也是部分整车企业选择剥离变速器业务的主要原因之一。这种"各行其道"的状况造成原本实力有限的本土车企资源更加分散，严重制约了中国自动变速器乃至整个汽车产业的发展。

而从供应商的角度看，中国在自动变速器领域已经取得了一些成绩，但是核心零部件的研发能力与国际先进水平相比差距依然很大。比如，目前DCT双离合器的大规模量产能力主要由舍弗勒公司、博格华纳等外资公司掌握；在液力变矩器方面，国内自主设计及制造能力还处于起步阶段；此外，国内CVT、AT及DCT的控制单元仍以采购外国公司产品为主。本土自主变速器公司不得不从外资企业采购核心零部件，牺牲了自己的利润空间，这又导致自主开发投入不足、产品竞争力较低、产业化进程缓慢,从而陷入恶性循环。

相对于手动变速器,自动变速器的结构复杂,液压器件较多,油耗较大。今后国家节能法规将愈加严苛,对变速器提出了更高的要求,高效率成为自动变速器发展的突出需求。同时,消费者不断追求更高的驾驶舒适度,要求变速器起步平稳、换档冲击小。应用更先进的技术实现产品的高效率和高舒适性,成为乘用车自动变速器技术发展的关键所在。只有通过轻量化、高效率、多档位、宽速比、大转矩等大量核心技术的系统应用和持续完善,才能支撑自动变速器更好地满足法规和用户需求。对于相对落后的中国自动变速器产业而言,更加需要选择适宜的发展战略,集中有限的资源,进行扎实的技术积累,以实现重点突破、后发赶超。

中国乘用车自动变速器发展的主要瓶颈

经过多年努力,国内自动变速器开发及产业化取得了许多成果和进展,但核心能力仍存在明显不足。第一,设计开发能力弱,核心零部件设计能力及经验欠缺;第二,试验验证能力弱,缺乏成熟的关键零部件试验验证能力和完善的经验数据积累;第三,零部件供应商能力弱,国内绝大多数供应商还不具备自动变速器同步开发和产业化能力,导致整车企业只能选择与外国供应商合作。

除自动变速器设计能力急需提高以外,制造能力不足也是主要制约因素。相较于发动机而言,由于需要大量外购齿轮等基本零部件,规模效应对于变速器公司更为重要,因此产销规模偏小的本土车企存在先天劣势。同时,各类自动变速器的制造工艺和关键技术各有差异,不仅加工难度大、精度要求高,而且无法形成共性基础。以不同变速器的核心零部件为例,AT 的行星变速机构、DCT 的双离合器和 CVT 的钢带及带轮,这些核心零部件的制造难点完全不同,彼此之间差异明显,不能相互替代。这在客观上导致企业的有限投入自然分流,增加了技术突破的难度。总体来看,国内乘用车自动变速器产业不仅设计能力不足,而且制造能力更为欠缺,又必须面对多种自动变速器的不同关键技术,全面提升的难度极大。

在这种情况下，本土车企又竞相各自开发不同类型的自动变速器，导致资源配置严重重叠和浪费，进一步制约了中国自动变速器产业的发展。目前，DCT、CVT、AT 以及 AMT 这四种自动变速器，都各有本土车企进行开发及搭配，整体局面可谓"家家点灯、户户炊烟"。也就是说，原本产销规模有限、开发经验不足的本土车企，并没有建立有效的产业联盟或零部件共享机制，反而各行其是、重复投资。

与此同时，由于能力不足，多数本土车企无论采购还是开发自动变速器，都只能依赖与外国供应商合作，导致开发及采购成本较高，而且存在受制于人的风险。可见，根据行业状态和自身特点，确定适宜的自动变速器发展战略，以整合资源、集聚力量、重点攻关，是中国乘用车自动变速器产业快速取得突破的关键所在。

三 中国自动变速器技术路线选择的战略思考

1. 技术路线选择是一个复杂的综合性问题

发展战略不清、技术能力不足与有限力量分散、制造水平较低相互交织，成为中国乘用车自动变速器产业面临的主要问题。因此，确定对于中国而言最为适宜的自动变速器类型，即有效进行技术战略选择具有重要意义。必须明确，技术路线的评估与选择是一个非常复杂的综合性问题，需要全面考虑产品的先进性、成熟度、成本、技术来源、产业基础及消费习惯等多种影响因素，并结合不同车型与不同类型自动变速器的特点进行有针对性的选择。

为此，笔者基于企业实践和技术开发经验，系统梳理了不同类型自动变速器的基本原理、技术特点及发展趋势，从七个维度对其进行了分级评价，见表 4.5。燃油经济性方面，AMT 及干式 DCT 传动效率高，燃油经济性最好；加速性能方面，DCT 具有快速的换档响应及无动力中断的换档过程，加速性能最优越；换档品质方面，CVT 拥有最佳的换档品质，DCT 换档无动力中断，换档品质也比较优越；使用范围方面，AT 应用范围最广，CVT 链式传送钢带应用使转矩扩大，应用有所扩展；开发难度方面，AMT 及 DCT 是基于手动变速器发展而来的，有着良好的手动变速器工艺继承性，而 AT 技术相对最成熟；开发成本方面，AMT 结构最简单，开发成本最低，AT 及 DCT 开发成本相当，CVT 开发成本最高；售后服务方面，AT 售后维修最成熟，DCT 及 CVT 因其系统集成度较高，维修相对困难。综上所述，各类变速器各有优势，不存在孰优孰劣的简单结论，需要综合考虑其他各种相关因素，才能确定适宜的技术路线。

表 4.5 不同类型自动变速器特点对比

	AMT	AT	CVT	DCT	结论
燃油经济性	A	D	C	B	AMT 及干式 DCT 有接近手动变速器的传动效率及较低的能耗损失，燃油经济性最好
加速性能	D	C	C	A	DCT 凭借快速的换档响应及无动力中断的换档过程，加速性能最优越
换档品质	D	C	A	B	CVT 凭借连续的速比变化拥有最佳的换档品质；DCT 凭借无动力中断的换档过程，换档品质也比较优越
应用范围	D	A	B	B	AT 应用范围最广，近期 CVT 应用链式传送钢带使其转矩有所增大，应用得到扩展，但大转矩产品价格较高
开发难度	A	A -	D	C	AMT 及 DCT 是基于手动变速器发展而来的自动变速器，有着良好的手动变速器工艺继承性；AT 技术相对最成熟
开发成本	A	B	D	C	AMT 结构最简单，开发成本最低；AT 及 DCT 开发成本相近；CVT 开发成本最高
售后服务	B	A	D	D	AT 售后维修最成熟；DCT 及 CVT 因其系统集成度较高，维修相对困难

注：最优为 A，其次 A -，之后依次为 B、C、D。

2. 各国自动变速器市场的现状与成因

尽管各种自动变速器各有优势，不过主要发达国家乘用车市场都有自己主流配置的自动变速器类型，且各自存在明显差异。在日本 CVT 的应用比例最高，在美国则以多档位 AT 为主，而在德国 DCT 占据主导地位。各国自动变速器发展方向的不同有深层次的复杂原因，与历史、技术、成本、市场、消费者、产业基础等因素都有关系，具体分析可参见表 4.6。可见，自动变速器技术选择不是简单的技术比较或优化组合问题，而是各种要素交织在一起共同作用的综合结果。因此，中国进行技术选择时不宜盲从任何国家的技术路线，而应深入分析各国技术路线形成的内在原因，对照自身国情及行业特点，进行最佳的决策。

表 4.6 不同国家自动变速器发展情况及原因

国家	主要变速器发展情况	原因
日本	CVT 占主导地位	日本更强调低油耗，市场以微车为主，CVT 油耗、成本降低，且日本钢带技术（CVT 核心技术之一）居世界领先地位
美国	多档位 AT 占主导地位	美国一直偏好大排量车型，强调动力性和舒适性，与 AT 特点更匹配；同时美国使用 AT 有上百年历史，产业基础雄厚
德国	DCT 占主导地位	一方面，欧洲的手动变速器产业基础最好，便于向 DCT 转换；另一方面，欧洲消费者有快速换档的驾驶习惯，DCT 无动力中断的换档过程可更好满足其需求

与日本、美国、德国有明确的自动变速器发展重点相比，中国目前呈现"百家争鸣，百花齐放"的状态，几乎任何一种自动变速器在中国都有市场，究其原因主要有三个方面：一是中国作为汽车业的后起之秀，没有技术和产业基础；二是中国市场高度复杂，地域差异大、消费群体差异大，各种排量、不同档次的车型都有需求，消费者对经济性、动力性、舒适性及成本的关注重点也各不相同；三是多数中国汽车企业各有外资合作伙伴，从而自然形成了不同的技术来源和导向。在合资品牌中，外方主导技术，必然引进自身优势的自动变速器类型，而中方选择合作伙伴优势的变速器技术也是最方便的选择。

但是，从产业全局来看，这种"多而乱"的局面显然不是最佳的技术选择和发展路径，不利于资源的优化配置和技术的重点突破。对于规模较小、能力较弱的本土整车和零部件企业来说，这是亟待系统梳理、重新思考的关键问题。

3. 中国乘用车自动变速器技术选择的战略思考

应该看到，日本、美国、德国等汽车强国因产业基础、消费者习惯等原因形成了各自主流的自动变速器技术方向，有利于形成产业集中优势，但却很难同时利用各种类型自动变速器的优势。而中国自动变速器产业起步较晚，没有既有的产业基础，也没有明显的消费者偏好；同时作为全球最大的汽车市场，又有足够的销量空间容纳多种变速器的发展。从某种意义上讲，这对中国也是难得的有利条件，让我们可以更多地从各种自动变速器自身的技术特点、成本及适用性的角度来规划最优的发展方向和组合方案。

基于市场状况及技术特点，笔者判断四类主流自动变速器在中国各有不同的适宜搭载空间，如图4.8所示。其中，AMT结构最简单，成本最低，但换档舒适性最差，主要适用于低成本小型乘用车。AT技术成熟，换档品质高，根据档位不同可适应各类车型；同时AT的成本与档位数直接相关，对于配备大排量、高转矩发动机的高级别车型，应匹配多档位（6档以上）的AT，以提供更佳的换档品质；而低级别车型则更适合少档位（4档或5档）的AT，一方面是考虑成本承载力，另一方面是在转矩范围较小的情况下，通过增加档位获得的换档品质改善也不明显。在CVT方面，不带液力变矩器的CVT主要适合匹配中低级别车型，带液力变矩器的CVT则可应用于部分中高档车；对于CVT而言，要覆盖更大的转矩范围成本将大幅提升，因此在最高级别的车型中，如果关键技术的成本有效性不能显著提高，CVT的应用会有所局限。而DCT作为高效率的自动变速器，也有很大应用空间，其中，干式DCT效率高，成本相对较低，但传递转矩有限，主要应用于中小级别车型；湿式DCT可承受较大的转矩和适应较为激烈的驾驶环境，主要应用于中高级别车型。

当然，图4.8只是从技术及成本出发给出的结论。如前所述，技术路线选择需要综合考虑技术特点、技术成本、技术来源和市场需求等多方面因素，自动变速器更需要有效集成匹配于动力总成和整车才能发挥作用。为此，中国本土车企更应该首先从资源共享、规模集聚的角度来考虑自动变速器的未来发展战略，同时兼顾自身车型需求和企业实际能力进行系统规划，以最大限度地发挥各类自动变速器的优势。

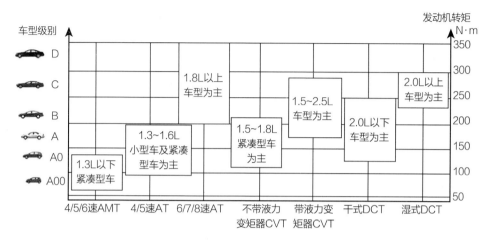

图 4.8　不同类型自动变速器适应车型情况

就产业整体而言，未来中国乘用车自动变速器将继续保持多元化的特点。因此，国家对不同类型自动变速器的关键部件及技术都应有集中力量、重点突破的系统规划，要站在做强汽车全产业链、提高核心产业安全度的战略高度，对自动变速器的发展方向予以科学引导，以确保本土车企对自动变速器的选择更加合理和有序。而本土车企则应以开放的心态，积极谋求建立实质性的技术联盟，实现资源共享、协同开发，或者联合扶持相应的本土供应商，助力其加快技术攻关及产业化应用，以实现中国乘用车自动变速器产业的良好发展和后发赶超。

（本文根据学术论文《中国乘用车自动变速器产业发展战略》精编整理；原论文发表于《经济与管理研究》2016 年第 8 期；署名作者：赵福全、刘宗巍、汪宇）

中国燃料电池汽车发展问题思考

【精彩语句】

"燃料电池汽车的推广实际上是一个氢能在汽车产业大规模应用的问题,唯有对整个氢能产业链和汽车产业链进行综合评估和系统规划,方能真正实现推广目标。"

"尽管'发展有侧重、推进有先后'的新能源汽车普及策略无可厚非,但这并不意味着可以忽略燃料电池汽车。作为新能源汽车的重要发展选项和未来汽车动力可能的终极解决方案之一,燃料电池汽车在未来中国汽车产业的版图中绝非可有可无,而是必不可少。"

"中国燃料电池汽车产业要在总体落后的情况下,快速推进技术进步和产业发展,更需要科学精准的发展路径以及相关方面的有效协同。为此,特提出中国燃料电池汽车产业的三大发展策略:即商用车先导、政府持续支持、企业认真储备。"

【编者按】

本文对中国燃料电池汽车的发展问题进行了系统梳理和深入思考。首先指出全球燃料电池汽车目前尚存成本、耐久性、基础设施支撑和氢能产业链系统规划等共性难题。之后评估了中国燃料电池汽车的发展状况,即已经取得了很大进步,但在多个关键领域的核心技术上仍与国外存在明显差距。在此基础上,赵福全教授从产业和技术战略的层面,给出了自己的观点:其一,基于技术成熟度、配套基础设施部署可行性以及新能源汽车推广紧迫性,中国应坚持优先推进纯电动汽车的新能源发展路线不动摇。其二,但与此同时,中国作为大国必须坚持"能源多元化"的战略,绝不能以发展电动汽车为理由而忽视对燃料电池汽车的持续投入与前瞻储备。其三,结合自身国情及产业特点,中国在发展燃料电池汽车产业的过程中,可以采取商用车先导的策略,并且政府应明确将在较长时间内持续给予应有的充分支持。

当前,全球能源和环境问题日益严重,世界各国都在积极寻求应对方案,在汽车领域大力推进新能源汽车的目的也正在于此。新能源汽车有不同的类型，其中，燃料电池汽车（Fuel Cell Vehicle，FCV）不仅能够实现对燃油的完全替代，而且具有"零排放"、能量转换效率高、燃料来源多样并可灵活取自于可再生能源等优势，因而被认为是实现未来汽车工业可持续发展的重要方向之一，也是解决全球能源和环境问题的方案之一。

目前，燃料电池汽车技术尚不够成熟，但是各国重视程度在不断提高，呈现出加大力度推进的态势。日本、美国、欧盟和韩国等都投入了大量的资金和人力进行燃料电池汽车的研究。丰田、本田、通用、福特、奔驰、现代等公司都已经开发出燃料电池车型并在公路上运行，进入初步应用阶段。

对于中国来说，随着汽车保有量不断攀升，汽车产业的能源与环境压力不断增大：一方面，中国的石油对外依存度逐年上升，已从21世纪初的26%增加至2019年的70%以上，对能源安全构成了严峻挑战，实施能源替代迫在眉睫；另一方面，中国能源结构中化石能源居于绝对主体地位，环保压力巨大，优化能源结构同样刻不容缓。而氢能热值较高，储量丰富，来源多样，应用广泛，特别是具有极佳的环境友好度，代表着人类能源"脱碳入氢"、彻底避免碳排放的可能前景，是理想的长期替代能源的候选对象之一。从氢能的应用角度看，燃料电池汽车是重点方向之一，如果氢能可以在规模庞大、影响广泛的汽车产业得到规模化的应用，必将产生深远影响。也就是说，发展燃料电池汽车对于改善中国能源结构、推动交通领域低碳转型以及提升重点产业国际竞争力和科技创新力，具有特殊的战略意义。正因如此，在《中国制造2025》等纲领性文件中，中国政府对燃料电池汽车及其相关技术提出了明确的发展规划，重视程度不断提升。

一 燃料电池汽车技术简介

燃料电池（Fuel Cell，FC）是一种以电化学反应方式将燃料（氢气）与氧化剂（空气）的化学能转变为电能的能量转换装置。19世纪30年代，人们提出了燃料电池的初步构想。此后，随着技术的发展，不同级别的燃料电池相继问世，并先后在军用、民用领域得到应用。自20世纪后半段开始，各国汽车厂商纷纷开展了燃料电池汽车的研究，其中以日本最为领先。目前，全世界已有多种高性能燃料电池汽车产品，初步进入了商业化应用阶段。根据电解质的不同，燃料电池可分为碱性燃料电池（AFC）、质子交换膜燃料电池（PEMFC）、磷酸燃料电池（PAFC）、熔融碳酸盐燃料电池（MCFC）、固体氧化物燃料电池（SOFC）等多种类型，其使用的燃料和适应的应用场景各有不同。其中，质子交换膜燃料电池具有高比功率、可快速启动、无腐蚀性、反应温度低、氧化剂需求低等优势，是当前燃料电池汽车的首选。

氢燃料电池汽车以车载氢气为能量源，通过燃料电池将氢气的化学能转化为电能，再以电机驱动车辆行驶，这涉及燃料电池汽车本身以及氢能供应两个方面。其中，燃料电池汽车包括车载储氢系统、燃料电池系统、电驱动系统、整车控制系统和辅助储能装置等新元素；氢能供应则包括氢气从生产、储存、运输到加注、使用的全过程。

从整个产业链条看，燃料电池汽车的推广和应用涉及面广，无论对车辆本身还是对氢的制备、储运、应用等，都有较高要求。目前，氢的制备主要包括煤气化制氢、水电解制氢、天然气重整气制氢、甲醇裂解制氢等工艺；氢的存储主要包括高压气态储存、固态氢化物储存、低温液氢储存等方式；相应地，其运输方式也有所不同，主要包括车船运输或管道运输等；在氢的应用层面，加氢站及其他基础设施的建设是未来发展的重点。而燃料电池汽车本身，则是机械、化学、材料、电控等诸多领域的交叉学科，各国正致力于逐步提高性能、降低成本，以加快推广应用。

各国燃料电池汽车技术及产业化

基于燃料电池汽车的良好前景，各国对其的关注程度正在不断提升。日本将氢能利用作为国家战略方向之一，对氢能及燃料电池相关产业的发展高度重视。政府、科研机构和企业对燃料电池及燃料电池汽车技术的开发和应用，持续进行了大量投入，日本丰田公司研制的 MIRAI、本田公司的 CLARITY，都是处于国际领先水平的燃料电池轿车产品。美国对燃料电池及燃料电池汽车技术的发展也较为重视，早在 2005 年，美国即已将氢能列入"主流能源"选择之一，并陆续发布了氢能与燃料电池计划。近年来，美国在燃料电池技术方面不断加大投入并在各类道路上进行车辆的示范以及在特种用途车辆上进行了推广。欧盟在欧洲工业委员会和欧洲研究社团等组织的推动下，开展了大量燃料电池及燃料电池汽车方面的研究与示范应用，同时对用于燃料电池和燃料电池汽车的资金投入、燃料电池车队推广项目以及加氢站建设等进行了系统的规划。总体而言，燃料电池汽车正处在由技术研发向商业化推广过渡的阶段，各国对该技术的重视不断升温，投入持续增加。相比之下，日本政府对燃料电池及燃料电池汽车技术的推动力度更大，技术水平也更高，其先进的燃料电池乘用车车型已经初步实现了商业化，在燃料电池汽车领域走在了世界前列。

三 全球燃料电池汽车发展的共性问题

当前，燃料电池汽车尚未达到大规模推广应用的水平，其根本问题在于关键技术还不够成熟。燃料电池汽车是涉及化学、材料、机械、电子等多个领域复杂技术的交叉载体，且所需技术水平较高，给技术成本带来了很大挑战。例如，组成燃料电池单体的交换膜、催化层、渗透层、双极板，对材料、工艺提出了极高要求；又如，燃料电池电堆的成组、系统的集成与控制等，都必须满足汽车运行中频繁变动的工况。正是由于关键技术尚未取得根本性突破，使燃料电池汽车的推广还面临着几个重大瓶颈，这些共性问题制约着全球燃料电池汽车产业的快速发展。具体梳理归纳如下。

1. 成本

燃料电池的成本依然偏高，这是推广燃料电池汽车必须解决的首要问题。代表性的燃料电池汽车产品，如丰田 MIRAI 和本田 CLARITY 等，目前售价仍远高于其他动力形式的同级别车辆。

造成燃料电池汽车高成本的主要原因在于燃料电池系统各部件成本较高，尤其是大量应用贵金属铂（Pt）的催化层。为了保证电池性能，燃料电池各关键部件都有其特别要求，目前虽有各种应对方法，但始终无法避免较高的成本增量。因此，高性能、高可靠性、低成本的燃料电池组件，已成为燃料电池技术发展的重要方向。

从目前的情况来看，尽管有所改善，但燃料电池动力系统的高昂成本，仍然使其与其他动力形式相比处于明显的竞争劣势，这是燃料电池汽车大规模推广的最大瓶颈。

2. 耐久性

车用燃料电池的耐久性是制约其商业化的主要技术挑战之一，目前对于乘用车而言，普遍认可的指标是在性能衰减10%的水平下运行5000小时。近年来，世界各大汽车厂商积极致力于燃料电池技术研究，使电池耐久性有了较大提升。虽然距理想的商业化目标仍有一定差距，但总体来看，车用燃料电池耐久性正在不断提升，逐步接近商业化目标。

提高耐久性的关键技术在于控制燃料电池衰减，而衰减的主要影响因素是车辆运行工况的频繁变动。目前主要从两方面着手来解决这个问题：一方面，通过对动力系统与控制策略的优化，避开不利条件或减少不利条件的存在时间，以达到延缓衰减的目的；另一方面，继续发展新材料技术，如开发用于催化剂及载体、聚合物膜、双极板等的关键材料，以满足苛刻的车用工况，提升耐久性。具体来看，提高耐久性的重点技术包括电极材料的催化剂活性研究、交换膜的传导能力提升；电堆的水、热、汽控制；燃料电池系统的构型设计与优化、稳定工况控制、启停机策略、动力电池匹配等。在这些方面，中国都存在一定差距。

3. 基础设施

完善的基础设施同样是燃料电池汽车大范围推广的前提。有资料显示，一座加氢站的投入大约为2000万元，远高于加油站的建设成本，其中约60%的成本用于站点维持。因此，现阶段加氢站的建设和运营必须依靠政府的财政补贴。同时，加氢站的氢来源，包括水电解制氢、质子交换膜水解制氢、天然气现场重整、外供氢等，需要因地制宜，选取合理方式。目前，各国的加氢站数量都非常有限，仅能满足示范应用需要，如要实现燃料电池汽车真正规模化的商业推广，还需更进一步加快建设。因此，燃料电池汽车的快速发展有赖于氢能基础设施的超前部署，当前，各国政府纷纷制定了各自的加氢站建设规划，正在逐步加大对基础设施的投入。

4. 氢能产业链的系统规划

为实现燃料电池汽车的大规模推广，除了加氢环节外，还必须有"制氢-运氢-储氢-用氢"全产业链的完善配套设施。同时，需要对氢能产业链的每个环节都进行深入研究和分析，站在全生命周期的角度评价和控制氢能利用的整体效益，例如采取碳排放较高的制氢和运氢方式，可能导致氢能利用在整体上并不节能环保。

目前针对各种制氢方法、运输方式等都有一些研究，但从"制氢-运氢-储氢-用氢"全过程视角出发，研究全局性的产业链设计与规划尚不多见。此外，当前虽有较成熟的制氢技术，如甲醇裂解制氢、煤气化制氢、水电解制氢等方式，但大都是针对工业用氢。针对未来车载氢能的大规模制备、储运和使用，还需进一步研究。像氢的储运就有多种技术路线可以选取，包括高压氢瓶储存、金属氢化物储存和车船运输、管道运输等，最适合车用的氢能储运方式尚不明确；未来还需要考虑制氢的低成本化、低污染化、低能耗化，开发可再生能源制氢技术、探索如何降低电解水的能耗与成本可能成为未来的重要方向。

燃料电池汽车的推广实际上是一个氢能在汽车产业大规模应用的问题，唯有对整个氢能产业链和汽车产业链进行综合评估和系统规划，方能真正实现推广目标，同时满足社会的多元需求。

四 中国燃料电池汽车产业的发展现状

在国家"863"计划"十五"电动汽车重大科技专项、"十一五"节能与新能源汽车重大项目、"十二五"及"十三五"电动汽车关键技术与系统集成等重大项目的支持下，通过产学研联合研发团队的攻关，中国燃料电池汽车技术取得了一定的进展，初步掌握了燃料电池电堆与关键材料、动力系统与核心部件、整车集成和氢能基础设施等核心技术，基本建立了具有自主知识产权的燃料电池轿车及城市客车动力系统技术平台，也初步形成了燃料电池发动机、动力电池、DC/DC变换器、驱动电机、储氢系统等关键零部件的配套研发体系，并具备了百辆级燃料电池汽车及其动力系统的生产能力。

当前，在汽车产品方面，中国先后开发了燃料电池客车和轿车样车，在北京奥运会、上海世博会、新加坡青奥会等进行了示范运行。在基础设施方面，中国在北京、上海、郑州等地已经兼有多座加氢站。在制氢方面，中国主要采用煤气化制氢方式，同时小规模的分散用氢主要靠甲醇蒸汽重整、水电解和氨气裂解等方式提供，而未来的发展方向将是可再生能源制氢以及化石能源的高效清洁利用。

总体而言，中国燃料电池汽车产业尚处于起步阶段，仅有少量企业开发示范样车，但后续量产计划尚不明朗，还没有形成前后接续、有序推进的态势。

五 中国燃料电池汽车产业的主要差距与自身特点

经过多年的发展，与国际先进水平相比，中国燃料电池汽车在整车总体布置、动力性、氢气消耗量等基本性能方面已经差距不大，在动力系统的集成和控制方面也有明显进步，但在关键材料及工艺、关键零部件、整车集成以及耐久性等方面，仍有明显差距。

目前，核心组件如质子交换膜、催化剂、碳纸、碳布、膜电极、双极板等，中国虽进行了基础研发及小规模量产，但其性能、成本与国外先进水平相比均有不足，这在很大程度上是由于中国在关键材料及相应工艺上的落后导致的。关键零部件如压缩机、加湿器、氢循环装置等，中国仅处在基础研究或开发设计初期阶段，尚未形成成熟的国内供应商，还只能依赖国外采购。就整车集成能力而言，中国燃料电池系统体积比功率仍显不足。受制于此，我国燃料电池发动机功率明显低于国际水平。与此同时，中国燃料电池汽车产业也有其自身特点，只有切实把握这些"独特"属性，才能有效梳理出最适宜的发展策略。

对此总结如下：第一，发展起步晚，地域性强。中国于20世纪90年代开始关注燃料电池技术，至2000年左右才开展燃料电池汽车方面的研究，与世界先进国家相比，技术积累相对薄弱。同时，中国的燃料电池相关产业集中在东南沿海地区，如佛山、如皋等城市发展相对迅速，内陆地区则相对迟缓，呈现出地域性明显的特征。第二，产业链条不够完整。由于尚处在基础研发和初步应用阶段，燃料电池先进技术更多掌握在研究机构和高等院校，而这些单位往往不具备氢能产业化应用的条件和能力，特别是在汽车这样复杂且涉及面广的产品上。相比之下，中国燃料电池企业以及整车企业的竞争力普遍较弱，从基础研发到推广应用的产业链尚未完全打通。第三，商用车发展相对较快。相较于燃料电池乘用车，中国已有宇通客车、福田客车、金龙客车等厂商对燃料电池商用车进行了多年开发，研制了多代样车，并进行了示范应用，具备了一定技术基础。第四，政府更关注纯电动汽车的发展。目前，纯电动汽车是中国新能源汽车的主要战略方向，得到了大量的政策倾斜和资金投入；相比之下，更需前瞻投入的燃料电池汽车并未获得太多区别于纯电动汽车的特殊政策支持。也可以说，未来燃料电池汽车在中国的良好发展，首先需要政府给出清晰的定位和明确的方向。

总之，除了全球燃料电池汽车产业面临的共性瓶颈之外，中国燃料电池汽车要想加快推广，还必须克服目前明显的技术差距，并有效结合自身特点，采取适宜策略，这在客观上增加了燃料电池汽车产业在中国发展的困难和变数。但从推行能源多元化、减少风险的角度出发，同时考虑到氢能作为未来主要能源候选对象的战略地位，中国不宜忽视燃料电池及其在汽车领域应用的技术研发与产业化推进，必须采取适宜措施，有针对性、有计划地予以重点实施。

六 中国发展燃料电池汽车的战略定位

首先，必须站在全球产业升级和能源革命的大背景下审视燃料电池汽车。当前，全球能源与环境压力与日俱增，各国汽车节能减排的步伐不断加快，发展新能源汽车已呈大势所趋。各国一方面不断加严燃油消耗法规，另一方面持续加大对新能源汽车的支持力度，以谋求交通领域的可持续发展。全球多国都在探讨停产传统纯燃油汽车的可能时间表，这意味着推进新能源汽车、实现汽车电气化已成为公认的发展趋势。目前，新能源汽车主要就是两大主要发展方向：即电动汽车与燃料电池汽车。全球汽车强国都致力于这两类电驱动车型的开发，包括乘用车和商用车。不只电动汽车，燃料电池乘用车和商用车也不断有新产品问世。这为中国的战略选择提供了重要的参照。

其次，必须充分理解中国作为全球第一汽车大国，发展新能源汽车战略需求的迫切性。一方面，中国石油对外依存度逐年攀升，能源安全成为事关国运的重大挑战；另一方面，日益严重的雾霾引发全民关注，履行低碳承诺和改善环境质量已是中国最大的政治任务之一。而汽车产业作为石油消耗大户，自然责无旁贷。也就是说，中国急需在能力所及的范围内，以最快速和最有效的手段加紧普及新能源汽车，以早日实现能源替代和碳排放降低。

正是从这种战略需求出发，中国选择了以基于电池技术的电动汽车为主的新能源汽车发展策略，这也是权衡电动汽车和燃料电池汽车发展状态后做出的选择。先从基建角度分析，中国地域辽阔，如果同时承担加油站、充电站、加氢站三种基础设施建设，投入将非常巨大，且难以配置充足的资源（尤其是大型城市稀缺的土地资源），可行性较低。而比较充电站和加氢站，前者相对成熟，正处在快速普及的状态；后者尚有技术和成本等问题需要解决，且制氢、运氢和储氢都还有很多技术及产业化难题。显然，优先布置充电站更为现实。

再就电动汽车和燃料电池汽车本身来看，相比于燃料电池汽车，电动汽车更接近于大规模产业化：第一，从全球来看，电动汽车更加成熟，很多公司的电动汽车产品已经有不错的销量。相比之下，即使最为领先的日企，虽然陆续推出了燃料电池量产车型，但产量都非常有限。近期一直以"混合动力+燃料电池"为技术路线的丰田汽车也公布了量产电动汽车的计划，这种战略调整说明，丰田也认识到就当前快速推进新能源汽车的需求而言，电动汽车是无法跨越的。第二，电动汽车能源供给相对方便，电网相关基础设施已十分完善，各国的充电基础设施也在加速发展中；相反，高效的制氢路径尚在探索中，并无大量"现成"的氢能可供利用。第三，中国自身电动汽车水平基本与世界同步，而如前所述，燃料电池汽车技术则相对落后。由此可见，相比于发展燃料电池汽车，聚力发展电动汽车更是快速获得节能减排收益的有效手段。

最后，必须深刻地理解燃料电池汽车的战略价值，尽管"发展有侧重、推进有先后"的新能源汽车普及策略无可厚非，但这并不意味着可以忽略燃料电池汽车。作为新能源汽车的重要发展选项和未来汽车动力可能的终极解决方案之一，燃料电池汽车在未来中国汽车产业的版图中绝非可有可无，而是必不可少。其先天具有的零排放、高能效、大里程等优势，是电动汽车无法比拟的。

实际上，人类未来的能源格局极有可能"脱碳入氢"，而燃料电池汽车恰恰与此匹配，从这个意义上讲，在能源革命的深度上，燃料电池汽车是超过电动汽车的。更重要的是，中国是一个大国，我们必须坚持"能源多元化"的战略，切不可"把鸡蛋放在同一个篮子里"，否则就是对民族命运不负责任的投机行为。因此，任何以发展电动汽车为理由忽视燃料电池汽车投入的观点都是不可取的。面对燃料电池汽车落后于人的局面，中国更要在大力发展电动汽车的同时，同步对燃料电池汽车进行战略储备、前瞻布局和切实投入。不仅是商用车，也包括乘用车，都必须努力紧跟世界先进水平，以免出现战略误判和关键短板。

七 中国燃料电池汽车产业的发展策略

对于中国燃料电池汽车产业而言，要在总体落后的情况下，快速推进技术进步和产业发展，更需要科学精准的发展路径以及相关方面的有效协同。为此，经过认真思考和分析梳理，特提出中国燃料电池汽车产业的三大发展策略：即商用车先导、政府持续支持、企业认真储备。

1. 中国应选择商用车作为发展燃料电池汽车的重点方向和战略突破口

主要有以下几个方面的考虑：从全球共性问题和情况看，首先，燃料电池成本高昂，如果搭载于成本承载力相对有限的乘用车上，很难获得与其他动力车型相近的成本竞争力。其次，燃料电池汽车面临加氢基础设施的制约，但其续驶里程长的特点，特别适合大型商用车（如长途货车、客车）的应用场景，而为保障固定用途、点对点移动的长途商用车，只需定点建设少量加氢站即可，对基础设施的依赖可以大幅降低。最后，采用以动力电池供能的纯电动商用车，虽然同样可以满足环保要求，但为满足较长续驶里程和较大载重量必须搭载大量电池，不仅成本上并不经济，而且运载大量电池移动本身也与节能环保相悖。也就是说，对于大型商用车而言，电动汽车是性价比较低的新能源技术选项，而燃料电池汽车恰好可以弥补这一缺点。

再从中国自身特点和情形分析，第一，相比乘用车，中国商用车的节能减排技术水平更低，商用车保有量远小于乘用车，但油耗和排放都更甚于乘用车，为此在商用车领域推广新能源的紧迫性更强，而燃料电池可能是更适合商用车的新能源汽车技术。第二，中国市场规模巨大、地域差异明显，如前所述，中国燃料电池汽车产业呈现出地域性强的特色，因地制宜地选择合适的局部区域，以氢能综合利用为战略方向，导入全功率燃料电池商用车，就有足够的市场容量，具有获得快速发展的现实可行性。第三，中国在燃料电池商用车方面的差距小于乘用车，如能切实以商用车为先导推进燃料电池汽车，不仅可以助力汽车产业节能减排目标的实现，而且完全可以通过打造燃料电池商用车平台，先行培育产业链，推进产业化，并为未来燃料电池乘用车的推广做好技术及基础设施储备。

2. 政府应给予燃料电池汽车以充分重视和持续支持

建议政府从五个方面入手，支持燃料电池汽车的技术攻关和产业发展。

其一，必须明确肯定燃料电池汽车的战略定位，作为新能源汽车的重要技术路径和未来汽车动力可能的终极解决方案之一，燃料电池汽车不是可有可无，而是不容有失。中国当前选择以电动汽车为突破口加快发展新能源汽车无可非议，但国家必须同时有力支持燃料电池汽车的技术研发和产业化，包括全功率的燃料电池乘用车，因为作为汽车大国，我们承受不起未来汽车动力源可能发生突变带来的战略风险，为此必须加紧推进、认真储备燃料电池汽车技术，力争抢占先机。

其二，必须进行前瞻布局，系统规划重点区域。既要避免各地都只关注电动汽车而忽视燃料电池汽车，也要避免燃料电池汽车的重复投入，更要保证真正具有优势条件的区域及企业得到有针对性的重点扶持。

其三，必须持续给予直接有效的支持，包括投入基础研发、财政补贴产品和基建、扶持重点企业以及开展示范工程等。通常，新兴产业的形成、发展和成熟都要经历从"政府主导"到"准市场过渡"再到"市场主导"的轨迹，而当前以及今后相当一段时间内，由于技术成熟度不足，燃料电池汽车产业将继续处在"政府主导"阶段，为此政府的推动必不可少，这也是给相关企业吃一颗"定心丸"。

其四，必须加紧出台并不断完善相关政策保障体系，确保氢能的生产供给、车辆的研发制造、基础设施的建设运营等不同环节都有据可依，从而能够有序开展相关工作。

其五，必须认真总结电动汽车前期推广的经验与教训，确保在燃料电池汽车的基础研发及产业化推广上少走弯路。

3. 企业应将燃料电池作为未来汽车动力技术的重要选项

对于企业来说，应根据自身实际情况，将燃料电池汽车作为重要的技术选项，纳入未来节能减排技术路线的综合评估之中，进行相应的技术攻关与储备，并积极推动燃料电池汽车的产业化发展。说到底，燃料电池汽车商业化的主体一定是企业，而核心一定是关键技术的突破。

为此，建议企业按以下重点方向进行技术攻关，以促进燃料电池汽车加快走向大规模应用：第一，基础技术研发。包括燃料电池核心材料和燃料电池过程机理研究，如新型低铂或非铂催化原理及催化剂、高化学和机械稳定性固体电解质、单电池综合仿真技术、燃料电池电热分布、空气杂质影响、电堆"气水电热"多重耦合特性等。第二，集成技术研发。包括应用于燃料电池系统层级的集成技术和应用于整车层级的集成技术。第三，关键零部件研发。如高性能燃料电池系统所必需的空压机、加湿器、氢循环装置等重要零部件，都应尽快实现国产化，以确保产业健康发展。第四，基础设施及相关技术。包括低成本、低能耗、低污染的制氢、运氢、储氢技术，如可再生能源制氢等技术。

总之，燃料电池汽车代表着汽车产业动力革命可能的终极方向之一，对于改善未来能源结构，发展低碳交通，具有深远意义。推动中国燃料电池汽车产业的加快发展，将为实现汽车能源替换与碳排放降低，确保产业未来可持续发展提供强大助力。因此，尽管发展新能源汽车产业要有所侧重，但中国必须充分认识到燃料电池汽车的重要地位，站在大国"能源多元化"战略需求的高度，给予足够的重视和切实的支持。

[本文根据学术论文《中国燃料电池汽车发展问题研究》精编整理；原论文发表于《汽车技术》2018年第1期；署名作者：刘宗巍、史天泽、郝瀚、赵福全（通信作者）]

中国车联网产业发展现状、主要瓶颈及应对策略

【精彩语句】

"从更广泛的意义上看，车联网应该包括车辆在全生命周期内产生的全部信息及其交换，涵盖车辆研发、生产、销售、使用、回收等各个环节。因此，除了支持车辆与交通三要素——人、车、路互联，实现在智能交通领域的应用以外，车联网还将与移动互联网、通信网、智能工厂、智能电网、智能家居等外部网络互联，形成自车与人、车、路、网相互连接及信息交互的有效平台。"

"车联网以实现车辆与外部环境之间的信息交换为目标，因此是跨产业、跨领域的复杂系统工程，需要在关键技术、应用模式、法规标准、基础设施等方面统筹部署、协力推进。"

"企业应针对车联网价值链中硬件、软件、数据和内容服务四大部分，借鉴互联网企业的盈利模式，并结合汽车产品价值高、换代慢等特点，来分析车联网可能的不同发展阶段，研究并设计合理的盈利模式和分配机制。"

【编者按】

在这篇文章中，赵福全教授对中国车联网产业的发展问题进行了全面论述。他认为车联网最终要实现的是以车辆为节点，在产品全生命周期内与外部人、车、路、网等各种信息载体进行全方位的连接与交互。因此，这不是一个简单的技术应用问题，而是会给汽车产业带来全新的服务内容、商业模式与潜在价值，具有重要的战略意义。对于中国而言，车联网产业当前面临的发展瓶颈是复合性的，主要表现在国家顶层设计、法规标准体系、相关核心技术、创新商业模式以及本土车企实力等方面的欠缺。为此，赵教授从国家、行业和企业层面提出了中国车联网产业发展策略建议，他特别强调国家必须在车联网以及智能网联汽车产业发展中发挥不可替代的重要作用，具体包括引导推动跨领域、跨行业、跨品牌的车联网应用与合作，制定统一的车

联网标准法规和测试规范，搭建交通信息的实时共享权威平台，以及研究车联网与新能源汽车的有效结合等。

当前，低碳化、信息化、智能化成为汽车产业与技术的重要发展方向，其中，信息化是智能化的基础和支撑，并有助于提升低碳化的潜力。作为汽车信息化与智能化的核心内容之一，车联网将使汽车具备与外界的交互能力，从而使交通体系全局优化以确保车辆运行处于最佳状态成为可能，其产业化推广与普及将有望改变未来的汽车产品形态，进而带动整个产业生态格局的重塑。

一 车联网的战略意义

车联网对于中国建设汽车强国、构建和谐汽车社会具有重大意义。首先，车联网对中国战略新兴产业具有带动作用。车联网是物联网的重要组成部分。早在 2009 年国家就已将物联网列为战略新兴产业，其中交通领域正是重点推广示范领域之一。因此，发展车联网将有力地推动和引领物联网及相关战略新兴产业的发展。其次，车联网是中国汽车产业转型升级的重大战略机遇。目前在"经济新常态"下，本土汽车企业的竞争形势日益严峻，而以汽车电子技术为依托的车联网无疑将成为未来汽车产品的重要卖点之一，同时以车联网为基础的智能网联汽车则将是更为重大的战略机遇。最后，车联网为解决中国日益严峻的汽车社会问题提供了全新技术手段。车联网在节能环保、运输效率和驾驶安全等方面都有显著作用；并将为汽车使用模式的变革创造条件，汽车共享等模式可以借助车联网管理平台而得到快速发展，从而有助于能耗、环保、拥堵等汽车社会问题的全面解决。

二 中国车联网产业发展现状

1. 车联网的定义与服务内容

车联网的概念是国内基于物联网提出的，在国外尚无完全对应的描述，近似的概念有 V2X、Connected Vehicle 等。根据中国车联网产业技术创新战略联盟的定义，车联网是以车内网、车际网和车载移动互联网为基础，按照约定的通信协议和数据交互标准，在车 – X（X 代表车、路、行人及互联网等）之间，进行无线通信和信息交换的大系统网络，是能够实现智能交通管理、智能动态信息服务和车辆智能控制的一体化网络，是物联网技术在交通系统领域的典型应用。

但是笔者认为，从更广泛的意义上看，车联网应该包括车辆在全生命周期内产生的全部信息及其交换，涵盖车辆研发、生产、销售、使用、回收等各个环节。因此，除了支持车辆与交通三要素——人、车、路互联，实现在智能交通领域的应用以外，车联网还将与移动互联网、通信网、智能工厂、智能电网、智能家居等外部网络互联，形成自车与人、车、路、网相互连接及信息交互的有效平台。车联网信息交换的对象与内容如图 4.9 所示。

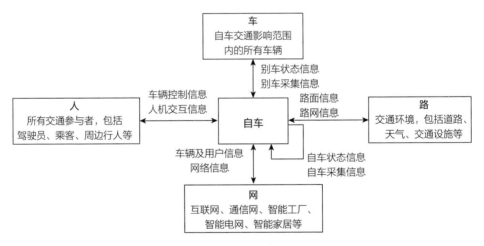

图 4.9　车联网信息交换的对象与内容

车联网可以涵盖车辆全生命周期中的所有数据，因此能够面向个人、企业、政府等不同用户提供各种不同类型的服务。根据侧重点的不同，可以对车联网服务进行分类，见表 4.7。可以看到，车联网服务的覆盖范围广泛，潜在价值巨大。

表 4.7　车联网的服务分类

服务类型	服务内容
安全服务	自主式安全驾驶辅助、协同式安全驾驶辅助、车辆安全监控和救援、远程控制、隐私安全
节能服务	协同式节能驾驶、节能路径规划、驾驶行为分析和提醒、车辆状态监控、公共交通效率提升
信息服务	通信及网络服务、互联网内容服务、导航服务和 LBS（基于位置的服务）、个人定制服务、企业数据服务、软件服务
交通服务	交通信息服务、高速公路交通管理、公共交通管理、车队管理、特殊车辆管理
保障服务	汽车维修、汽车配套服务（停车、加油、充电、保养等）、汽车金融和保险、汽车租赁和共享、汽车销售、其他用车相关服务（酒店预订、旅游、智能家居控制等）

2. 车联网的技术发展

车联网技术从应用对象看，可以分为车内网技术、车际网技术、车载互联网技术；从体系结构看，可以分为感知执行层、接入与传控层、协同计算控制层和应用层。在车联网体系架构方面，欧美日在车辆专用短程通信、车联网信息应用集、路侧设备等方面已经形成了较为成熟的标准方案；而中国尚处于被动跟随状态。总体而言，中国的车联网技术正处于快速发展阶段，但与国外还存在较大差距。全球车联网技术预计将在十年内逐步进入大规模市场化的阶段，未来通过实际应用将进一步促进技术的发展。

3. 车联网的商业模式

从 2009 年起，全球车联网产品进入推广和普及发展阶段，国内外大量汽车及相关企业都推出自己的车联网服务品牌，形成了多种多样的商业模式。主导企业针对目标市场，利用自身关键资源构建车联网业务系统，并且设计相应的盈利模式。例如在远程服务方面，整车企业利用自身掌握车辆数据与前装车载终端入口的优势，建立了呼叫服务中心，为车主提供紧急救援、一键导航等服务。

值得注意的是，目前国内外尚未出现真正得到大规模推广或者占据主导地位的车联网商业模式,最早应用车联网技术的通用汽车公司 OnStar 系统在中国市场的续费率也较低。因此尽管技术上存在差距,但本土企业和国外企业在车联网业务方面基本上处于同一起跑线,这为中国发展自主车联网产业提供了历史机遇。

三 中国发展车联网产业的特殊优势

应当看到,相比于主要发达国家,中国在发展车联网产业方面具有一定的特殊优势,可为实现该领域的战略突破提供良好条件。

一是本土大市场优势。目前,中国汽车产销量位居全球第一,同时网民数量也位居全球第一。随着智能手机的快速普及,中国消费者已经形成了使用移动互联网的习惯。同时,中国消费者对汽车网联化、智能化服务的要求也在逐渐提高,而且具有鲜明的中国特色。调查显示,中国消费者对汽车联网导航、信息娱乐服务以及驾驶支持系统等的需求度明显高于平均水平。巨大的消费群体和强烈的使用需求将为中国车联网产业的规模化发展提供机遇,而掌握了大部分互联网用户的本土企业在车联网产业中有望获得先天优势。

二是本土文化优势。中国独特而复杂的文化背景和地域差别对于外国企业形成了一定的天然障碍,例如,车联网产品中语音识别与控制是重要的交互技术,但各地不同的方言习惯和汉语的歧义性造成了技术瓶颈,在这方面,本土企业显然更有优势。此外,车联网涉及与政府交通管理、通信管理、地理信息采集等多个部门的合作,本土企业相对更容易满足国家法规要求。

三是互联网及通信产业优势。在政策保护、人口红利等因素的作用下,中国互联网行业发展迅速。从全球范围看,除美国外再无其他国家具备类似优势。同时,中国通信产业也已实现突破,代表企业华为和中兴进入世界五大通信设备商行列,在市场占有率、研发投入、专利布局等方面均具备较强实力。本土互联网和通信行业的技术能力和服务经验为车联网普及奠定了坚实的基础,特别是在开放共赢的互联网时代,相关企业切入并推动车联网产业加快发展的前景可期。

四 中国车联网产业当前主要的瓶颈问题

车联网以实现车辆与外部环境之间的信息交换为目标，因此是跨产业、跨领域的复杂系统工程，需要在关键技术、应用模式、法规标准、基础设施等方面统筹部署、协力推进。目前，中国车联网产业受到关注，也具备一定有利条件，但实际效果却极其有限，产业化推进受到严重制约，其主要瓶颈问题可以归结如下。

1. 国家顶层设计和统一规划缺失

首先，国家对车联网的重视程度仍显不足，没有充分认识到车联网对于汽车产业转型升级的战略意义。此前，车联网仅作为物联网的重点领域示范工程，在相关文件中有所涉及，直至《中国制造2025》才首次将智能网联汽车列入了"推动节能与新能源汽车产业发展的战略目标"之中。当前，中国车联网产业的发展仍然主要依赖于行业、企业的自发推动，缺少政府的有效引导和激励，更没有系统的顶层设计与战略规划。实际上，车联网既有市场潜力，又能在节能环保、交通管理等方面产生正面社会效益，理应成为国家重点扶持的战略性产业。

其次，国家对个人出行需求的关注有限，相关政策少，支持力度小。目前，私人车辆在交通中仍处于主体地位，其联网进程涉及的规模更巨大、应用情况更复杂，在缓解拥堵、提升效率等方面的需求也更为迫切。如果车联网不能有效改善个人乘车出行体验，将很难普及推广。例如，中国目前仍未完全建立起全面的实时交通信息发布体系，仅在部分大中型城市可以提供相关服务，信息的详细程度和准确性也不高。

再次，车联网相关的基础设施建设滞后。车联网涉及与智能交通设施的信息交换，需要智能交通信号系统、路侧信息采集单元、路侧收费单元等综合配套基础设施的统筹规划和建设。目前，滞后的基础设施建设已经制约了车联网产品的应用和推广。各地在智能交通规划方面各有筹划、各自为政，造成技术系统难以兼容，基础建设难以统一，使企业开发和应用车联网技术更加困难。

最后，政府的信息管理不统一，无法有效整合。中国的交通和汽车产业属于典型的多头管理，相关信息分散在公安部、交通运输部、工信部、国土资源部等多个部门，地方政府之间也没有统一的交流机制或协同渠道，信息孤岛现象严重，导致企业在开发车联网产品时很难与有关部门进行及时沟通和有效协调。

2. 相关法规标准和验证体系尚未建立

其一，针对车联网的技术标准和法律规范尚未完全建立。中国车联网产业的标准与规范建设尚处于快速发展和初步应用阶段，国家较为重视对商用车与公共交通车辆的管理，而在乘用车的终端和服务方面尚未建立相关的认证标准和技术规范。同时，由于车联网涉及人身财产安全，必须防止黑客攻击、系统失灵、隐私窃取等信息安全事故发生，但目前也没有形成针对汽车环境的信息安全评价标准和法律保障体系。

其二，缺少与车联网相应的测试和验证体系。车联网技术应用的难度远高于一般汽车电子技术，需要综合考虑天气、地域、路况以及驾乘人员、车辆状态、周边环境等各种因素，场景组合众多，尤其对于幅员辽阔、人口众多、经济水平各异、交通状况多变的中国来说，道路环境的复杂度远超发达国家。因此，发展车联网迫切需要针对中国特殊需求设计标准统一、功能全面的实车测试与验证体系，并且能进行长期的可靠性验证。

3. 核心技术缺失，经验积累不足

车联网技术的基础是汽车电子技术，在这一领域，国内相关的技术积累和产品能力尚有明显劣势。目前，在车联网的核心零部件中，国内汽车企业基本掌握了车载信息娱乐系统、车载通信控制器、第三代超声波雷达等的开发技术，但在毫米波雷达、高端前视摄像头、远红外夜视等方面仍然依赖于国外供应商。在智能终端操作系统、环境感知和数据融合、中央决策控制等核心软件技术上，国内企业也处于攻关期，与国外企业差距明显。如果本土企业无法在车联网普及发展阶段迅速追赶，未来车联网产业的高附加值环节将掌控在国外企业手中，不仅会丧失车联网产业主导权，还将影响整个中国智能网联汽车产业的发展。

4. 商业模式不够清晰

目前的车联网商业模式普遍存在盈利困难、续费率低的问题，主要原因在于以下几个方面。

一是价值主张不清晰。当前，乘用车市场的车联网产品偏重于信息娱乐和远程服务，但信息娱乐服务对客户来说独特价值不高，远程服务的使用频率偏低。而对于驾乘人员真正关注的行车安全、节省油耗、规避拥堵等服务却尚未形成有效的业务模式和产业机制。

二是价值网络封闭。车联网是一种网络产品，参与者越多，价值就越大。以中国的汽车保有规模而言，只要能够实现不同品牌之间的车辆联网，即使在较低的产品渗透率下也足以支持车联网产业进入良性发展，同时产生的规模效应又有利于降低消费者的使用成本。但中国又是全世界汽车品牌最多的国家，各家制造商经营目标和技术水平各异，要实现充分互联难度极大。

三是价值维护困难。从技术壁垒角度看，目前国内主流的OBD（车载自动诊断系统）车联网产品技术难度较低，先发企业尚未建立起有效的技术壁垒就面临大量后发企业的竞争，产品同质化严重；而更高级的车联网技术又大多依赖于国外供应商。

四是价值实现方式单一。目前，车联网企业的利润来源主要是消费者，仍属于传统的直接买卖模式，这与当前互联网产业发展的主流趋势并不一致。实际上，国内消费者往往倾向于免费获得网络服务，支付意愿低于发达国家；而产品性能的不完善、盗版产品的存在等因素又进一步降低了消费者的付费意愿，导致企业盈利更加困难。当前，智能车载终端等硬件产品已陷入低价竞争，利润水平偏低；远程服务等软件应用则由于使用频率低、体验一般，费用收取困难；而车联网与保险、广告等行业的合作才刚刚起步，尚未形成稳定的第三方收入来源。

5. 本土整车企业难以提供有效支持

一方面，本土整车企业的品牌支撑力不足。由于国外供应商强大的技术能力以及与整车企业的长期合作关系，本土车联网产品供应商要想进入合资及外资车企前装市场的难度极大，迫切需要自主品牌整车企业的支持。与合资企业相比，中国本土车企在日益激烈的市场竞争中仍处于劣势，产品销量少，品牌溢价能力弱，以中低端产品为主。而车联网产品前期的应用成本较高，限制了其在本土车企产品上应用的可能。

另一方面，本土整车企业的技术集成能力不足。车联网技术需要对汽车的硬件结构和软件控制进行适应性开发，在独立的产品平台上采用完整的开发流程进行全新研发才能取得最佳效果。但是目前本土车企尚不完全具备相应的性能匹配和技术集成能力，只能通过现有车型改装进行研发，这对于车辆本身和车联网的性能均有负面影响。此外，本土车企也缺乏适于搭载车联网的高端车型，因此与国外强势供应商的谈判能力较弱，很难形成地位对等的先期协同开发合作。

五 中国推进车联网产业发展的应对策略及具体建议

针对目前中国车联网产业面临的主要瓶颈问题，笔者从国家、行业与企业三个层面提出应对策略及具体建议。车联网具有高度的复杂性和关联性，涉及领域和要素众多，必须由国家推动才能够实现重点突破。更重要的是，未来的汽车产品一定是高度网联化的，车联网是代表未来方向的战略性产业，也是中国汽车产业转型升级的重大机遇，不容错失，国家对此必须有充分的认识。尤其在本土汽车企业实力有限、车联网技术落后的被动情况下，更需要国家协调各种资源、各方力量，全力推动车联网产业建设。因此，对国家顶层设计与战略举措的建议是重点所在。

1. 国家层面

第一，建议国家积极引导和直接推动跨领域、跨行业、跨品牌的车联网应用与合作。国家应成立跨部门、跨行业的智能网联汽车推进领导机构，并将车联网的应用列为重点工作，加以落实推进。同时，国家应建立车辆数据和交通数据的基础交互平台，统一开放规范和平台接口，为推动不同品牌汽车产品之间的车联网互通创造条件。而且可以利用体制优势，先以部分国有整车企业产品之间实现互联为基础，带动民营汽车企业和其他行业参与，实现统一管理和数据共享，最终形成有利于本土企业发展的车联网行业规范。

第二，建议国家主导制定统一的车联网标准和法规，并建立规范的测试和验证体系。统一的技术标准是不同品牌汽车产品实现相互连接与通信的前提，由于涉及汽车、通信、电子器件与控制软件等诸多领域，必须由政府出面有效协调制定。同时，车联网将使汽车兼具信息产品的特点，给现有的汽车相关法律法规带来全新挑战。在这方面，建议由主管汽车、信息通信等产业的工信部承担起主要责任，牵头协调其他相关部委，充分发挥国家政策导向作用，调动各个行业通力合作，共同制定具有中国特色的车联网统一标准规范与法律法规。包括制定车联网通信技术、智能终端、数据平台的接口标准和性能指标；明确车路协同、自动驾驶等技术的试验和商用合法性；定义在交通违规、隐私泄露等事故中利益相关者的责任；建立车联网的信息安全法规等。

在此基础上，政府也应推动建立规范的车联网测试评价与试验验证体系，对智能终端、信息安全、软件应用等车联网产品进行详细的认证规定，并将车联网相关的重要性能指标逐步纳入到新车评价规程中，从而为消费者提供权威的认证结果，为政府部门提供产品检测和奖惩的依据。

第三，建议国家搭建交通信息的实时共享权威平台。车联网需要大量实时准确的交通信息和用户数据来支撑，这些信息很大程度上掌握在政府部门手中。一方面，国家应对交通信息采集的基础设施进行统一规划，并加大对重点设施的建设投入，如V2X交通信号灯、交通状态广播系统、不停车收费单元等，可采用区域性示范基地的模式进行应用推广，并鼓励社会资本参与相关基础设施的建设及运营。另一方面，各级地方政府应建立统一的信息采集和发布平台，将实时交通信息、地图信息、道路信息、旅游景点信息、土地规划信息等多种信息进行有效融合，并汇总到全国性的相关机构进行统一管理，向公众免费或低价提供。

第四，建议在国家战略层面研究车联网与新能源汽车的有效结合，并推动落地。新能源汽车与车联网并非孤立存在，两者完全可以有效结合、相互支撑。相比于传统内燃机汽车，处于发展初期的新能源汽车更需要对车辆状态进行精细测量和监控，同时也需要与充电及维护站点实时交换信息，这就为车联网提供了新的应用载体。借助车联网实时获知有效信息，将有助于解决"里程焦虑"等新能源汽车产业化推广中面临的一系列问题。中国应充分利用新能源汽车和智能网联汽车两大发展机遇，深入研究如何将两者有效结合，围绕促进新能源汽车的使用来规划车联网及相关配套设施建设，同时围绕推动车联网产业的发展来思考新能源汽车如何提供有力支撑。

2. 行业与企业层面

第一，积极推进和参与汽车行业内与跨行业之间的联合，实现合作共赢。首先，本土汽车企业应有足够的危机意识，充分认识到发展网联汽车的重大机遇与紧迫性，必须持积极开放的合作态度，努力实现不同品牌车企之间的联合。整车企业联合的战略意义深远：一是充分利用汽车企业掌握的数据资源，形成主导车联网产业的核心能力；二是通过共享资源，合作攻关车联网共性核心技术；三是增加用户规模和品牌效应，分担投入成本，更容易达到车联网的盈利平衡点。其次，汽车企业也要积极寻求与行业外企业尤其是互联网企业的合作，在发展目标上达成共识，通过"互联网+"创造新的价值。最后，行业组织和联盟等应充分发挥牵头和润滑作用，为广大企业营造融合氛围，构建合作平台，并协调企业之间的分工合作。

第二，积极尝试车联网商业模式，探索新的盈利可能。车联网所能提供的商业价值远不限于传统汽车产品的功能属性。一方面，与传统的 Telematics 概念相比，车联网不仅包括信息娱乐功能，还涉及车辆控制、交通管理等多方面的新能力，有助于车辆的功能丰富和性能提升；另一方面，网联汽车作为未来智能交通体系的重要组成部分，可以成为信息采集、交换和处理的移动终端，其积累和挖掘的数据，对企业的研发设计和生产制造、政府的路网建设和交通管理等都有积极意义，同时也是利润来源。可见，车联网的盈利模式可能与现有汽车产品完全不同，而是带有互联网特征，一旦有可行的商业模式成功占据主导地位，形成规模效应，将对后发企业形成进入壁垒。正因如此，本土汽车、互联网等相关企业都应加紧行动、积极探索，避免错失战略先机。企业应针对车联网价值链中硬件、软件、数据和内容服务四大部分，借鉴互联网企业的盈利模式，并结合汽车产品价值高、换代慢等特点来分析车联网可能的不同发展阶段，研究并设计合理的盈利模式和分配机制。在具体操作层面，建议企业可以考虑选择重点突破口切入，带动车联网的应用普及。例如，重点开发车联网的节能驾驶功能，帮助消费者提高用车效率、降低用车成本等，并通过可视化、定量化的方法形成价值感知，刺激消费意愿。

总之，车联网作为汽车产业未来转型升级的发展方向之一，不仅是有效解决日益严峻的汽车社会问题的技术手段，也是物联网推广应用的重要组成部分，更是做强中国汽车产业的核心诉求。同时，车联网产业具有跨领域、跨行业、跨部门的特点，仅依靠汽车企业探索及产业内部合作很难实现全面突破。因此，车联网产业的普及和发展，需要政府、产业、企业等各个层面、不同领域的明确分工和紧密合作。特别是必须依靠国家意志和力量打通产业壁垒，充分利用中国本土巨大市场、独特文化以及互联网和通信产业的优势，积极协调汽车、交通、信息和通信等各方资源，采取系统的应对策略和切实的落实举措，有针对性地解决国家顶层设计、统一标准法规、突破核心技术、探索商业模式、培育本土强企等主要瓶颈问题，进而有效推进车联网产业的快速发展与广泛应用，确保中国在这一重要领域占据主导地位。

[本文根据学术论文《中国车联网产业发展现状、瓶颈及应对策略》精编整理；原论文发表于《科学管理研究》2016年第4期；署名作者：刘宗巍、匡旭、赵福全（通信作者）]

城市智能停车模式探索

【精彩语句】

"当前中国大中城市正处于新一轮公共基础设施的集中建设期,同时汽车自动驾驶技术已取得了很大进步。在此背景下,以停车效率最大化为根本原则,在新一轮城镇化和交通智能化升级的进程中,系统思考并合理布局新型智能停车解决方案可谓正当其时,具有潜在的广阔发展空间。"

"i-Parking智能停车模式可以显著提高停车空间利用率,有效节省停取车时间,并为用户带来各种附加服务便利。同时,还将推动汽车信息化、智能化技术的发展与应用,并成为未来智慧城市和智能交通系统的重要组成部分,因此蕴含着巨大的潜在商机和重要的战略价值。"

【编者按】

本文提出了i-Parking模式的概念,这是立足于当前城市交通停车痛点和现有汽车自动驾驶技术水平,量身定制的智能停车解决方案。正如赵福全教授在文中所指出的,该模式已经具备技术、商业以及布局规划的可行性,并将产生提高城市停车资源利用率、改善用户停取车体验、促进相关技术进步与应用以及支撑智能交通和智慧城市发展的重要价值,值得政府及业界高度关注和积极探索。本文也是赵教授把研究触角进一步下探到解决具体商业实践问题的一个实例。

近年来,随着中国快速跨入汽车社会,交通拥堵已成为阻碍城市资源顺畅流动的主要因素之一,尤其在大中城市,拥堵严重影响了出行便利和社会效率。这其中,停车空间未能充分利用造成的停车困难、行车受阻也是加重拥堵的重要原因之一。显然,如能结合汽车产品的信息化、智能化升级,提升城市有限停车空间的承载能力和使用效率,将对改善城市交通状况和汽车出行体验产生积极作用。为此,基于汽车技术发展趋势和智能交通升级需求,笔者研究并提出了一种新型的智能停车模式i-Parking,即基于局部环境下的自动驾驶技术,构建新型智能停车场,以提高停车资源利用率,并为驾乘人员提供更便捷高效的停车及取车体验。

一 i-Parking 智能停车模式的内涵

i-Parking 即 Intelligent Parking，是一种以汽车智能化、网联化技术有效结合为基础的智能停车解决方案。其内涵有三个层面。

技术层面：以车辆的局域自动驾驶技术为基础，同时车辆与停车场内局域网建立通信，实现全过程的自动泊车和取车。

使用层面：驾乘人员驾驶车辆到智能停车场入口处即可离开，取车时通过手机等智能终端下达指令，车辆自动驶至出口处等候。这样不仅可以为驾乘者节省大量时间，而且还可匹配车辆预调整等功能，如提前开启车内空调等。

城市管理层面：一方面，通过各个智能停车场之间的数据互联与共享，可以对停车需求进行合理判断和引导；另一方面，也可根据停车场使用数据进行智能停车场的科学规划与合理布局，进一步改善城市停车环境，提高交通出行效率。

二 中国城市停车场现状以及发展智能停车场的意义

参考国际经验，城市的机动车保有量和停车位数量比达到1:1.2左右，才能基本满足机动车的停车需求。然而，对全国15个大城市停车现状的调查表明，目前中国城市机动车保有量远超停车位数量，两者比值平均在5:1左右，一些大城市甚至高达15:1。总体来看，城市停车供给不足的状况非常严峻。

按照空间结构不同，现有主流停车设施可划分为平面停车位（包括路边停车）、机械式立体车库以及自走式停车楼或自走式地下车库等类型。不同类型停车设施的主要特点见表4.8。现阶段在中国最普遍的是平面停车位，这类停车位容易建设，用户停取车也很方便，但空间利用率极低，随着城市汽车保有量的快速增长，需要占用大量土地资源才能满足停车需求。同时，路边停车对交通运行也有一定的不利影响，是加重交通拥堵的原因之一。因此，越来越多的平面停车位正在被空间利用率更高的立体停车库/楼取代。

表 4.8　主要类型停车设施的特点对比

类型	空间利用	存取时间	可靠性	管理难度	成本
平面停车位	低	较短	好	高	前期一般+后期低
机械式立体车库	最高	一般	差	高	前期低+后期高
自走式停车楼	低	长	较好	一般	前期较高+后期低
自走式地下车库	最高	长	较好	较高	前期高+后期低

从国际横向比较看，欧美日等国家的城市停车设施经历了从路边停车到路外地面停车、再到地下车库及地面多层停车楼的发展阶段，地下和地上的自走式多层停车场是目前欧美日大型城市中心商业区的主要停车方式。然而，现有的停车模式包括立体停车场在内，都存在各自局限，匹配大型城市的人口容量和出行需求渐显乏力，从长远来看，无法完全满足未来城市可持续发展的需要。

当前，中国大中城市正处于新一轮公共基础设施的集中建设期，同时汽车自动驾驶技术已取得了很大进步。在此背景下，以停车效率最大化为根本原则，在新一轮城镇化和交通智能化升级的进程中，系统思考并合理布局新型智能停车解决方案可谓正当其时，具有潜在的广阔发展空间。

三　i-Parking 智能停车模式的效益评估

i-Parking 智能停车模式聚焦于解决大中城市高效利用有限停车资源、提升交通运行效率的核心问题，基于自身特点具有多方面的社会效益。

一是节省停车及取车时间。相比于传统的停车过程，i-Parking 智能停车模式省略了开车进入停车场、寻找空闲车位、停车入位、步行离开的停车过程以及反向的取车过程，驾驶员只需将车辆驶到停车场入口处即可，在离开时则可提前发出指令，直接到停车场出口上车即走，完全没有中间环节，实现了驾乘者和车辆的无缝对接。按目前大型城市中心的情况估计，单次停取车就可为驾乘人员至少节省 15~20 分钟时间。

在该智能停车模式得到更广泛的普及应用后，一定区域内的各个智能停车场之间还可以通过专用走廊进行联通，这样一方面可以使停车空间得到更充分的统筹利用,如 A 停车场没有空位时车辆可自动驶到 B 停车场停放;另一方面还将为驾乘者提供更方便的服务,即可在 A 停车场停车而到 B 停车场取车。在此过程中,车辆在专用联通走廊(可设置在地下)内低速行驶,足够安全又不占用外部道路,对城市建筑高密度区域尤其适用。

二是节省停车空间。由于无须考虑人员打开车门及下车行走的情况,同时自动驾驶及泊车的精度更高,所以 i-Parking 智能停车场内的车位设计可以更加经济。不仅车位高度更低,而且车与车的间距可以更小。此外,不必预留人行通道以及车行通道可以更窄(车辆严格沿车道线行驶,无须过多预留空间),也是优化空间利用的重要因素。经综合测算,在同等空间下,相较于传统的自走式立体停车场,i-Parking 智能停车场最多可增加约 80% 的车位容量。

三是更加安全、更加经济。安全方面,停车场本身是交通事故的多发区,而 i-Parking 智能停车场采用封闭式管理,加上可靠的低速自动驾驶技术,将彻底避免传统停车场的人车混流局面,进而防止停车场内事故的发生。节能方面,该停车场可以节省大量的清洁维护及管理人员开支,以及大幅降低相应的通风、照明等费用。

四是有助于改善城市交通状况。智能停车场是城市智能交通系统的重要组成部分,将促进交通运行效率的提升,并使城市交通管理更加科学。除了减少路面停车占道的直接效果外,智能停车场的实时数据还可以进一步拓展价值。如根据停取车情况,预测交通拥堵并发挥疏导作用(包括但不限于提示驾车者到特定出口取车以节省时间、不同停车场收费动态调整等手段)。从未来城市发展的角度来看,智能停车场的使用数据可指导未来城市停车场的布局及容量规划,最终实现停车资源利用率的最优化。

四 i-Parking 智能停车模式可行性分析

下面从技术、商业以及布局规划三个维度,分析 i-Parking 智能停车模式推广的可行性。

1. 技术可行性

智能停车模式主要需要特定应用场景下的车辆自动驾驶技术。尽管适于各种工况下的完全自动驾驶技术距离真正产业化尚待时日，但就停车场这样一个封闭环境下的低速自动驾驶而言，目前技术已基本成熟。同时，制定相应的统一标准和规范也完全可行。事实上，通过让车辆接入停车场内局域网络，还可以实现局部的车路协同，从而有效降低车端自动驾驶技术实施的难度和成本，提高停车场内车辆自动行驶的安全度和可靠性。

更进一步分析，在智能停车这样典型且广泛的应用场景下实现自动驾驶，将促进汽车信息化、智能化技术加快成熟。当 i-Parking 达到一定普及程度后，会有越来越多的车企应用相应的自动驾驶技术，否则其产品将无法在智能停车场中方便泊车，从而失去极具魅力的产品卖点。与此同时，更多不同品牌的车型产品配备自动泊车的基本功能，又会推动 i-Parking 加快扩展，并使跨品牌的车–车通信有望在局部环境下率先建立，进而推动整个汽车产业加速向"全面网联化+完全自动驾驶"阶段发展。

此外，i-Parking 所必需的低速自动驾驶技术与目前众多车企努力推广的自动泊车技术具有很大的兼容性，这将极大改善自动泊车技术研发投入的性价比。同时，i-Parking 技术的先期导入还将有效分摊更高级别自动驾驶技术的研发投入，从而加速这些"高端"技术的商业化进程；反过来，这些"高端"技术的前瞻开发储备也将有效反哺 i-Parking 技术的升级进步。

2. 商业可行性

停车场的成本投入包含土建工程费用、配套设备成本、运营成本和维修保养成本。相比传统停车场，智能停车场在投资初期的土建和配套设备成本更高，但后期的运营和维护具有优势，同时良好的空间利用率和用户体验将使 i-Parking 处于有利的竞争地位。此外，智能停车场还可以延展众多附加的增值服务，例如在停车期间提供充电、洗车和保养等服务。这些服务都是在停车期间通过自动驾驶来实现的，这将极大地方便汽车使用者并有效节省其时间。也就是说，i-Parking 完全可以按照互联网模式运营，为用户提供一站式的各种人性化服务，并为停车场带来额外收益，使其具备足够的商业可行性。

3. 布局规划可行性

由于智能停车场前期投入较大，同时停车需求以及预期盈利与周边的交通情况、商业设施等有很大关系，因此需要根据不同城市和地区的具体情况，合理规划停车场的布局和容量。在这方面，地方政府应积极参与，站在智慧城市和智能交通升级的高度进行通盘思考，将智能停车纳入城市未来发展的总体规划，鼓励和支持具备相应能力的企业创新实践，并协调解决优化选址、配套资源、统一标准等一系列相关问题。唯有如此，i-Parking 才有望大行其道，并为城市及其交通体系带来巨大收益。

笔者认为，对于面向未来全新规划的城市而言，理想状态的智能停车场是非常适合的停车设施选项，并且在全新规划下，i-Parking 商业模式的效益可以得到最大化实现。当然，与其他新型停车场方案相比，i-Parking 模式也完全适用于当前传统的多层自走式立体停车库的改造。这将在相对合理的投资下，快速完成现有停车设施的升级，从而加快通信、自动驾驶等新技术的导入，并有效发挥 i-Parking 方案的大部分功能和潜力。

五 i-Parking 智能停车模式的实施建议

针对停车困难加剧交通拥堵、影响城市出行效率的问题，笔者提出了基于局域自动驾驶技术的 i-Parking 智能停车模式。相较于传统停车场，该模式可以显著提高停车空间利用率，有效节省停取车时间，并为用户带来各种附加服务便利。同时，i-Parking 停车场的普及推广，还将推动汽车信息化、智能化技术的发展与应用，并成为未来智慧城市和智能交通系统的重要组成部分，因此蕴含着巨大的潜在商机和重要的战略价值。

在 i-Parking 的具体实施过程中，一方面，需要汽车企业、商业地产公司及停车场运营公司等有效分工、密切合作，尤其是一些具备相当规模和实力的大型汽车企业和商业地产公司应站在业务扩展及转型的高度，积极进行商业模式创新的思考与尝试；另一方面，政府力量必须介入其中，以发挥不可替代的推进作用。建议国家及地方相关部门加强智能停车领域的研究，系统评估基于现有技术条件改善停车状况并助力科技进步及产业发展的有效模式。在此基础上，按照 i-Parking 的商业逻辑，对现有传统的多层自走式立体停车库进行全面改造，并对新型智能停车场进行科学规划和合理布局，以期明显改善大中型城市停车困难的局面。

[本文根据学术论文《城市智能化停车模式的效益评估及产业推广研究》精编整理；原论文发表于《科技管理研究》2016 年第 19 期；署名作者：刘宗巍、陈铭、赵福全（通信作者）]

实施平台战略的价值与路径

【精彩语句】

"实施平台战略并不是零部件通用得越多越好,以牺牲个性特征为代价的平台战略将使产品趋于同质化,最终丧失基本的竞争力,无法满足不同的消费群体。实际上,共性代表着低成本和稳定性,是企业憧憬的理想境界;个性则代表着多元化和差异性,是顾客希冀的终极追求。"

"面对激变的产业大势和市场格局,自主品牌有机会同时也必须大胆进行平台化方面的创新尝试,并在此过程中逐步形成具有自身特色的平台战略理念、定义、要求、方法、措施以及成果,这将是极其宝贵的经验积淀和知识传承。"

【编者按】

赵福全教授在本文中阐释了平台战略的内涵与意义,指出其关键在于寻求共性与个性的最佳权衡点;而处于后发赶超位置的自主品牌,恰有机会可以重新系统地梳理自身的平台战略。他同时分析了当前主流车企在平台战略方面的最新动态,在此基础上提出了自主车企平台架构的实践方向。

平台战略的核心,是以一定的基本结构要素及其主要零部件(如底盘等)为基础,承载不同车型的开发及制造任务,从而形成造型、功能以及性能等不尽相同的各种产品,以实现在不同细分市场上满足不同消费者的个性化需求。按照这种模式进行汽车产品开发,由于相当一部分基础结构及零部件是通用的,不仅有利于将汽车产业的规模效应发挥得更为充分,而且还可以有效降低开发成本、缩短开发时间、节省验证环节、减少质量问题,并且易于进行制造及售后服务等。如果说多快好省的产品开发是所有汽车企业的一致追求,那么以通用化为实现手段的平台战略,就是达成这一目标的最佳途径之一。正因如此,围绕着某一平台打造多款不同产品,即实施所谓平台战略,成为众多车企不谋而合的共同选择。

汽车平台概念的产生及发展经历了一个渐进的历史过程,在不同阶段有不同的内涵,至今也很难说有一个众所公认的准确定义。我们可以把福特的T

型车看作是汽车平台的发端，只不过此时还只是单一平台单一产品的模式。随着汽车产业的飞速进步和消费者需求的不断提高，从20世纪80年代起，平台化的研究和应用日益深入，各大汽车厂商大都形成了自己的平台，这其中具有代表性的是丰田和大众，它们都以自己独特的平台化战略支撑着每年近千万销量的多种产品组合。

这里需要特别指出的是，实施平台战略并不是零部件通用得越多越好，以牺牲个性特征为代价的平台战略将使产品趋于同质化，最终丧失基本的竞争力，无法满足不同的消费群体。实际上，共性代表着低成本和稳定性，是企业憧憬的理想境界；个性则代表着多元化和差异性，是顾客希冀的终极追求。共性与个性是一个矛盾的对立统一体，两者将永远处于"拔河"的状态。因此对汽车厂商而言，实施平台化的难点和关键就在于找到共性与个性的最佳权衡点。

对于自主品牌车企车企而言，实施平台化战略显得更为紧迫。一方面，合资品牌车企凭借已经形成的品牌和规模优势，正在不断下探产品售价，威胁自主品牌车企的传统生存空间，而自主品牌车企的品牌溢价能力低，成本控制的压力日益加剧；另一方面，日益严苛的节能环保及安全等法规也对自主品牌车企构成了更大的挑战，因为没有国际巨头们多年的技术积累，自主品牌车企要满足这些法规势必需要增加更多的投入。与此同时，自主品牌车企基本上都没有太多的历史积淀，造车经验有限，建设平台体系只能从无到有，从头做起，任务十分艰巨。当然，作为后发者，我们也有一个优势，就是存在系统全面前瞻规划自己未来产品平台体系的可能，而不必受历史形成的众多产品的种种羁绊。不过这种机会稍纵即逝，对每家自主品牌车企来说，时间窗口都很有限，毕竟企业的发展、产品的推出都时不我待。

显然，最合适的平台战略一定是因企而异的，但在平台层级和架构设计上必然有很多相通之处，而基于"生产一代、研发一代、储备一代"的理念有序持续地推出车型产品，则是所有车企推行平台战略的根本出发点。

前面提到，实施平台战略的关键在于寻求共性与个性的最佳权衡点。一般来说，平台数量多，则产品差异化容易满足，但通用化优势就会降低；反过来，平台数量少，则零部件易于通用，但产品就会趋于同质化。当前，消费者的个性化追求不断升级，传统的"产品平台–车型产品"两级平台架构越来越难以满足需要，为此，很多企业也在探索"架构平台－产品平台－车型产品"的三级平台架构模式，目的就是要在确保产品有足够差异性的同时，最大限度地提升通用化指标。部分顶级车企为拓展企业平台化战略的技术潜力，将上述两种平台策略进一步组合，提出了"架构平台－车型产品"的设计理念，以此减少平台数量。近年来，丰田提出要将现有平台整合缩减到8~10个，大众则提出打造模块化平台，将模块确立为平台之下的通用化单位，这实际上表现出两大国际巨头在平台战略方面探求平衡点的一种归一。而这些都是导入架构平台的不同尝试，只是彼此的技术开发侧重点以及称谓不同而已。

自主品牌车企大都非常年轻，造车经验当然不能说丰富，但是面对激变的产业大势和市场格局，有机会同时也必须大胆进行平台化方面的创新尝试，并在此过程中逐步形成具有自身特色的平台战略理念、定义、要求、方法、措施以及成果，这将是极其宝贵的经验积淀和知识传承。这种工作即使无法尽善尽美，更不敢说超越前辈，但能够进行切合世界发展潮流、符合自身实际情况的独立思考，我认为这本身就是自主品牌车企的重大进步。同时，我们还要把规模相对较小且没有历史包袱真正变成优势，强化快速迭代执行，确保深思熟虑的平台战略能够全面有效落地，而不只是停留在"概念"上。最终，通过平台化建设的与时俱进、灵活调整和持续完善，自主品牌车企完全可以把平台的巨大优势发挥得更为充分，从而在提升产品开发效率及竞争力的过程中产生显著的实际效益。

（本文根据赵福全教授2016年11月在某企业产品规划咨询交流会上的讲话整理）

第五部分 人才篇

集大成的汽车产业为人才提供无限发展机遇

【精彩语句】

"汽车产业绝非传统的'夕阳产业',而是为数不多的规模庞大且仍有巨大增长空间的战略性新兴产业。已有一百多年历史的汽车产业,仍将继续处于各种新技术创新与应用的焦点区域,并由此进入更加波澜壮阔的全新时代。"

"不仅传统汽车制造商与供应商在谋求创新发展与转型升级,而且新造车公司、IT公司、科技公司、新商业模式运营公司、服务公司以及基础建设公司等,也都将参与到汽车大发展的浪潮中来,力争获得自己的一席之地。对于广大汽车从业者而言,这个产业波澜壮阔,这个时代无比精彩!"

"汽车学科与汽车产业是唯一一个几乎可以辐射所有行业、各种岗位、不同选择的集大成者,随着产业的持续发展和全面重构,国家、企业和高校对汽车产业和汽车学科的重视程度必将不断提高,汽车人才将获得更多的社会认同、更好的发展环境,也将获得有利于自身成长提升的更多资源。"

【编者按】

本文最初源自赵福全教授在"清华大学机械学院本科生专业选择宣介会"上代表汽车工程系(现为车辆与运载学院)所做的分享。清华大学允许相同大类的学生自主二次选择具体的专业,在选择之前,各院系都会进行专门的介绍和宣讲以吸引学生。赵教授的这次演讲反响空前热烈,一些演讲材料的照片在网上"不胫而走",其深刻见解不只在学生之间,而且在整个业界都引发了很多共鸣。《中国汽车报》为此特别约稿,将该演讲材料整理成文发表。后续,类似的内容也曾在北京航空航天大学及湖南大学等高校做过分享。大师级人物对产业和学科"庖丁解牛"般的系统解读,激发了很多在场学子学习汽车、投身汽车产业的热情。这一点只需简单回顾文中的精彩观点就不难体会到——汽车产业具有巨大的产值及拉动作用、巨大的产业关联性及带动效应、巨大的就业吸纳能力以及巨大的社会资源调配能力，这决定了其战略重要性和广阔发展空间；汽车产业正在发生全面重构，作为学科、技术、应用、创新、价值、集成和成果等的综合性载体的地位和作用，将比以往任何时候都更加重要；在汽车产业当前的"跨界"热潮期、创业高峰期，汽车人才机遇无限、潜力巨大，未来将有比昔日更为丰富和精彩的多种选择。

汽车产业是发展实体经济、建设制造强国的战略支撑，在国民经济和社会生活中具有举足轻重的重要作用。当前，新一轮科技革命与汽车产业加快融合，产业生态正在发生全面重构，汽车文明正在重新定义，从而给整个汽车产业带来新的机遇与活力，并为汽车专业人才提供更加多样、更加广阔的职业发展空间。

一 汽车具有非常突出的复杂属性和多元价值

汽车在现代社会生活中随处可见，然而汽车究竟意味着什么，却并不是一个很容易回答的问题。我们很难简单地用一两句话把汽车描述清楚，这是由汽车非常突出的复杂属性和多元价值所决定的，具体如图5.1所示。

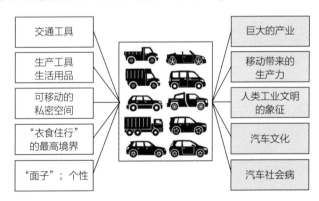

图 5.1 汽车的复杂属性和多元价值

对于个人而言，汽车是一种重要的交通工具，同时兼具生产工具和生活用品属性，并且可以为用户提供可移动的私密空间；"衣食住行"是人类最基本的四项需求，而汽车就代表着"行"的最高境界；更进一步说，汽车作为一种独特的商品，具有显著的外向展示效应，因此还事关消费者的"面子"；

此外,消费者还可以通过"座驾"来展示自己低调或张扬的个性。

对于社会而言,汽车不仅是一个巨大的产业,而且基于汽车的顺畅移动给整个社会带来了空前的生产力提升。在一百多年的发展历程中,汽车作为创新的载体,不断吸纳着各个领域的科技成果而持续进步,成为近代人类工业文明的典型象征;同时,汽车以其与人们生活的密切关系和独特的产品魅力,逐渐形成了自身特有的文化基础;当然,伴随着汽车的广泛普及,汽车社会病也应运而生,这反过来又倒逼汽车不断发展进步,以更好地服务人类,从而创造更加美好的幸福生活。

三 汽车产业的基本特点决定其战略重要性和广阔发展空间

深刻理解汽车产业的基本特点,是充分认识其战略重要性的前提。作为制造业的集大成者和国民经济的支柱产业,汽车产业无疑是民用工业中最为复杂的产业。汽车产业的总体图景与基本特征如图5.2所示。

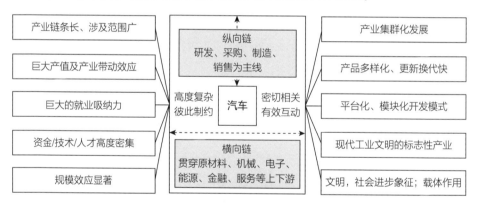

图 5.2 汽车产业的总体图景与基本特征

汽车产业的主要特点可以从以下四个方面来展开说明:

1. 巨大的产值及拉动作用

作为规模化制造的典型代表,汽车产业不仅自身产值巨大,而且具有极强的拉动力,这种拉动效益保守估计至少为1:5。也就是说,如果有一家产值500亿元的整车企业,那就意味着相关的产值至少还有2500亿元。而在汽车产业中，几百亿元量级的企业其实只属于入门级。以世界上最大的汽车企业之一丰田公司为例，其2016财年总产值达到28万亿日元（约合2550亿美元），能够拉动的相关产值则有上万亿美元。汽车产业对于经济增长和财富积累的重要作用由此可见一斑，这也是很多国家和地区全力引入及发展汽车产业的根本原因。

2. 巨大的产业关联性和带动性

汽车产业链条长，涉及范围广，资金、人才和技术均高度密集，因此还具有巨大的产业关联性和带动性。如图5.3所示，汽车产业以整车产品的研发、制造、销售、服务为主线，上游对接原材料、能源、机械、电子、装备制造、化工、冶金、节能与环保等产业，下游带动基础设施建设、汽车及相关产品销售、电子商务、售后服务、汽车金融、物流、交通运输以及出行等领域，形成了几乎与现代民用产业全面关联的立体式产业网络。正因如此，建设汽车强国的战略诉求，不只与汽车产业本身有关，也将要求并带动其他众多产业的创新发展和水平提升，从而为中国建设制造强国提供了重要的龙头、载体和抓手。

图5.3　与现代民用产业全面关联的立体式汽车产业网络

3. 巨大的就业吸纳能力

汽车不仅自身产业大军庞大，而且其带动上下游相关产业的就业数量更为可观。有数据显示，中国规模以上汽车企业的直接就业人数已达到近500万人，按照1∶7的间接就业带动比例计，直接和间接就业人数合计约在4000万人以上，约占全国城镇就业人数的1/8。特别是汽车产业涉及规划、研发、采购、生产、质量、销售和售后等诸多环节，为培养各类优秀的高精专业人才提供了广阔的平台。

4. 巨大的社会资源调配能力

汽车具有巨大的社会资源调配能力，因此中国未来需要而且必须确保汽车产业的可持续发展。汽车既是生活需求品，也是重要的生产工具，决定着一个国家的资源（其中人是最重要的资源）能否顺畅移动，直接影响国民经济和百姓福祉。虽然中国汽车产销量连续多年蝉联世界第一，但是截至2017年第一季度末，中国千人汽车保有量仅为145辆，与美国的超过800辆、欧日的平均500~600辆相去甚远，即使与全球平均值约170辆相比也还有一定差距，这其实代表着中国整体移动出行能力方面的巨大差距。中国要真正成为发达国家，这个差距是必须弥补的。正因如此，虽然有诸多限制因素，中国汽车产业预计仍将有10~15年的增长期。我们经研究测算认为，中国汽车年销量峰值或将在3800万辆左右，届时千人保有量将达到350辆上下。即便如此，中国的移动出行能力仍然存在缺口，需要通过汽车共享等新型使用模式来提升单车利用率，以确保充分的移动出行，支撑未来经济及社会的可持续发展。

由此可知，汽车产业绝非传统的"夕阳产业"，而是为数不多的规模庞大且仍有巨大增长空间的战略性新兴产业。

三 汽车产业正进入更加波澜壮阔的全新时代

作为交叉技术和科技创新的载体，汽车自诞生以来一直在集中应用人类的最新技术。当前，新一轮科技革命方兴未艾，正在引发汽车产业发生全面重构。麦肯锡曾预测影响未来人类生活的12项重大科技，其中9项与汽车直接相关，另有2项间接相关。可见，已有一百多年历史的汽车产业，仍将继续处于各种新技术创新与应用的焦点区域，并由此进入更加波澜壮阔的全新时代。接下来，从四个方面解读汽车产业的全新时代。

1. 制约因素将反推技术进步与产业创新

首先，伴随着汽车保有量的激增，能源、环境、安全和拥堵已成为全球共同面临的汽车社会难题（即所谓的汽车社会病），给汽车产业的可持续发展带来了严峻挑战。尤其是"跑步进入汽车社会"的中国，由于没有足够的时间消化和解决问题，导致挑战更显突出。然而，挑战同时也是机遇，这些制约因素将倒逼我们加快采取应对措施，从而反过来促进技术进步与产业创新。

如图 5.4 所示，当前汽车科技呈现出低碳化、信息化、智能化的发展方向，这将为产业解决四大汽车社会问题提供更加有效的手段。在汽车科技进步的有力驱动下，节能与新能源汽车、智能网联汽车将大行其道，且汽车信息化、智能化还将进一步提升汽车低碳化的节能减排效果。更重要的是，新型汽车的发展将是技术、产品、用户以及应用体验的全方位系统创新，并将受益于商业模式的创新和金融的支持。也就是说，汽车产业面临的严峻挑战将会催生未来汽车科技与商业模式协同创新的空前机遇，从而为产业应对挑战和健康发展创造全新可能。

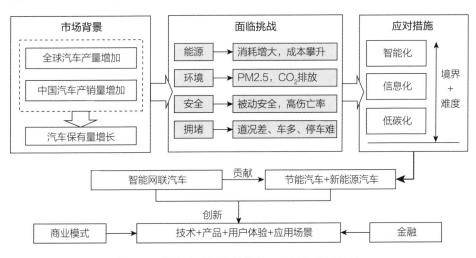

图 5.4　汽车产业面临的挑战、机遇与发展前景

2. 汽车产业与产品的内涵和外延将不断扩展

同时，如图 5.5 所示，未来汽车产业的升级，将是汽车产品与汽车制造体系的双向互动、并行前进——前者将成为网联、智能和电动的移动终端；后者则将向大规模定制化的"智能制造"升级，并且两者之间互相影响、互为促进。受此影响，未来汽车产业的空间将不断扩展、跨界将成为常态，在

大交通、大能源、大环境以及全新社会生活的前景下,汽车产品、技术、用户体验、应用场景和商业模式,将发生全方位的变革与创新,并迎来前所未有的机遇。如果说,过去一百年汽车改变了人类,那么未来一百年,人类将改变汽车,进而改变自己。在汽车产业与产品的内涵和外延不断扩展的过程中,汽车人的定义也将完全不同,不仅老汽车人将获得"重生",而且新汽车人也将不断"诞生",成为汽车产业大军中的新生力量。

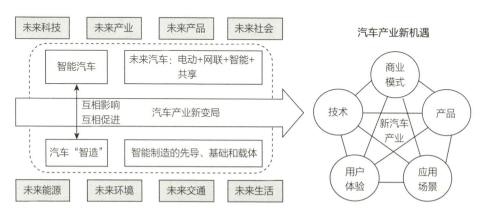

图 5.5　不断扩展的汽车产品及产业内涵和外延

3. 汽车产业三大革命将重新定义汽车文明

当前,汽车产业正在发生的能源、互联和智能三大革命,将给汽车带来六大革命性变化,进而重新定义整个汽车文明。第一,汽车将由传统制造向"智能制造"升级,未来分布式产能可以通过充分互联形成全新的工业网络,产品也将实现全生命周期的数字化、信息化和智能化管理。第二,汽车将由耗能机械向能量载体转变,电动汽车将成为可移动的储能和供能装置。第三,汽车将由信息"孤岛"向智能网联终端发展,从而汇聚而成信息的"海洋"。第四,汽车将由人驾驶向自动驾驶过渡,这将彻底改变车辆的使用人群和方式,形成截然不同的出行生态。第五,汽车将从拥有使用向共享使用演变,"轻拥有、重使用"的新型汽车文化将应运而生。第六,汽车将从单纯的移动工具向交通服务扩展,为用户提供很多超越物理移动之外的服务。

最终,汽车产业将迎来全新变局,垂直线型的产业价值链将向交叉网状的出行生态圈不断演进，产业边界将渐趋模糊，从而迎来群雄并起、诸侯割据、新旧势力争相进入、各方热度前所未有的新时代。不仅传统汽车制造商与供应商在谋求创新发展与转型升级，而且新造车公司、IT公司、科技公司、新商业模式运营公司、服务公司以及基础建设公司等，也都将参与到汽车大发展的浪潮中来，力争获得自己的一席之地。对于广大汽车从业者而言，这个产业波澜壮阔，这个时代无比精彩！

4. 未来汽车产业将呈现出"人-车-社会"全新模式

实际上，本轮产业深刻变革将赋予汽车更为重要的战略地位，对此，我们应从人类智慧出行和智慧生活升级的高度来加以认识。如图5.6所示，人类社会的历次重大变革，无不始自能源、交通和通信三大领域的颠覆性改变，而当前这三大领域正在同时发生巨变，并共同作用于汽车产业。未来人类社会将呈现出4S协同发展的全新生态，所谓4S即SV（智能汽车）、ST（智能交通）、SE（智慧能源）与SC（智慧城市），这其中智能汽车作为可移动的核心节点，将连接和支撑智能交通、智慧能源和智慧城市，基于信息流使城市的人流、物流和能源流实现空前顺畅且高效灵活地运转。由此，人类将真正进入智能社会，并通过技术、产品、企业、产业及社会的互联互通和资源重组，实现社会分工和商业模式的全面重构。

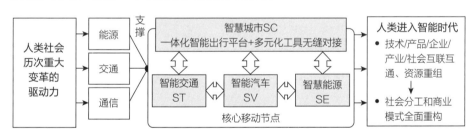

图5.6 未来汽车产业重构的战略价值与深远意义

在此前景下，未来汽车产业将从根本上重塑"人-车-社会"的全新模式，因此，我们必须从移动出行、社会及载体的角度来看待汽车。实际上，本轮人类社会形态的全面深刻重构，将与人类出行与交互、资源移动与组合方式的全面深刻变革相互促进、互为支撑，从而使本轮汽车产业与产品升级，具有了科技革命、出行革命和社会革命的战略价值和深远意义。

四 汽车学科是集大成的"古老"交叉学科和载体性学科

曾几何时,汽车的学科地位遇到过争论,一些人认为不能以一种产品构建一个学科。实际上,汽车绝不是一种简单的产品,也不是一个孤立的产业,而是一门涉及广泛、最具跨学科特点的"古老"交叉学科,更是能够将众多学科有效整合的载体性学科。汽车学科不只需要基本的车辆工程、动力工程和工业设计知识,还涉及机械、热能、电子、信息、力学、材料、工艺等其他众多学科的交叉研究与集成应用,而且随着未来汽车新技术的不断发展,学科内涵和涉及领域还将进一步丰富。基于汽车这个载体性学科,通过多学科集成创新、形成合力,将为汽车及相关学科提供发展动力和空间,支撑各学科不断取得由量变积累到质变升华的进步。

如图 5.7 所示,在"跨界成为常态、融合成为必然"的产业全新发展时期,汽车正表现出越来越强的跨学科特性,联合科研空间广阔且势在必行。从产业角度看,汽车与能源、环境、交通、城市、社会、文化、安全等密切相关;从企业角度看,汽车与战略、管理、经济、政策、市场、品牌、质量等紧密相连;从技术角度看,汽车将带动机械、电子、信息、动力、热能、材料、工艺等全方位进步;从人才角度看,汽车将培养领军、管理、技术、财务、法务、营销、技能等各方面的人才。毋庸置疑,汽车作为技术、应用、创新、价值、集成和成果等的综合性载体的地位和作用,将比以往任何时候都更加重要,汽车学科未来的良好发展,对于中国最终建成汽车强国以及和谐汽车社会具有战略意义。

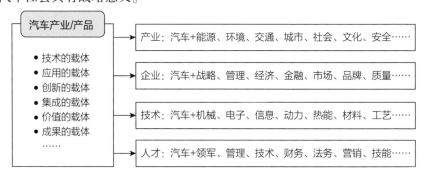

图 5.7 未来汽车产业与产品的交叉跨界载体特性

实际上，如图 5.8 所示，汽车科技创新一直都是高度复杂的系统工程，不同层面的诸多要素相互交织、彼此影响，共同构成了互为支撑和制约的汽车创新大系统。有效实现汽车产业的协同创新既需要解答大量相关的科学问题，也需要研究其中的众多技术问题，更需要通过具体工程实践来实现产品的有效落地。这其中既涉及汽车产业本身的问题，也涉及与汽车产业息息相关的其他众多产业的问题；既要解决每一个领域的个性化问题，也要解决国家层面的共性问题。

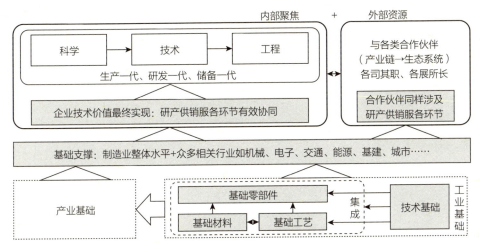

图 5.8 汽车科技创新的复杂性与协同性

首先，整个制造业的基础材料、基础工艺、基础零部件和技术基础（即工业"四基"）既是汽车产业基础（即汽车"四基"）的前提，又与汽车产业基础一起为汽车及相关产业提供有力支撑。其次，不只是制造业的整体水平，众多相关行业如机械、电子、交通、能源、基建和城市等，共同构成了汽车产业的基础支撑，并且在本轮科技革命的驱动下，汽车基础支撑的边界和内涵还在不断扩展。最后，就企业而言，只有研产供销服各环节有效协同，才能最终实现技术价值。为此，企业对内必须高度聚焦，按照"生产一代、研发一代、储备一代"的理念，遵循从科学到技术再到工程的客观规律，打通整个创新链条，不断深化技术与产品的创新发展；对外必须加强合作，充分利用一切可能的资源，与各类合作伙伴各司其职、各展所长，通过协同创新和融合发展促进汽车产业价值链向汽车出行生态系统的进化。

五 汽车人才未来发展机遇无限

1. 汽车产业的人才特点与培养方向

由于汽车产业规模大、链条长、涉及广、拉动强，如果以聚集各方优质的资源和人才，涉及多种不同的能力和技术，以及延展全新的领域和空间而论，最佳的行业平台非汽车莫属。尤其需要强调的是：汽车人才需要有效利用多种知识、多种能力，来解决各种复杂的实际问题，因此汽车产业最能有效培养人的系统思维和战略管理能力。从职业生涯选择的角度来思考，经历内容的丰富远比时间的长短更加重要，这直接决定着一个从业者的成长速度和高度，而汽车产业可以为广大汽车人才提供更加"浓缩"而高效的历练，这一点在产业重构的新时期将更为突出。正因如此，汽车产业所需人才的特征可以归纳为基础扎实、专业精深、知识面宽、适应性强、系统思维、战略格局，这其中，系统思维和战略格局在产业全面重构和资源重组的新时期具有了全新的内涵和要求，其重要性正变得日益凸显。

实际上，如图5.9所示，汽车产业最需要也最锻炼复合型人才。这原本就是汽车产业的固有需求，技术、管理、生产、采购、质量、销售等各个方面的专业人才对于汽车产业都必不可少，而能够掌握其中2~3项能力的复合型人才，就是目前行业不可多得的顶尖人才，例如既懂技术、又懂管理，又或者既懂采购、又懂质量的人才等。而在产业全面重构的前景下，未来汽车产业的复合型人才也将有新的内涵：跨界融合要求今后复合型汽车人才的知识、能力、眼界以及思维方式都必须更系统、更全面。未来汽车业的复合型人才既要掌握机械工程的基本技能，也要了解信息化、智能化的最新知识；既要精熟于产品打造，也要关注于用户体验；既要具备制造业的经验，也要理解互联网的思维；既要深谙实体经济的规律，也要懂得虚拟经济的特点。由此，汽车产业将追求并且必然产生更多诸如总战略师、总架构师等更加高级的"新"复合型人才。

图 5.9 汽车产业复合型人才的新内涵和新特点

2. 汽车人才知识结构与汽车学科使命

如前所述,在产业融合发展的前景下,原本就涉及广泛的汽车产业将会覆盖更多的相关产业及技术,因此汽车人才的技术能力将不再局限于传统范畴内的专业领域,而将产生更宽范围的需求。这其中,具有共性基础支持作用的公共技术能力将成为汽车人才技术能力构成中不可缺少的重要组成部分。

也就是说,未来汽车人才必须形成"汽车 + X"的知识结构和技术能力。一方面,"汽车"在前,这意味着汽车本身的专业技术能力,包括科学与工程基础知识、专业知识、专业方法和专业工具等,仍然是必须掌握的重要专业基石;另一方面,"+ X"则表明仅有汽车专业的专业知识和技术能力已经远远不够了,汽车人才还必须学习数字化、信息化、智能化、电动化以及其他技术领域的知识和方法,形成相应的公共技术能力。反过来,由于汽车的载体作用,其他相关学科也应面向汽车产业的应用需求,努力建立"X + 汽车"的知识结构和技术能力。

为适应产业发展需要,汽车学科正逐步导入数字化、信息化、智能化、电动化等方面的全新课程,广大汽车学子们在接受相关教育的同时,将更容易从全局意识和协作理念出发来思考和解决复杂的系统问题,从而将汽车与相关产业的知识点有效打通,为未来积极参与产业跨界融合创新奠定基础。当然,汽车人才的公共技术能力并不要求像本专业那样深入,学生们无须过分关注其他相关专业的技术细节,而是要着重了解其基本原理和关键知识点,掌握其基本方法和工具的应用能力。当然,公共技术能力的具体范畴以及与之相应的知识深度要求,恰恰是汽车学科为适应产业变革而正在进行改革探索的重要内容之一。而这种学科知识体系的调整与完善以及学生能力培养策略的转变与优化，只有在汽车学科内才能真正有效落地。也只有进行这样的学科改革，才能紧紧抓住产业变革的历史机遇，为汽车这样重要的大产业培养出满足未来需求的有用人才。

通过接受汽车学科教育，广大学子可以期待获得三个方面的宝贵收获。一是知识学习，不仅可以"由面到点"地掌握汽车专业的系统理论知识和专业能力，还可以形成"汽车+X"的更广泛的知识体系，更可以从汽车出发，涉猎民用工业中最复杂产品的战略、管理、研发、制造、销售、服务、品牌等全方位的知识及认知框架，从而建立起复合型人才不可或缺的"既宽又专"的知识结构。二是能力培养，包括面向复杂汽车技术的攻关、集成与应用的创新实践能力，面向复杂汽车产品的各层级多维度（整车、整机、零部件、原材料；硬件+软件）问题的科研分析与优化解决能力，面向复杂汽车产业的综合系统性问题的思考及破解能力等，最终形成面对多变量、多层级、多元复杂事物的分析和判断能力，以及复合型人才所需要的系统思维、战略视角和统筹驾驭的基本能力。三是实践机会，为深化"汽车+X"的知识体系并有效训练相关的应用能力，广大汽车学子们将拥有到不同产业、各类企业实践的机会，参与诸多领域科研创新的机会，以及尝试不同行业和类型的创业机会。

3. 汽车人才发展的广阔空间与美好前景

当前，汽车产业正进入"跨界"热潮期、创业高峰期，汽车人才未来机遇无限、潜力巨大，在高校里接受了汽车学科系统培养的青年学子将有比昔日更为丰富和精彩的各种选择：在政府和行业层面，可以进入国家部委、地方政府主管部门、行业组织等；在科研机构层面，可以进入高等院校或者科研院所，开展基础和共性研究，并与产业化应用相结合；在汽车企业层面，既有传统企业，又有跨界新入公司，既有国企、民企，又有外资、合资企业可选，涵盖了整车企业、零部件企业、工程公司、IT公司、高科技企业、平台运营公司等不同选择；在相关产业层面，可以从事销售、售后、服务、金融、投资、咨询、培训、并购等多种职业。而几乎所有上述种种选择，也都可以考虑尝试自主创业，特别是在国家强势推进"互联网+"与"大众创业、万众创新"的浪潮下，汽车人的创新创业机会之大和环境之优越都是空前的。

毫不夸张地说，汽车学科与汽车产业是唯一一个几乎可以辐射所有行业、各种岗位、不同选择的集大成者，随着产业的持续发展和全面重构，国家、企业和高校对汽车产业和汽车学科的重视程度必将不断提高，汽车人才将获得更多的社会认同、更好的发展环境，也将获得有利于自身成长提升的更多资源。未来，汽车产业在国民经济发展中的支柱性地位以及在制造业转型升级中的载体作用将更加凸显，汽车人才必将在更加广阔的舞台上发挥自己的作用、施展自己的才华，实现个人追求与社会贡献的双重价值。对于广大青年学子而言，今天，选择从集大成的汽车学科出发；明天，就可以拥抱波澜壮阔的汽车产业。学习汽车，将开启广阔的职业生涯通道的大门！

（本文根据赵福全教授2017年3月26日在"清华大学机械学院本科生专业确认–汽车学科宣讲会"上的主题演讲整理；原载于《中国汽车报》2017年6月5日第6版专论）

未来汽车人才的需求变化与发展建议

【精彩语句】

"实际上,汽车学科最需要也最锻炼复合型人才,同时汽车人才培养又具有周期长、工作难、上手慢的特点。这是因为汽车产业链长、涉及面广、关联性强、复杂度高,需要聚集各方优质的资源和人才,涵盖众多不同的能力和技术。在应用多种知识、多种能力解决复杂实际问题的过程中,汽车行业迫切需要也自然会培养人的系统思维和战略管理能力。"

"预计未来简单重复性的工作和大量计算性、记忆性的工作将逐渐完全被AI(人工智能)赋能的机器取代;但人的作用并不会下降反而会上升,并且更多地体现在承担协调管理工作,特别是综合性的协调管理工作上。因此,未来社会需要人才具备四项核心能力:统筹协调能力、综合决策能力、分析判断能力和创新思考能力。"

"未来汽车产业将是集实体与虚拟、制造业与互联网、机械工程与信息网联、产品与体验于一体的复合型超大产业,成为辐射更多行业、不同领域、各种岗位的'巨无霸',从而给更多的人才带来更加广泛和巨大的发展机遇。"

"未来企业最重要的核心竞争力就是资源组合能力,特别是在多地域、大范围内调动使用资源并有效经营的能力。因此,扁平化的组织架构、灵活性的工作模式、产权化的管理机制、更系统化的运营流程以及全新的创新体系与企业文化,将变得至关重要。"

【编者按】

人才是兴业之基、发展之本,尤其在产业全面重构的新时期,人才作为变革的根本原因和驱动力量,其重要性更加彰显。而企业要培育、个人要成为顺应未来变化、满足未来需求的汽车人才,首先要清楚未来究竟需要什么样的汽车人才。对这一问题进行完全定性的分析并不困难,但指导意义显然会非常有限。为此,赵福全教授领导建立了汽车人才特征图谱及其变化趋势研究的一套完整方法论,并由此绘制出未来汽车人才需求的清晰"画像"。本文就是该研究的集中呈现,文中不仅构建了特色的三维人才特征指标体系,包括总体表征性的人才类型、代表"软实力"的基础能力和代表"硬实力"的知识技能,而且对不同指标都提出了可靠的不同分析方法。在此基础上,对四种不同类别汽车人才的需求变化进行了特征图谱对比解析,并由此提出了培养和塑造未来优秀汽车人才的具体建议。整个研究体系完备、方法独到,且不乏赵氏"人才观"的经典论述,颇值展卷细读。

在新一轮科技革命的驱动下,作为制造业中的集大成者,汽车产业正在发生全面重构。而在汽车产业深刻变革的进程中,人才的作用至关重要,因为归根到底,人的变化是一切社会和产业剧变的根本原因和原始驱动力。在万物互联的新时代,"随身智能网联终端"的高度普及将塑造基本属性完全不同的一代新人,他们的知识技能、视野见识、价值观念以及沟通模式等都将发生变化。同时,几乎无处不在的人工智能也将影响和改变人们的生活方式。

在此前景下,汽车人才必须随之而变,先之而变。只有这样,才能打造出顺应时代发展、满足未来需求的汽车人才大军,进而支撑并推动汽车产业及社会的转型升级和可持续发展。为此,有必要针对未来新形势下汽车人才需求的变化进行系统研究,以期为汽车产业、企业以及人才自身提供更好发展的方向指引和决策参考。

一 未来汽车产业对人才的全新需求

1. 汽车学科的特点及其对人才的需求

汽车学科能够将众多学科整合在一起,是最具跨学科特点的交叉学科,也是最"古老"的载体性学科。汽车产业和产品,不仅是诸多领域最新技术的有效载体,同时也是各类应用、多元创新、价值实现、成果集成的有效载体。

实际上,汽车学科最需要也最锻炼复合型人才,同时汽车人才培养又具有周期长、工作难、上手慢的特点。这是因为汽车产业链长、涉及面广、关联性强、复杂度高,需要聚集各方优质的资源和人才,涵盖众多不同的能力和技术。在应用多种知识、多种能力解决复杂实际问题的过程中,汽车行业迫切需要也自然会培养人的系统思维和战略管理能力。

2. 未来社会的特点及其对人才的需求

当前，人类社会正在步入后工业社会的全新阶段。展望未来，人将与机器协同发展，两者互为促进、互为补充，也互为制约，形成动态的微妙平衡。具体而言，未来社会的根本特点是智能化与互联化。智能化使人类的能力得到全方位拓展和极大增强；互联化则让人与人、人与物、物与物之间时刻保持密切联系，使人类能够随时随地获取各种各样的信息和资源，同时享有智能化所带来的各种优势。

受此影响，预计未来简单重复性的工作和大量计算性、记忆性的工作将逐渐完全被 AI（人工智能）赋能的机器取代；但人的作用并不会下降反而会上升，并且更多地体现在承担协调管理工作，特别是综合性的协调管理工作上。因此，未来社会需要人才具备四项核心能力：统筹协调能力、综合决策能力、分析判断能力和创新思考能力。而能够统领各方资源（包括人和机器）、整合复杂产业的领军型人才，将是未来社会最迫切需要的。

3. 未来汽车产业的变化及其对人才的全新需求

首先，未来全新的汽车产业生态圈将涉及更多不同的人才领域。在该生态圈中，车企既要保持与消费者群体的紧密相连，也要与互联网公司结成密切的合作关系，从而形成线上与线下相贯通、销售与服务相融合的全新商业模式。在这个全面"跨界"的新时代，汽车产业将成为辐射更多行业、不同领域、各种岗位的"巨无霸"，从而给更多的人才带来更加广泛和巨大的发展机遇。

其次，未来汽车产业的复合型人才将具有更为丰富的内涵。未来汽车产业将是集实体与虚拟、制造业与互联网、机械工程与信息网联、产品与体验于一体的复合型超大产业，这就需要汽车人才具备更加宽泛的知识技能和更为广阔的视野思路。

最后，互联网时代将催生全新的人才观。新科技革命使人力资源在全球范围内实现一体化使用有了可能；同时由于"跨界"成为常态，任何企业乃至行业都不可能包罗所有与汽车产业相关的不同领域的专家，因此互联网时代的企业需要建立"既求所有,更求所用"的新型人才观。由于未来专业化分工将更趋细化,企业必须不断提升自身对人才的挖掘、调配、使用、组合和激励能力,构建"召之即来、来之能战"的全球人力资源库,实现对资源的有效整合,从而最终形成强大合力,推动企业更快更好地发展。

二 未来汽车人才特征图谱的构建与分析

新一轮科技革命将驱动汽车产业发生重大变革,导致不同种类汽车人才的工作内容都发生显著变化,并由此形成全新的汽车人才特征。

1. 汽车人才总体分类

在新一轮科技革命促使产业加速转型与融合的前景下,汽车人才类型间的界限正在不断模糊。因此,对人才的分类不宜过细。同时应尽可能确保在总体上具有一定的延续性,即所分类别的人才在未来仍将是继续存在的重要群体。按照以上原则,笔者广泛借鉴了不同研究关于汽车人才的分类方式,并基于对未来汽车人才变化趋势的研究,最终确定了一套汽车人才分类方法:即依据工作内容的差异性和重要性,将汽车人才分为企业领军、设计研发、生产制造和营销服务四个主要类别,其余则统称为其他人才,具体见表5.1。

表 5.1 汽车人才的分类

人才类别	人才内涵	分类原因
企业领军人才	引导、决定企业发展方向的核心力量,主要包括企业的核心管理层	企业领军人才对企业发展起导向性作用,重要性极高
设计研发人才	进行技术研发的专业人才,主要包括整车、零部件企业研发部门人员,工程公司、科技公司研发人员	设计研发人才对产品的持续发展起推动作用,重要性高
生产制造人才	进行产品生产制造的专业人才,主要包括汽车和零部件企业制造工厂的人员	生产制造人才是产品生产制造的根本,是车企发展的核心力量,重要性高
营销服务人才	进行车辆市场营销、售后服务和出行服务的专业人才,主要包括汽车经销商、服务商及运营商等的人员	营销服务人才直接面对市场,其对车辆和市场有相当的了解,重要性较高

（续）

人才类别	人才内涵	分类原因
其他人才	对车企发展起到保障的各类专业人才，主要包括企业内负责质量管理、采购、财务、法务、人力等工作的人员	其他专业人才为企业发展提供有效支撑作用，重要性中等

在此需要说明，人才通常是指具有一定专业知识或专门技能，能够胜任岗位能力要求，能够进行创造性劳动并对企业或行业发展做出贡献的人，是社会人力资源中能力和素质较高的劳动者。而在此处直接以"人才"作为整体概念来表征汽车产业的所有从业者，主要是基于两点考虑：一方面，为了给汽车产业未来人力需求进行整体画像，需要有统一的称谓来涵盖各种类型和层级的从业者，否则容易混淆；另一方面，未来从事简单、重复性工作的从业者将被带有人工智能的机器所取代，而汽车原本就是高度复杂的高科技产业，这样未来汽车行业的从业者，即使是从事相对"普通"的工作也需要具备较高的综合素质，足以称得上是"人才"。因此，以"人才"指代所有汽车从业者，具有其合理性。

2. 汽车人才工作内容变化辨析

未来的汽车产业将会有众多新力量涌入，原本垂直线型的产业链将会发展成为交叉网状的出行生态，如图5.10所示。在这一过程中，汽车产业的内涵将得到极大地丰富和拓展，产业所需各类别人才的工作内容也将因此而发生变化。

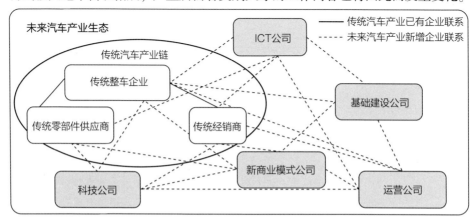

图5.10 传统汽车产业链与未来汽车产业生态对比

（1）企业领军人才的工作能力紧贴时代需求

在未来的智能网联时代，对数据、信息等资源进行分析和管理的重要性和必要性不断提升，企业领军人才需要面对更加复杂的工作。

目前，企业领军人才的核心职能是决策企业发展方针并组织企业的经营管理。面向未来，企业领军人才还要以更加开放和创新的思维，建立更加快速灵活的决策机制、更加动态化的评估机制和更加扁平化的组织架构；同时，企业领军人才还必须具备对数据进行挖掘、处理和分析的能力，能够有效组织和利用企业的IT资源，将新技术开发与商业模式创新连接形成合力。

（2）设计研发人才的工作内容更加多样化

未来汽车设计研发人才的工作内容将更加多样化，很多原本不属于汽车领域的技术今后也将成为汽车技术的一部分，甚至一些技术还非常重要。

目前，设计研发人才的核心职能是进行汽车产品及其附属配套产品的设计、研发和改进工作。面向未来，能源革命将使新能源汽车大行其道，因此设计研发人才的工作内容必然需要包括"三电"技术，而对轻量化技术的研发也将有不同的内涵和标准；同时，智能革命与网联革命将催生智能网联汽车，这意味着与数字化、数据化、自动驾驶、人工智能、车联网以及车载信息娱乐系统相关的硬软件技术开发，都将成为汽车设计研发人员的工作内容。

（3）生产制造人才的工作对象出现变化

对于汽车生产制造人才而言，最大的变化来源于智能制造设备不断向工厂渗透导致汽车制造体系的智能化水平持续提高。在此情况下，生产制造人才的工作对象将发生变化，由原来对生产设备的操作转变为对生产系统的管理与维护。

面向未来，服务于"智能制造"体系的生产制造人才，其工作将增添以下内容：掌握智能制造先进生产技术，对生产过程数据进行收集、处理和分析，对信息化平台进行管理、监控和维护等。与此同时，智能工厂中非信息化的机械生产设备的比重将不断下降，这部分的操作和维护工作将逐渐从汽车生产制造人才的工作里大幅减少。

（4）营销服务人才的工作定位发生转变

未来，汽车产业将产生众多全新的商业模式，促使汽车营销服务人才的工作内容发生重大转变。同时，设计、制造和服务一体化工程将使汽车营销服务工作与设计研发、生产制造等工作紧密相连，部分工作内容相互重合、难分彼此。

目前，营销服务人才的核心职能是进行汽车产品和附属配套产品的销售以及售后服务。面向未来，新型商业模式带来汽车营销服务的全新可能，如以车联网为媒介提供更加主动、增值的客户服务，更加精准、高效的汽车金融保险等，这些都将成为汽车营销服务人才的工作内容。设计、制造与服务的一体化使汽车营销服务直接连接客户以及企业内部，因此，营销服务人才需要具备对销售服务平台进行管理、监控和维护的能力，同时还要具备对汽车大数据（主要包括客户数据、车辆使用数据、汽车后市场数据等）进行收集、处理和分析的能力。此外，在未来的智能制造大体系下，汽车营销服务人才还需要与智能工厂有效衔接，完成产品需求的输入工作。另需特别指出的是，未来在汽车企业从提供"产品"向提供"产品+服务"转型的过程中，为消费者提供智能出行服务将成为营销服务的工作重点和转型焦点。因此对未来出行者个性化需求的理解、管理与运营以及对出行服务平台的使用、监控与维护，都将成为这类人才的工作内容。

三 未来汽车人才特征图谱的构建

笔者对大量相关研究成果进行了深入分析，包括工信部发布的《汽车产业中长期发展规划》、中国汽车人才研究会发布的《中国汽车产业人才问卷分析报告（定性分析篇）》、世界汽车工程师学会联合会（FISITA）"出行工程师2030"、多家整车企业的人力资源发展规划项目调研报告以及行业专家关于未来产业趋势判断的言论与观点等大量资料，采用文本关键词提取和词频分析的方法，提炼出用于描述未来汽车人才的主要特征。在此基础上，对这些汽车人才特征关键词进行了分析、筛选、梳理和整合，遵循针对性、确定性、层次性、系统性和科学性原则，建立了不同类别汽车人才特征的评价指标体系。最后结合对新一轮科技革命深刻影响的系统研究与理解，描绘了未来汽车人才特征图谱的变化趋势，并识别研判出未来汽车产业对人才的主要需求。

1. 汽车人才特征评价指标体系

笔者从不同资料来源中提取出若干人才特征关键词，再结合出现频度和资料等级进行加权赋值计算，选取得分较高者作为汽车人才特征指标。将这些特征进行分类处理，按照"基础能力"和"知识技能"划分为两大类别。基础能力指标包括统筹协调、分析判断、工作创新、人际交流等，侧重描述人才的"软实力"，具体见表5.2；知识技能指标则是对人才"硬实力"的描述，包括具体开展工作所需的知识结构、组成和技能等，见表5.3。

这里需要说明的是，对于"基础能力"的评价，是将表5.2中的10个指标按照不同类别人才能力需求的相对重要程度划分为"A、B、C"三个层级，其中A级有4个指标、B级和C级分别有3个指标。同一层级内的指标没有排序关系，视为重要度近似相同。在研究中，如果未来某个指标从A层级降至B层级，并不意味着该指标不再重要，只是说明其相对重要性下降了，即有其他指标的重要性超越了该指标而进入了A层级。其他情况也与此类似。

表5.2 基础能力指标及其内涵

基础能力指标	指标内涵
统筹协调能力	对所掌握的资源进行统筹利用；对各类资源进行有效协调
分析判断能力	能够平衡各种发展目标，根据实际情况做出准确的分析和正确的判断
工作创新能力	能够对现有工作进行改变提升的能力
人际沟通能力	有亲和力，能够有效沟通以适应各种复杂关系，并促进组织目标的实现
组织管理能力	能够平衡组织内外部利益群体间产生的冲突；能够制定并实现自己的工作目标；能够指导下属制定并实现自己的工作目标，从而打造执行力强的高效团队
独立工作能力	具备在独立的条件下完成指定工作的能力
环境适应能力	通过对自身快速及时的调整来应对外部环境的改变
系统思维能力	整体性的综合认知能力，能够简化事物间的联系，把握总体方向和关键要素
灵活应变能力	依据实际情况，能够灵活处理、解决问题的能力
主动学习能力	能够积极面对新生事物，对新知识有学习的强烈渴望和有效吸收的能力

表 5.3 各类别汽车人才的知识技能指标

人才类别	知识技能指标								
企业领军人才	汽车产业知识	汽车产品知识	国家政策知识	企业经营管理知识	企业发展规划知识	数据挖掘、处理与分析	新型商业模式运营		
设计研发人才	传统汽车发动机知识	传统车辆底盘知识	传统车身造型设计知识	汽车电子电器知识	控制及系统工程知识	新材料知识	人工智能知识	数据挖掘、处理与分析	物联网知识	网络安全知识
生产制造人才	汽车产品知识	生产流程及工艺知识	机械化设备操作与维护	信息化设备操作与应用	工业工程知识	数据挖掘、处理与分析	平台控制、管理与维护		
营销服务人才	汽车产品知识	传统营销知识	机械化设备操作与维护	汽车金融知识	现代电子商务知识	新型商业模式运营	数据挖掘、处理与分析	平台控制、管理与维护	

除了基础能力、知识技能之外,为了给不同类别的汽车人才以简明、直观和总体性的表征,笔者还引入了人才类型这一分析维度,具体以4组相互对立的8个特征词来描述。人才类型是人才表征的基本参数,用于描述各类汽车人才的地位和属性,其指标见表5.4。

表5.4 人才类型指标及其内涵

人才类型指标	指标设置目的
复合型	对人才所具备的整体知识结构进行描述,分析工作对专业知识深度/相关知识广度的需要程度
专业型	
脑力型	按人才工作过程中对脑力/体力的主要需求进行划分
体力型	
战略型	对人才在企业内的职能定位进行划分
战术性	
创新型	按人才工作思维和处理问题的方式进行划分
稳固型	

2. 未来汽车人才特征图谱

从人才类型、基础能力和知识技能三个维度,比较当前(2017年)以及未来(以2035年为评估节点)汽车人才特征的差异和变化趋势,构建出未来汽车人才的特征图谱,具体图例见表5.5。下面将详细分析各类人才的特征以及未来的变化趋势。

表5.5 人才特征图谱图例说明

图例	含义说明
□	表示2017年(目前)人才的特征
≡	表示2035年(未来)人才的特征沿袭目前人才的特征,无明显变化
▨	表示2035年(未来)人才新增的特征或重要性增强的特征
▨	表示2035年(未来)人才减少的特征或重要性减弱的特征

(1)企业领军人才的特征及变化趋势

企业领军人才的特征图谱如图5.11所示。

人才类型		A级（最重要）				B级（重要）			C级（一般）		
	2017年	复合型				脑力型			战略型		创新型
	2035年	复合型				脑力型			战略型		创新型
基础能力	2017年	主动学习能力	工作创新能力	统筹协调能力	组织管理能力	灵活应变能力	分析判断能力	人际沟通能力	系统思维能力	环境适应能力	独立工作能力
	2035年	主动学习能力	工作创新能力	统筹协调能力	灵活应变能力	环境适应能力	系统思维能力	独立工作能力	组织管理能力	分析判断能力	人际沟通能力
知识技能	2017年	汽车产品知识	汽车产业知识	国家政策知识	企业经营管理知识	企业发展规划知识			—	—	
	2035年	汽车产品知识	汽车产业知识	国家政策知识	企业经营管理知识	企业发展规划知识			数据挖掘、处理与分析	新型商业模式运营	

图 5.11 企业领军人才的特征图谱

从人才类型看，企业领军人才的定位和属性在未来没有发生明显改变。相对而言，企业领军人才的复合型、战略型和创新型属性将变得更为突出。

从基础能力看，未来企业领军人才需要统领各方资源（人和机器）、整合复杂产业，同时要求具有应对外界变化的更强能力。因此，其主动学习、工作创新和统筹协调三种能力仍处于最重要级别，而灵活应变能力的重要性明显提升，进入到 A 层级；组织管理、分析判断和人际沟通三种能力的重要性有一定下降，进入到 C 层级；环境适应、系统思维和独立工作三种能力的重要性有所提升，均从 C 层级进入到 B 层级。

从知识技能看，未来多变的外部环境要求企业领军人才具备更加丰富的产业知识；同时，数据挖掘、处理与分析，新型商业模式运营也成为领军人所需要的知识技能。

（2）设计研发人才的特征及变化趋势

设计研发人才的特征图谱如图 5.12 所示。

人才类型	2017年	复合型				脑力型			战术型		创新型
	2035年	复合型				脑力型			战术型		创新型

		A级（最重要）			B级（重要）			C级（一般）		
基础能力	2017年	工作创新能力	主动学习能力	分析判断能力	人际沟通能力	环境适应能力	组织管理能力	系统思维能力	独立工作能力	统筹协调能力	灵活应变能力
	2035年	工作创新能力	主动学习能力	独立工作能力	统筹协调能力	分析判断能力	人际沟通能力	系统思维能力	组织管理能力	环境适应能力	灵活应变能力
知识技能	2017年	传统汽车发动机知识	传统车辆底盘知识	传统车身造型设计	汽车电子电器知识	控制及系统工程知识	—	—	—	—	—
	2035年	传统汽车发动机知识	传统车辆底盘知识	传统车身造型设计	汽车电子电气知识	控制及系统工程知识	新材料知识	人工智能知识	物联网知识	数据挖掘、处理与分析	网络安全知识

图 5.12 设计研发人才的特征图谱

从人才类型看，设计研发人才的定位和属性在未来没有发生明显改变。相对而言，设计研发人才的复合型和创新型属性将变得更为突出。

从基础能力看，设计研发人才的独立工作和统筹协调能力重要性大增，进入到与工作创新与主动学习能力同等重要的 A 层级；原属 A 层级的分析判断和人际沟通能力的重要性则有所下降，退入 B 层级，而系统思维能力的重要性虽然有所提升，不过仍处于 B 层级；相应地，组织管理和环境适应能力重要性下降，退入到 C 层级，与重要性基本不变的灵活应变能力同列。这是由于未来具备专业技能的设计研发人才更适于利用其特有技术进行个体创业，创办小型科技公司并通过物联网接入产业平台，为大型企业提供技术支持。这就使设计研发人才独立工作的能力必须得到加强，同时在人际沟通等能力方面的需求则会减弱。

从知识技能看，在汽车能源、网联、智能三大革命的推动下，未来设计研发人才必须掌握更广泛的新技术和新知识。在原有的知识技能图谱中，汽车电子电器、控制及系统工程方面的知识重要度增强，同时还新增了新材料、人工智能、物联网、数据处理以及网络安全等方面的新知识需求。

（3）生产制造人才的特征及变化趋势

生产制造人才的特征图谱如图 5.13 所示。

人才类型		A级（最重要）			B级（重要）			C级（一般）		
	2017年	复合型			体力型			战术型		稳固型
	2035年	复合型			脑力型			战术型		创新型
基础能力	2017年	主动学习能力	工作创新能力	组织管理能力	人际沟通能力	独立工作能力	分析判断能力	统筹协调能力	系统思维能力	灵活应变能力	环境适应能力
	2035年	主动学习能力	灵活应变能力	组织管理能力	统筹协调能力	独立工作能力	系统思维能力	环境适应能力	分析判断能力	人际沟通能力	工作创新能力
知识技能	2017年	汽车产品知识	生产流程及工艺知识	机械设备操作与维护	信息化设备操作及应用	—	—	—			
	2035年	汽车产品知识	生产流程及工艺知识	—	信息化设备操作及应用	平台控制、管理及维护	工业工程知识	数据挖掘、处理与分析			

图 5.13 生产制造人才的特征图谱

从人才类型看，未来生产制造人才需要对智能制造系统进行整体管控，而非对单一机械设备进行操作维护，因此将从"体力型"转变为"脑力型"。同时，多变的社会环境同样会对该类人才产生影响，使其"稳固型"属性转变为"创新型"。

从基础能力看，智能制造体系（特别是人与机器的大规模协同）要求生产制造人才必须具备更强的灵活应变能力和统筹协调能力，这两种能力也进入到 A 层级，与主动学习和组织管理能力同等重要；同时，系统思维能力和环境适应能力重要度提升，进入 B 层级；而分析判断、人际沟通和工作创新能力对于生产制造人才的相对重要性下降，三者退入 C 层级。

从知识技能看，智能制造体系对生产制造人才提出了更高的要求。原有对单一机械设备的操作与维护逐渐不再需要；而对信息化设备的操作及应用知识重要度增强；此外，生产制造人才还需要具备平台控制、管理及维护，工业工程、数据挖掘、处理与分析等方面的知识和技能，才能更好地适应未来生产制造体系的进步。

（4）营销服务人才的特征及变化趋势

营销服务人才的特征图谱如图 5.14 所示。

人才类型		A级（最重要）				B级（重要）			C级（一般）		
2017年		复合型			脑力型			战术型			稳固型	
2035年		复合型			脑力型			战术型			创新型	

		A级（最重要）				B级（重要）			C级（一般）		
基础能力	2017年	灵活应变能力	分析判断能力	独立工作能力	人际沟通能力	组织管理能力	环境适应能力	统筹协调能力	工作创新能力	系统思维能力	主动学习能力
	2035年	灵活应变能力	分析判断能力	工作创新能力	统筹协调能力	主动学习能力	系统思维能力	独立工作能力	人际沟通能力	组织管理能力	环境适应能力
知识技能	2017年	汽车产品知识	机械设备操作与维护	传统营销知识	汽车金融知识	—	—	—	—	—	—
	2035年	汽车产品知识	—	—	汽车金融知识	现代电子商务知识	新型商业模式运营知识	数据挖掘、处理与分析	平台控制、管理及维护		

图 5.14 营销服务人才的特征图谱

从人才类型看，未来营销服务人才不能墨守成规于既有的销售和服务体系，而是必须以更加创新的思维和角度去面对工作，因此其"稳固型"属性将向"创新型"转变。

从基础能力看，设计、制造和服务一体化将使营销服务人才的工作内容发生巨大变化，要求人才具备更强的工作创新、统筹协调、主动学习和系统思维的能力。受此影响，工作创新和统筹协调能力进入到 A 层级；主动学习和系统思维能力进入到 B 层级；同时，独立工作能力重要性有所下降，由 A 层级退入 B 层级；而人际沟通、组织管理和环境适应三种能力则退入到 C 层级。

从知识技能看，未来营销服务人才需要具备更新更多的金融与商业知识。因此，汽车金融的重要性增强，现代电子商务、新型商业模式运营、数据处理以及平台管控能力进入到未来营销服务人才的知识技能图谱。此外，传统的营销知识等则变得不再重要，逐步淡出图谱。

其他类别汽车人才的特点不一,在此不做专门分析。

3. 汽车人才特征变化分析对比

将上述对比研究进行汇总,得到各类别汽车人才特征的总体变化趋势,具体见表5.6。

表5.6　未来各类汽车人才特征的变化及分析

人才类别	人才特征变化及分析
企业领军人才	1. 定位和重要性在未来没有发生改变,但复合型、战略型和创新型属性将变得更为突出 2. 能够统领各方资源(人和机器)、整合复杂产业,同时要求更强的应对外界变化的能力 3. 具备更加丰富的产业知识和新技术知识
设计研发人才	1. 定位和重要性在未来没有发生明显改变,但复合型和创新型属性将变得更为突出 2. 利用其特有技术进行独立创业,创办小型科技公司并通过物联网平台整合,为大型企业提供技术支持;独立工作能力必须加强,人际沟通等能力需求减弱 3. 掌握更广泛的新技术和新知识
生产制造人才	1. 智能制造系统的整体管控+多变的外部环境:"体力型、稳固型"→"脑力型、创新型" 2. 智能制造体系,特别是人与机器的大规模协同;具备更强的灵活应变能力和统筹协调能力 3. 对单一机械设备的操作与维护逐渐不再需要;对信息化设备的操作及应用知识重要度增强;具备平台管控、工业工程等新知识和技能
营销服务人才	1. 不能墨守成规于既有的销售和服务体系:"稳固型"→"创新型" 2. 设计、制造和服务一体化:具备更强的工作创新、统筹协调、主动学习和系统思维的能力 3. 需要具备更新更多的金融与商业知识;具备现代电子商务、新型商业模式运营、数据处理以及平台管控能力;传统营销知识等需求逐渐减少

可以看到，无论何种类别的未来汽车人才都具备"脑力型"和"创新型"属性，因为这是在智能机器环境下工作的必然需求。同时面对多变的外部环境，未来汽车人才需要更强的环境适应、主动学习和工作创新能力，也需要更强的统筹协调能力来合理调配使用各类资源。总体而言，未来汽车人才需要更广泛的知识与技能来应对产业变革和技术进步。

四 面向未来的汽车人才发展建议

毫无疑问，未来汽车人才的需求将发生巨大变化。为了更好地培养和塑造适应未来汽车社会和产业发展变化的优秀人才，高校、企业和人才自身都要明确新定位、确立新战略。基于汽车人才特征图谱研究，笔者提出以下建议：

对于各类学校而言，需要重新审视教育的范畴与侧重。一方面，高校要充分认识到汽车人才的范畴必将扩大，未来凡是从事与汽车相关工作的工程师，都应该认定为汽车工程师；另一方面，又要坚持教育必须有所侧重，因为学科教育不可能包罗万象。

首先，教育体系要有清晰的分层：重点高校、普通高校、大专院校、职业学校等应根据未来人才需求的结构，确定合理的比例，并对不同的学生施以不同的培养侧重和全新的培养内容。其次，就汽车专业教育来说，仍应强化传统汽车知识，同时适当扩大知识范围，尤其是汽车电子、控制逻辑和系统工程类课程；而对于非汽车专业教育，则要在侧重本专业培养方案的基础上，适当倾向于包括汽车在内的载体性战略新兴产业。最后，由于未来社会需要人终身不断学习，因此高校更应培养学生形成自我学习能力、创新能力以及实际动手能力，而且均要从意识和方法两个维度切入。即努力让学生形成学习、创新和实际动手的意识，同时通过各种途径向学生传授学习、创新和实操的方法论，这远比知识传授更为重要。

对于企业而言，产业边界渐趋模糊，但企业经营边界必须明确，而解决这一矛盾的对策之一就是打造一个"无边界的公司（平台）"。未来企业最重要的核心竞争力就是资源组合能力，特别是在多地域、大范围内调动使用资源并有效经营的能力。因此，扁平化的组织架构、灵活性的工作模式、产权化的管理机制、更系统化的运营流程以及全新的创新体系与企业文化,将变得至关重要。同时,企业必须建立召之即来的人才资源库,将人力资源管理向外延展,覆盖内部和外部员工,最大限度地实现"随叫随到""随到随用"。

企业还应考虑建立灵活的"众包"机制,例如可联合或单独注资构建"问题池",悬赏解决问题。未来企业成功运营的关键在于能够协调、调动、使用多少资源,因此企业要积极利用新模式和新手段,努力把资源用足、用好、用精、用到极致。

对于人才自身而言,未来每个人都必须努力经营好自己,通过自我管理、自我产出和自我营销,实现自我成长、自我发展和自我提升。同时,要强化危机意识,一份工作干一辈子的时代将一去不返,今后无论哪个行业的人才都必须不断学习,不断进步,不断升华,以积极的心态拥抱不确定的未来。

[本文根据学术论文《未来汽车人才特征图谱及变化趋势研究》精编整理;原论文发表于《科技管理研究》2018年第9期;署名作者:刘宗巍、丁超凡、赵福全(通信作者)]

新形势下的汽车人才战略思考

【精彩语句】

"人力资源管理架构就像是棋盘,每个员工如同当中的棋子。新形势下,企业必须做好面向未来改变现有人力资源观的准备,要下大决心在思想、管理和管控模式上实现全面转变,才能最终下好这盘棋。"

"未来对人才的挖掘、调配、组合、使用和输出成果的能力,将成为企业成功的关键能力之一。谁能将资源用足、用好、用精、用到极致,谁就能在新一轮竞争中赢得优势。"

【编者按】

万物互联时代变化最大的是人本身,而人的改变要求企业人力资源工作必须进行彻底的全方位"革命"。同时,以全球资源作为企业的人才库第一次真正成为可能,未来企业不在于拥有多少资源,而在于能够挖掘、调配、组合和使用多少资源。赵福全教授在本文中给出了新时期人力资源工作的系统方法论。

一、万物互联下产业转型升级要重点考虑"人"

当前,以互联网、大数据、云计算、增材制造、人工智能等技术为代表的新一轮科技革命方兴未艾,尤其是互联网的不断延伸和技术拓展,将会构成所谓的"万物互联"以及"无互联不世界"的格局和趋势日益明显。这一切将改变人类的交流、沟通与协作模式,同时也将对包括汽车在内的整个制造业的产业形态、产业格局和产业链条产生重大影响。

在"万物互联"之下,产业形态将发生本质性变化。以前是大规模批量化生产相对同质化的产品来满足客户,以后则将根据客户的个性化需要进行大规模的定制化生产。产业格局也将发生翻天覆地的变化,掌握专业技术诀窍的中小企业将占据重要地位,中小企业同时为众多大企业提供产品或服务成为可能。而从产业链的角度看,之前是从上游到下游的垂直线状结构,而未来将向相互交织的立体网状结构发展,中间环节将逐步消失,行业之间的界限渐趋模糊,呈现出"你中有我、我中有你"相互融合的新状态。正因如此,商业模式也将由过去的简单竞争关系变为未来"在协作中竞争、在共享中获利"的复杂关系。

我们必须清醒地认识到,无论是"万物互联"还是其他技术变革,都与人的创新紧密相关,并最终改变人类的生活。在汽车产业的转型进程中,汽车以及相关产业人才的转型是不容忽视的。我们尤其要关注正在成长中的年轻人,这一群体生长在一个快速发展的信息科技时代,是真正的"互联网原住民",他们的思维方式、价值观念、沟通模式等都与其长辈天然不同,而恰恰是这个群体未来将成为我们的员工、我们的合作伙伴、我们的竞争对手以及我们的客户。因此,我们必须认真研究他们、理解他们、认同他们并要努力适应他们。

二 人才战略如走棋

如果说原有的人力资源管理架构定位于"招人、用人、留人"三部曲,那么未来人力资源管理体系应该怎样优化调整呢?我认为,人力资源管理架构其实就像是棋盘,每个员工如同当中的棋子。新形势下,每家企业人力资源的战略格局、思维方式以及管理模式都遇到了全新的挑战,因此企业必须做好面向未来改变现有人力资源观的准备,要下大决心在思想、管理和管控模式上实现全面转变,才能最终下好这盘棋。具体体现在以下三个方面:

一是思想上的转变。思想转变是前提。有了思想上的转变才有可能实现战略转变,并最终实现全面的转变,这其中最重要的是心态和思维方式的改变。要有适应"万物互联"时代的开放心态与合作思维,更要有积极拥抱和尝试变革的决心,变"这肯定行不通"为"为什么不试试",向惯性思维和僵化思想发起挑战。这对企业来说至为关键,也是企业转型能否成功的核心所在。

二是管理上的转变。管理转变是手段。这其中包括组织架构和工作机制等的转变。如谷歌在严苛的录用制度和充分信息透明的绩效管理基础上,给予员工更多的弹性工作时间和更自由的办公环境,以充分激发员工的创造潜能。又如在组织架构上，苹果压缩管理层级，不少与产品相关的重要职能部门都可以直接向首席执行官（CEO）汇报，相比之下，我们传统汽车企业还固守着"金字塔"式的管理架构，而没有去思考改变的必要性和可行性。尽管有些差异是由于互联网产业及产品与汽车产业及产品的不同特性造成的，但从另一个角度来说，汽车企业领军人和首席人力资源官们也必须认真思考，我们到底需要坚持什么、摒弃什么、改变什么，这才是我们面对快速变化的时代所应有的积极态度。当然，这也考验企业领军人的战略高度、综合判断能力和快速反应能力，并最终决定企业能否抓住历史机遇攀上新的高峰。

三是人力资源管控模式的转变。人力资源管控模式转变是支撑。这是人才需求、吸纳、使用、培养以及保留全面改造的系统工程。随着"万物互联"以及行业界限的模糊，我们会发现未来企业的人力资源永远不敷使用，这个时候必须打破原有的思维局限，让世界成为企业的人力资源库。未来企业不在于拥有多少资源，而在于能够挖掘、调配、组合和使用多少资源。"无须雇用，但用无妨"将成为应对新形势的人力资源准则之一。在此基础上，对人才的挖掘、调配、组合、使用和输出成果的能力，将成为企业成功的关键能力之一。谁能将资源用足、用好、用精、用到极致，谁就能在新一轮竞争中赢得优势。这不仅挑战企业高层的"指挥协调能力"，也挑战企业的体系与文化承载力，能否真正确保人力资源效益的最大化。

人力资源"牵一发而动全身"。对于企业来说，变革或许是痛苦的，然而社会在变、合作伙伴在变，竞争对手也在变，因此不下决心快速改变的企业是没有出路的。面向未来的汽车人才战略，本来也没有标准答案，企业必须根据自身的情况去思考、去尝试、去调整。在这个过程中，没有最好，只有最合适。适合自身需求、适应时代发展的人才战略就是最好的战略！

（本文根据赵福全教授2015年9月30日接受"盖世汽车"的专访整理）

以敬畏心和责任心践行新使命

【精彩语句】

"本轮产业变革带来的变化是历史性的、广泛的、深远的，城市、交通、能源、环境、信息以及制造业均面临转型升级。中国一定要抓住这一重大机遇，充分发挥自身的体量优势、产业优势和体制优势，最终在全球汽车业发挥引领作用。"

"过去，海归人才主要是引进国外的先进思想和理念；如今，海归人才不仅可以继续帮助企业提升正规化水平，还可以发挥桥梁纽带作用，帮助中国企业'走出去'，提升国际化水平。"

【编者按】

时值改革开放四十周年之际，赵福全教授分别以行业战略专家和汽车海归代表的身份，接受了《中国汽车报》的采访。他直言，无论是中国汽车产业，还是汽车海归群体，都是改革开放的受益者，并将在未来深化改革开放中获得更大的发展机遇。在此过程中，曾经立下汗马功劳的汽车海归们将承载新的使命，发挥新的作用，继续做出自己的贡献。

一 汽车产业的发展既是改革开放的硕果，更是改革开放的见证

在我看来，改革开放以来，汽车产业取得的显著成就主要体现在三个方面。

第一，改革开放让汽车走进千家万户，圆了一大批中国人提升生活品质的汽车梦，这是汽车工业在改革开放发展过程中取得的最大成就。第二，我们建立了完整的汽车工业体系，毫不夸张地说，全球没有第二个国家像中国这样拥有如此完整的汽车产业链，当然，在部分核心技术方面，我们还存在一定的欠缺。第三，形成了较为健康稳定的汽车市场竞争格局，基本上自主

品牌已经能与合资品牌平分天下。

如果把奔驰发明汽车视为汽车工业的"1.0时代",福特发明汽车生产流水线视为"2.0时代",那么,我们现在已经进入到汽车工业的"3.0时代"。在这个新时代,汽车产业的边界日益模糊,形成了"1+1+1"模式下的全新产业,即"传统汽车制造业+信息科技产业+基础设施建设"。身处变革的重要历史时期,我们应从五个方面重新认识汽车产业。

第一,汽车产业链将发生翻天覆地的变化,除了制造以外,使用和服务环节将在价值链上扮演更重要的角色,相比于汽车产品本身,消费者将更关注出行服务。第二,汽车供应链不再仅仅是指传统的零部件企业,诸如基础设施和科技公司等都将进入这一链条中。第三,汽车产品需重新定义,汽车不再是简单的代步工具,而将成为移动出行乃至整个社会连接的重要枢纽和节点。第四,核心技术的范畴将发生转变,电池成为电动汽车的核心技术之一,而传感器等重要零部件以及物联网、大数据和云计算等,则成为智能网联汽车的核心技术,最终,汽车将由软件定义,汽车企业必须意识到这一变化。第五,汽车使用方式也与过去不同,以共享化为代表的新模式成为全球汽车发展的重要趋势。

进入新时代,我们应总结前40年成功的经验和不足,为今后的发展提供参考与借鉴。未来汽车产业的进步远比前40年更重要,因为中国汽车产业要从跟随转变为引领,将面临更大的挑战。

正在到来的本轮重大变革,从表面看只关乎汽车产业,但事实上牵涉到多个产业,甚至将影响整个社会。变革带来的变化是历史性的、广泛的、深远的,城市、交通、能源、环境、信息以及制造业均面临转型升级。更重要的是,新一轮变革将重新定义全球产业格局。中国一定要抓住这一重大机遇,充分发挥自身的体量优势、产业优势和体制优势,最终在全球汽车业发挥引领作用。

二 汽车海归人才肩负新使命

改革开放40年,汽车产业发生了翻天覆地的变化,中国汽车产销量以前所未有的速度向前迈进。作为产业进步和发展的推动者与贡献者，海归人才也在其中发挥了不可替代的重要作用。改革开放40年，海归汽车人既是亲历者，也是受益者。当下，中国经济进入新时期，汽车产业也正从过去的高速发展转变为今后的高质量发展，对于汽车海归人才来说，我们将肩负新使命、面临新机遇、发挥新作用。

1. 出国无憾，回国不悔

没有改革开放，我们这些汽车海归就不会有出国的机会；没有改革开放取得的巨大成就，我们也不会有回国参与汽车产业建设的历史机遇。改革开放给汽车海归人才提供了施展才华的广阔平台；与此同时，我们也为中国汽车产业的改革开放做出了应有的重要贡献。

1985年，我从吉林工业大学毕业，放弃了保送研究生的机会，考取了公派留学日本的名额，进入广岛大学，并获得博士学位。后来我又辗转到英国帝国理工以及美国的高校和企业，亲身体验了这些国家汽车产业的发达。在国外时，我总是在想，什么时候中国人也都可以拥有自己的汽车呢？

改革开放让中国经济实现了快速发展，大家的钱包鼓了起来，汽车也逐渐开始走入家庭。正是在这样的背景下，2004年，我决定回国发展，先后在两家自主品牌车企负责技术，帮助企业建立了自己的研发体系和产品开发流程。在我看来，出国深造是决定容易执行难，这里面有机会的问题，也有语言学习和文化融入等问题；而回国发展则是决定难执行更难，因为既要割舍很多奋斗多年才得到的东西，还要去适应国内工作的新环境和新挑战。不过，对我而言，出国无憾，回国不悔。我相信很多汽车海归都和我一样，把归国投身于发展汽车产业视为职业生涯中最正确的决定。

2. 新时期汽车海归承载新使命

从我们这批最早回来的海归开始在国内打拼之时算起，汽车海归人才的角色已经经历了数次变化：最初，汽车海归曾被过度神化，企业期望我们带来跨国公司先进的经营理念和成熟的研发经验等，可以在短时间内"化腐朽为神奇"，这也一度导致不少海归"水土不服"。好在之后不久，很多汽车海归迅速适应了情况，开始担负起各领域领军人的职责，帮助中国车企搭建起研发、管理和生产等一系列现代化的体系,也给企业培养了很多优秀的人才,为自主品牌的快速崛起打下了坚实的基础。

随着中国汽车产业的不断成长,目前国内人才和海归人才之间的差距正在持续缩小,但这并不代表曾经"干得惊天动地"的汽车海归们再无用武之地。恰恰相反,海归人才在新时期发挥作用的机会其实更多了。过去,海归人才主要是引进国外的先进思想和理念;如今,海归人才不仅可以继续帮助企业提升正规化水平,还可以发挥桥梁纽带作用,帮助中国企业"走出去",提升国际化水平。

展望明天,中国汽车产业将变得更加开放,也更加需要正规化和国际化,而这些方面,恰是海归人才的长处和优势所在。对此,我认为,新时期汽车海归体现价值和发挥作用要做到以下三点:一是坚持真理,保持定力;二是坚持学习,不断提升;三是坚持合作,团结互助。最后,希望所有海归汽车人才都能永葆青春,永葆昂扬斗志,以敬畏心和责任心践行我们新的使命。

(本文根据《中国汽车报》2018年12月17日"纪念改革开放40周年专刊"第44、49版赵福全教授采访整理)

海外汽车华人的使命与作用

【精彩语句】

"长期以来,底特律都代表着人类汽车业最高的发展水平,拥有最集中的汽车产业、最优秀的汽车企业、最顶尖的汽车人才和最引人入胜的汽车故事。"

"在全球一体化、经济无国界的今天,交流、交叉、交织、交融成为常态,借鉴、吸收、互通、共赢成为必然。对中国而言,曾经'远在天边'的底特律,如今早已'近在眼前'"。

【编者按】

时值《底特律——对接中国汽车产业》一书完稿付梓,赵福全教授欣然应邀提笔作序。在文中,他回顾了汽车产业的发展历程,展望了汽车产业的未来前景,着重指出美国等汽车强国是可供中国借鉴、参考、学习、吸收的最好老师,而中国也为世界汽车产业的可持续发展提供了广阔舞台。而以底特律华人为突出代表的海外汽车华人群体,肩负着连接中外、交融发展的历史使命,理应发挥好自己的特殊作用。

汽车自诞生以来,已历经了一百多年的变迁。伴随着人类社会与科技的发展,汽车作为一种灵活的个人交通工具,也在不断发展,并为人类带来了前所未有的自由与便捷。与此同时,汽车也成为现代工业文明的象征、人们生活水平的标志以及科技进步的载体,其影响遍及人类生活的方方面面。可以毫不夸张地说,"过去一百年,汽车改变了社会"。同时,汽车的广泛普及,也伴生了能源紧缺、环境污染、交通拥堵及行车安全等日益严重的问题,如何构建和谐的人-车-社会,成为人类今后不得不面对的全新需求与严峻挑战。而以万物互联、大数据、云计算和人工智能等为特征的新一轮科技革命,也为汽车的颠覆性进步与可持续发展提供了可能。正因如此,"未来一百年,社会将改变汽车"。实际上,汽车的被改变正是为了更好地服务于人类。我们可以很有把握地断言,在可预期的未来,汽车仍将在人类社会生活中扮演不可或缺的重要角色。

谈到汽车，就很难不想到底特律。这座享誉全球的汽车城，早已奠定了自己在世界汽车产业中举足轻重的地位，甚至成了汽车产业的代名词。长期以来，底特律都代表着人类汽车业最高的发展水平，拥有最集中的汽车产业、最优秀的汽车企业、最顶尖的汽车人才和最引人入胜的汽车故事。正因如此，无数怀揣着"汽车梦想"的各路才俊，从四面八方汇聚而来，虔诚地到底特律"朝圣"，这其中也不乏很多海外华人的身影。他们在这里学习、工作、成长、生活，投身到宏伟的汽车产业中来，并与之同步前行。不少人在此娶妻生子、安家立业，成为这座城市的一部分。他们通过拼搏与努力，不仅在这块汽车"圣地"圆了自己的"汽车梦"，也为底特律的繁荣、美国汽车的发展做出了贡献。透过汽车产业，这个群体对于底特律有了特殊的感情与独特的体验；透过底特律，他们又对世界一流的汽车产业，有了亲身的实践与深刻的理解。而与此同时，在他们心中又始终留存着难以割舍的中国情结。

如今谈到汽车，也很难不想到中国。已经稳居全球销量第一宝座的中国汽车市场，不仅年产销规模远远超越了巅峰时期的美国，而且仍有极大的发展空间。中国汽车业令人眼花缭乱的飞速发展，一方面，为中国经济的增长和百姓生活的提升做出了巨大的贡献，另一方面，快速进入汽车社会也导致各种"汽车社会病"日益突出，构成了对汽车产业可持续发展的制约要素。同时，本土汽车企业依然不够强大，中国还远非汽车强国。

实际上，在努力做强汽车产业进而走向世界，以及努力构建和谐汽车社会从而造福百姓的道路上，中国向汽车先进国家学习的饱满热情和迫切程度都是空前的。而作为美国汽车之都的底特律，无疑有太多的理由可以成为中国汽车业最好的老师之一。特别是在全球一体化、经济无国界的今天，交流、交叉、交织、交融成为常态，借鉴、吸收、互通、共赢成为必然。

对中国而言，曾经"远在天边"的底特律，如今早已"近在眼前"。这既是因为世界在缩小，更是因为中国在进步，我们已经具备了向更高水平求教看齐的基础和可能。以底特律为代表的美国汽车业的运营机制、管理经验、体系架构、先进技术，美国汽车社会的发展历程和在此过程中形成的独特汽车文化，以及能源、环保、交通拥堵等汽车社会问题在美国的出现、应对和综合性的解决方案等，都非常值得中国学习。底特律良好的汽车产业基础，丰富的人才资源和开放的创新环境，也非常值得中国借鉴。这一切正吸引着中国汽车产业加快拥抱底特律。与此同时，庞大的中国汽车大市场也为美国汽车业的发展提供了难得的契机。因此，底特律也正在努力拥抱中国。

此时此刻，一直热切关注着中国汽车产业的底特律汽车华人们，可能已经意识到，自己肩负起了沉甸甸的全新历史使命——架起中美汽车产业交流合作的桥梁，既为美国汽车更好地走进中国助力，更为中国汽车向美国学习铺路。这个群体的特殊身份，决定了他们自然成为连接中美汽车产业的最佳纽带，因为他们了解底特律、了解美国汽车，同时又了解中国，理解双方的文化。可以说，他们的存在本身就是中美双方共同的财富。这个群体在底特律的每一份阅历和体会，其实都不只限于个人，更代表着华人对世界一流汽车产业、汽车社会、汽车文化的深刻理解与总结。他们的历程和体验本身，对于中国汽车产业来说，是最真实而又最容易触及的宝贵经验。

我相信，在中国日渐崛起的今天，底特律汽车华人们的"汽车梦"已经拥有了更广泛的延展和更丰富的内涵。在空前的历史机遇下，这个群体理应在中国、美国乃至世界汽车产业的发展进程中，发挥自己独特而不容忽视的作用。他们可以贡献得更多更大，也一定能够贡献得更多更大。

（本文根据赵福全教授2014年4月13日为《底特律——对接中国汽车产业》一书撰写的序言整理）

关于赵福全

赵福全博士，清华大学车辆与运载学院教授、博士生导师，汽车产业与技术战略研究院（TASRI）院长。同时担任世界汽车工程师学会联合会主席（2018—2020）。目前主要从事汽车产业发展、企业运营与管理、技术路线等领域的战略研究。

在美国、日本和欧洲汽车界学习、工作近二十年，曾任美国戴姆勒－克莱斯勒公司研究总监（Research Executive）。2004年回国，先后担任华晨与吉利两家车企的副总裁、华晨宝马公司董事、吉利汽车（香港）执行董事、澳大利亚DSI控股公司董事长以及英国锰铜公司董事等职。作为核心成员之一，领导参与了包括沃尔沃在内的多家国际并购及后续的业务整合。2013年5月加盟清华大学。

现任世界汽车工程师学会联合会首届技术领导力会士，美国汽车工程师学会会士，中国汽车工程学会首届会士、理事长特别顾问、技术管理分会主任委员，英文杂志《汽车创新工程》（*Automotive Innovation*）创刊联合主编，中国汽车人才研究会副理事长，以及多个地方政府及多家企业的首席战略顾问。

作为特邀主持嘉宾，与凤凰网共同创办了凤凰网汽车"赵福全研究院"高端对话栏目，迄今已与行业领袖及知名企业家等重量级嘉宾进行了57场对话。

主持开发过近20款整车及10余款动力总成产品，主导完成了各类重大战略及管理咨询项目150余项，拥有授权发明专利300余项，已出版中英文专著10部，其中的一部英文专著已被译为中文，发表中英日文论文300余篇，在主流报刊媒体上发表产业评论100余万字，在重大论坛上发表主题演讲200余场次，获各类重大奖项30余项。

关于编者

刘宗巍博士,清华大学车辆与运载学院副研究员,汽车产业与技术战略研究院院长助理,主要从事汽车产业发展战略、技术创新体系建设及技术路线评价与决策等研究。

吉林大学汽车工程学院(原吉林工业大学汽车工程系)车辆工程博士,麻省理工学院(MIT)斯隆汽车实验室访问学者。博士毕业后一直追随赵福全教授左右。曾在吉利汽车公司研发一线工作六年,历任吉利汽车研究院技术管理部副部长、项目管理部一级高级经理、产品战略及策划部部长、院长助理(副院级)等职,直接领导过企业产品战略、技术、项目、知识产权以及商务五大业务板块的技术管理工作。

2014 年入职清华大学。现任中国汽车工程学会第九届理事会理事、技术管理分会秘书长、人才评价工作委员会首届委员,中国汽车人才研究会常务理事,英文杂志《汽车创新工程》(Automotive Innovation)副主编。

近年来承担及参与国家、行业以及企业战略研究项目 40 余项。领导编撰企业、产品及技术战略等各类研究报告,合计近百万字。已发表论文 50 余篇,出版著作 7 部。经常受邀在行业重大论坛发表主题演讲或在行业主流媒体上分享观点。获中国汽车工业优秀青年科技人才奖(2017 年),中国产学研合作促进奖(2018 年)。作为主要完成人,获全国企业管理现代化创新成果一等奖(2012 年)、浙江省企业管理现代化创新成果一等奖(2012 年)以及中国汽车工业科学技术二等奖(2016 年、2018 年)。